劉滌凡自署

唐前果報系統的建構与融合

臺灣學生書局印行

自敘

緣於個人的宗教信仰，再加上多年的現實磨折與憂患，使得博士論文背離原先研究的領域，而跨入一種淑世的題材——即善惡因果報應思想的探索。這不僅是對自己一種新的挑戰，也是一種道德使命感的驅力——寫論文就要寫有益於世用的論文，而不是在古代文獻堆裏去做組合、剪貼的整理工作。換言之，選擇這個論題，無非是基於「勸化」的使命。蓋亂世道消魔長，知識分子不應止於謀求一家一身溫飽而已，應對國家、社會有所承擔：借學位論文來闡述因果報應、天道好還、歷歷不爽之理，以挽回迷失的人性，陷溺物欲深淵的人心，這是撰寫本論文的旨趣。

回想本論文從構思到完稿，近四年時光，長期嘔心瀝血自不待言，最重要的是，在撰寫過程中，有了深一層的體悟及感觸：任何事情的完成，屬於自己努力的比例是微乎其微的。明白地說：年過四十，更深信這世上不是靠自己的智慧、才華和能力就可以決定一切的。這其中有太多的助緣，此即佛經所說的「四重恩」中的眾生恩——來自諸多識與不識，直接與間接的眾生護持的恩惠。比如說：

如果沒有本師鄭先生在系務會議中爲我們第一屆博士班同學爭取開學後一個月內提出論文的緩衝期，自己就不可能在今年六月畢業。

如果沒有預校同事甯杏南 老師從旁掖助，承擔起批改作業、試卷的雜務，自己絕不可能在所上規定期限內交出論文初稿。

如果沒有家兄滌非、內人曉梅、及姨姊慧娟小姐的校對；打字小姐名瑾的趕工配合；黃淑鸞小姐負責印刷、裝訂，論文絕不可能如期呈現在眼前。

如果沒有提供伙食的餐館……

如果沒有水電公司正常運作……

如果沒有家人大小無恙，無後顧之憂的配合……

如果沒有兩位指導教授、三位口試委員的提攜……

今天那能順利取得博士學位呢？真誠地將以上成功的感觸表映出來，讓有緣讀到這本書的人，也一齊來體會感恩吧。

此外，也藉著自敘的篇幅回應一些口試委員的指正：

有關莊老師雅州先生的提「報」、「民」甲骨文字及《呂覽》感應問題已如其所言修正過來。

本師鄭先生提到引用唐以後資料等問題，也已刪除。

王邦雄先生提到儒家仁心呈現和基本預設問題，筆者認爲這是兩種不同系統的說法，不是誰先誰後的問題。筆者在論文中說孔孟預設一個「人性本善」的前提，並非也指「乍見儒者將入於井」的怵惕惻隱之心是基本預設，後者當然是良知當下呈現，筆者的意思是孟子先預設一個人性本善立場，然後再去從現象舉證，以證成這個性善是「天生我固有之也，非由外鑠我也。」如果他沒有基本預設，或預設成性惡，就不會去舉這個良心當下呈現的例證了。也就是說良知呈現是用來支撐他基本的預設，從古至今任何一套哲學理論的建構，背後都有一個基本預設，這是不可否認的。

爲了建構基本預設的理論，去尋找現象中，本質當下呈現的事實，是不能反過來說，這個事實也是基本預設的，哲學的問題只有經過反復辯詰，真理才會更清晰的浮顯出來。

傅錫壬先生質疑法報是報復主義，能不能構成一個報應系統的問題。基本上，傅先生是從另一個角度來看法報，它的確只有懲惡的一半功能；如果從穩定人間秩序的角度來看，它是人間公理、正義最後一道防線，俗云：「法網恢恢，疏而不漏」，作姦犯科難逃國法制裁，已構成因果報應的雙向度形式，因此筆者經過謹慎思考之後，還是保留「法報」比較妥當。

傅先生又質疑蚩尤爲戰神，無法和法來源聯想在一起，建議從臯陶談起。筆者淺見以爲蚩尤爲戰神身分，並不妨害〈呂刑〉所載蚩尤造「五虐之刑」的說法；更何況拿掉蚩尤就無法交代「廌」從何而來的神話傳說。

以上的書面回應可說誠惶誠恐，希望不至於冒犯兩位口試委員的學術權威。

總之，論文的缺點能降到最低程度，實有賴於以上五位恩師的悉心指正，今有機會蒙學生書局厚愛而出版，還望學界先進、各方賢達、博雅君子不吝指教。

中華民國八十八年四月二十五日劉滌凡謹識于高雄鼓山息心齋

唐前果報系統的建構與融合

目次

圖表目次

第一章 緒論

本章〈緒論〉可說是在處理善惡因果報應課題的基本觀念，以導引讀者進入論文主題。因此筆者在每一節中都做了概括的說明，而這些說明是作爲第二章以後各果報系統論題的前置觀念，也是筆者對本論文所採行的一套預設，而論文本題的開展，只是按照這套預設的思惟去尋求文獻的檢證罷了。以下將區隔爲三小節：問題意識的形式，方法論的選擇、文化突破分述之。

第一節　問題意識的形成

善惡因果報應觀念（以下簡稱果報），是一種普世的信仰，深植於中國社會生活中，除了法律外，它扮演極廣泛的制約性或規範性的功用。美國心理家亞伯拉罕·馬斯洛（Aboraham.Maslow, 1908-1970 A.D.）曾說：「一個優秀社會的定義就是善有善報。」❶，他還強調說：「人類的本能就是喜歡幸福的結局，希望看到好心有好報，看到殘酷的剝削和

❶：弗蘭克·戈布爾著；呂明、陳紅雯譯：《第三思潮：馬斯洛心理學》，（台北：師大書苑，一九九二年四月），第十一章〈尤賽琴管理〉，頁一二六。

醜惡受到懲罰。」❷可見棄惡揚善，希望社會有正義、公平、美、善，是人類普遍嚮往的心理。

基於這個認知，實有必要考察流通在中國上下階層社會幾千年，支配人民日常行爲的生活規範與價值標準的果報思想，是如何形成唐以後三教雜揉的面相？而學術思想的發展都是前有所承的，不可能憑空冒出，因此筆者大膽假設果報融合的時間還可以往前推到六朝。基於這個預設，便將論文研究範圍下限界定在唐以前；而任何思想一定有它的源起，也就是說，中國原始報應觀，它是如何形成？筆者以最早有文字記載的殷商爲論文研究範圍的上限。在這個論題上下限範圍之內，便形成以下問題意識：

中國最早的報應思想是如何形成？人類原始思惟爲何會有這種觀念？它的根源力、性質、和內部結構又是如何？它如何朝人—神互動的天報觀發展？天報形構成系統時，在歷史發展的流程中，其意涵會產生何種變化？造成這變化因素是什麼？春秋以後人文思潮崛起的時代，在諸子務爲治的前提下，產生了那些果報系統？這些果報的內容是如何建構？在往後發展時，彼此間會有什麼樣的互動？它們的功能是靠那些網絡（管道）傳播？

所謂「報應」就是指事物因果之間存在著一種必然的「合理法則」，而這些果報系統如何保攝其必然性？如果善惡報應的或然性高於必然性，它們的理論可不可以圓滿解釋這些現象？如不能解決這個矛盾，又意謂著什麼？會產生何種問題？自西漢末年以降，佛、道兩

❷：同前註，頁四四。

教先後崛起於民間，它們很快地便成爲魏晉六朝的果報的主流思潮，那麼是不是佛教三世業報輪迴觀以及道教承負罪福觀系統理論可以圓滿人心不平？又佛教以外來的文化入主中土，這裏頭必然存在許多同質和異質性的觀念，彼此之間如何能從扞格到融合？以上這些果報系統又是如何朝向人—神—鬼—天一體雜揉的方向發展？其中促成融合的因素是什麼？中國大果報系統繫聯成一體時，它對中土社會及人生有何意義？

上列諸多問題是筆者所作的縱向思考，而這些考量將放在三次「文化突破」橫面上來觀察。也就是說，在三次「文化突破」思想轉換時代，會激發出何種新果報觀？它們如何建構？新舊系統之間有什麼樣的互動？

筆者以這些縱向和橫向問題，來檢視前人已研究的成果，可歸納爲以下三種類型：一、專以斷代爲研究範圍；二、專以一書爲研究範圍；三、專以一果報系統爲研究範圍。少有人作一個全面「思想史」的考察。因此本論文研究的目的就在探討果報思想是如何起源？建構？衍生？到形成大融合的現象，而其學術價值和意義也自然在其中了。

第二節　方法論的選擇

由於本論文著眼在果報系統的建構及整合的研究，是以筆者決定選擇「系統傳播學」和「詮釋學」這兩套方法論來進行討論，以完成本文的歷史解釋。

為了方便本論文的敘述說明，實有必要對「系統傳播學」和「詮釋學」逐一作概略陳述。

一、系統傳播學的方法

系統（SYSTEM）觀念的提出，首見於美國管理學學者保定（Kenmth Boulding）教授在一九五四年所著《一般系統理論》(*A General system Theory*)，為管理學開創系統方法研究之濫觴。

一九六〇年代，麥克瑪拉（Mcnamara）擔任美國國防部長時，正式引用系統管理到國防計劃，奠定了系統方法理論的地位。❶

一九六八以後，「系統方法」經歷十年發展，漸漸整合了行為、數量及管理資訊、人文等學科，並修訂程序學派的相關理論，而產生「系統方法」（System Approach）及其管理理論，終於奠定系統管理的學術地位。❷

什麼是「系統」？美國系統理論家伯特蘭懷（Peter P.Schoderbek）界定為：「由一些互動的元素所構成的複雜整體。」拉波特（A. Rapoport）則描述為：「由各個互賴部門所構成

---

❶：參見許榮榕：《系統方案專案管理》，（台北：天一圖書公司，一九九五年五月），第二章第一節〈一般系統理論〉，頁一七。

❷：同前註，第一章第二節〈系統方法之發展〉，頁六—九。

的功能整體。」艾可孚（R.L.Ackoff）則自始即堅稱：「我們可將系統廣泛地稱之爲實體（entity），無論在概念上或實質上，它都是由一些互賴的部門所組成。」❸。由以上定義可看出，系統有兩方面概念：從抽象的意義上言，係指一個由部分所結合或構成的整體。在這意義下，具有極廣泛的適用範圍，舉凡太陽系、自然地理中之山脈系統、河流系統、人文社會中之經濟系統或交通系統等是❹。

保定在《一般系統理論》中將系統型態分成九類，而本文所要討論的是人類宗教信仰，是以人類社群中的善惡報應價值觀念爲主，則屬於其第七「人類層次系統」、第八「社會系統」，第九「超自然系統」的範圍❺。其次，若從系統的實體意義上言，系統是「爲達成特定目標（任務），一組有關連之元素的集合……」❻。系統既然是由部分構成整體，即表明系統之間有其層級的組合，任何一個系統都有可能是一個較大系統的子系統，而其本身又

❸：見彭文賢：《系統研究法的組織理論之分析》（以下簡稱《組織理論之分析》），（台北：聯經出版事業公司，一九九〇年十月，四刷），第八章第二節〈系統研究法組織理論的滯礙難行性〉，頁二七六所引。

❹：許士軍：《管理學》，（台北：東華書局，一九九五年五月，十版），第二章第三節〈系統觀念和管理理論〉，頁四九。

❺：同註❸，第三章第一節〈系統研究法的基本概念〉，頁七五—七七。

❻：同註❶，頁一八。

含有許多小系統，這種層次分明的階層性，是系統特性之一❼。

許倬雲在〈體系網絡與中國分合〉一文中，將從屬體系區分為兩種：一種以同質的單元，作主從的排列，有如總公司的分支公司；另一種以異質的功能排列，有如公司的各個部門。前者以「機械的」掛聯方式繫於主要體系，而同級的從屬體系之間，未必有之直接的關係。後者以有機的套聯方式，從屬於主要體系……❽。

就今天形成果報大雜揉的系統來看，以同質性掛聯於其下的幾個主要從屬系統是：天報、儒家的德報、道教的罪福承負報、佛教的三世因果輪迴業報；而以異質性套聯於其下的只有法家的法報。而前者同質性的從屬系統，有的本身也含有子系統。子系統彼此之間都互有關聯性，並且各具有其特定的功能和目標性。一般而言，系統的基本功能可以概括為以下五種：⑴輸入⑵處理⑶輸出⑷控制⑸回饋（反饋）❾；根據美國學者卡茲（Daniel Katz）和卡恩（Robert L.Kahn）兩人在《社會的心理組織》(*The Social Psychology*)一書中的分析，系

---

❼：林清發：《企業管理精粹》，（台北：五南圖書公司，一九八三年六月，四版），第十五章第三節〈系統管理〉，頁四九四。

❽：許倬雲：〈體系網絡與中國的分合〉，收入《中國歷史上的分與合學術研討會論文集》，（台北：聯經出版事業公司，一九九五年九月），頁三。

❾：張詩言：《應用系統開發—分析、設計與程式開發管理》，（以下簡稱《開發管理》），台北：全欣資訊圖書公司，一九九三年十二月），第一章〈系統設計概述〉，頁五。

統至少具備有九種功能，除和前面輸入（卡氏分能源、情報兩種）、控制（卡氏是指系統自我穩定和動態均衡）、處理（卡氏言轉換過程）、輸出四種雷同外，另外四種是：防止衰退、分化、殊途同歸性、系統乃事件之循環❿。從果報系統建構來看，它們本身是一個開放的系統，不但彼能功能互相傳送，也不斷從外在環境中輸入新的能源、物質和觀念，而後經由處理（即轉換）的過程，再以輸出的形式投入環境，這個過程就叫「反饋」，在轉換的過程中，主要是由目標價值、社會心理等次級系統來掌握整個控制功能⓫。就果報系統來說，在輸入與輸出之間，系統爲了達到社會人心期望公平、正義，以及收到勸善懲惡的目標，會從事於某種程度的改變。例如：道教吸收佛教業力地獄觀轉化爲他力的罪罰觀。中國民間果報系統之所以會形成大雜揉情形，就是具備有這種「輸入—轉換—輸出」的功能。

根據英國政治系統論學者大衛·伊士頓（David Easton）在《政治系統分析的研究》（*An Approach to the Analysis of Political Systems*）的說法：

> 除非一個系統接近於萎縮的狀態，否則必定要有不斷的「輸入」(inputs)才能維繫它的生存。沒有「輸入」，系統固不能活動，但如無「輸出」(outputs)，我們亦將無法

❿：同註❸，頁八〇—八二。

⓫：同註❸，第三章第三節〈社會—技術的系統模式〉，頁一〇八—一〇九；案此過程即名：「塔維斯多克的組織系統模式」。

> 辨認出該系統所做的工作。⑫

果報就是以「輸出」功能爲主要導向的組織。

系統的「輸入」和「輸出」就是屬於「傳播網絡」（communication network）的問題。所謂「傳播」，當代西方社會學者麥魁爾(Denis Mcquail)和溫達爾(Sven Windahl)兩人在合著的《傳播模式》(*Commuication Models for the Study of Mass Communication*)一書中，下了一個最概括的定義：

> 傳播基本上是經由符號，將訊息、意念、態度或感情，從一個人或一個團體傳送到另一個人或另一個團體的活動。⑬

所謂「網絡」，許倬雲在〈體系網絡與中國的分合〉一文內也很明確地爲其下定義說：

> 「體系」定義，都包含流動、傳送、分配……諸項動態的觀念。這種觀念亦即「網絡」定義之所在。網絡是建構與維繫體系的條件。……在文化體系，這是觀念的衍生與組合，也是反映觀念同異的學派譜系。⑭

網絡的性質，是以線性結構將各個系統聯爲一體。它可以是有形的，如道路；也可以

---

⑫：同註③，第四章第一節〈組織系統的輸入與輸出〉，頁一三二所引。

⑬：麥魁爾、溫達爾合著，楊志弘、萬季雍共譯：《傳播模式》，（台北：正中書局，民國八十一年四月，三刷），第一章第三節〈定義與專有名詞〉，頁五。

⑭：同註⑧，頁四。

是無形的，如公文傳遞；果報系統的線性網絡是屬於無形的，通常指的是那些人爲的典章制度。而其媒介不外乎口語、文字、非語言三種。口語是古代社會最普遍的傳播媒介，尤其是在教育未普及，民智未開化的社會，其擴散幅面遠超文字符號的適用範圍。其特點是：聽者從接收到訊息，到再次將此訊息傳播出去時，勢必會對原先的訊息作某種調整—或強調、或渲染、或隱瞞。例如：符合報應必然性就加以渲染傳述，而對那些善惡無報的事實，則避而不談。通常古代口語傳播路徑，不外乎是透過講唱、俗諺、歌謠、隱語、咒語、清議等形式來表達其情感和理念。

其次是文字傳播，它具有超然的穩定性，不受時空限制，使訊息可以持久地保存下去，人們可以借文獻資料重建當時的歷史真相，或了解古人的思想。其書寫的材料幾乎無所不用，舉凡龜甲、獸骨、銅器、竹簡、木牘、縑帛、鏡、石刻、磚塊、牆壁等均可作爲文字書寫的媒介。但由於書寫不便，大大限制了文字傳播的訊息，直到造紙術發明，文字傳播範圍才擴大；加上初唐開始有雕版印刷⓯，以及北宋畢昇改良印刷術⓰，使文字傳播在縱向、橫向上

⓯：敦煌所出文書，內有印本金剛般若波羅蜜經一卷（現藏英國倫敦不列顛圖書館），末刊印年月一行：「咸通九年四月十五日王玠為二親敬造普施」，唐印本傳世實以此本最早，雕工極其精細，遠勝於日本百萬塔陀羅經（A.D.764-770）。由於此卷出土，證實了至少在盛唐時代，雕板印書技術早已流行。案：以上可參見蘇瑩輝：《敦煌學概要》，（台北：五南圖書公司，民國八十一年五月，二刷），第四章第六節〈印本述略〉，頁九二—九三。又據張秀民考證：貞觀時代，玄奘已有印製普賢菩薩佛像

更加無遠弗屆。

第三是非語言傳播，指的是人在生活所表現的行爲、觀念、性情，均可能產生傳播的效應。有時候某種神祕儀式、音樂、舞蹈、圖繪也是它傳播的媒介物⑰。

本文所選擇「系統傳播研究法」只能解決系統外圍的問題而已，並不能提供系統內容的建構說明，因此尚需要借助詮釋學的方法來對每一個果報系統建構的經典著作進行詮釋的工作。

二、詮釋學的方法

詮釋學（hermeneutics）是從歐洲中古世紀詮釋《聖經》中神諭—即釋經學—發展而來，這一種研究所分出的部門繁多，包括對《聖經》、古代文獻、語言學規律的闡釋（技術性詮釋學）、對於人類個別的和社會的行動的解釋（社會性詮釋學）、瞭解過程本身的研究（哲學性詮釋學）、以及對任何符號系統所隱藏的意義的發現（例如夢的詮釋學）等。十八

之事（詳參氏著：《中國印刷史》，上海：上海人民出版社，一九八九年九月，第一章〈雕皮印刷術的發明與發展〉，頁二三。）

⑯：宋．沈括：《夢溪筆談》，（北京：中華書局，一九八五年），卷一八〈技藝〉，頁一一七云：「慶曆中有布衣畢昇又為活版。」

⑰：以上可參考吳予敏：《無形的網絡》，（北京：國際文化出版社，一九八八年五月），第一章〈古代社會的傳播媒介〉，頁一—三〇。

世紀末德國出現一位重要的詮釋學思想家施萊爾馬赫（Friedrich Schleiermacher, 1768-1834 A.D.），他企圖建立一個新的詮釋角度，期能發現作者當時創作的意念。施氏之後的狄爾塞（Wilhelm Dilthey, 1833-1911 A.D.），他認爲人文現象與活動的意義，必須先去理解，才可以進行詮釋。

狄氏之後，由於現象學的出現，使得詮釋學有了嶄新的發展。德國現象學大師胡塞爾（Edmund Husserl,1859-1938 A.D.）提出「回歸事物本身」，意即歸還事物的真面目，直接找到事物的本質⑱；其弟子海德格（Martin Heidegger, 1889-1976 A.D.）取徑與胡氏相反，開展所謂的「哲學的詮釋學」，提出所謂「事物的本身」—存有的詮釋⑲。另外要提到的美國本世紀詮釋學學者帕瑪（Richard E.Palmer）他對詮釋學的解釋：

> 詮釋是一門重建另一個人思想的藝術。換言之，客觀性並不在於把動機或原因分派給作者的情感（心理分析），而是通過對另一個人言辭的詮釋來重建他的思想本身⑳。

⑱：參見胡塞爾著，李幼蒸譯：《純粹現象學通論》，（台北：桂冠圖書公司，一九九四年八月），第一章〈事實和本質〉，頁五七—八四。

⑲：海德格著，王慶節、陳嘉映譯：《存在與時間》，（台北：桂冠圖書公司，一九九四年八月），第五章〈「在之中」之為「在之中」〉，頁一八五—一八九。

⑳：帕瑪著，嚴平譯：《詮釋學》，（台北：桂冠圖書公司，一九九五年五月），第七章〈施萊爾馬赫對

以上概述了詮釋學的歷史與發展㉑。對於本論文，詮釋學所提供的，便是筆者對於果報系統的原始素材的詮釋態度及方法，這些基本素材有的是語錄體、有的是有篇章。但不管如何，中國傳統作者在撰寫的過程中很少會像西方學者的著作那樣有縝密的邏輯思惟，幾乎是零散的觀點；即便是有企圖創作一部經典，當初也不一定是持善惡報應的概念去寫。因此詮釋學對本文論述有兩點啓發，一、是忠實於原著的詮釋；二、是創造性的詮釋。傅偉勳在《從西方哲學到禪佛教》內爲後者下明確的定義：

> 創造的解釋家（亦即有意通過解釋開創理路的哲學思想家，而非純粹學者型的思想家），則要發掘在表面結構底下的深層結構，以便顯現連原來思想家都意料不到的他那原本思想的哲理蘊含出來。創造的解釋家一旦發現原本思想所內藏而語言表現上並不明顯的哲學蘊含，就可以超越原本思想家的立場，替他理出他本應理出而未理出的獨到見地。㉒

本論文透過思想史的角度來詮釋中國各果報系統是如何建構的，就是採取「創造性的詮

於一般詮釋學的設計〉，頁一〇一。

㉑：此部分主要參考帕瑪《詮釋學》、李鐸強的《傳播理論》（台北，遠流出版公司，一九九三年二月），頁一二五—一二七；以及潘小慧：《論人類道德實踐的基本結構—析論先秦儒家與多瑪斯哲學》，（台北：輔仁大學哲學研究所博士論文，民國七十九年五月，頁七—九。

㉒：參見傅偉勳：〈儒家心性論的現代化課題(下)〉，《從西方哲學到禪佛教》，（台北：東大圖書公司，民國八十年二月），頁二五七。

釋法理出原本思想家所沒有理出的哲學蘊含」，以緊密的推理和分析來完成本文的論述。

最後要補充說明的是：「系統研究法」的基本理論架構。它至少包括三個面相：一是「思考方式」，二是「分析的方法與技術」，三是「管理型態」。也就是說，系統研究法始於對系統或事象的觀察，經由思考和瞭解，而產生對系統之輸入、輸出、及轉換過程的某種假設㉓。換言之，它是由「系統哲學」、「系統分析」、「系統管理」三部分組成的。

所謂「系統哲學」是根基於整體現象的一種思考方式，涵蓋了所有各個部門、組成份子以及次級系統，並且強調他們之間的相互關係性。而「系統分析」則涉及一些決策或解決問題過程中的方法和技術。至於「系統管理」它提供了所謂「輸入—轉換—輸出」的一般化模式，從而確保了物質、能源和情報的流通與均衡㉔。

系統研究法應用到果報系統上，則「系統哲學」是思考形成從屬的果報系統，以及次級系統彼此之間互動關係；而「系統分析」則是涉及果報系統的建構成素以及如何解決某些反功能的問題；至於「系統管理」則是研究果報系統的功能輸送和吸收環境因素以致力於目標的有效達成，或如何進行整合一體的作業。

根據以上的看法，利用系統學傳播和詮釋學從事果報思想建構的探究，已孕育出三個基本課題；第一是果報系統面臨三次文化突破的環境衝擊時，如何建構其內容？它又如何吸

㉓：同註❺，頁八四。

納環境因素得以維持系統生存於不墜？第二是果報系統彼此之間功能互動如何？第三是各果報系統又如何達到目標整合一致性？

本文所選擇的方法論只是諸多歷史解釋中的一、二種，它並非唯一的解釋，就詮釋學的理念而言，它必然允許有不同角度所作的不同詮釋，這種種不同的詮釋就構成歷史文化的活潑性與現實性。謝師大寧先生也說：「任何的歷史解釋都是對自己學術生命負責的表現，筆者將以這個立場看待別人，也同樣看待自己所提出的解釋。」㉕，因此不揣鄙陋，借其語來表明創作心跡。

此外，系統傳播學和詮釋學雖是本文主要的方法論，仍不足以應付諸多龐大、枝節的問題，還必須整合其他宗教學、倫理學、社會學、人類學、刑法學、教育學等學科來佐助本論文所選擇方法論的不足，以期論文詮釋的角度更臻於圓融。

大略交代完本文方法論後，以下便可進入釐清本文前緣的課題。

第三節 「文化突破」概述

「突破」（breakthrough）觀念最早是由德國哲學家馬克斯・韋伯（Max Weber,1864－

㉔：同註⑤，頁八七。

㉕：謝大寧先生：《從災異到玄學》，（台北：台灣師大國文研究所博士論文，民國七十八年五月），頁三一三。

1920 A.D.）晚年提出的，他是應用在有關宗教社會學的論著之中❶。但是將此觀點闡釋的最清楚的是，美國當代社會學家派深思（Talcott Parsons, 1902-1 979 A.D.）。派氏借韋伯「預言性突破」觀點來考察公元前一千年以內，希臘、以色列、印度和中國四大古文明國都曾先後不相謀而方式各異地經歷了一個「哲學的突破」（Philosophic breakthrough）的階段。所謂「哲學的突破」即對構成人類處境之宇宙的本質發生了一種理性的認識。……與這種認識隨而俱來的是對人類處境的本身及其基本意義有了新的解釋。

以希臘而言，這突破表現爲對自然秩序及其規範的和經驗的意義產生了明確的哲學概念。

以色列「哲學的突破」清晰地突出了上帝爲創造主的普遍觀念。這個觀念貫穿於猶太教、基督教、以及伊斯蘭教的基本教義之中，構成了西方文明的主要文化基礎。

印度的「突破」產生了知識階層間的一種宗教哲學，其中心觀念爲業報與靈魂轉世。

「哲學的突破」在中國表現得最爲溫和，因爲中國的傳統寄托在幾部經書之中。此一傳統經過系統化之後，在宇宙秩序、人類社會和物質世界，幾個方面都發展出一套完整而別具一格的看法❷。

---

❶：見塔馬科特‧派深思：〈馬克斯‧韋伯《宗教社會學》導言〉，收入劉援、王予文譯：《宗教社會學》，（台北：桂冠圖書公司，一九九四年三月，二刷），頁二四——二九。

❷：T.Parsons,「The Intellectual: A Social Role Catege Ory,」PP.6-7 轉引自余英時：《中國知識階層史論（古

此外，德國存在主義哲學家雅斯培（Karl Jaspers,1883-1969A.D.）也在五〇年代末期提出「超越的突破」（transcendent breakthrough），他也認爲上述四大古文明國均經歷了一個「樞軸時代」（Axial Age），即從人類學家所謂原始階段突入高級文化階段❸。這個時代都不約而同出現賢者（像中國的孔子、印度的佛陀、猶太的以賽亞、希臘的畢達哥拉斯）提出系統性的思考，爲人類何去何從，以及是非善惡問題，賦予了普遍性的意義。

至於樞軸時代本身的特點，雅斯培列舉了三點重要的發展：

㈠人不再只是爲了活著而生活，人有了意識和反省，這是人類精神上的進展。

㈡人以理性的能力發展工藝與技術，擺脫環境的約束與限制，以求生存。

㈢社會上有了信服的對象，或爲統治分子，或爲聖賢型的精神指導者，人因此有所景從，不致於沒有自覺與恐懼惡魔而找不到目標。❹

派深思和雅斯培都認爲中國第一次「突破」是春秋時期的孔子。事實上，還可以上溯

代篇）。古代知識階層的興起與發展》，（台北：聯經出版事業公司，一九九三年五月，二刷），頁三二—三三。

❸：同前註。

❹：許倬雲：〈論雅斯培樞軸時代的背景〉，《中國古代文化特質》，（台北：聯經出版事業公司，一九九五年三月，四刷），頁一三〇。

到更早的殷周政權轉換之際❺。蓋政治上分裂（或政權遞換）的時代，也是思想上變動極大的時代。之所以裂分，則是原有文化結構行之多年，已趨於僵化，不能滿足社會實際需要，這時必須尋求新的突破。這種突破有時是靠外來文化；有時是加入新文化。中國歷史上，首次文化突破是在殷周鼎革之際就開始了，實肇因於周人一個超越現世的反省—爲何大邦殷的至上神沒有守護他們的國祚？天命爲何轉移到蕞爾小國的周身上？從西周文獻得知周人反省出「敬德」觀念，也就是這種人文精神自覺，造成第一次文化突破，在此突破之下，原始報應觀會產生何種變化？新的系統如何建構其內容？

第二次文化突破則如派、雅二氏所言的春秋時代，肇因於西周王權崩解，連帶著社會封建制度也跟著鬆動，豪族或分疆，各自爲侯；陪臣也可執國命，禮樂崩壞，舉凡社會、政治、經濟等都產生極大變化；王官失守，貴族貶爲庶民，將知識帶入民間，孔子便是將教育普及的第一位菁英份子。此後春秋戰國五百餘年，進入百家爭鳴階段，這是崩解後又產生另一個新局面，西方社會學家魏爾（Eric Weil）在 *"What is a Breakthrough in History"* 一書中提出「崩潰理論」，認爲每一次突破之前先要有一次崩壞❻，對中國文化突破的情形頗爲合轍。吾人要關心的是：在第二次文化突破時，原先果報系統會產生何種變化？道術爲天下裂

---

❺：同前註；以及徐復觀：《中國人性論史—先秦篇》（台北：台灣商務印書館，一九九四年四月，十一刷），第二章〈周初宗教中人文精神的躍動〉頁一五—三二。二位學者亦持此看法。

❻：同註❸，頁一三一所引。

的情況下，新的從屬系統如何形成？彼此之間功能互動如何？

根據魏爾理論，吾人又發現到秦漢近二百三十年大一統格局，在東漢以後呈現衰敗的局面，至魏晉南北朝又是一次歷史大轉變的時期，此次文化突破主力是外來的佛教，它結合了本土老莊思想，成爲彼時學術主流，加上道教的挑激，於是掀起第三次突破的大纛。這外來的文化會帶來何種新的果報觀？對原先報應系統會產生何種影響？

從以上概述，讀者可以了解到本人爲何要借「突破」觀點來考察果報系統的建構。因爲「突破」的環境因素也就是果報系統「輸入」和「輸出」功能的能量來源，借此，也可考察系統本身在適應新狀況時，如何調適或作某種程度整合與改變。

釐清完本論文前緣問題後，以下便可展開正文的論述。

第二章　中國「報」的源起暨天報系統的形構

第一節　中國「報」的源起

一、從文字學上考察「報」的原始義

關於「報」本義解釋最早見於《說文解字》：「當辠人也，从幸从𠬝；𠬝，服辠也。」❶，這是後起義，不足以看出其原始義涵。從現存最早文字——殷商甲骨文來檢索，小屯南地出土𠂤組卜辭內有殷人先王先公：「報乙」、「報丙」、「報丁」人名❷「㇆」、「冂」、「冂」，二字合書，報作「コ」，象側面所見盛主之器❸，有點類似今日的神龕。《屯南》

---

❶：漢・許慎著、清・段玉裁注：《說文解字注》，（台北：蘭臺書局，民國六十二年九月），卷一九（十篇下），頁一三。

❷：該甲文亦收入《殷契粹編》（簡稱《粹》）第一一二片、《甲骨文合集》（簡稱《合集》）第一九八一一號。

❸：見劉翔等編：《商周古文字讀本》，（北京：語文出版社，一九九一年八月，二刷），頁七。

六六五片：「癸酉貞，其又匚于高且。」❹，「匚」左右反形，有報祭之意，這是引申義。

《禮記·郊特牲》云：

> 萬物本乎天，人本乎祖，此所以配上帝也。郊之祭也，大報本反始也。❺

孔穎達《疏》云：

> 此一經釋所以郊祭天之義，天為物本，祖為王本，祭天以配祖，此所以報謝其本；反始者，反其初始。❻

可看出《禮記》解釋報祭多少保留了上古以來祭祖行爲動機的真相。

然而，「コ」或「匚」仍然不是吾人今日所見隸定的字形。

「報」右旁「𠬝」卜辭作「[illegible]」、「[illegible]」、「[illegible]」等形體❼，象以手捕人之形。

郭沫若言：「𠬝，服也，義同俘，與牢、圉並舉，乃用人爲牲。」❽。

---

❹：姚孝遂、肖丁：《小屯南地甲骨考釋》，（北京：中華書局，一九八五年八月），頁二三八。

❺：漢·鄭玄注、唐·孔穎達正義：《禮記正義》，（台北縣：藝文印書館，民國六十八年三月，七版，影印阮刻十三經注疏本），卷二六〈郊特牲第十一〉，頁七。

❻：同前註。

❼：見李孝定：《甲骨文字集釋·第三》（台北：中央研究院歷史語言研究所），《專刊之五十》，頁九二三所引。

❽：郭沫若，《卜辭通纂》（簡稱《通》），（北京：科學出版社，一九八三年六月），第七八一片，頁五五〇。

商承祚則進一步分析：

> 金文〈宗周鐘〉「𠬝子」𠬝作𠬝，此與《說文》：「𠬝，治也，从又卪，卪事之節也。」案：𠬝即服之本字，金文多已從舟，作𦨈、𦨈（盂鼎、番生𣪕），服行而𠬝廢矣。❾

金祖同則以爲𠬝爲方國名《鐵》二五九：「伐𠬝方」、「𠕋三𠬝」是以𠬝方之俘三人爲牲，又假爲征服之服❿。以上，郭、商、金三氏所言甚是。《說文》解爲「治」文義可通，然而析形則有誤。

左旁「幸」，卜辭作㚔、㚔、㚔等形⓫。孫海波以爲：「象刑具，罪人所以梏兩手；執、圉等字皆從此。」⓬

董作賓亦云：

> 「㚔」，卜辭作㚔，象手械，即拲字。蓋加於俘虜之刑具也。⓭

董、孫二氏釋形不誤，惟董氏言即「拲」字則似未妥。《說文》在「㚔」部下收錄「睪」字，訓：「令吏將目捕辠人也。」；「圉」字，訓：「所以拘辠人」；「執」字，訓：「捕辠人

---

❾：商承祚：《福氏所藏甲骨文字考釋》頁八下，轉引自《甲骨文字集釋・第三》，（出版狀況見前），頁九二四。

❿：金祖同：《殷契遺珠》頁一下，轉引同前。

⓫：同註❼〈第十〉，頁三二二三所引。

⓬：孫海波：《甲骨文編》，（台北：台灣中華書局，民國五十四年），卷一〇，頁一四上。

⓭：同註⓫所引，頁三二二八。

也」；「𥷚」字，訓：「窮治辠人也」；「報」字，訓「當辠人」⑭，均與拘繫罪人有關，故「㚔」必爲刑具無疑。

如將此二契文偏旁合爲一體，則見於《前》六·二·九五：「丁酉卜，古，貞：兄報☐」作「☐」形，便可釋爲：「以罪人（或俘虜）奏請報決」。殷商社會尚屬奴隸時期，人牲主要來源就是刑人和戰俘，除了當人牲外，又作爲奴隸用途⑮。

獻祭主要目的，不外祈福、獲佑，這是祭祀求報的原始思惟⑯。這種原始思惟還可以溯到先民穴居（或散居），未有部落型態、文字工具的茫昧時代⑰，可惜缺乏實物文獻資料。

---

⑭：同註❶。案：許氏訓「報」為當罪人已是後起之義，「報」其契文合字應為以刑人或戰俘為祭祀用。

⑮：郭沫若：《中國古代社會研究》，收入《郭沫若全集—歷史編1》（北京：人民出版社，一九八二年九月），第一篇第一章〈《周易》時代的社會生活〉，頁五四。

⑯：所謂「原始思惟」，或譯為原邏輯思惟(Prelogical thought)：指不是以語言為基礎，不用概念來思惟的一種感通模式。參見卡西勒：《人論》，（台北：桂冠圖書公司，一九九四年十月），下篇第七章〈神話與宗教〉，頁一一八。

⑰：祭祀求報，涉及到原始宗教信仰，在大陸考古的成效下，已知距今七千多年前的浙江河姆渡文化，五、六千年前的陝西半坡文化、一萬多年前的城子崖龍山文化，均有占卜，卜骨的發現；二萬五千年前的山頂洞人遺址，骨骸四周灑有赤色鐵粉，顯示有鬼魂迷信和某種安靈祭禮，參見吳新智：〈周口店山頂洞人化石的研究〉，《古脊椎動物與古人類》一九六一年第三期；朱天順：《中國古代宗教初探》（台北：谷風出版社，一九八六年十月），第六章〈鬼神崇拜與祖先崇拜〉，頁一七八。就原始宗教

因此有關於「祭祀求報」的原始宗教信仰探討，只能從殷商有文字記載以後斷起⑱。以下便從宗教學角度來考察「祭祀求報」的原始思惟。

二、從宗教、人類學上考察「祭祀求報」原始思惟

(一)自然崇拜

「祭祀求報」是人類對大自然崇拜最早的宗教意識活動，也是對自然界最初認識的反映⑲。由於先民蒙昧無知，加上生產工具落後，面對大自然時，表現極大的依賴性，他們生存

發展而言，自然崇拜、圖騰崇拜要比鬼魂崇拜更早。因此祭祀求報還可以往上推到好幾萬年前。

⑱：傳說中的夏王朝，在近三十年來大陸考古隊挖掘下於一九五〇年發現「鄭州二里岡文化」——該文化屬於早商文化，其下層發現近十四里長的域址，被認定為是商代前期的都邑；其次在一九五六年發現「鄭州洛達廟類型文化」，其地層介於河南龍山文化及鄭州二里岡文化之間。從五〇年代末期開始，大陸學者如：徐旭生、夏鼐、趙芝荃、殷瑋璋等人。對二里頭文化遺址進行考證，探索夏文化的可能性，夏氏甚至斷定二里頭遺址是夏代晚期都邑。王仲孚在〈最近三十年夏代考古與夏文化探索的檢討（一九五九—一九九二）〉一文中（《歷史學報》八十二年六月，二一期，頁一〇）總括前人研究成果，下一個最持平之論：「如果沒有夏代文字出土，夏代考古與夏文化探索，勢必將繼續停留在這種『推測』的階段，考古資料與文獻資料如不能得到真正的結合，夏史真象也就難有水落石出的一天。」吾人從甲骨文字出土，證實了太史公撰〈殷本紀〉確有所本，其推測〈夏本紀〉也應有所根據，非憑空臆造，然而在沒有出土文字證明之前，筆者探索「祭祀求報」也只能從殷商斷起。

⑲：蔡家麒：〈自然、圖騰、祖先—原始宗教初探〉，《哲學研究月刊》，一九八二年第四期（一九八二

幾乎完全在自然力的控制下，談不上支配自然的能力。面對一切可以影響日常生活及威脅生命的現象，如：暴風、霜雪、地震、雷火、大水、乾旱等，無不感到敬畏，甚至認爲這些自然力現象背後定有不可測知精靈在掌控；這種直觀認識是主體在客體世界尋找與自身相同屬性的投射，在尋找不到相應的形體時，就產生「靈」的觀念，也就是原始宗教意識的基點。德國唯物主義哲學家費爾巴哈（Gustav Theodor Frechner, 1801-1887 A.D.）即說：

> 人在宗教中是拿自己本質對象化出來的；自然宗教底現在已經可以證明這個斷語了⑳。

先民就憑藉著這種靈的觀念，產生了對自然的崇拜。而泛靈觀念是隨著生活領域擴大所形成的，蔡家麒在〈自然、圖騰、祖先——原始宗教初探〉一文中作了深入的分析：

> 原始的靈的觀念是自然崇拜的起點，最初發生在和人們日常生活最密切、影響最大的個別事物上，極可能是那些做為飲食之源的動植物。隨著生活領域的擴大，人們接觸到的事物隨之增多，逐步將靈的觀念擴展，推向整個自然界，地上、水中、天上，凡見到的一切事物，都有自己的靈，「萬物有靈」的觀念形成了，而且逐漸複雜化。㉑

年四月），頁五四。

⑳：費爾巴哈著，林伊文譯：《宗教本質演講錄》，（台北：台灣商務印書館，民國五十八年十月，二版），頁四〇。

㉑：同註⑲，頁五五。

當先民拿自然界當作神性來崇拜，事實上已不自覺流露出「原始和諧」㉒的心靈需求，而祭祀犧牲儀式就是先民想要達到自然和諧的手段。從殷墟卜辭中，吾人可以看到為數甚夥的自然崇拜記錄：

1.祭日神

殷卜辭記載祭祀日神，祭法有賓、御、又、𥘅等，分別述之如下：

乙巳卜，王賓日。（《佚》八七二）㉓

御各日，王受又。（《粹》一二七八）㉔

丁巳卜又出日，丁巳卜又入日。（《佚》四〇七）

今日既，𥘅日。（《菁》一〇·一〇）㉕

案：這種祭日法，可能由來已久，《禮記·祭義》內提到夏朝時就有這種儀式㉖，殷人祭日

㉒：所謂「原始和諧」是原始人類視自然界為自身存在基源，而企圖與之共存所抱持的一種原始心靈，即費爾巴哈在〈宗教的起源〉所說的：「宗教起初不外表示人覺知其與自然界或世界相聯繫共存的那種情感罷了！」（同前引書，頁三九）

㉓：商承祚：《殷契佚存》（簡稱《佚》），金陵大學中國文化研究所影印本，與考釋合冊，一九三三年十月。

㉔：郭沫若：《殷契粹編》，台灣：大通書局，民國六十年二月，附考釋索引。

㉕：羅振玉：《殷墟書契菁華》（簡稱《菁》），一九一四年十月，影印本一冊。

㉖：《禮記正義》云：「郊之祭，大報天而主日，配以月。夏后氏祭其闇，殷人祭其陽，周人祭日，以朝

可能是古來習慣的延續。主要是「日」決定一年四季氣候溫度的變化，對農牧生產有直接影響，先民相信背後定有一位主宰的神，因而祭祀之。

2. 祭月神

卜辭中沒有祭月，陳夢家認爲其中的「西母」是指月，「東母」指日㉗。

> 㞢于東母，西母，若。（《後》上二八・五）㉘

3. 祭星辰之神

對星辰崇拜是由於其運行，以及彗星、隕石、大小亮度的現象而產生神祕感；此外有些恆星比較固定，先民借以觀察它來定方位，免迷失方向。第一期武丁卜辭已見祭星記載：

> [辛]未，㞢酘，新晶。（《前》七・一四・一）㉙
>
> 七日己巳，夕壴，㞢新大晶，並火。（《通》四三二）（《後》下九・一）

案：晶，星之初文，卜辭作品、[illegible]，古文作[illegible]；「新」爲祭名，因爲有禍，乃「新」於星。

以聞。」（出版狀況見前），卷二六（祭義），頁一。

㉗：陳夢家：《殷墟卜辭綜述》，（北京：科學出版社，一九五六年），第十七章第三節〈風雨諸神〉，頁五七四。（台灣大通書局有影印本）。

㉘：羅振玉：《殷墟書契後編》（簡稱《後》），（台北縣：藝文印書館，民國五十九年），重印本一冊。

㉙：羅振玉：《殷墟書契前編》（簡稱《前》），（台北縣：藝文印書館，民國五十九年），上下二冊重印本。

第二則「並」也是祭名；「火」是大火星。㉚

4. 祭雨

雨對農作的灌溉，牧場草地的滋養，有很大助益，故祈求降雨的卜辭相當多。但是過多的雨水也會帶來人命財產的損失，因此祈求止雨的文獻數量也不少。此外殷人眼中，雨神已不具有決定降不降雨的權威，求雨或止雨的對象是地方神、祖宗神、雪神、雲神、山神、河神、四方諸神：

[丁]丑貞，其寍雨于方。（《粹》一五四五）

[癸]酉卜，寍雨于岳，叀。（《前》五・一八・四）

寍雨于土。（《後》上一九・七）

案：寍雨即寧雨，意爲止雨，其中方、岳、叀、土可能是地方神或祖宗神。

其𠦪閔，又大雨。（《甲》一二五九）㉛

案：「閔」陳夢家以爲是與雨雪有關的神㉜。

茲云雨。不其雨。（《契》五五三）㉝

㉚：釋文出處，同註❸引書，頁一五—一六。

㉛：董作賓：《殷墟文字甲編》（簡稱《甲》），（上海：商務印書館，一九四八年四月），影印本一冊。

㉜：同註㉗，頁五七七。

㉝：容庚・瞿潤緡：《殷契卜辭》（簡稱《契》），（台北縣：藝文印書館，民國五十九年十月，影印《燕

殷人也認為山川神可以主宰雨水：

癸未卜，㚇十山、好山，雨。（《庫》一一〇七）

𠦪年于河，又大雨。（《掇》三八四）㉞

殷人以為雨來自四方，故有祭四方之神：

其□𠦪雨于南方。甲子卜，其𠦪雨于東方（《甲》七五三）

5.祭雲神

尞，豖，四云。（《庫》九七二）㉟

案：尞即火焚物的祭法。

6.祭雪神

其尞于雪，又大雨。（《金》一八九）㊱

7.祭風神

颶風也會帶來地面財物人命的損傷，故卜辭中也有不少寧風祭，如武丁卜辭：

㉞：郭若愚：《殷契拾掇》（簡稱《掇》），上海：上海出版公司，一九五一年八月。

㉟：方法斂：《庫方二氏所藏甲骨卜辭》（簡稱《庫》），（台北縣：藝文印書館，民國五十五年六月），收入《方法斂摹甲骨卜辭三種》第一冊，頁三八。

㊱：方法斂：《金璋所藏甲骨卜辭》（簡稱《金》），（台北縣：藝文印書館，民國五十五年六月），收入《方法斂摹甲骨卜辭三種》第三冊。

京大學藏殷契卜辭》），共上中下冊，此片在上冊，頁三九。

癸卯卜，賓貞寧𩙡。（《契》五五八）

案：陳夢家考定卜辭風，早期作「𩙡」，晚期作「𠘩」，即後來的「鳳」字，假借為風㊲。

風祭牲物通常用犬，也有用羊、豕的。

甲戌卜，其寧風三羊二犬三豕。（《續》二‧一五‧三）㊳

風神屬帝管轄，故又以帝禮祭之：

辛未卜，帝風，不用雨。（《佚》二二七）

8.祭山神

辛□貞，尞於十山。（《掇》三七六）

尞𡴘、矢、山、兇。（《續》一‧四九‧四）

其𠬪十山。（《甲》三六四二）

甲申卜，夋十山。（《庫》九七二）

案：祭山之法為尞、夋，兩者皆以燒柴為祭。夋字，陳夢家以為是爇初文，在卜辭中或作𥛚、𠬪、㊴。𡴘、矢、兇或為山神名，在十山之內，或在陮或在齊地，各有五山，合之為十山。㊵

㊲：同註㉗，頁五七六。

㊳：羅振玉：《殷墟書契續編》（簡稱《續》），台北縣：藝文印書館重印一九三三年九月影本六冊。

㊴：同註㉗，第六節〈山川諸示〉，頁五九六。

㊵：同前註。

9. 祭河神

陳夢家在〈古文字中之商周祭祀〉一文指出：㊶

大河而受祭祀者，蓋認大河為水源之主宰，以年豐雨足為河神所賜，而災咎由河神為祟。

又說：

河為水神，而農事收穫首賴雨水與土地，故河又為求雨求年之對象。

因此在殷人觀念中，河必然有一位未知的神在掌握人生活的禍福吉凶，也排在祭祀之列：

貞于河𡧊年。（《後》下七・七）

10. 祭土地、社稷之神

這是崇拜土地生養、承載萬物自然力的恩德。祭土即祭社，《說文》：「社，地主也。」（卷一，頁一五），祭土所以求地利，報地功。《禮記・郊特牲》內有段記載就反映這種由來已久的原始宗教信仰：

社，所以神地之道也。地載萬物，天垂象。取財於地，取法於天，是以尊天而親地也，故教民美報焉。

殷人祭祀的土地之神，以居住所地為主：

𡧊年于夏土。（《明續》四五三）㊷

㊶：陳夢家：〈古文字之商周祭祀〉，《燕京學報》一九期，（一九三六年六月），頁九一。

隨著殷代領土擴大，要對全國各地土神加以祭祀是不可能的，於是有統祭四方土地神的辦法以節制祭祀的頻繁，在卜辭中其順序是東、南、西、北：

己巳，王卜貞，□歲商受□。王占曰：吉。東土受年。南土受年，吉。西土受年，吉，北土受年，吉。（《粹》九〇七）

這種統祭發展到周代即為社稷之神——一個神性包含廣大地區的大土地神；這是多神轉化為一神信仰常出現的現象。《白虎通・社稷篇》即明白說出這種轉化原因：

人非土不立，非穀不食，土地廣博，不可遍敬也。五穀眾多，不可一一祭也。故封土立社，示有土地。稷，五穀之長，故立稷而祭之也。㊸

11祭四方之神

殷人但以風雨來自四方，或以為有神主之，故卜辭屢見四方之祭：

尞于東、西、南，卯黃牛。（《乙》五二二五）㊹

罕于四方其五犬。（《明續》四九七）

㊷：許進雄：《殷墟卜辭續編第一集》（簡稱《明續》），加拿大：皇家安大略博物館出版，一九七二年。

㊸：漢・班固撰、陳立疏證：《白虎通疏證》，（北京：中華書局，一九九四年八月）卷三〈社稷〉，頁八三。

㊹：董作賓：《殷墟文字乙編》（簡稱《乙》），台北：中央研究院歷史語言研究所，上輯：一九四八年十月；中輯：一九四九年三月；下輯：一九五三年十二月。

㈡祖先崇拜

殷人就是憑藉著這種「萬物有靈」觀念，產生自然的崇拜。從萬物有靈的崇拜到祖先崇拜，中間尚需經過一個觀念轉化——即靈魂不朽。先民如何產生人死後有靈魂的觀念？根據一八七二年，英國人類學家泰勒（Tylor.E.B）在《原始文化》(*Primitive Culture*)一書中指出：

> 原始人根據睡眠、出神、疾病、死亡、夢幻等生理、心理現象觀察，推論出與身體不同的靈魂觀念，應用于死去的祖先身上，便產生了祖先崇拜。㊺

靈魂觀念在本質上是不同於萬物有靈的精靈，它是先民原始思惟進一步深化的結果，也就是從客體崇拜回歸到主體崇拜的思惟展現。這種能力就是西方結構主義之父——李維·史特勞斯在《野性的思惟》一書裏所說的人類存在兩種不同的科學思惟方式，其中的感性直觀㊻。

李景源在考察人類認識起源，對先民這種轉化能力有更具體的分析：

> 所謂認識的起源問題從客體方面看，是探討自然物如何轉化為認識的對象（我們這

㊺：見呂大吉：《宗教學通論》，（北京：中國社會科學出版社，一九九六年十月，二刷），第一章〈宗教的起源〉，頁三三七所引。

㊻：李維·史特勞斯著、李幼蒸譯：《野性的思惟》（台北：聯經出版事業公司，民國七十八年五月）第一章〈具體性的科學〉，頁二一。

裡僅指有能力改造他時才成為對象），從主體方面看，是探討生理機能、心理機能如何轉化為認識機能。很顯然，主客體關係的形成根源於人類實踐活動形式。無論怎樣低級的實踐活動，都使自然物發生某種形式變化，使自然物的內容獲得一種為人的形式，並從而具有某種認識價值。⑰

先民透過「死亡」和「作夢」的實踐活動而推論出靈魂不死的觀念，也就是肉體死亡之後，某種無形的東西繼續存在，而且能夠在生人之間遊動，並且對人和事施予好或壞的影響。這種超驗的「存有」，古人無法掌握它，卻感知它的存在，於是將這個不朽的靈魂稱作「鬼」㊽。

德國哲學家恩斯特・卡西勒(Ernst Cassirer)在《人論》(*An Essay on Man*)一書裏提到原始宗教靈魂不朽觀時，解釋成「一種對死亡現象的恆常的和固執的否定」，他說：

在原始思惟中，死亡絕對沒有被看成是服從一般法則的一種自然現象。它的發生不是必然的，而是偶然的，是取決於個別的和偶然的原因。㊾

中國祖先崇拜的原始思惟即否認死亡的可能性，由此引出深層的價值觀——即視祖先爲家族的守護神。中國迄今所見最早的墓葬是二萬五千年前，約舊石器晚期的北京周口店山頂洞人，死者即葬在家族生活圈內，便是一個最典型有力的例子㊿。

---

⑰：李景源：《史前認識的研究》，（湖南教育出版社，一九八九年三月），頁六九。

㊽：同註⑲，頁五九。

㊾：同註⑯，頁一二四。

㊿：見張捷夫：《中國喪葬史》，（台北：文津出版社，民國八十四年七月），第一章〈先秦社會的喪葬〉，

美國人類學家德·格魯特（de Groot）在《中國人的宗教》（*The Religion of the Chinese*）一書中也準確指出中國人祖先崇拜的基本特徵：

> 死者與家族聯結的紐帶並未中斷，而且死者繼續行使著他們的權威，並保護著家族，他們是中國人的自然保護神。……：祖宗崇拜使家族成員從死者那裡得到庇護而財源隆盛。因此生者的財產實際上是死者的財產；固然，這些財產都是留存於生者這裡的，然而公權和家長制的權威的規矩就意味著：祖先乃是一個孫子所擁有的一切東西的物主。[51]

但是，吾人要進一步追問：在衆多先人鬼魂當中，那一種人的鬼魂才能成爲部落共同崇拜的守護神呢?張光直說：「英雄即祖先」[52]，這個說法大致可以獲得學界支持。祖先崇拜是自然屬性崇拜轉換爲社會屬性崇拜的自身思惟深一層的展現。換言之，人逐漸向其本質推進時，終必以人的價值屬性做爲崇拜對象，此價值屬性通常以是否有功或德於後人爲判準[53]。

頁三。案：山頂洞人屍體旁邊放有鑽孔的器齒、石珠、骨墜等物，四周還撒有赤鐵礦粉末，考古學者由此斷定此時原始人已經產生了關於死後生活的觀念。

51：同註16，頁一二六所引。

52：張光直：〈商周文化之分類〉，《中國青銅時代》，（台北：聯經出版事業公司，民國八十三年十二月，五刷），頁三一三。

53：上古傳說的伏羲、神農、有巢、燧人、有娀、后稷、契等，死後被當作氏族共同生命體創始者來崇拜，即可為明證。可參見《史記·五帝本紀》。

蔡家麒說得更具體：

在眾多的鬼魂中，人們對自己氏族或部落裡亡故的頭人、巫師，總是特別崇敬的。這些人一般都具有傑出的組織與領導的才能，有著高超的技藝，出眾的智慧和勇敢無畏的品格。他們多半經歷過自然的、社會的嚴峻考驗 無論在生產、生活和戰鬥中，對自己集團的族人做過許多貢獻。他們生前受到族人的愛戴和敬仰，死後則受到長久的懷念，遂把他們往昔的活動用講述和歌唱的形式，世代流傳下來。這些佚事流傳的過程，也就是將他們超人、神化的過程。在子孫們的意識裡，他們的靈魂從眾多的鬼魂中逐漸上升，成為能賜福于族人的祖先神靈，從而有別于其他一般的鬼魂。「神」原來就是已經亡故了的集團的祖先或英雄人物。[54]

所以祖先崇拜是先民對生命共同體的源頭一種精神的回歸。在卜辭中保存有爲數其多的祭祖資料，在殷人觀念中，祖先死後或成爲上帝的左右手—即「賓于帝」，故以帝祭之禮祭拜，他們是人神之間的橋樑，子孫有何祈求，便是透過這些「賓于帝」的祖宗神來傳達。因此在殷人觀念中祖宗神也有降禍福能力，如：

1.求年、𠦪禾

乙巳貞，𠦪禾于高且。（《明續》四五一）

丁丑卜，賓貞，求年于上甲。（《續》一·三·一）

54：同註19，頁六〇。

2.求雨

癸卯卜，求雨于示壬。（《鄴初》一・三二八）(55)

3.受右、弗右

貞，求于上甲，受我右。（《乙》一三三二五）

辛卯卜，爭貞，我狩，下乙弗右。（《續》一・四六・三）

4.降禍

乙未卜，爭貞，王亥祟我。（《丙》三）(56)

案：有禍意，在卜辭中尚有壱、凶、孽、𡆥等字。

除了祖宗神外，殷先臣有功於國的也在祭祀之內，據陳夢家統計，卜辭中的舊臣有：大乙時有伊尹（伊奭、伊示、伊保、伊父）；大甲時有保衡（黃尹、黃奭、黃示）；大戊時有伊陟（尹陟、戊陟）；巫咸（咸戊、咸）；盤庚前有遲任（旨千、千、戊爻、爻戊；戊盡；萑、𢀛、𦬺）；武丁時有甘盤（𠂤般）(57)。這些先臣神和祖宗神一樣具有降雨、寧風、受年、寧雪；為壱、為祟的神力。

---

(55)：黃濬：《鄴中片羽初集》（簡稱《鄴初》），（台北縣：藝文印書館，民國六十一年七月）；初、二、三集合訂。

(56)：張秉權：《殷墟文字丙編》（簡稱《丙》），（台北：中央研究院歷史語言研究所），上輯：一九五七年八月；中輯：一九六二年；下輯：一九六七年十二月。

(57)：同註(27)，頁三六六。

(三)上帝崇拜

從祖先崇拜到上帝崇拜是人類本質最高極致的投射。事實上，吾人有理由相信殷人較早的上帝崇拜可能是崇拜最原古的祖先，而逐漸升格爲至上神58，否則殷人也不會以帝祭之禮祭先祖。升格的時機大致是地上有統一的共主出現。胡厚宣就說：

> 天上統一至上神的產生，是人間統一帝王出現的反映。沒有人間統一的皇帝，就永不會有天上統一的至上神。殷代這一社會意識形態的宗教信仰，應該是同階級社會的經濟基礎相適應的：……他必然是早已進入階級社會的時期。59

商王國都在安陽，隔著太行山防禦著以西的敵國。沁陽的衣是商王遊田的駐所，征戍淮水的人方從此地出發。商丘的商是商王國第三大邑，防禦著山東和淮上的諸侯。這三個大邑是王國重要據點。當時所謂商的邦國範圍很大，商人想像中土地方域是以王的都邑爲中心，稱之爲「天邑商」。其四郊爲「奠」；四郊之外爲「四土」；四土的邊地爲「四戈」，即「四域」、「四國」，亦即西周金文的「殷邊」；殷邊以內就是殷邦，以外是四方、多方，卜辭裏卜四土受年，邦內、邦邊、邦諸侯之受年，而不卜多方受年60，可見殷大邦聯國家共主型

58：郭沫若在《青銅時代・先秦天道觀之進展》，（收入《郭沫若全集—歷史編1》頁三二五—三二九）言：「至上神是殷民族自己的祖先、帝嚳。」（出版狀況見前）

59：胡厚宣：〈殷卜辭中的上帝和王帝〉，《歷史研究》九期（一九五九年九月），頁二三。

60：同註27，第十九章第三節〈殷代社會的歷史文化〉，頁六三九。

態已形成。而且多方及其它小國對商王朝有臣服、進貢的行爲，卜辭內的：「某其臣商」、「小臣某王」等皆可證實。

從現存卜辭來看，第一期武丁時代已有上帝觀念：

卜爭：：：上帝：：：降莫。（《合集》一〇一六六）[61]

如果根據《史記．殷本紀》所載，在商湯（大乙）時代，商朝已取代夏朝而成爲天下共主了[62]，彼時應該也有至上神出現。政治上的一元化，在宗教上也會要求一元化，這也是多神信仰朝向一神信仰發展的必然結果。如果沒有一個比自然及社會現象諸神祇更高的神性之神來支配這些神的話，就很難說清楚現象產生的原因（例如：誰支配雨神下雨？誰令土神滋養農作物？）。

卜辭中的「帝」，有時稱「上帝」、「上」，「上下」、「下上」[63]。在殷人心目中，

---

[61]：郭沫若編：《甲骨文合集》，（北京：中華書局，一九七九年）共出版十三冊。其中收錄大陸公私所藏九七六一一片，臺灣所藏三〇二〇四片，香港八十九片，以及日本京都大學、東京大學、東洋文庫、英、美、加等國所藏甲骨文字共計約十五萬片。案：「爭」為武丁時卜人。

[62]：司馬遷：《史紀》（台北：鼎文書局，民國七十五年五月，三版，二十五史新式點校本），卷三〈殷本紀〉，頁九五—九〇：「當是時，夏桀為虐政淫荒，而諸侯昆吾為亂。湯乃興師率諸侯：：：以伐昆吾：：：桀：：：於是諸侯畢服，湯乃踐天子位，平定海內。」

[63]：收入《甲骨文合集》內：稱「上帝」有三條；稱「帝」有四六九條（見姚孝遂、肖丁：《殷墟甲骨刻辭類纂》，上冊，頁四一八—四二五；北京：中華書局，一九八九年一月）；稱「上」有十六條；「下」

帝這個至上神，主宰自然和人世一切事物，舉凡日月星辰運行，晝夜遞嬗，四時交替，或風雨雷電霜雪佈施，品物流形生滅，人事的吉凶禍福，年歲豐嗇、戰爭的成敗等，都是帝令所為。胡厚宣統計出武丁卜辭中的「帝」有八種權力：令雨、授年、降暵64、缶王、授祐、降若（降不若）、降禍、降〓：（《續》五・二・一）案：「〓」、胡氏以為「災」字。65

陳夢家則歸納出十六項神力，比胡氏多出：令風、令〓（雲霞之氣）、〓（陳氏以為咎字省口，災意）、帝與邑、帝官、帝不官、帝令、降食八項66。所以帝在殷人心中，具有至上主宰的地位及神力。

㈣小結

有二十一條，「下上」有五十一條；「上下」有八條（見前引書，頁三九六—三九八）；其中「帝」多見於第一期；「上帝」分見一、二、三期；「上」、「下」多用在三、四期；「上下」多用在第五期，「下上」多用在第一期。有不少學者認為「帝」冠了「上」字是為了王權伸張（祖甲稱帝甲、帝乙稱文武帝，紂稱帝辛）而區別人神的；實際上，從前面所統計數據，只是習慣稱謂罷了。

64：「𦰩」，羅振玉、葉玉森、孫海波釋為「艱」；郭沫若釋為「堇」，讀為饉。胡厚宣採唐蘭之說：讀如暵；《周禮・女巫》：「旱暵則舞雩」，〈稻人〉：「旱暵共其舞歛」，〈舞師〉：「教皇舞，帥而舞旱暵之事」，旱暵並言，暵即旱。其說甚是。（同註65，頁二八七）

65：胡厚宣：〈殷代之天神崇拜〉，收入：《甲骨學商史論叢—初集上》（台灣：大通書局，民國六十一年十月），頁二八三—二八七。

66：同註27，第十七章第一節〈上帝的權威〉，頁五六二—五七一。

不論是對人格化的自然界諸神，或是有功的祖先及至上神的祭祀，其原始思惟的動機，莫不是欲求得現世的福報、消除苦難和凶禍。呂大吉在《宗教學通論》一書裏指出獻祭的目的是：「借以求福、免災、報本。」[67]，這個說法大致上是正確的，東漢靈帝光和六年立的〈白石神君碑〉碑文內對「祭」看法是：

祭有二義：或祈或報；報以章德，祈以弭害。[68]

王充在《論衡·祀義》內也表達這種漢民族源遠流長的原始宗教信仰：

世信祭祀，以為祭祀者必有福，不祭祀者必有禍。[69]

在殷人心中，神降福是取決祭祀是否誠敬？犧牲是否豐潔？非當事人德性的良窳。從地下出土文物（卜辭、銅器）裏，尚未找到殷人有這種反省能力[70]。所以這種祭祀求報只是

---

[67]：同註[45]，第一編第二章第三節〈獻祭與祈禱〉，頁二九三。

[68]：清·王昶：《金石萃編》卷一七，頁二二，（台北：新文豐出版公司，民國六十六年十二月）；收入《石刻史料新編》第一冊，頁三〇七。

[69]：漢·王充著、黃暉校釋：《論衡校釋》，（北京：中華書局，一九九〇年二月），卷二五〈祀義〉，頁一〇四七。

[70]：案：至於文獻資料《尚書》裏的《商書》內：〈仲虺之誥〉、〈湯誥〉、〈伊訓〉、〈太甲〉、〈咸有一德〉、〈說命〉等諸篇為東晉梅賾所偽，固不足論；〈微子〉為春秋宋人述古之作；餘〈湯誓〉、〈盤庚〉、〈西伯戡黎〉、〈高宗肜日〉四篇均有天命有德的道德反省能力。歷來學者或主戰國人述古之作；或主確為商代文獻；其中最持平之論，考論頗為精闢是徐復觀，徐氏認為是商代史料，而經

單向度的酬答，尚未具有雙向度善惡報應的形式。換個角度來看，殷人所信仰的至上神，是消極、被祈求的對象，祂的神性只滿足於人們具體的要求，尚未發展到主動支配人類社會公理、正義、裁斷是非、善惡的境界，這種上帝的神性和社會道德結合不多，不符合一神論─至善神條件[71]。支持筆者這個論點，有以下三個例證：

1. 現今存世卜辭無「德」。[72]

過西周史官及後儒整理過。詳參：氏著：《中國人性論史─先秦篇》，（台北：台灣商務印書館，一九九四年四月，十一刷），〈附錄三：由《尚書．甘誓．洪範》諸篇的考證，看有關治學的方法和態度問題〉，頁五八八─六二九。

張光直也持類似見解：「在現存的歷史文獻中，真正的商代文獻恐怕是不存在的。《書經》裏的〈湯誓〉、〈盤庚〉、〈高宗肜日〉等歷來認為是商代的幾篇，至少是非常的可疑。其中或許有少數的句子，或零碎的觀念，代表商代的原型，但其現存的形式無疑是周人的手筆。」（《中國青銅時代》，頁二九四）

[71]：卡西勒在論一神教內涵時說：在那些大的一神論宗教中：：：宗教是道德力量的產物，它們全神貫注於一點上─善與惡的問題。在瑣羅亞斯德教中，只有一個最高的存在者：：：在他之外，離開了他，沒有他，也就無物存在。他是至高無的，最完善的存在者：：：正如考林頓所說，它「為了善和惡以一切方式」活動。（《人論》頁一四六─一四七）

[72]：有不少甲骨學者：如唐蘭、羅振玉、孫詒讓等認為卜辭中出現徝字（約一八四次，見《殷墟甲骨刻辭類纂》第二冊，頁八六四─八六六）為德省，借為得失之得。郭沫若在《青銅時代》（頁二一）考此字為循，近人葉玉森、屈翼鵬亦同說；蓋金文德作德，均從心，而卜辭均無從心，實非一字。《說

2.殷人有祭祖之儀式，卻尚未發展出孝道倫理思想，蓋卜辭無「孝」字[73]。孝道盛行是在西周反省出敬德觀念以後才產生的，大陸學者康學偉在其博士論文：《先秦孝道研究》一書內提到：

就孝道而論，夏商二代還主要處於一種自發的、倫理的狀態之下，到西周則不然，它已經超越了自然之性，而成了一種社會化的，具有強烈的政治色彩與階級內容的東西[74]。

文》：「循，行順也，從彳盾聲。」而卜辭一八四見的□，多言□伐某方，如：

戊辰卜，設貞，王□土方（《合集》五五九正）

……亥卜爭貞，王□伐方。（《合集》六七三三正）

貞，王勿□方。（《合集》六七三八）

若釋為德則詞義不通；如解為循則有巡視、撫循、視察之意，其義則可通，至於其形則可視為小篆從彳盾省聲，只是由甲文隸定為篆字：□時增加了不成文的□形。《說文》：「盾，瞂也，所以扞身蔽目，象形。」即手持盾牌之形。可見郭、屈、葉三氏釋文不誤。（以上參考《甲骨文集釋》頁五六七—五六九）

[73]：案：《金璋所藏甲骨卜辭》內收有二孝字，形作□，和西周金文近似，只是省略老人的手□。嚴格說來，此二字來歷可疑，有可能是偽刻，理由一：孤證，未見於其他甲骨片；理由二：字形近似金文；理由三：如果卜辭有「孝」字，為何孝道思想未見於其他卜辭？

[74]：可參見康學偉：《先秦孝道研究》，（台北：文津出版社，民國八十一年十月），第三章〈論孝道大行於西周〉，頁六一。

所謂自發的、倫理狀態就是思惟尙停留在原始畏懼、崇拜「靈」的階段，還未進化到人文精神的追養繼孝的層次，這需要有足夠的反省能力才能達到。從文獻資料來看，殷人崇拜祖先還停留在原始信仰階段。

3.從以人爲牲作獻祭及殺人爲殉葬來看，殷商社會尙無人文開化的善惡觀念。仍屬於母系到父系社會的過渡期，雖有亞血族群婚現象—即兄弟共妻，姊妹共夫，子女多父多母；也是氏族公社往奴隸社會推移的時期[75]，全國上下階層視人牲、人殉之事爲常規，不見有任何道德譴責的文獻。可見這種非理性行爲在彼時社會已成爲一種習俗。胡厚宣統計出卜辭中載殺人祭祀計有一三五〇片，一九九二條，人祭數量，從盤庚到帝辛亡國二七三年中，共用一三〇五二人；另有一一四五條未載人數。其中以第一期武丁時代最多，第五期帝乙、帝辛最少[76]。在殺殉方面，商代人殉現象達到歷史上極盛時期，據考古資料顯示，只在安陽殷墟侯家莊西北崗王陵區發掘的二五〇座墓葬，每座都有人殉，少者數人，多者數十人，迄一九七六年止，已發現人殉近兩千人[77]。這種人殉人祭情況，自西周以後，數量大大減少，從地下

[75]：同註[15]，第三篇〈卜辭中的古代社會〉，頁一八七—二四六。

[76]：胡厚宣：〈中國奴隸社會的人殉和人祭(下)，〉，《文物》第八期（總二一九期）（一九七四年八月），頁五六—六七。

[77]：胡厚宣：《中國奴隸社會的人殉和人祭(上)》，《文物》一九七四第七期（總二一八期），頁七四—八一。

考古發掘資料來看，五處重要西周遺址：周原遺址、灃鎬遺址、洛陽龐家溝遺址、辛村衛國墓地、琉璃河燕國遺址。其中周原和洛陽龐家溝二處遺址墓葬沒有人殉人祭現象；餘三處遺址近千座墓葬，有人殉墓二三座，人殉總數三〇人[78]，很明顯看出西周時代，這種殘忍非人性的宗教儀式正在消亡之中，這是具有道德反省能力的社會才會有的現象。反過來說，沒有道德反省能力的社會，才不會覺得以人爲牲是一件惡行，甚且認爲殺人牲數量愈多，愈能求得福報。郭沫若在〈古代研究的自我批判〉一文內即云：

> 人類的原始時代是純粹家族集團或宗族，那時是無所謂奴隸的。……奴隸是來自異族。起初征服了或戰勝了異族，俘獲的人是要盡遭屠殺的，每每把這種人來作為犧牲以祭本族祖宗神祇。……用人牲之例多言「伐」，伐若干人即是殺若干人，有一次伐至二千六百五十六人。（原註引《後》下四三·九）……可見殷人的原始性依然相當強，對於人佚並不怎樣愛惜。[79]

「原始性強」即表示尚未脫離野蠻思惟，雖有賞罰行爲，卻無善惡反省能力，這一點吾

---

[78]：考古研究所灃西發掘隊：〈一九五五—一九五七年陝西長安灃西發掘簡報〉，《考古》第十期（總四〇期）（一九五九年十月），頁五二五—五二七。中國科學院考古研究所灃西發掘隊：〈一九六〇年秋陝西長安張家坡發掘簡報〉，《考古》第一期（總六七期）（一九六二年一月），頁二〇—二二。

[79]：郭沫若：《十批判書·古代研究的自我批判》，收入《郭沫若全集—歷史編2》，（北京：人民出版社，一九八二年九月），頁四一。

人也可從卜辭無善惡字眼看出[80]。這種祭祀求報，尚未意識到雙向度對應的關係，也就是說自然諸神、祖宗神、上帝，佑不佑不在於當事人的德性，而是在於祭祀行爲。經過以上文字學、宗教人類學兩個角度考查得知：作爲中國「報」的起源—祭祀求報，是未具有後來善惡報應的內涵及形式。

那麼這種單向度的祭祀求報是如何朝又報雙向度形式發展呢？這是以下筆者所要探討的課題。

第二節　天報系統的形構

一、天報的形成—第一次文化突破

單向度的祭祀求報在殷周鼎革之際時朝雙向度善惡因果對應關係發展，這裏頭有一個人

[80]：以《周易》卦爻辭顯示時代社會背景約在殷末周初來看，無見一「善」字，而惡只一見：〈睽卦・初九爻辭〉：「見惡人，無咎。」（魏・王弼、韓康伯注，唐・孔穎達正義：《周易正義》，藝文版影印阮刻十三經注疏本，卷四〈睽卦・初九爻辭〉，頁一九。），顯然是對德行有失的人一種善惡評價。就算是屬殷末時代也只一見，況且有一半可能是西周初年史官的觀念呢。此外，侯外廬主編的《中國思想通史》（北京：人民出版社，一九五七年三月）第三章〈殷代的宗教思想〉，也提出類似看法：「殷人的宗教思想：：：概括的了解，道德觀念在卜辭中沒有痕跡。王國維批評殷先王失德，說：周之制度實皆為道德而設。實在說來，殷人并沒有表示權利義務的道德之創設：：：：。」（頁六四）

文精神自覺的萌芽，因爲有了這種精神躍動，才使原始宗教有了新的轉向，造成第一次文化突破的機制，此源於周人普遍有了反省能力：

㈠受命與墜命

周人以蕞爾小國輕易地翦除在軍事力量大它數十倍的天邑商❶，成爲新的共主，這不僅使殷遺民感到困惑，也是周代的統治階層所極力尋找解答的事。夏商二代善事鬼神，這是周人眾所皆知的事實。但是他們王朝爲何不能受守護神庇祐而亡國呢？於是周人自覺到：一定有一位超越所有部落守護神之上的神祇來決定國命的存廢，周人稱祂爲「天」或「天帝」，是祂將大命由殷轉到周人身上，周人才能擊敗大殷國的，這種「墜命」、「受命」觀念屢見於《周書》、《詩經》與金文。在《周書》方面：

---

❶：據《逸周書·世俘解》言武王伐紂，滅國九九，服國六五二，馘磿一七七七九人，俘人三〇〇二三〇人（朱右曾校釋：《逸周書集訓校釋》，台北：世界書局，民國五十六年五月，卷四，頁九三）；又據《孟子·盡心篇》、《戰國策》（漢·劉向輯、繆文遠校注：《戰國策新校注》，四川：巴蜀書社，一九九二年五月，二刷；卷二二，〈魏策一·蘇秦為趙合從說魏王章〉，頁七九一）所載周武力是甲車三百乘，虎賁之士三千，和〈克殷解〉言的三百五十乘數目相去不遠，以每輛戎車三人和隨車步卒七十二人計算，周軍隊人數不過二六二五〇人。在加上〈牧誓篇〉提到同盟國有庸、蜀、微、羌、髳、盧、彭、濮八個小部落，兵力不及商人十分之一，就算武器精良，也不足構成周人在一天之內克商的充分條件。（可參見楊泓：〈戰車與車戰—中國古代軍事裝備雜記之一〉《文物》，第五期（總二五二期）（一九七七年五月），頁八二—九〇。

「天乃大命文王殪戎殷，誕受厥命，越厥邦厥民。」（〈康誥〉）❷

「皇天上帝，改厥元子茲大國殷之命。」（〈召誥〉）

「天休于寧王，興我小邦周。寧王惟卜用，克綏受茲命。」（〈大誥〉）

「周公若曰：『君奭，弗弔！天降喪于殷，殷既墜厥命，我有周既命……』」（〈君奭〉）

「（成）王若曰：『爾殷遺多士！弗弔，旻天大降喪于殷，我有周佑命，將天明威，致王罰，敕殷命，終于帝。』」（〈多士〉）

「皇天改大邦殷之命。」（〈顧命〉）

在《詩經》方面：

「文王在上，於昭于天。周雖舊邦，其命維新。」（〈大雅・文王之什・文王章〉）

「昊天有成命，二后（文、武王）受之。」（〈周頌・昊天有成命〉）

在出土金文方面也可以檢證這個觀念：

一九六三年，陝西寶雞出土的成王器（何尊）銘曰：

肆玟王受茲大令，隹珷王既克大邑商，則廷告于天……。❸

❷：漢・孔安國傳、唐・孔穎達正義：《尚書正義》，（台北：藝文印書館，民國六十八年五月，七版影印阮刻十三經注疏本），卷一四，〈康誥〉頁三〇。

❸：劉翔等編：《商周古文字讀本》（出版狀況見前），頁七三。

另外在清道光年間出土的〈大盂鼎〉，作於康王二十三年，開頭即言：

隹九月，王才宗周，令盂。王若曰：盂不顯玟王受天有大令……。❹

即使到了西周後期的宣王時器〈毛公鼎〉，在王權鬆動，天命逐步下墜時，執政者仍以文武二王受命的復古精神來勉勵毛公父𢉡，作爲政治向心力的號召：

王若曰：父𢉡！不顯玟珷，皇天弘厭厥德，配我有周，膺受大命，率懷不廷方，罔不閈于玟珷耿光。隹天將集厥命，亦隹先王襄辪其辟，勳勤大命，肆皇天亡斁，臨保我有周，不巩先王配命。❺

據傅孟真統計周誥十二篇，「天命」共出現一〇四次❻，由此可見天授命觀念是周人反省出來的❼。

---

❹：白川靜：《金文通釋》第十二輯，（京都：白鶴美術館，一九六五年），〈大盂鼎〉，頁六五一—六七二。

❺：白川靜：《金文通釋》第二十九輯，（京都：白鶴美術館，一九七〇年六月），〈毛公鼎〉，頁六三七—六八〇。

❻：傅斯年：《性命古訓辨證》，《傅斯年全集》（台北：聯經出版事業公司，民國六十九年九月），第二冊，第二章，頁二〇七—二一五。

❼：持天命有德為西周方有的觀念的論點，有幾條《商書》文獻足以鬆動此推論，筆者在此不得不作釐清的說明。《商書》裏提到「天命」或「德」的文獻，有：

〈湯誓〉：「有夏多罪，天命殛之。」

〈盤庚上〉：「先王有服，恪謹天命……：今不承於古，罔知天之斷命。」

(二)天命有德

接著，周人進一步思索：周爲何受命？殷又爲何墜命？從文獻得知，周人反省出天命之所以從商降到周，是由於殷喪德而周敬德所造成的：

「惟乃丕顯考文王，克明德慎罰。……聞于上帝，帝休。」（〈康誥〉）

「惟我周王，克堪用德，惟典神天，天惟式教我用休，簡畀殷命，尹爾多方。」（〈多方〉）

〈盤庚中〉：「予迓續乃命于天」

〈高宗肜日〉：「惟天監下民，典厥義。降年有永有不永。非天夭民，民中絕命。民有不若德，不聽罪。天既孚命正厥德。」

〈西伯戡黎〉：「天既訖我殷命」

以上諸篇成書年代，或主戰國人述古之作；或主史料傳承是真的，只是後人今譯；其中以張光直、徐復觀二人持論較中肯，其言：某些史料是商代傳下，但已經過西周史官或後儒整理過，而雜有當時觀念（詳參：徐氏著：《中國人性論史—先秦編》附錄三，頁五八九—五九〇）。

反過來說：如《商書》內的「天命」、「德」觀，為當時所有，就很難回答下列幾疑問：

一、甲骨文內為何沒有出現善德觀念？

二、為何見不到甲骨文內反省「天命」的記錄？

三、如果湯伐桀已有天命觀念，又為何在卜辭內見不到後王追述祖德以保天命的記錄？

以十多萬片甲文大量祭祖的文獻來看，竟無一涉及祖德，這未免也太奇怪了。由此，吾人可以說，《商書》內「天命」、「善德」觀念是西周以後的人（史官）整理朝文獻時，不知不覺中加入彼時價值觀。

而周先祖敬德的內容，在周公攝政七年，成王長，歸政於其身時，懼其淫逸失命，作告誡之辭時具體呈現出來：❽

周公曰：「嗚呼！厥亦惟我周太王、王季，克自抑畏。文王卑服，即康功田功，徽柔懿恭？懷保小子、惠鮮鰥寡。自朝至于日中昃，不遑暇食，用咸和萬民。文王不敢盤于游田，以庶邦惟正之供。文王受命惟中身，厥享國五十年。」（〈無逸〉）

在〈康誥〉裡也提到文王：「克明德慎罰，不敢侮鰥寡，庸庸、祇祇、畏威、顯民，用肇造我區夏。」則周代商而有政權，乃由於文王畏天、恤民、勤勞、節儉等敬德行為所獲得天命支持。並且一再徵驗於史訓，對夏、商二朝滅亡，斷之以「不敬德」所造成：

王敬所作，不可不敬德。我不可不監于有夏，亦不可不監于有殷，我不敢知曰：有夏服天命，惟有歷年；我不敢知曰：不其延，惟不敬厥德，乃早墜厥命。我不敢知曰：有殷受天命，惟有歷年；我不敢知曰：不其延，惟不敬厥德，乃早墜厥命。（〈召誥〉）

夏、商二朝不敬德而失去天命支持是由於政者荒淫逸樂，不恤民生死所造成的，內容詳載於〈多方〉。

周公告誡康叔封時，也提到商紂亡國的原因：

❽：據《史記》，（出版狀況見前），卷三三〈魯周公世家〉，頁一五二〇：「周公歸，恐成王壯，治有所淫佚，乃作〈多士〉、作〈毋逸〉……」

在今後嗣王酣身，厥命罔顯于民，祇保越怨不易。誕惟厥縱淫泆于非彝，用燕，喪威儀，民罔不衋傷心。惟荒腆于酒，不惟自息，乃逸。厥心疾很，不克畏死。辜在商邑。越殷國滅無罹。弗惟德馨香，祀登聞于天，誕惟民怨。庶群自酒，腥聞在上，故天降喪于殷，罔愛于殷，惟逸。天非虐，惟民自速辜。（〈酒誥〉）

西周金文〈大盂鼎〉也證實了〈酒誥〉的說法：

我聞殷墜命，唯殷邊侯、田、雩、殷正百辟，率肆于酒，故喪𠂤。❾

殷是「淫酒」而喪失天命的。從出土著錄的殷銅器也以酒器最多，如：角、觚、爵、觶、犧尊、彝、罍、斝、卣等，但是在殷人的價值觀裏：祭祀以酒，是神人一種，緩和神意的方法。周初銅器也以酒器居多❿，但是周人不敢縱酒，主要是周人反省出：殷人祭祀以酒，君臣上下湎於酒並沒有獲得天命支持，而導出重人事——德的觀念來，這種「天命有德」的觀念，使原始祭祀祈福的宗教信仰，進一步雅化成「敬德祈福」，透顯出一道人文思想的曙光，就是這一道曙光，造成了中國文化第一次突破，朝向人本主義發展，比西方人本思想潮早了近

❾：同註❹。

❿：白川靜云：「整個周代銅器可推定為殷周革命以前之遺品，一器也沒有，確實可信之器，都在成王之後：：：銅器制作技術，可能都還是殷系諸侯自相傳承的。從彝器文化上來看，殷末周初，還可以視為一個連續不分的時期。」，參見氏著：《金文的世界》（台北：聯經出版事業公司，民國七十八年八月），緒論第三節〈彝器之變遷〉，頁九。

二千五百多年。傅斯年稱之為「人道主義之黎明」⓫；徐復觀亦認為是：「人文精神的躍動」，乃「人類精神開始直接對事物發生責任感的表現」，對於此前所未有「重德」觀念的產生，是受激於「天命靡常」的「憂患意識」⓬。

第一次文化突破還可以從文字學和宗教學二個角度來考察。

1.從文字學角度來看，西周金文已有善字、德字：

「叀王恭德谷天」（〈珂尊〉）

「今我隹即井亩于玟王正德，若玟王令二、三正。」（〈大盂鼎〉）

「善效及友正」（〈毛公鼎〉）

再配合前面幾篇誥辭敬德、墜德內容，可以確知西周已有善惡道德評價觀念。⓭

2.從宗教學的角度來看，是從原始神權的帝到德化的「天」信仰轉化。歷來學者對殷人

⓫：同註❻，第二章第一節〈周誥大雅之墜命受命論及其民監說—人道主義之黎明〉，頁二九〇。

⓬：見徐復觀：《中國中性論史—先秦篇》，（出版狀況見前），第二章〈周初宗教中人文精神的躍動〉，頁二〇—二一。

⓭：案：這個評價標準多半侷限在君德方面；然後用君德再去規範民彝。在西周文獻裏還有幾篇誥辭足以佐證這個推論，如〈康誥〉：「封！元惡大憝，矧不孝不友：……乃其速由文王作罰，刑茲無赦。」以不孝順不友悌為惡行，體現孝友道德規範是當時社會共同認可的善德價值觀。違反者，速由文王之法作罰。

的帝和周人的天，至上神觀念形成頗多歧見。實際上，周人的天是從殷人的帝轉化、改造而來的，任何一個觀念的形成絕不會憑空跳出，定有所前承。在甲骨卜辭的「天」絕大部分當「地名」及「大」意用，少有當人格神帝來稱呼，但並不表示殷人沒有這個觀念⑭。以筆者粗淺看法：那只是一種稱謂習慣用法罷了。帝是至上神，統管天地自然山川諸神祇，天怎可能沒有神性義？只不過殷人習慣稱天這個人格神爲「帝」或「上」、「上帝」而已。

周人之所以改變殷人至上神—帝的稱謂，是源於受命的反省：周人意識到至上神—帝絕非專屬殷人的祖宗神，否則不會不庇祐其王朝。〈大雅·文王之什·文王章〉就透顯出由帝到天的信仰變革訊息：

> 文王在上，於昭于天，周雖舊邦，其命維新。有周不顯，帝命不時。文王陟降，在帝左右。

所謂「維新」，就是舊形式灌入了新內容。周人舊形式是承襲殷人祖宗神信仰；新內容

---

⑭：持甲骨卜辭天沒有人格神義的學者有陳夢家、胡厚宣、郭沫若、白川靜、島邦男等，似過於武斷，在《合集·三二二八九》有一條卜辭可證明天有人格義：「辛未卜，烄天于凡享壬申」用人祭法來祭天，則證明天有人格神義。許倬雲在《西周史》第三章，第四節〈周人的天命〉有合理的推論：「卜辭中並非沒有天的觀念，只用「上」來代天，於是天帝在卜辭中就成為上帝了。……至於卜辭中的「天」沒有蒼天義，也沒有神明義，但《詩》、《書》及周金文中突然有了這種用法，很難說是周初短短時期能發展出來，毋寧說是採用卜辭中的「天」字形式，而賦予與「上」相似的實質，甚至加上神明的意義。」（頁一〇〇），這個推論，雖不中亦不遠矣。

則是上帝和祖宗神二元性分離，祂仍然克配上帝，但是上帝已不是專屬殷人的祖宗神升格來的，而是一般普世的主宰之神。如果這種推論有誤的話，吾人就很難理解，周人如何能使殷人肯去降服他們周人的祖宗神上帝？甚至不能理解殷的祖宗神為何會去支持另一個小邦周的部落？周的新政權如果不是建立新內容的信仰上，又如何使殷人「侯服于周」？如何使「殷士膚敏，祼將于京」？要讓殷頑強殘餘力量俯命臣服於小邦周，只有創出一位超越各部落祖宗神之外的至上神—如此才能說服殷人為何天命會移轉到周人身上。

因為至上神—天是宇宙最高主宰的至善主體，祂不會無條件支持某一個政權，必須依統治者自身德性來決定，絕非盲目的祭祀崇拜可以左右其意的，如此原始神性天就轉化成德性義的天。而這個天只有周的祖宗神可以克配，殷人的祖宗神不能再克配了，因為殷王沒有與天命配合，天命已轉到周人身上，如此才能降服庶殷，消弭其潛在反抗勢力⑮。否則殷人可再以豐潔祭祀祈求其祖宗神來顛覆周人的祖宗神，周政權勢必陷入長期的內戰和紛亂。

天既然不是殷人的祖宗神升格來的，周人就以「天」名稱稱至上神。據顧立雅統計：「天」之作神祇義，《詩經》有一〇四次，而帝或上帝只出現四十三次。《周書》的十二誥篇，「天」有一一六次，而帝或上帝只見二十五次⑯，顯見「天」出現次數四倍於「帝」或

⑮：詳參侯外廬：《中國思想通史—第一卷》，（北京：人民出版社，一九五七年三月）上編第四章第二節〈西周宗教思想和政治思想〉，頁八一—八四。

⑯：同註⑭，《西周史》頁一〇三所引。

「上帝」，這個數據足以佐證「天」是周人轉化來的至上神信仰，之所以還雜有殷人的舊稱，因爲祂也是其他臣服部落、邦國的至上神。所謂「天命有德」；就是向萬邦宣告：周王是祂選派出來的人間代理人，〈周頌・時邁〉就表映出這種君權神授的思想：「時邁其邦，昊天其子之，實右序有周……」。

周人反省出：只有統治者敬慎厥德才能得到天命的支持，這個觀念促使原始天報信仰朝向雅化宗教發展，德性義天報觀於焉形成。

從地下出土金文來看，彼時已有「報」字出現，如成王時器〈令𣪘〉：「[illegible]、[illegible]」，其意乃矢令佐王伐南淮夷有功，承成王賜寶𣪘，用以報祭其先人白丁父，以祈福蔭子孫；宣王五年器的〈召伯虎㈠〉銘文中言：「丁公文報」、「隹丁公報」⓱（《兩攷》錄文，頁一三三），其意爲召伯受君氏大璋之惠贈，以帛一束、佩玉璜一件報答其婦；銘文中言：「今[illegible]（惠）于君氏大章（璋）報[illegible]（婦）氏帛束璜」（《兩攷》錄文，頁一四二—一四三），則知西周金文「報」已有報答、酬庸之意。從文獻來看，也可找到佐證的資料：〈大雅・抑篇〉：「無言不讎，無德不報」。

由以上考察得知西周的報已具雙向度互惠形式了。

㈢天命靡常，惟敬德以祈永天命

⓱：郭沫若：《兩周金文辭大系考釋》，（北京：社會科學出版社，一九五六年），〈錄文〉，頁一二三。

既然天命不是無條件永遠支持某一個政權，有德方能受命，無德則隕墜失命，周人於是產生強烈的憂患意識，並無一般創國者驕矜之色。〈召誥〉載召公告誡成王之言，起首即言：「惟王受命，無疆無休，亦無疆惟恤」，欲成王了解受天命治國固然是美事，但也伴隨而來無限的責任和憂患：是否能常保攝天命？並歷數夏、商皆承膺天命以享國，卻「靡不有初，鮮克有終」。

〈君奭篇〉載周公告誡成王之語，亦表現同樣的憂患觀念：

弗弔天降喪于殷，殷既墜厥命，我有周既受，我不敢知曰：厥基永孚于休。若天棐忱，我亦不敢知曰：其終出于不祥。

周主政者一再告誡其子孫「天命不于常」，因此只有仿前王敬德以守之。召公告成王，即一再言「敬德」觀念：

「王敬所作，不可不敬德」（〈召誥〉）、「王亦哀於四方民，其眷命用懋，王其疾敬德。」（同上）、「王其德之用，祈天永命」（同上）

周公居攝告召公、康叔也是以德相勉：

「天命不易，天難諶，乃其墜命，弗克經歷嗣前人恭明德。」（〈君奭〉）

「嗚呼！小人封，恫瘝乃身，敬哉！天畏棐忱，民情大可見。……無康好逸豫，乃其乂民。……汝惟小子，乃服惟弘王，應保殷民……。」（〈康誥〉）

「肆王惟德用，……用懌先王受命。」（〈梓材〉）

其他出現在《詩》、《書》的德字不勝枚舉，筆者私下統計：《周書》德字共出現八十一次；《易經》卦辭無德字，而爻辭共出現五次；《詩經》言德有七十一次⑱。顯見周初主政者對「德」的看重。

周統治階層通過歷史的反省，面對「天命靡常」的史實，在肯定受命的神權之時，也開展出修人事以祈永天命的人文曙光，認識了人主體道德的價值，建立了後來儒家德報的基礎。

(四)周人強調受命、天命靡常的動機

如此反覆強調受命和天命靡常，乍看之下，似有矛盾，其實這裏頭不無蘊藏周人政治權謀。郭沫若在〈先秦天道觀之進展〉一文裏，點出了周人的用心：

> 凡是極端尊崇天的說話是對待著殷人或殷的舊時的屬國說的，而有懷疑天的說話是周人對著自己說的。⑲

蓋周人以小搏大，即使是戰略成功，但不足以構成建國的穩定力量，在誥辭裏時時稱前朝為大邦殷、天邑商，顯示在周領導人心中，對亡殷遺民潛在力量，仍不敢掉以輕心，而出土金文資料證明庶殷屬邦蠢蠢欲動，顛覆周政權的威脅的事實，如：成王期的〈禽𣪘〉載

---

⑱：見哈佛大學：《哈佛燕京學社引得特刊九・毛詩引得》，（哈佛：燕京學社：一九三四年十月；東方研究日本委員會：一九六二年十一月重印），頁一八六。

⑲：郭沫若：〈先秦天道觀之進展〉，收入《郭沫若全集—歷史編1》，（出版狀況見前），頁三三四—三三五。

成王率師親征東方𢦏侯⑳）；〈𤞷鼎〉成王命溓公率殷庶名族史旟伐東夷㉑；〈員𣪘〉成王命史旟率員伐會（即《左傳》鄶國）㉒；〈保卣〉成王命召保奭伐東夷㉓〈塱方鼎〉載周公東征伐東夷豐伯專古，（案：專古即薄姑，和奄君誘武庚叛周，《詩經．東山》即表映此次戰爭心情）㉔〈康侯𣪘〉命康叔經營殷畿衛地，以防庶殷作亂㉕；成康期的〈明公𣪘〉，王令周公後嗣明公遣三族以伐東國㉖；康昭期的〈小臣謰𣪘〉載伯懋父率成周殷八師征東夷㉗，成康二世，國力幾乎耗損在討伐上面。金文載周王初期清除殘餘反抗勢力數量頗多，無法一一列舉。西周真要說「天下安寧，刑措四十餘年不用」，恐怕要到康王前半期，但是平靜不過十餘年，到昭王之世，四夷又開始叛亂了㉘。因此「受命」觀念，成功說服了成周附近殷庶，周人將他們編成了八師，前面所提的史旟、員等都是庶殷名將，周人便是利

---

⑳：白川靜：《金文通釋》第三輯，（京都：白鶴美術館，一九六三年三月），頁一〇四－一〇〇。
㉑：白川靜：《金文通釋》第五輯，（京都：白鶴美術館，一九六三年十月），頁二一七－二二一。
㉒：同註⑳，頁二二五－二二六。
㉓：白川靜：《金文通釋》第四輯，（京都：白鶴美術館，一九六三年六月），頁一七五－一九一。
㉔：同註⑳，頁一一七－一一八。
㉕：同註㉓，頁四四－一五三。
㉖：白川靜：《金文通釋》第二輯，（京都：白鶴美術館，一九六三年三月），頁一三三－一三九。
㉗：白川靜：《金文通釋》第十三輯，（京都：白鶴美術館，一九六六年），頁七二一－七二二。
㉘：同註⑯，頁一七七－一七九。

用這一支精良部隊來以夷制夷，鞏固了周政權。

至於「天命靡常」則是一刀兩面用法、告戒後代子孫要常持敬德、畏天、恤民、勤儉、毋逸樂以守住祖先創國基業，其用心可以從王國維〈殷周制度論〉一文看出：

殷周間之大變革，自其表言之，不過一姓一家之興亡與都邑之移轉；自其裏言之，則舊朝制度廢而新制興；舊文化廢，而新文化興。又自其表言之，則古聖人之所以取天下及所以守之者，若無異於後世之帝王；而自其裏言之，則其制度文物與其立制之本意，乃出於萬世治安之大計：……。㉙

所以周統治階層不斷強調「受命」和「天命靡常」是出自於憂患心理的形成，經過反省後，所提出的一套政治宣傳。從歷史發展角度來看，周人不信天命的思想是進步的，使原始天報觀賦有人文的意義，天成爲至善的主宰，因而演繹出：人要敬德、爲善來上合天心，使天人關係臻於和諧。其敬德具體內容也就是下一段單元所要探討的主題。

二、天報系統的建構

此時天報系統建構就是西周後王敬德具體內容，由於西周初期，民智方啓，未完全脫離宗教情懷，因此社會道德規範尚在萌芽階段，從文獻顯示：其敬德多重君德—要求統治階層

㉙：王國維：《殷周制度論史》，台北縣：藝文印書館，民國六十年十月，影印《叢書菁華·學術叢編》第七冊，頁二。

政治道德，少及於庶民。評價標準以「天命」爲依歸。張立文在〈中國傳統善惡範疇的發展歷程〉一文裏提到：每一個時代、民族，用以判斷是非善惡的標準各有不同，都有其一套價值觀念、價值目標和評價標準。從評價對象層次來區分，如以具體的人或事爲對象時，道德活動主體一般都把自己所信奉的道德原則、規範、理想作爲善惡的標準，與自己信奉的道德原則、規範相符合的，給予善的肯定性評價，反之便作惡的否定性的評價。若以具有價值體系意義爲對象時，評價標準只能以價值體系爲標準。㉚

西周統治階層以天命爲價值體系的對象，其評價善惡禍福就以天命爲標準。他們認爲「天命有德」，只要敬慎厥德，便可得到天福，永保其祿；反之，天便會給予惡的否定的評價，使其亡國，絕祚。其敬德內容，略述於下：

㈠法祖

周人敬德觀念上溯到開國文、武二王，由於文、武王敬德而受天命，代殷而有周，遂產生「法祖」的倫理思想。侯外廬說：

> （周人）在宗教觀念上的敬天，在倫理觀念上就延長為敬德。同樣地，在宗教觀念上的尊祖，在倫理觀念上也就延長而為宗孝。㉛

㉚：張立文：〈中國傳統善惡範疇的發展歷程上〉，《中國文化月刊》一五六期（民國八十一年十月），頁七。

㉛：同註⑮，頁九四。

周人便從儀型文武王之德而產生孝道思想，可檢證於〈周頌〉諸篇：

「儀式刑文王之典，日靖四方，伊嘏文王，既右饗之。我其夙夜，畏天之威，于時保之。」（〈我將〉）

「於乎皇考，永世克孝，念茲皇祖，陟降庭止。維予小子，夙夜敬止。」（〈閔予小子〉）；案：此成王免喪期，作於先王廟之詩，言武王念文王之行止，常見其陟降于庭，勉自己也要夙夜敬德，法其追孝之德。而所謂「追孝」，是指繼先王德業。

「昊天有成命，二后受之，成王不敢康，夙夜基命宥密，於緝熙，單厥心，肆其靖之。」（〈昊天有成命〉）

〈大雅〉內也有不少篇章表現這種法祖的孝德觀念：

「下武維周，世有哲王；三后在天，王配于京。王配于京，世德作求，永言配命，成王之孚。成王之孚，下土之式，永言孝思，孝思維則。媚茲一人，應侯順德，永言孝思，昭哉嗣服。昭茲來許，繩其祖武，於萬斯年，受天之祜。受天之祜，四方來賀，於萬斯年，不遐有佐。」（〈下武〉）

「儀刑文王，萬邦作孚」（〈文王〉）

「遹追來孝，王后烝哉！」（〈文王有聲〉）

這樣直接點明「法祖」孝德行爲會招致福報，乃屬倫理性的交互報償，尚見於〈既醉〉：「威儀孔時，君子有孝，孝子不匱，永錫爾類。」〈旱麓〉：「豈弟君子，求福不回。」

這樣看來，周代的倫理思想是以「孝道」爲骨幹，借法祖配天命來穩定政治秩序，達到「子子孫孫永保命」的目的。其次，強調法祖可以凝聚政治向心力，尤其是在夷、厲以後，社會發生危機時，法祖觀念以金文冊命形式盛行起來，借以挽救危墜的朝綱。

如夷王時器，〈番生𣪘〉銘：

不顯皇祖考，穆穆克誓厥德，嚴在上，廣啟厥孫子于下，嗣于大服，番生不敢弗帥井皇祖考不伾元德，用䌛[illegible]大命（案：張政烺釋「䌛」為緟：「[illegible]」假為周，意即繼續完成周大命）。甹王位，虔夙夜，專求不□德，用諫四方，柔遠能軐㉜。

厲王時器，〈師克盨〉銘：

王若曰：師克，不顯玟珷，膺受大命，匍有四方。則隹乃先祖考，有勳于周邦……㉝。

此外尚有〈梁其鐘〉、〈虢叔旅鐘〉、以及厲王十二年時器〈𪭥𣪘〉、十七年的〈師詢𣪘〉；共和期的〈毛公鼎〉等，都是頌揚其祖德，有佐周功勳，或是周王令其法先祖效命文武王的忠心，繼續擁護周王室，可以說是借敬天法祖的政治倫理來達到王位永保，政治社會秩序穩定的目的。至於效法祖德的具體行徑，前第二段「天命有德」，已略提過，而傅斯年綜合《周書》所論「敬事昊天」之道中，言之頗詳：

一切固保天命之方案，皆明言在人事之中，凡求固守天命者，在敬、在明明德、在

㉜：白川靜：《金文通釋》二十七輯，（京都：白鶴美術館，一九六九年六月），頁四二四。
㉝：白川靜：《金文通釋》二十八輯，（京都：白鶴美術館，一九六九年十二月），頁五四三—五四九。

保義民、在慎刑、在勤治、在無忘前人艱難、在有賢輔、在遠憸人、在秉遺訓、在察有司、毋康逸、毋酣於酒，事事托命於天，而無一事舍人事而言天。㉞

可見周人敬天法祖之道非關乎祭祀，而在於修人事，而人事中最重要的工作與責任就是恤民。

㈡恤民

人民是構成國家政治實體重要成分之一，在周代統治階層也已反省出天命的轉移是繫乎民意；天命君主，不是爲了選一個侍奉自己的人，而是代替天來照顧下土百姓的，在西周文獻中，時見此種觀念：

「天惟時求民主」（〈多方〉）

「欲王以小民受天永命」（〈召誥〉）

「天降下民，作之君，作之師，惟曰其助上帝，寵於四方」（《孟子・梁惠王下》引古《尚書》逸文）㉟

周代政治領導從反省中得出另一條受命的途徑，即「懷保小民」。天意並非渺不可測度，是可以從民意獲知的。

㉞：同註⑥，頁二八七。

㉟：漢・趙岐注、宋・孫奭疏：《孟子注疏》，（藝文版影印阮刻十三經注疏本），卷二上〈梁惠王下〉，頁七。

「天視自我民視，天聽自我民聽」（《孟子·萬章上》引古〈泰誓〉文）

「天畏棐忱，民情大可見」（〈康誥〉）

「人無於水監，當於民監」（〈酒誥〉）

從文字學來看，「民」字見於卜辭《乙》四五五：「」形，《乙》一一八：作「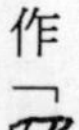」形，於周金文始見：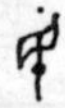（盂鼎）從目、從十，象一刃物刺目形，即奴隸、罪犯總稱，此字形義想必承襲殷代而來；如前節所言，殷人是將戰俘當人牲祭祀之用；到了周人，由於人文覺醒，重視人民的價值，而有了新的變革，這個轉變，見於〈康誥〉裏一段話：

「汝惟小子，乃服惟弘王，應保殷民，亦惟助王宅天命，作新民。」

使殷民成爲新的民衆，想必是革除舊習，當然一方面加強禮、德觀念；另一方面則使殷庶成爲周民衆之一。他們的地位和周百姓一樣，對周代有生產、納賦、戍衛的義務，而周統治階層對他們有保護、養育責任。周公代成王向康叔宣讀誥辭中，不斷強調這個觀念：

「嗚呼！封，汝念哉！……往敷求于殷先哲王，用保乂民。……用康保民，弘于天若」（〈同上〉）

只有敬慎其德，不可逸樂，仿殷先哲德性來安定人民，如此才能永保天命，與「殷民世享」。在〈梓材〉中，周公、召公誡成王也是這個說法：「欲至于萬年惟王，子子孫孫永保民」。

惟有得到人民對統治階層的向心力，才是天命對國命永續經營的保證。王國維在〈殷周制度論史〉云：「所以祈天永命者，乃在德與民二字。」㊱，而所謂「君德」，一言以蔽之：敬天、法祖、澤恤小民。如此便構成此時天報系統的內容。

三、小結

由於周人的反省，造成第一次文化的突破，使原始祭祀祈福的宗教信仰朝向雅化發展，轉化成以「敬德」祈福。也連帶使至上神信仰，由一個部落被動接受祈福的守護神，擴大爲主動能「福善禍淫」的普世至善神的宇宙超驗主體，即所謂「皇天無親，唯德是輔」（〈蔡仲之命〉），統治者從敬德行爲中取得民意及天意的基礎，開啓人文自覺一道曙光，而這道人文曙光還是有別於後來儒家的德報觀，主要是周人是用敬德來祈福，如〈酒誥〉所載：「惟德馨香，祀登聞於天」，即李杜所說的：「道德源於天」的外律道德㊲，尚未明顯地自覺到人可以有一內在道德作爲人的行事準則。

其次把法祖延伸出來的孝道倫理思想，也納入天命的規範之下，由此發展出「親親而尊尊」的宗法制度，借以穩定政治秩序。

再其次，由反省得到「天命有德」的觀念而形成雙向度的天的善惡報應系統，這福善禍

㊱：同註㉘。

㊲：李杜：〈中國古代宗教思想之研究〉，《新亞書院學術年刊》第十期（民國五十七年九月），頁五〇。

淫的對象在彼時只止於統治階層，尚未普及、規範到每一位庶民。㊳天報範圍的擴張，恐怕是要到春秋時代第二次文化突破下，才發展出來的。那麼吾人所要關心的是：什麼因素造成第二次文化突破？這也是下一章所要關切的課題。

㊳：侯外廬分析這種「德」尚未普世化原因是：「由於周人宗法政治的限制。為了維持宗法的統治，故道德觀念亦不能純粹，而必須與宗教相混合。就思想的出發點而言，道德律和政治相結合，故道德只限于氏族貴族的君子人物，……」（同註⑮，頁九五）

第三章　天報鬆動下人文思潮的崛起暨果報系統的衍生

造成第二次文化突破的機制是天報觀鬆動，使神權逐步下墜。在西周剛建構不久的天報系統又爲何鬆動了呢？天報既已鬆動，神權無法維繫人間秩序，諸侯以下僭越宗教禮儀的行爲層出不窮，即孔子所悲嘆的：「天下無道，則禮樂征伐自諸侯出」❶的時代；在學術爭鳴，務爲治的前提下，重人事、輕鬼神的人文思潮正迅速揭開序幕，因而造成第二次文化突破，它的特色是什麼？會觸發那些果報系統的衍生？以下分爲三節論述之。

第一節　天報的鬆動

一、天報鬆動是由於王綱解紐造成的

由前章所述，吾人知道西周政權一方面建立在「天命有德」的宗教信仰上，另一方面則靠封建宗法來維繫政權的命脈，使族群與族群，或共主與諸侯之間的權利與義務有明確的規範，減少內部衝突危機。一旦王權失去原有的威望，無法穩定內部秩序，加上君德敗壞昏昧，

❶：魏·何晏集解、宋·邢昺疏：《論語注疏》，（藝文版影印阮刻十三經注疏本），卷一六，〈季氏第十六·二〉，頁四。

便會牽動天報的信仰根基。

那麼造成王綱解紐的原因是什麼呢？前賢論述頗多，筆者綜合歸納爲以下三點：

㈠國力衰弱

國力衰弱是由於連年征伐的結果。康王以前是掃除東夷革命障礙；昭王時代是全力弭平東南方淮夷的侵犯和叛亂。甚且爲此而隕命江上❷，從此國力漸衰。

穆王之世，南方仍不平靜，《後漢書·東夷傳》記載徐夷犯周之事：「徐夷僭號，乃率九夷，以伐宗周，西至河上，穆王畏其方熾，乃分東方諸侯，命徐偃王主之。」❸。大致說來，自昭王以後，西周的東夷、南夷，包括淮、漢兩河大小夷族大致賓服。再度有東南之患，

---

❷：據《史記·周本紀》云：「昭王之時，王道微缺，昭王南巡狩不返，卒於江上，其卒不赴告，諱之也。」太史公明白地說出昭王伐楚，中計殞於江上之事，蓋古史皆諱之。如清·朱右曾輯錄、王國維校補：《古本竹書紀年輯校》〈昭王十六年〉條載：「十九年……祭公辛伯從王伐楚，天大曀，雉兔皆震，喪六師于漢，王陟。」（台北縣：藝文印書館，民國六十三年四月，三版，頁七）天大曀即卜辭所言「天不我若」、「天降喪」，可見昭王隕命在當時是一件眾所周知的公案。《左傳·僖公四年》記齊桓公伐楚，楚人問罪狀，管仲答覆：「爾貢包茅不入……寡人是徵。昭王南征而不復，寡人是問。」對曰：「……昭王之不復，君其問諸水濱。」管仲之問及楚人的回答，已證明昭王南征不回這史事是無可置疑。

❸：劉宋·范曄撰、清·王先謙補注：《後漢書集解》，（北京：中華書局，一九九一年九月），卷八五〈東夷傳〉，頁一。

則已在夷王之世了。

至於北方犬戎、玁狁的犯邊，則始自懿王。《漢書·匈奴傳》云：「懿王時，王室遂衰，戎狄交侵，暴虐中國。」❹，除了宣王稍有斬獲外，餘諸王大都採取守勢，端賴幾個新興豪族大將守住燕、趙重要據點。《詩經·小雅》所錄〈六月〉、〈出車〉兩首詩記載當時玁狁入侵，直逼成周京畿的險象。

到了幽王，大將伯士伐犬戎之役，兵敗戰死，西陲秦世父又被擄，幽王最後死在申侯與犬戎的連手下，西周以戲劇化終結了國命，皆由於長年征伐，耗損國力，致無力阻擋北方來的游牧民族的攻擊。

㈡豪族坐大

既然國力衰弱，只好依賴新興的領主大姓來捍邊，戍衛王室。從出土銅器來看，夷、厲時代，王室已有培植強藩捍衛京畿之事。如克氏諸器中所載善夫克就是新興豪族顯著例子❺。此外，夷王時器的〈禹鼎〉載噩侯率領南淮夷、東夷叛周，王令禹領西六師，殷八師：「伐

❹：漢·班固：《漢書》，（台北：鼎文書局，民國六十七年四月，三版，二十五史新式點校本），卷九四上〈匈奴傳第六十四上〉，頁三七四四。

❺：〈小克鼎〉，（《金文通釋》第二十八輯，頁五一四—五一六）載厲王二十三年九月令善夫克在成周適正八師；〈克鐘〉，（同上引書，頁五三三—五三九）載夷王令善夫克：「適涇原，至於京師」；〈克盨〉，（同上引書，頁四八六—四八八）載夷王十八年十二月，善夫克受封。

噩侯駿方，勿遺壽幼：……」❻禹也是豪族之一；還有厲王時器：〈師克盨〉，師克受命捍衛王畿❼；十七年器的〈詢𣪘〉，詢東方殷系之人也，受命率諸夷系人干衛王身❽；宣王時器〈敔𣪘〉的敔❾；〈兮甲盤〉的兮甲❿，〈虢季子白盤〉的虢季子白⓫，〈不𡢁𣪘〉的不𡢁⓬等都是新培植出來的豪族，雖然一時收到拱衛功效，抵擋住來自北方的軍事威脅，終久則成弱幹強枝的形勢，王室權威也逐漸式微，從以下三項僭越行為可以看出：

1.僭越冊命的王廷之禮

冊命原為周王的權利，西周中期以前，冊命金文大行其道，意味著周王朝政治秩序進入安定期，世襲的官僚體制已建立起。其形式，以目前出土西周金文中，〈頌壺〉算是記錄最完整的一篇冊命禮儀，以其為例，首段通常為：

> 隹三年五月，既死霸甲戌，王才周康邵公。旦，王各大室，即立。宰引右頌入門，立中廷。尹氏受王令書，王乎史虢生冊令頌。王曰：「頌，令女官辭成周貯廿家……

尾段通常為：

---

❻：白川靜：《金文通釋》第二十七輯（出版狀況見前），頁四五〇—四五六。
❼：同註❺，頁五三四—五四九。
❽：白川靜：《金文通釋》第三十一輯，（京都：白鶴美術館，一九七〇年九月），頁七〇二—七〇五。
❾：同註❻，頁四七一—四七七。
❿：白川靜：《金文通釋》第三十二輯，（京都：白鶴美術館，一九七〇年十二月），頁七八六—七九六。
⓫：同前註，頁八〇二—八〇八。
⓬：同註❿，頁八一五—八三一。

……頌拜稽首，受令冊，佩以出……頌敢對揚天子不顯魯休……子子孫孫永寶用。⑬

自夷厲以後，各地豪族兼併土地劇烈，又周王大量賜田地給有功的新興大族⑭，加上以王室爲中心的世襲貴族，有的基於經濟因素轉讓田地⑮，而淪爲這些新領主的陪臣，於是開始有僭越冊命王廷禮儀的行爲出現。例如：厲王時器的〈卯段〉載卯向冊命的榮伯對揚魯休⑯，而不是對厲王；夷厲期〈幾父壺〉的幾父對揚皇君（同仲）休⑰；〈柞鐘〉：「柞拜手對揚仲大師休……」⑱；還有共和元年的〈師𣪕段〉，冊命是伯龢父，師𣪕是對揚其

---

⑬：〈頌壺〉收入劉翔等編：《商周古文字讀本》，（出版狀況見前），頁一一五。

⑭：〈大克鼎〉就是記載厲王大量賜田給善夫克的文獻：王若曰：「克……易女田于埜，易女田于渒……易女田于康，易女田于匽，易女田于陾，易女田于寒山……」（《金文通釋》第二十八輯，頁五〇一—五〇四）

《詩經．崧高》：「王命召伯，徹申伯土田」，以上都是賜命授田的證明。

⑮：〈倗生段〉記載格伯與倗生，以良馬一乘（四匹）交換州田的事。（《金文通釋》第二十輯，頁四二六—四三二）；〈衛盉〉載矩伯用田地一千畝向裘衛換幾件玉器和虎、鹿獸皮的事。（《金文通釋》第四十九輯，頁二五七—二五九）銘文繁多不錄。以上足資證明西周中後期舊世襲貴族地位開始滑落到經濟拮据，必須向新興大族用田地換取日用民生物品。

⑯：白川靜：《金文通釋》第二十六輯，（出版狀況見前），頁二一七—三二四。

⑰：白川靜：《金文通釋》第三十三輯，頁八九〇：案：白川靜考出同仲是〈師兌段〉的師兌。

⑱：同前註，頁八九九：案：此器白川靜繫年在幽王三年，郭沫若認為是厲王時器。

休⑲。證明厲王以後，王權陵夷，朝臣可以用冊命廷禮封陪臣。

2.干預王位繼承

共、懿、孝、夷四代王位繼承並不循嫡長子制度：共王崩，子懿王即位；懿王崩，卻由共王弟——孝王即位。孝王崩，諸侯臣復立懿王太子——夷王即位：《左傳．昭公二十六年》王子朝敘述周代列王，說到：「至于夷王，王愆于厥身，諸侯莫不並走其望，以祈王身」⑳。《禮記》卷二五〈郊特牲〉：「下堂而見諸侯，天子之失禮，由夷王以下。」，由此二書記載，可以看出夷王是受諸侯擁戴而踐祚王位，恩出於下，自然擺不起天子威嚴。而此時期金文賜命之禮頻繁，也記錄相當多的土地劃定銘文，顯見欲安撫朝廷悍臣、權臣（或受擁戴而分職官以賂）。而這些新壯大勢力的豪族和世襲貴族，彼此權力鬥爭劇烈，終於發生厲王棄位出奔的事件。周王朝進入十四年共和期，結束後，宣王即位，原欲以攘外來消弭朝廷內部政治危機，不料稱兵耗損國力，又重用豪族捍邊，使其勢力益形擴大，皆為宣王所始料不及。

3.土地任意兼併買賣

在封建制度下，周王為天下共主，一切封土、封疆權力的最高所有者。而勃興的豪族步向領主化，在西周中後期大量進行土地兼併與轉讓交易事情，未嘗不表示此土地封建體制已

⑲：同註⑧，頁七四七—七四九。

⑳：晉．杜預注、唐．孔穎達正義：《春秋左傳正義》，（藝文版影印阮刻十三經注疏本），卷五二〈昭公二十六年〉，頁七。

有了鬆動，共王時器的〈五祀衛鼎〉載裘衛邦君同意以五田和井伯、白邑父、定伯諸人交換另一片田地之事㉑；夷厲時器的〈倗生𣪘〉此銘文可謂土地可買賣的充分證據㉒；厲王時期的〈散氏盤〉記載渭南宗周鎬京附近矢、散二國土地糾紛之事，銘文自稱矢王㉓，儼然一方霸主。邦畿之內，兼併如是，王國維以爲：「周德之衰，於此可見」㉔。共和以後，土地糾紛爭訟，幾乎不見于銘文記載，這不是說土地侵奪之事不再發生，而是王室仲裁的執法已失其效力，豪族與邦君間各憑實力私下解決。換言之，已進入列國狀態，宣王十三年的〈不嬰𣪘〉以後，不見廷禮冊命金文，可視爲此推論最有力的證明。

許倬雲在《西周史》內也提到此點：

> 晚周人之際，邊患日亟，許多新領主原為保衛京畿的駐防，由其駐防而變成割據，對於西周王室的實際力量，當然也構成嚴重的影響……㉕

豪族由駐防而演變成割據，最重要是內握兵權，外兼併土地造成的。

(三)君王失德

㉑：白川靜：《金文通釋》第四十九輯，（京都：白鶴美術館，一九七八年），頁二六二——二六三。

㉒：同註⑮。

㉓：白川靜：《金文通釋》第二十四輯，（京都：白鶴美術館，一九六八年），頁一九三——二〇三。

㉔：王國維：《觀堂古金文考釋·散氏盤銘考釋》，收入氏著：《王觀堂先生全集》，（出版狀況見前），頁二〇四三。

㉕：許倬雲：《西周史》，（出版狀況見前）第九章第三節〈西周的衰亡與東遷〉，頁三〇六。

厲王無道是西周封建王國崩潰的先聲，也是天報信仰鬆動的環節，《國語．周語上》載了二條西周厲王史料，可看出其無道情形。一條是國人謗厲王暴虐、厲王派衛巫察謗，且以死罪來止謗，召公以「防民之口其於防川，川壅而潰，傷人必多」諫之，王不聽；另一條是寵信榮夷公，爲其專利、聚斂、收刮民財，芮良夫感嘆地說：「夫榮夷公好專利而不知大難。夫利，百物之所生也，天地之所載也，而或專之，其害多矣，天地百物皆將取焉，胡可專也？所怒甚多，而不備大難，以是教王，王能久乎？……榮公若用，周必敗。」㉖。從這二條史料可以看出厲王無道是：剛愎、信佞退賢、暴斂、收刮民財。橫徵暴斂是由於連年征伐，耗財甚鉅，因此不得不擴大賦稅範圍，對民力、民財過分榨取，而導致夷族叛變，又被迫出兵鎮壓，形成惡性循環的苦果，宣王期的〈兮甲盤〉即命兮甲入淮夷徵收貢獻：

> 淮夷舊我⿱白貝晦人，毋敢不出其⿱白貝！其賫！其進人！其貯！毋敢不即餗！即市！敢不用命！則即井⿸厂菐伐。……㉗

強迫入貢口氣幾近威脅。〈小雅．大東〉是東方諸夷怨西方周王徵斂過重所作之詩，埋下日後叛周行爲，可謂飲酖止渴。

到了幽王，昏昧又甚於厲王：寵褒姒、廢申后、太子，破壞封建嫡長子制度㉘，信讒用

㉖：舊題魯．左丘明撰、三國．韋昭注：《國語》，（台北：廣文書局，民國六十八年八月，影印天聖明道本），卷一〈周語上〉，頁一二—一四。

㉗：同註⑩。

㉘：破壞嫡長子制度自宣王始，事詳《國語上》載宣王立魯武公次子戲，而不立長子括，樊仲父諫曰：「今

佞。《史記·周本紀》言：「幽王以虢石父為卿，用事，國人皆怨；石父為人佞巧，善諛，好利，王用之」；《國語·鄭語》也提到：「今王棄高明昭顯，而好讒慝：……」《詩經》也如實反映出這種民怨：

「謀臧不從，不臧覆用。我視謀猶，亦孔之邛。」㉙

「亂之初生，僭始既涵；亂之又生，君子信讒。……君子信盜，亂是用暴。」（〈巧言〉）

亦見於〈小弁〉、〈正月〉、〈瞻卬〉諸章。

君王敗德就會使王室與宗族之間親親精神紐帶鬆動㉚，〈小雅·鹿鳴之什·常棣〉孔穎達《正義》曰：「厲王之時，棄其宗族，又使兄弟之恩疏」（卷九之二，頁一二）；又〈角弓·詩序〉云：「父兄刺幽王也，不親九族，而好讒佞，骨肉相怨，故作是詩也」（卷一五之一，頁九）。親親和尊尊是封建政治一體的兩面，親親既無，則尊尊禮制自然破壞殆盡。

君王無道，內失民望，外遭強敵侵陵，必連年稱兵征伐，征伐必耗損民命、國力；國力耗損必然向四夷徵斂賦稅；橫徵暴斂結果，又引發叛亂；為保固政權，不得不重用新興豪

天子立諸侯而建其少，是教逆也」結果魯國人殺懿公（戲），立伯御（括）。

㉙：漢·毛公傳、鄭玄箋、唐·孔穎達正義：《毛詩正義》，（藝文版影印阮刻十三經注疏本），卷一〇—二〈小雅·小旻〉，頁一六。

㉚：參見徐復觀：《兩漢思想史—卷一》，（台北：台灣學生書局，民國七十八年二月，二刷），頁六五。

族，致使其勢力坐大，陵逼王權，形成弱幹強枝局面。如此惡性循環，終釀成豪族內兼併土地，外僭越廷禮，干預王位繼承，君權便下墜，而無法凝聚諸侯、邦君的向心力以穩定內部的秩序，全面百姓就會捲入一種惡運的共命。東·漢王符在《潛夫論·本政第九》內說：「君政善則民和治，君政惡則民冤亂。」㉛，近人余英時在〈君尊臣卑下的君權與相權〉一文裏就提到這種君權失控所帶來的非理性的災難：

君權的運用有時也會脫出理性常軌，而其後果尤為嚴重，因為這會直接或間接地給國家和人民帶來災害。㉜

從因果報應的角度來看，亂世善惡無報的或然率會高於必然率。

二、王綱解紐下，全民陷入不測的共命

表現在《詩經》裏頭的，即史家所謂「變風」、「變雅」時代。天下將亂，起初人民還想和家人父母死守：「魴魚赬尾，王室如燬；雖則如燬，父母孔邇。」(〈周南·汝墳〉)；繼而天災、人禍紛踵而至時，逃死則不暇，何能顧全骨肉呢？

㉛：漢·王符撰、清·汪繼培箋：《潛夫論箋》，(台北：漢京文化事業有限公司，民國七十三年五月)，卷二〈本政第九〉，頁八八。

㉜：余英時：〈君尊臣卑下的君權與相權〉，收入氏著：《歷史與思想》，(台北：聯經出版事業公司，民國七十九年十一月，十六刷)，頁六七。

「日月告凶，不用其行。四國無政，不用其良。彼月而食，則維其常。此日而食，于何不臧。爗爗震電，不寧不令。百川沸騰，山冢崒崩；高岸爲谷，深谷爲陵。哀今之人，胡憯莫懲。」（〈小雅·十月之交〉）㉝

「天降喪亂，饑饉薦臻：……：旱既太甚，則不可推，……：周餘黎民，靡有孑遺。旱既太甚，則不可沮。赫赫炎炎，云我無所。大命近止，靡瞻靡顧。」（〈大雅·雲漢〉）

「昊天疾威，天篤降喪。瘨我饑饉，民卒流亡，我居圉卒荒。」（〈召旻〉）

以上諸詩反映天降喪亂有：地震、山崩、海嘯、旱災、蝗災、饑饉等。在此浩劫下，全民不分賢愚、善惡，一齊捲入流亡猝死的共命。〈小雅·小旻〉一詩即呈現這種受累害無奈的心情：「國雖靡止，或聖或否。民雖靡膴，或哲或謀，或肅或艾。如彼泉流，無淪胥以敗。」

至於人禍，則莫大於戰爭所帶來的浩劫：

「曰歸曰歸，歲亦莫止。靡室靡家，玁狁之故。不遑啓居，玁狁之故。」（〈小雅·采薇〉）

「何草不黃，何日不行。何人不將，經營四方。何草不玄，何人不矜，哀我征夫，獨爲匪民！匪兕匪虎，率彼曠野。哀我征夫，朝夕不暇。」（〈何草不黃〉）

天災、人禍彌天蓋地而來，民心匯聚成一股無所遁逃於天地之間的悲涼，〈小雅·四月〉

㉝：據白川靜考定：十月之交朔日辛卯，依沙士週期（Saros period）計算，時間在西元前八八五年，即夷王三十三年。（《金文的世界》，第八章第二節〈十月之交〉，頁一五八）。

也具體呈現這種心情：「秋日淒淒，百卉具腓。亂離瘼矣，爰其適歸。……匪鶉匪鳶，翰飛戾天。匪鱣匪鮪，潛逃于淵。」或嘆生不如死：「苕之華，其葉青青。知我如此，不如無生。」（〈苕之華〉）；或不樂其生：「我生之初，尚無為；我生之後，逢此百罹，尚寐無吪。……我生之初，尚無造；我生之後，逢此百憂，尚寐無覺。」（〈王風·兔爰〉），希望一覺睡去，從此長眠不醒，可說極端厭世情懷。

不僅是下層百姓嘆喪亂，無所逃死，西周貴族層也有這種惶懼心情。《國語·鄭語》載鄭伯（厲王之少子，宣王之弟，宣王封之於鄭，幽王八年為司徒）問於史伯曰：「王室多故，余懼及焉，何所可以逃死？」既然無所逃死，在怨嘆命苦之外，對天報的正義法則起了疑心，導致對其信仰的破滅。

三、天報信仰的破滅

表映在〈大雅〉、〈小雅〉裏的問天、疑天、詈天情緒，可說俯拾皆是。如〈大雅·巧言〉問天：一己有何罪而要逢此大凶？

「悠悠昊天，曰父母且。無罪無辜，亂如此憮？昊天已威，予慎無罪，昊天大憮，予慎無辜。」

既然自己無辜無罪，卻遭逢老天降此喪亂，致骨肉不能相保，便連帶地質疑天的公正神性何在？

「昊天疾威，弗慮弗圖。舍彼有罪，既伏其辜。」（〈雨無正〉）

「民之方殆，視天夢夢。既克有定，靡人弗勝。有皇上帝，伊誰云憎。」（〈正月〉）

上天變得昏聵無知，不能分辨好壞，吉凶禍福沒有天理可尋，其善惡最後判準的至高主宰性即告下墜，已不值得敬畏，甚至連賓于帝左右的祖宗神的信仰也鬆動了：

「不殄禋祀，自郊徂宮。上下奠瘞，靡神不寧。后稷不克，上帝不臨。耗斁下土，寧丁我躬。」（〈大雅．雲漢〉）

「昊天上帝，則不我遺。胡不相畏，先祖於摧。……群公先正，則不我助。父母先祖，胡寧忍予？」（同上）

天災、人禍來臨時，祖宗神竟然對子孫沒有一點惠顧、救援；天又墮落為無情的蒼天，使得長期以來所建構的敬天法祖的信念破滅，天變成下民百姓咒罵、怨恨的對象，反映在西周後期的〈小雅．節南山〉：「昊天不傭」、「昊天不惠」、「昊天不平」、「不弔昊天」；〈雨無正〉：「浩浩昊天，不駿其德」；〈大雅．蕩〉：「疾威上帝，其命多辟」；〈桑柔〉：「倬彼昊天，寧不我矜」；〈板〉：「上帝板板，下民卒癉」；〈瞻卬〉：「瞻卬昊天，則不我惠」；〈雲漢〉：「昊天上帝，則不我遺」……等諸詩篇。侯外廬即言：「天命的反動，是社會危機的反映。」㉞；君權的衰弱使天報神權也跟著下墜，所藉以維繫周王朝內部秩序的宗教、政治、倫理一體的封建制度也隨之崩潰，社會秩序解體，激起鄒魯縉紳之士的重建新秩序的使命感，一種「禮治」的人文思潮也開始揭開序幕。

㉞：同前註，第六章第二節〈紀年銘問題〉頁一一七。

第二節 人文思潮的崛起——第二次文化突破

王權鬆動引發封建體制的崩壞，自平王東遷後，國力益形衰落，失去維持禮樂征伐的主導權，諸侯、邦君進入各自為一方霸主的列國型態。社會結構變遷劇烈，沒落的王室貴族流入士階層，無形中將知識普及於民間，造成第二次文化突破的契機❶。此突破表現對宇宙秩序、人類社會、物質世界幾個方面的理性認知，這正是文化發展的關鍵。這個認知展現出以下三個特色：

一、先民後神——敬鬼神而遠之

「重民」這個觀念，西周已肇其端，到了春秋中後期，知識分子傾向於世俗化，將天視為非人格性的自然的運行力量，這種傾向使人文精神抬頭，而沖淡了天神權的宗教信仰色彩，

---

❶：余英時在〈古代知識階層的興起與發展〉一文中有非常精瞻的分析。余氏引用派深思「突破」的觀念來詮釋士階層的興起；而封建解體原因是由於劇烈的政爭，失敗的一方失去權勢而降為士、庶或皁隸，一方面造成階級制度崩壞，一方面將知識普及化、平民化，促使這批新階層——士興起，時間約在西元前六世紀中葉以後。士階層的興起，在學術上形成百家爭鳴的局面，這正是文化發展的重要關鍵。余氏的研究成果，正好使筆者省去繁瑣的考證，故此處直接引用其「結論」，可詳參之。該文收入《中國知識階層史論——古代篇》，（台北：聯經出版事業公司，民國八十二年五月，二刷），頁一〇——五五。

吾人可以從保存春秋史料的《左傳》、《國語》裏得到檢證❷：

《左傳．桓公六年》載隨大夫季梁不同意隨侯逞個人私欲去追擊詐敗的楚軍的一段話：

> 夫民，神之主也，是以聖王先成民而後致力於神。……所謂馨香，無讒慝也。故務其三時，修其五教，親其九族，以致其禋祀，於是乎民和而神降之福，故動則有成。今民各有心，而鬼神乏主，君雖獨豐，其何福之有？君姑脩政，而親兄弟之國，庶免于難。

先造福人民，後致力於鬼神馨享之事，就是人文精神的體現。《左傳．莊公三十二年》載史嚚對虢公一段話：

> 國將興，聽於民；將亡，聽於神。神聰明正直而壹者也，依人而行……

「依人而行」正說明宗教天命觀已轉向「人道」的思惟路徑了，這也是從西周初期宗教雅化性格一路發展下來的。徐復觀在《中國人性論史—先秦篇》中曾詳細地分析這「宗教人文化」的現象：

> 宗教中的道德性，便常顯為宗教中的人民性。周初已經將天命與民命並稱，要通過

---

❷：《左傳》一書作者，至今學界尚未成定論；至於成書年代，據：梁任公、張心澂、錢賓四、屈翼鵬等諸前賢考查：上限大致在三家分晉、田氏篡齊前（公元前四〇三年）；下限則在公元前三七五—三四〇年之間。又據汲冢書內〈師春〉（專記《左傳》卜筮之事）一篇，足見魏襄王卒年以前（公元前三九九年），《左傳》已傳世流行。其書非一時一地一人之作，有後人潤飾痕跡，然而其史料及觀念亦有前期傳鈔下來，非盡戰國人觀點。

民情去看天命。這種傾向，在春秋時代，因道德地人文精神的進步而得到更大的發展。所以神的道德性與人民性，是一個性格的兩面。❸

人文思潮的特色就是強調人主體性的重要。《左傳．僖公十九年》載司馬子魚反對其兄邾文公用鄫子作「人牲」祭於睢之社的理由，正是這種新「人道」精神的表映。其言：

古者六畜不相為用，小事不用大牲，而況敢用人？祭祀以為人也。民，神之主也，用人其誰饗之？

殷商以來，用人牲祭祀的原始宗教信仰已受到質難，到了孔子時代，甚至連像人的俑陪葬都被批判（《禮記》卷九〈檀弓下〉：「孔子謂爲俑者不仁，殆於用人乎哉？」）《左傳．昭公十八年》載子產對裨灶欲用瓘斝禳火的回答，說得更明白：

（子產）曰：「天道遠，人道邇。非所及也，何以知之，灶焉知天道？」

孔子回答樊遲：「務民之義，敬鬼神而遠之。」（〈雍也第六．二十二〉）的態度便是從這裏濫觴出來的。

二、不迷信前兆、災異現象

人文思潮的第二個特色是：不迷信前兆、災異，有強烈的理性實證的精神。《左傳．僖公十六年》載宋襄公問周內史叔興「隕石于宋五」、「六鷁退飛」之事：「是何祥也？吉

❸：徐復觀：《中國人性論史—先秦篇》（出版狀況見前），第三章〈以禮為中心的人文世紀之出現，及宗教之人文化〉，頁五三。

凶焉在？」叔興退而告人曰：

> 君失問。是陰陽之事，非吉凶所生也。吉凶由人……

吉凶禍福乃人德性良窳所召感，非關妖祥，即申繻回答魯莊公問鄭國南門外，內蛇與外蛇相鬥之事，說：「妖由人興也。人無釁焉，妖不自作，人棄常，則妖興。」（《左傳·莊公十四年》）。

《左傳·僖公二十一年》夏大旱，魯僖公想焚巫尪以謝天禱雨，臧文仲反對說：

> 非旱備也，脩城郭、貶食、省用、務穡、勸分，此其務也。巫尪何為？天欲殺人，則如勿生；若能為旱，焚之滋甚……

以勸脩人事對治天災。這種理性態度發展到荀子身上就更強烈，天神性色彩已被轉化為物質天，在〈天論篇〉一文裏即可看出：

> 強本而節用，則天不能貧；養備而動時，則天不能病；修道不貳，則天不能禍。……本荒而用侈，則天不能使之富；養略而動罕，則天不能使之全；倍道而妄行，則天不能使之吉。……受時與治世同，而殃禍與治世異，不可以怨天，其道然也。故明於天人之分，則可謂至人矣。❹

人治可以參天地贊化育之功，便是透顯出理性的一道人文曙光，也脫離了宗教神權的迷思。

---

❹：趙·荀子撰、清·王先謙集解、日本·久保愛增注、豬飼彥博補遺：《增補荀子集解》，（台北：蘭臺書局，民國六十一年九月），卷一一〈天論篇第十七〉，頁二一一—二一三。

《左傳·昭公十九年》冬，鄭國大水災，有龍鬥于時門之外洧淵，國人請為禜焉，子產弗許，理由是：

我鬥，龍不我覿也；龍鬥，我獨何覿焉？禳之，則彼其室也。吾無求於龍，龍亦無求於我。

子產以順其自然態度面對妖異。

又《左傳·昭公二十六年》載齊有彗星，齊侯使禳之。晏子云：

無益也，祇取誣焉。天道不謟，不貳其命，若之何禳之？且天之有彗也，以除穢也，君無穢德，又何禳焉？若德之穢，禳之何損？《詩》曰：「惟此文王，小心翼翼，昭事上帝，聿懷多福，厥德不回，以受方國。」君無違德，方國將至，何患于彗？

晏子強調的是妖不勝德，德可以化災。

以上數則不信前兆、災異文獻，正可看出彼時部分賢士大夫已擺脫神的束縛，確立人的道德主體性的地位，而展開一片理性清明的世界，西周以來的天命觀已退居其次，非獨尊的主流思想了。

三、強調禮治、道德的觀念

天的神權性既已下墜，無法穩定人間秩序，有志之士開始醞釀一個「禮治」的秩序來代替「神治」的秩序。也就是說：以天命為中心的信仰已部分轉為以「禮」為中心的道德、人文信仰。

「禮」這個概念是怎麼來的呢?徐復觀考查頗爲精詳，筆者借其成果，簡述於下：

甲文有「」（《後》下·八·二）字，是禮的初文，但是殷人雖有祭祀儀節，卻無「禮」的觀念。西周初期文獻：〈君奭〉、〈洛誥〉、〈金縢〉等出現五個「禮」字，皆指祭祀儀節。禮開始指涉法典、常訓、規範義是在《詩經》晚期以後。孔子言「周因於殷禮」，表示周初取殷文化而代之，尚未定出自己的祭祀儀節，即〈洛誥〉所說的：「王肇稱殷禮」，到了周公制禮作樂，禮的觀念才浮顯出來。然而春秋時代所認知的周禮，爲何不流行在周初，而流行在春秋以後?可見「禮」的規範義不是從「禮」本身發展來的，徐氏考出是從「彝」字而來。「彝」本爲宗廟常器，引伸爲常訓、法典、規範，在周初文獻中出現十次，如：

「其惟王勿以小民淫用非彝亦敢殄戮」（〈召誥〉）

「茲迪彝教」（〈君奭〉）

「朕教汝于棐民彝」（〈洛誥〉）

……

則周初所謂「彝」已與祭祀無關，完全是人文觀念。而《詩經》共出現九個「禮」字，西周初年的〈周頌〉中的〈豐年〉、〈載芟〉：「以洽百禮」與祭祀有關；餘七個在西周中後期到春秋時代，禮內容已開始轉化爲社會法則。因此《詩經》末期之所謂的禮，乃是原始的「禮」，再加上了抽象的「彝」觀念的總和，而成爲人文精神最顯著的表徵。❺

❺：同註❸，頁四一—四六。

春秋正是緊接《詩經》時代而來的，而代表此時期的《左傳》、《國語》的兩部史料，裏頭的確可以檢索到這種蓬勃的「禮治」道德的人文觀念。徐復觀在《中國人性論史—先秦篇》一書裏考查說：

> 《左傳》中已經有了很豐富的道德觀念；出現過許多「義」字，出現了三十個左右的「仁」字；《國語》中出現了二十四個仁字，《國語．周語上》內史興有「且禮所以觀忠信仁義」的話，可見不僅仁義的觀念，在春秋時代已經很流行……，並且「仁義」亦早已連為一詞。❻

筆者自行統計《左傳》言禮四六七次（其中禮指涉人生、社會法則的有三十一條）；言德約有三一八次，其他如忠、信、仁、義、惠、直、敬等道德觀念也大量出現。《國語》言禮有一一三次（提昇到人生社會律則有五條）；言德約有二二五次；仁義、德義並舉次數亦其夥；佐證了「禮」成爲彼時道德總攝的概念，已取代「天」的價值根源判準（normative judgment）地位。它具有以下的功用：

㈠宇宙、天地間理序的判準

《左傳．昭公二十五年》載趙簡子和子大叔一段對話：

> 簡子問揖讓周旋之禮焉。對曰：「是儀也，非禮也。」簡子曰：「敢問何謂禮？」對曰：「夫禮，天之經也，地之義也，民之行也……」……又曰：「禮，上下之紀，

❻：同註❸，〈附錄一：有關老子其人其書的再檢討〉，頁四六九。

> 天地之經緯也，民之所以生也，是以先王尚之。」

從這段對話中可以看出禮在持人文主義者的觀念中取代了天的理序及生生之源的地位，已從外在「儀」形式提昇到宇宙創生的總法則。《左傳．成公十三年》劉康公一段話可以佐證這個推論：

> 吾聞之，民受天地之中以生，所謂命也。是以有動作禮義威儀之則，以定命也。能者養之以福，不能者敗以取禍。

民受天地之中以生，這個「中」字即指禮。《禮記》卷五〇〈仲尼燕居〉：「子貢越席而對曰：『敢問將何以為此中者也？』子曰：『禮乎，禮。夫禮所以制中也。』」《荀子》卷四〈儒效篇〉：「曷謂中？曰：『禮義是也』」，這是道德法則化的性命觀，徹底將傳統天命觀脫胎換骨。《國語．周語上》周太史過也說：「昭明物則，禮也。」由此可見新的價值觀已在許多賢士大夫的言談中形成。

㈡治國安民、倫常道德的判準

《左傳．隱公十一年》君子謂：「禮，經國家，定社稷，序民人，利後嗣者也。」

《左傳．桓公二年》晉大夫師服曰：「禮以體政，政以正民，是以政成而民聽……」

《左傳．莊公二十三年》曹劌諫魯莊公曰：「夫禮，所以整民也。」

《左傳．僖公十一年》周內史過曰：「禮，國之幹也；敬，禮之輿也。不敬，則禮不行；禮不行，則上下昏，何以長世？」

《左傳·昭公二十六年》晏子回答齊景公曰：「禮之可以爲國也久矣，與天地並。君令臣共，父慈子孝，兄愛弟敬，夫和妻柔，姑慈婦聽，禮也。」

《國語·魯語四》：「夫禮，所以正民也。」

《國語·晉語四》：「夫禮，國之紀也。」、「禮以紀政，國之常也。」

從以上所列史料可以看出禮有如治國的綱紀，並且也統攝了一切人倫道德。

㈢立身處世、吉凶禍福的判準

春秋以前，監察人善惡行爲，以定其禍福是「天」，現在則是「禮」：

《左傳·僖公十一年》叔詹曰：「楚王其不沒也？爲禮卒於無別，無別不可謂禮，將何以沒？」言楚王無禮，將無法壽終。

《左傳·成公十三年》魯孟獻子因晉郤錡乞師「將事不敬」，斷言曰：「郤氏其亡乎？禮，身之幹也；敬，身之基也。郤子無基。」

《左傳·成公十五年》楚申叔因子反背盟無禮，而斷其不免於死：「子反必不免。信以守禮，禮以庇身，信、禮之亡，欲免得乎？」

《左傳·襄公三十年》載鄭國內亂，子駟欲殺子產，子皮怒之曰：「……殺有禮，禍莫大焉。」

《左傳·昭公二十五年》魯叔孫婼聘於宋，見宋大夫樂大心言辭卑同朝，而賤其宗，而斷其必亡，曰：「右師其亡乎！君子貴其身，而後能及人，是以有禮。今夫子卑其大夫，而賤其宗，是賤其身也，能有禮乎？無禮必亡。」

以合不合禮來判定人生死，吾人不得不承認，「禮」在當時已成爲社會共同承認的價值規範。

《國語．晉語一》郭偃曰：「非禮不終年，非義不盡齒，非德不及世，非天不離數。」，人能不能善終也是從禮的角度來推定。

(四)國家興亡、軍事成敗的判準

禮除了作爲個體吉凶禍福的判準外，也可以依此來預斷國家興亡成敗，如：

《左傳．僖公三十三年》周王孫滿因秦師過王庭「輕而無禮」而斷其必敗。

《左傳．襄公十三年》君子曰：「上下無禮，亂虐並生，由爭善也，謂之昏德。國家之敝，恆必由之。」

《左傳．襄公二十九年》吳公子季札謂子產曰：「鄭之執政侈，難將至矣，政必及子，子爲政，慎之以禮。不然，鄭國將敗。」

《左傳．襄公三十一年》北宮文子言衛襄公曰：「鄭有禮，其數世之福也，其無大國之討乎？」

由前面分析吾人可以了解到，春秋人文主義的時代，「禮」被一般賢士大夫提出來取代西周以來的天命地位，成爲當時的另一股新的主流思想，舉凡個人立身行事、吉凶禍福，國家存亡絕續，全統括在禮的規範之下，形成一股新道德觀，借以重整崩潰的秩序。

除了講「禮治」外，一種強調道德因果必然報應觀的批判風氣也逐漸縕釀成形，如：

《左傳．僖公十三年》晉大夫慶鄭批評晉惠公夷吾說：「背施無親，幸災不仁，貪愛不祥，怒鄰不義，四德皆失，何以守國？」

《國語．周語上》載鄭厲公云：「臨禍忘憂，是謂樂禍，禍必及之。」

此外，因果必然性嵌上了家族主義禍福聯結效益的觀念也傳佈開來，如：

《左傳．桓公二年》載臧哀伯諫魯桓公不要將宋華督父贈送賄器納入太廟，周內史對此事評論道：「臧孫達其有後於魯乎？君違不忘諫之以德。」

《左傳．莊公二十二年》春載陳公子完（敬仲）避難之齊，君子讚賞陳敬仲仁且義。透過懿氏妻的卜占云：「吉……五世其昌，并于正卿，八世之後，莫之與京。」

《左傳．昭公八年》陳無宇回答晉平公說：「臣聞盛德必百世祀」

《國語．周語下》晉羊舌肸（叔向）聘于周，觀察了周大夫單靖公的舉止行徑後，告其老家臣說：「單子儉、敬、讓、咨以應成德，單若不興，子孫必蕃。」

以上數條文獻皆可看出彼時賢士大夫除了強調「禮」是國家存亡、個人生死榮辱的判準外，連帶地也提出道德因果的必然性以及家族禍福聯結共命性，來作為個人禍福的價值判斷，強調盛德可以庇蔭子孫。《左傳．襄公二十四年》魯叔孫豹如晉，回答范晉子「死而不朽」的問題，以「立德」為三不朽之首，顯見德報的價值觀已形成。

筆者進一步要追問的是：在各家務為治的爭鳴下，必然形成新的果報系統，它的面相是如何呢？這是下一單元所要進入的課題。

第三節　果報系統的衍生

第二次文化突破力量是來自於內部知識分子的自覺。禮樂崩壞，政治上裂分的時代，也是學術思想上爭鳴的時代。之所以政治、社會制度會裂分，是表示舊有的文化結構行之多年，已趨於僵化，原有的價值觀念及體制已不能滿足社會變遷的實際需要，統治階層就無法掌控內部秩序的運作，單憑傳統的天報觀是無法解釋社會種種離經叛道、善惡無報的現象，這時候必須尋求新的解決之道。在務爲治的大前提下，形成了第二次文化突破。《莊子・天下篇》內總論先秦學說興起的一段話，正足以作爲此「突破」的註腳：

> 天下大亂，聖賢不明，道德不一，天下多得一察焉以自好。……天下之人各為其所欲焉以自為方。悲夫！百家往而不反，必不合矣！後世之學者，不幸不見天地之純，古人之大體，道術將為天下裂。❶

從道家眼光來看，道術分裂是一件悲哀的事；從善惡因果報應角度來看，第二次文化突破正是果報從屬系統衍生、建構的時代；而從救贖角度來看，馬克斯・韋伯（Max Weber,1864-1920 A.D.）在《宗教社會學》(*The Sociology Of Religion*)裏一段話正可詮釋諸子派別的裂分也是報應系統的衍生。他說：

---

❶：宋・莊周撰、清・郭慶藩集釋：《莊子集釋》，（台北：河洛圖書出版社，民國六十三年三月），〈雜篇・天下第三十三〉，頁一〇六九。

任何救贖的思想，都可能採取各種不同的形式；最重要的是，它可能被與一種得到公正補償的需要連在一起，被以各種方式設想出來，但總不外是酬報自己的善行和懲罰他人的不義。……❷

「酬報自己的善行和懲罰他人的不義」就是希望建構一套新秩序的法則，在這法則下，善惡定獲得對等賞罰，社會必然是有公理、正義的。諸子在這種心態下去改造原有的天報神權性的秩序，在態度上就有溫和和激烈之別；在報應性質上，就有正統和異端之分，這是從對當時官方的宗教信仰態度來區隔。

正統方面：首先是儒家以孔子爲首的學派，承著春秋前期以來的禮治道德觀念遺緒，提出「仁心」的道德自覺的德報觀來重整人間秩序；儒家學派仍然承認鬼神的力量，只是把它們轉化成在道德性的天命觀裏，而將善惡的報應主宰力拉回人類本身的主體行爲，也就是從他律性轉爲自律性，以溫和方式來改革天報的舊窠式。

儒家德報發展到戰國以後，由於功利催化，衍生出「陰德報」的子系統，大行於西漢以後，隨著環境因素不斷輸入，此系統發揮「反饋」功能❸，便與民間道教勸善書合流，形成今日世俗化的道德觀。

---

❷：馬克斯．韋伯：《宗教社會學》，（出版狀況見前），第七章第五節〈救贖宗教在更高階層和更低階層中的不同功能：正當性對補償性〉，頁一六八。

❸：所謂「反饋」是指一種能源從輸入到輸出的轉換過程；所謂「功能」，就是系統內部部門（結構）它們對系統內或系統外所產生的影響。

美國社會學家派深思(Talcott Parsons,1902-1979 A.D.)在一九五六年發表的《組織理論的社會學研究》（***Suggestions for a Sociological Approach to the theory of Organizations***）第一章內曾指出：

> 次級系統和大系統之間仍保有某種程度的相互依賴性及彼此的貫通性。每一層級本身，仍保有某種程度的自主性，任何一個更高層次的系統皆無法抹煞其次級系統的特性。❹

這個理論可以用來看待那些有子系統的果報系統。在宣傳報應功能上，子系統有其獨特的一面，不會被其上面層級較高的系統銷解掉。

其次，西周以來的天報觀，發展到春秋，受到人文思潮的衝擊，意涵產生歧異的變化，其中出身賤民階層的墨子，仍然傾向於宗教力量，以復古方式提出天志報，完成天報理論的建構，來拯救鬆動的傳統天報信仰。對墨家而言，賤民沒有社會和政治地位，因此救贖的確定性和根源力，仍是來自於從上帝的善良和仁慈中尋求保證。由於亂世下猛藥，墨子提出非禮非樂，節葬等學說，摧陷廓清，以兼愛統攝人間一禮樂教化秩序，可謂激烈改革派。而墨子的天志報是鬼神並稱，其首倡「明鬼」理論，開六朝鬼報風氣先河，均可視爲天報系統發

❹：見彭文賢：《組織理論之分析》，（出版狀況見前）第三章第二節〈社會的系統模式〉，頁九四—九五所引。

展下衍生的兩個子系統❺。

異端方面：有先秦李悝、商鞅、申不害、愼到、韓非等法家學派，以無神論的態度，將神性天還原爲自然物質天，天不再是穩定人間秩序的最高仲裁者，因此提出「法治」人爲律的觀念解決社會脫序的現象，其所建構的法報和儒家的德報同爲人文思想下兩大理性產物的主流。

從宗教角度來看，它是屬於異端的學說，企圖打破神學迷思，回歸人文秩序，這股理性思潮在往後發展的過程中，有時會旁溢出來質疑其它有宗教意味的果報系統，如兩漢學者：揚雄、王充、桓譚、仲長統等反讖諱、災異；六朝范縝等反靈魂不滅論。這是題外之論，它不具有主要整合的功能，但是在消極的懲惡功能下，使惡人得到應有的懲罰，在穩定人間秩序上，仍具有它的存在價值，因此便以異質性從屬系統套聯於中國果報系統之下。

此外，尙有陰陽五行報，由戰國儒、墨陰陽合流的鄒衍首創，它可以說是介在正統和異端之間，混合了自然質性和神學人格性的雙重性質。換言之，是以五行運轉機械論去解釋人事現象，其目的欲導時君行仁義節儉之道，可視爲德報的子系統，由於輸入的怪迂、機祥功

❺：筆者將鬼報繫在天報下，成為其次級系統，理由是：一、上古神鬼不分，祖先死後，有的有功於部落就被提昇到神的層次，故卜辭中對祖先的祭禮，是以帝祭祭之；二、從先秦到六朝，有不少文獻資料可以證明鬼訴冤的對象是「天」，彼時社會民間傳統信仰仍以「天」為人、鬼神最高的主宰；三、在道教神譜裏，北斗神君是總宰天界、鬼界、地界的命籍。因此將鬼報視為天報派生的子系統，是可以說得通的。

能過於龐大，以其立說的前題掩蓋子系統的本來目標，只有獨立出一章論述之，而以同質性從屬系統掛聯於中國大果報系統之下。

陰陽五行報發展到漢代，又被董仲舒吸收其神祕的天人感應、非理性部分的功能，來進行儒學內部的改造，企圖達到制衡君權，以德化刑的目的，所建構起的「天人感應報」。後經漢儒不斷地擴充其內容，加上有政治力量在後面推波助瀾，竟成為兩漢的主流思想。從其終極目的來看，可視為德報的子系統，然而其功能層次來看，吸收的天人感應部分過於龐大，幾乎掩蓋儒學本然的面貌，又可視為陰陽五行報衍生的子系統。林清發在《企業管理精粹》一書中提到系統特性第二點：「系統中各子系統皆具有關連性」❻，天人感應報是從陰陽五行中災異、禨祥、符應分出；在「上級系統」與「次級系統」之間，呈現重疊交叉現象。其導君主於道德一途，和儒家德報所追求的終極目標一致，只是路徑不同。任何一個系統一旦達到整合一致性，其績效必然大於各分立層級較高的系統，故筆者也將其獨立一章討論，而同時掛聯在德報和陰陽五行報之下，互為其子系統。

除了法報是有機體半封閉系統外，其餘各報應系統是屬於無形質的開放性系統，和周遭環境常保持輸出、輸入的反饋互動，因此一旦系統建構完成，在時間上是無遠弗屆的，在空間上是無障礙的，上下融入各階層的思想、生活裡。從時代來看，只有主流、非主流之分，絕不似學說那樣後出轉精而將之淘汰的現象發生。因為它是屬於心理層次東西，只要有人信

❻：林清發：《企業管理精粹》，（出版狀況見前），頁四九四。

仰，它就得以傳播下去，比如說盛行於兩漢的天人感應報，直至今日科學昌明的二十世紀末，吾人仍然存有「國之將亡，必有妖孽」的想法，也就是說廣大庶民階層各有各的信仰，各取各人相信的因果報應觀念，才是它們不會消失的原因。

以下將依德報（含陰德報）、天志報（含鬼報）、法報、陰陽五行報、天人感應報順序分章探討。

第四章　儒家德報系統的建構、發展與功能傳播

早在《周易》卦爻辭時代，先民就有原始道德觀念。如〈恆卦‧九三〉：「不恆其德，或承之羞……」西周文獻裏許多帶有宗教色彩的「敬德」的觀念，就是後來儒家所本。到了春秋人文主義時代，禮治、道德因果必然報應的風氣興起，以孔子爲首的儒家便承繼了西周以來的封建道德，再加上這股人文思想，建構成德報系統。本章要考查的是：以孔、孟、荀三人爲代表的儒家，德報建構的內容；德報系統在發展上，功能和其他系統互動情形；其衍生出的子系統—陰德報，具體的概念，以及就全體系統來說功能如何傳播？以下將分爲四個小節論述之。

第一節　德報系統的建構

一、孔子德報系統的建構

孔子的德報是架構在西周以來帶有宗教色彩的「敬德」觀念上。則吾人所要思考的是：孔子如果全然接受這種已失去效力的封建道德，那結局又和崩潰的封建秩序有什麼差別？又如何能重建人間秩序？如果孔子是全盤吸收春秋人文思潮的禮治道德觀，又如何能超然獨立

於諸子百家之外，形成一種新興學派，而被目爲當時的顯學？可見其中一定有所改造和創新之處，這改造和創新之處，便是孔子建構德報的核心概念。那麼孔子用什麼新概念來改造西周的封建道德呢？

㈠以仁改造封建道德

孔子是用仁改造了封建道德，這大體已是前賢論者的共識。徐復觀在〈孔子所傳承的封建道德的價值問題〉一文中就提到此點：

> 孔子所說的仁，是把修己與治人，融合在一起的無限自覺向上的努力，這即是文王、周公「明德」、「愛民」的觀念，在生命中生根的進一步的發展。……正因為孔子的仁心而促使孔子修《春秋》，「貶天子，退諸侯，討大夫」（《史記・自敘》）作了對封建統治的大批判。❶

而牟宗三是從「周文疲弊」的角度來觀察的，在《中國哲學十九講》第三講〈中國哲學之重點以及先秦諸子之起源問題〉一文中有詳贍而獨到的見解。他認爲周文之所以失效，主要是貴族生命墮落，不能實踐這一套周文，於是周文就掛空，成了所謂形式主義。要使周文這套禮樂成爲有效的，首先就要使它生命化？這是儒家基本態度。那麼如何使周文生命化呢？孔子提出仁字，因此才有「禮云禮云，玉帛云乎哉？樂云樂云，鐘鼓云乎哉？」以及「人而不仁，如禮何？人而不仁，如樂何？」這些話。可見禮樂要有真實的意義、要有價值，非有

---

❶：徐復觀：〈孔子所傳承的封建道德的價值問題〉，《兩漢思想史—卷一》，（出版狀況見前）頁九七。

真生命不可，真生命就在這個「仁」。儒家對人類的貢獻，就在他對三代的文化，開始作一個反省，反省就提出仁的觀念。觀念一出來，原則就出來。原則出來，人的生命方向就確立。所以他成爲一個大教❷。換言之，孔子就是用仁來改造僵化的封建道德，以仁爲禮的實質精神，即對當時僵化的封建秩序的突破。

那麼，吾人要進一步追問：「仁是什麼」？爲何它能使周文生命化？

(二)仁是道德主體自覺心的顯現

孔子言：「仁者，人也」仁，內在於人，是人實現之理的性，推出去，便是普萬物而爲言的生化之理：：：：即所謂天地之心❸，也就是說，人的道德實踐即彰顯天地生化之理。徐復觀認爲其第一義是：「一個人面對自己，而要求自己能真正成爲一個人的自覺自反」、「真能自覺自反的人便會有真正的責任感。有真正的責任感便會產生無限向上之心」❹；徐氏在〈孔子德治思想發微〉一文中對孔子核心思想「仁」有更深一層的解釋：

> 孔子的思想，主要是通過人的自覺、向上，以達到人格的完成。亦即是要每個人發

❷：參見牟宗三：《中國哲學十九講》，（台北：台灣學生書局，民國七十二年十月）第三講〈中國哲學之重點以及先秦諸子之起源問題〉，頁六〇—六二。

❸：牟宗三：《道德的理想主義》，（台北：學生書局，民國八十一年九月），頁一三〇。

❹：徐復觀：〈釋《論語》的仁〉，《學術與政治之間》，（台北：台灣學生書局，民國七十四年四月），頁三一一。

現自己的德，完成自己的德。❺

仁就是自覺、良知的心，（這裏已有一個是非的判斷，孟子看出來，所以才開出「義」的價值觀）自覺自己是人，就會有羞恥心，就不會去做出違反人性良知的事，孔子就是提出這個人人都具有的自覺本然心來穩定人間秩序，它具有普遍性之理，康德於此言「善的意志」（good will）。所以牟宗三常說儒家是：「開闢價值之源，挺立道德主體」❻；從《論語》一書中，「仁」字出現一〇五次❼，爲各德目字彙之冠來看，足見「仁」在孔子心中的重要性。唯一可惜的是，在第一手資料《論語》中，筆者看不到孔子有具體的理論來說服我們爲什麼人人都具有這個道德自覺心，他直接跳過去說：「人人都可以成爲道德實踐者」：

「仁遠乎哉？我欲仁，斯仁至矣。」（〈述而第七·二九〉）❽

「爲仁由己，而由人乎哉？」（〈顏淵第十二·一〉）

「有能一日用其力於仁矣乎？我未見力不足者。蓋有之矣，我未之見也。」（〈里仁第

---

❺：徐復觀：〈孔子德治思想發微〉，收入氏著：《中國思想史論文集》，（台北：台灣學生書局，民國八十二年九月，九刷），頁二一三。

❻：同註❷，頁六二。

❼：燕京學社：《四書引得·論語引得》，（哈佛：燕京學社，台灣仿印合訂本，無出版年月），頁一八三—一八四。

❽：案：此處篇章次第是據李鍌等編譯：《新譯四書讀本》，（台北：三民書局，民國五十七年六月，修訂三版）。以下引用《孟子》、《大學》、《中庸》篇章次第亦採此版本。

四‧六〉）

仁既然為人心所本有，便保證了人人皆可行善的普遍必然性，只要透過自覺自反—即思的工夫，則仁心自然顯現。值得注意的一點，就是：人性既然有那「一隙之明」，又為什麼在現實層面上，大多數人都未能開顯或覺悟？孔子也未進一步說明，此處理論的缺漏要到孟子身上才完成。而道德實踐是「為不為」，不是「能不能」的問題，人生命的價值就是從這道德主體的自發性來顯現的。那麼它的外延形式(extensional formal)是什麼呢？

㈢以仁總攝諸德

從孔子與弟子問仁的對答中，吾人知道：孔子並沒有把仁看成一個固定的德目：

子曰：「唯仁者，能好人，能惡人。」（〈里仁第四‧三〉）—則仁是義的表現。

子貢問仁。子曰：「己欲立而立人，己欲達而達人。」（〈雍也第六‧三〇〉）—則恕是仁的表現。

樊遲問仁。子曰：「愛人。」（〈顏淵第十二‧二二〉）—則博愛是仁的表現。

樊遲問仁。子曰：「居處恭，執事敬，與人忠……」（〈子路第十三‧一九〉）—則恭、敬、忠是仁的表現。

子曰：「剛、毅、木、訥，近仁」（〈子路第十三‧二七〉）—則剛、毅、木、訥行跡也近於仁的表現。

子張問仁……，子曰：「能行五者於天下，為仁矣。」請問之，曰：「恭、寬、信、敏、惠……」（〈陽貨第十七‧六〉）—恭，前已言之；寬、信、敏、惠也是仁的表現。

從上述引文得知「仁」是一個全德概稱，只要是發自內在良善的道德自覺心的意念，都是仁，都是善。但是，只依賴主體自覺是不能保證其外延行爲必然也合於善道的。

㈣以禮和學體現仁

孔子在回答顏淵問仁時說：「克己復禮爲仁」（〈顏淵第十二‧一〉），這段引文明白顯示在孔子的理念中，「仁」本身雖具足圓滿的道德本體，但有關善行實踐，仍需要靠外在客觀性的規範來完成❾。也就是說，用禮來檢視仁心的發動，行爲才不會流於邪枉，如其所言的：「君子博學以文，約之以禮，亦可以弗畔矣夫！」（〈雍也第六‧二五〉），而「禮」是要靠後天學習的一種他律道德（Heteronomy Morality），不是靠自覺便可獲得的自律道德（Autonomous Morality）❿，所以孔子說：「不學禮，無以立」（〈季氏第十六‧一

❾：傅佩榮在〈儒家論人的自律性—從自律性到人性論〉一文中也提到：「在孔子的觀念中，光是靠自覺仁心的動力，是不足以完成善的，善的實踐與判準必須配合外在規範去衡度。」收入《哲學與文化月刊》第十五卷第六期（民國七十七年六月），頁三八三。

❿：此處兩名是襲自康德的哲學概念，所謂自律是：「作為一個制定普遍法則的意志的每個有理性者底意志」；所謂他律是：「意志底他律為一切虛假的道德原則之根源」，又說：「如果意志底在其格律之適於普遍的自我立法以外任何地方—也就是說，他越出自己之外，在其任何一個對象底特性中—尋求應當決定他的法則，便一定形成他律。這樣一來，並非意志為自己制定法則，而是對象透過它對意志的關係為意志制定法則。」參見康德著，李明輝譯：《道德底形上學之基礎》，（台北：聯經出版事業公司，民國七十九年三月）第二章〈由通俗的道德哲學通往道德底形上學〉，頁五五、六七。

三〉），又說：「好仁不好學，其蔽也愚」（〈陽貨第十七・八〉）。凡是合於禮的外在規範，才能保攝仁就是圓善的實現；反過來說，離開禮，就不能成爲圓善了，甚至可能造成負面的惡果—「恭而無禮則勞，愼而無禮則葸，勇而無禮則亂，直而無禮則絞」（〈泰伯第八・二〉）。而從《論語》中統計，孔子言禮次數凡七十四見⓫，僅次於「仁」，可見「禮」也在其心中的重要性。孔子既以仁、禮建構了新道德系統，那麼他對德實踐後的「報」看法是如何呢？

㈤德之所在，即福之所在

在過去天報觀的時代，只有肯定上帝來保障，才能使福成爲可能。而孔子「罕言性與天道」正可看出其建構德報已將天的主體性拉回到人心中來，淡化了對宗教信仰的色彩。也就是說，將外在神權秩序轉化爲人內心道德自律的秩序，照徐復觀的說法是：「儒家將宗教性天命，轉化爲道德性的天命」⓬；所謂「道德性天命」就是「以義爲命」，人只要能實踐道德，當下就是福報了，因爲概念本身便涵蘊目的的自身，並不需要有一位他力的神來賜福保證其實踐的因果必然性。對孔子來說，道德實踐的必然性並不相應於因果之必然，因爲因果之必然性是屬於客觀的限定，不是人所能夠掌握的，如孟子所言的：「得之不得，曰有命。」

⓫：同註❼，頁一五〇。

⓬：徐復觀：《中國人性論史—先秦篇》，（出版狀況見前），〈附錄二：陰陽五行及其有關文獻的研究〉，頁五三四。

（〈萬章上・八〉）；孔子只強調人道德主體的主宰力，只要義之所當為則為，即對天命具體的回應了⓭，這叫「直道而行」，並不去計較有無好的善果。所以在他困於陳蔡時，面對子路強烈的質疑：「君子亦有窮乎？」時，他只應之曰：「君子固窮……」（〈衛靈公第十五・一〉），並沒有正面回應子路的疑惑，不是不願回應，而是因果必然性是無可說的，他本身一生的寫照—有德命，無祿命—，就是很好的例子，而其偉大性也是從此處透顯出來。「自孔子以後儒者，一方面思索個體生命淨化的問題；一方面又以大無畏、大氣魄的剛健氣象，面對人世的苦難與憂患，承擔人間一切社會、政治現實問題，而求其解決之道，並不計較個人生死榮辱」⓮。這股強烈的入世情懷，就是孔子建構德報的基本精神，但是不符合果報系統的基本形式。

二、孟子德報系統的建構

吾人幾乎可以說孟子的德報系統從孔子「性相近」概念觸發，補充了孔子仁學不足的理論建構，其核心概念就是性善。

⓭：可詳參唐君毅：《中國哲學原論—導論篇》，（台北：台灣學生書局，民國六十七年三月，三版），頁五一二—五一八。

⓮：參考黃俊傑：〈內聖與外王—儒學傳統中道德政治觀念的形成與發展〉，收入氏編：《中國文化新論思想篇—天道與人道》（以下簡稱《天道與人道》），台北：聯經出版事業公司，民國八十二年五月，七刷），頁二五三。

(一)以性善理論完成孔子仁學系統

「人應該成為什麼?」是孔孟建構德報的基本立場，也就是孔孟要給人類行為找到一個普遍定律，而這個定律是用作人類行為的判準，那就是仁心本有。孟子化分為仁、義、禮、智四端之心，然後進一步地說這四端之心「非由外鑠我也，我固有之也」(〈告子上・六〉)，他如何證成這個「肯定命題」呢?孟子是舉:「乍見孺子將入於井」(〈公孫丑上・六〉)的生死交關，良知乍現的經驗實例，來證成人都具有實踐道德的可能。換句話說，「人皆有怵惕惻隱之心」(人性皆善)這個全稱肯定判斷命題，是屬於康德(Immanuel Kant, 1724-1804 A.D.)所說的「定言令式」(The Categorical Imperative)(或譯為明確命令)，非「假言令式」(The Hypothetical Imperative)(或譯為假設命令)⑮;所謂「定言令式」是表明行為自身是善的，且合乎理性的意志中為其必然的原則，無關乎另一事物底目的或手段。也就是道德實踐是凌駕於其他任何考慮之上，它是當下判斷，並非在世俗的價值觀下所做的決定。所以孟子才說，這個「不忍人之心」的顯現，「非所以內交於孺子之父母也，非所以要譽於鄉黨朋友也，非惡其聲而然也。」(同上引)，它完全是自覺、自律、自我決定、自發命令、自定方向⑯，未經任何計量功利下而自然湧現的。孟子藉由此「性善」

⑮:「定言令式」、「假設令式」是屬於康德邏輯哲學中的悟性判斷關係。同註⑩，第一章第九節〈定言令式〉，頁二〇——二二。

⑯:參見蔡仁厚:《孔孟荀哲學》，(台北:台灣學生書局，民國七十三年十二月)，頁二一八。

的普遍法則導出一個「後件否定」（Modus Tollens）命題：「無惻隱之心，非人也」，它和全稱肯定命題：「人皆有惻隱之心」在邏輯上是等值的。從存有的角度來看，人當然是人，爲何說不是人？孟子是從「即心善證性善」的觀點來說的，人不具有這種道德本心，就不足構成爲人的條件。

西方十三世紀神學家多瑪斯・阿奎那（Thomas Aquinas, 1225-1274 A.D.）也有類似主張，他認爲：人的道德行爲乃是人性的自然傾向，是上帝刻印在人心之上的自然命令或自然律的體現⑰。「自然律」是多瑪斯理性律則之一，是有靈之物應遵守的永久法（案：即上帝所導引的永恆律）的一部分；人如果能運用理智時，人就知道自然律第一條：「爲善避惡」，人人都應有服從此法的義務。也就是說，人的自然理性是必然傾用於道德，此無它，只是因爲人的本質就是道德的動物⑱，這就是孟子所說的：「人之所以異於禽獸者，幾希。庶民去之，君子存之。」（〈離婁下・一九〉）的界分點。新多瑪斯主義主要代表之一的波亨斯基，在一九五七年出版的《現代歐洲哲學》一書中也持同儒家看法：

> 人的行為決定於他的良心，而良心本身又不過是自然的表現，即內在於（寓於）人的

⑰：見呂大吉：《宗教學通論》，（出版狀況見前）第三編第一章第一節〈宗教與道德的起源〉頁六〇四所引。

⑱：參見曾仰如：〈多瑪斯的倫理思想〉，羅光等著：《多瑪斯論文集》（台北：先知出版社，民國六十四年三月），頁二六七——二六八。

天性的道德律的表現。⑲

因此從前面孔孟的基本立場：「人應該成爲什麼？」至此導出一個結果：「人應該道德」。但是，孟子性善理論的建立，將會召來現實層面強烈的質疑：既然人性本善，爲何會有惡產生？在孔子的學說裏，幾乎沒有去碰觸這個問題，他只留下「性相近，習相遠」（〈陽貨第十七・二〉）的概念，孟子便從此處去發揮，彌補仁學系統空隙。他認爲，人之所以會有惡行，是來自二方面因素：一是主體本身沒有自覺，受到感官物欲的控制；其次是是來自客體不良環境的影響。關於第一個因素，他在回答公都子：「鈞是人也，或從其大體，或從其小體」的問題時，就明白指示出惡的根源處：

> 耳目之官不思，而蔽於物；物交物，則引之而已矣。心之官則思，思則得之，不思則不得也。（〈告子上・一五〉）

人之所以有本心是透過自覺才顯現出來，如今本體道德心喪失主宰力，人淪爲感官欲望的奴隸，良心愈迷，人就離善愈遠，終至於和禽獸無別。所以他說：「學問之道無他，求其放心而已。」（〈告子上・一一〉），吾人讀聖賢書的目的，就是自覺地找回迷失的本心，具體的作法就是降低感官需求的強度，讓「本心」少受這種血氣欲望所牽累。孟子便說：「養心莫善於寡欲。其爲人也寡欲，雖有不存焉者寡矣……」（〈盡心下・三五〉），寡欲代表一個人有很強度的克己工夫，他的理性是常處於主宰地位，當然可以確立大體（本心）的

---

⑲：同註⑰所引，頁六〇五。

價值。

其次，產生惡是由於不良的客觀環境。對上等根器的聖賢而言，是無待環境優劣，自可保攝其本心；可是對一般人來說，如果沒有適當、良善的環境，很容易受習染而障蔽其本心。如同公都子引或曰：「文武興，則民好善；幽厲興，則民好暴。」（〈告子上·六〉），孟子也承認這個觀點，他自己也說：「富歲子弟多賴，凶歲子弟多暴」（〈告子上·七〉）；是富、凶這樣的環境讓子弟「陷溺其心」，並非本性是惡的問題。對治之道，不是從刑法路徑，而是提供民生經濟的優良政策，所謂「制民之產，必使仰足以事父母，俯足以畜妻子」（〈梁惠王上·七〉），具體辦法是：「五畝之宅，樹之以桑……雞豚狗彘之畜，無失其時……百畝之田，勿奪其時……」（〈梁惠王上·三〉），明白地說，就是薄稅斂，減徭役。生活基本條件達到一個水平後，才進一步提倡教育：「謹庠序之教，申之以孝悌之義」（同上引），則開展人的本心就很容易了，誠如其所言的：「驅而之善，故民之從之也輕」（〈梁惠王上·七〉）。

孟子性善理論於焉建構而成，然而「性善」只保證人人皆可行善，但不能保證人人必然行善。孔子仁學系統只是就行善以後立論，並沒有說明，要如何才能行善？要如何才能使善的種子發芽、茁壯、開花到結果呢？孟子進一步地提出「擴充」的概念。

㈡強調「擴充」以保攝行善之必然

如前所述，孔孟建構「性善」，只是在理上指點出人生一個大方向、大原則，如何將這個普遍必然的法則落實到經驗層面，孟子認為必須有一個「擴充」的工夫，他說：

> 凡有四端於我者，知皆擴而充之矣，若火之始然，泉之始達。苟能充之，足以保四海；苟不充之，不足以事父母。（〈公孫丑上・六〉）

又說：

> 人皆有所不忍，達之於其所忍，仁也；人皆有所不為，達之於其所為，義也。人能充無欲害人之心，而仁不可勝用也；人能充無穿窬之心，而義不可勝用也；人能充無受爾汝之實，無所往而不為義也。（〈盡心下・三一〉）

擴充四端就是推廣善心，也就是孔子的「恕道」以及《大學》第十章所說的「絜矩之道」，今天吾人的術語叫「同理心」、「將心比心」，這種工夫不需要多大的學養，也不必費九牛二虎之勁，它只是在心念層次上，由一己轉到大眾身上而已，孟子比成「火始然」、「泉始達」那樣容易。問題是：既然「擴充善端」是那麼容易，為什麼古往今來只有少數聖賢君子、大德之人願意做，而大多數的凡庶（包括君主在內的領導階層）卻吝惜於推擴呢？大抵眾生面相是自私自利地營求他一家生活享受而已，不會也不願去想到自身以外別人的飢寒、貧困、疾病、死喪的問題⑳，其次是善心到善行的擴充過程，勢必會多少損及自身的利益（如以財帛米穀濟人之急等）。孟子也了解經驗層面裏，人性有自私不願損己利人的事實，

⑳：歷史上不知民生疾苦、視民如傷的昏君可說是俯拾皆是，其中最有名，而流傳為文人筆下嘲諷對象，有西晉惠帝，時天下荒亂，百姓餓死，帝曰：「何不食肉糜？」（參見《晉書》卷四〈孝惠帝紀第四〉，頁一〇八）

因此他在強調擴充善端時，不得不背離自己與孔子其「道德實踐本身即圓滿」的價值觀，而跨入功利、效益的取向㉑，以增強勸世人（或時君）行善的說服力，這種取向竟成為德報在日後世俗化過程的一種特色。在勸說齊宣王「恩足以及禽獸，而功不至於百姓」時，也顯現這種的企圖心：

老吾老以及人之老，幼吾幼以及人之幼，天下可運於掌。……故推恩，足以保四海；不推恩，無以保妻子。（〈梁惠王上·七〉）

「保四海」就是善的效益，「不保妻子」就是惡的效益，以現實層面的禍福來儆戒人君擴充善端，間接達到德化的目的。孟子不是不明白「禍福」屬客觀限定，是不可說的，但是上等根器、得道之人可以如此挺立其道德主體性，而面對下等根器之人（案：並非每個君王皆是聖君），就不得不投其所好，權作誘其入善道的方便法門。綜觀世界各宗教，或傳道之人，在宣揚教義時，均不免沾上功利色彩，究其動機，無不冀望其道世代綿延流傳罷了。

(三)強調善惡報應的必然性

順著前段概念，吾人知道孟子在建構德報系統時，已超越孔子的格局，上承春秋人文思

㉑：孟子在〈梁惠王篇〉開宗明義第一章即是辨義利；孔子也說：「富而可求也，雖執鞭之事，吾亦為之」（〈述而第七·一一〉）；又說：「不義而富且貴，於我如浮雲。」（同上引·一五）；表面看來，孔孟似乎不談效益原則，其實，那只是在理上反對而已，以作為道德價值最後判準，卻不反對在道德實踐中，所衍生出來的功利或效益。

潮，向效益的路徑發展，奠立了世俗化的基調形式：即「禍福自召」、「善惡必然報應」。在〈公孫丑上・四〉章內便明顯揭示出來：「今國家閒暇，及是時般樂怠敖，是自求禍也。禍福無不自己求之者！」又說：「夫人必自侮，然後人侮之；家必自毀，而後人毀之；國必自伐，而後人伐之。」（〈離婁上・八〉）在其他篇章中還可以找到不少道德因果必然性的效益概念：

「暴其民甚，則身弒國亡；不甚，則身危國削。」（〈離婁上・二〉）

「天子不仁，不保四海；諸侯不仁，不保社稷；卿大夫不仁，不保宗廟；士庶人不仁，不保四體。」（〈離婁上・三〉）

「夫國君好仁，天下無敵。」（〈離婁上・八〉），反過來說，國君好利，將有不測之禍：「諸侯有三寶：土地、人民、政事，寶珠玉者，殃必及身。」（〈盡心下・二八〉）

「苟不志於仁，終身受辱，以陷於死亡。」（〈離婁上・九〉）

「仁則榮，不仁則辱」（〈公孫丑上・四〉）

還有一種人際關係互惠的因果必然性：

「愛人者，人恆愛之；敬人者，人恆敬之」（〈離婁下・二八〉），這是正面的互惠效益。

「殺人之父，人亦殺其父；殺人之兄，人亦殺其兄」（〈盡心下・七〉），這是反面冤仇效益。

(四)強調家族禍福聯結的必然性

在道德必然報應的理論中，沒有比加入「家族主義」的效益更能打動人心了。孟子在建構德報系統中，也不例外地承繼了這股春秋人文思潮的精神，在〈梁惠王下·一四〉章內，他對滕文公說：「苟爲善，後世子孫必有王者矣。君子創業垂統，爲可繼也」重視的就是個人善惡行爲對子孫後代的影響，此與古代社會重宗族延續的價值取向是相一致的㉒，蓋中國社會以農業爲經濟主體，重視家族生命與事業的綿延，多丁多顯貴，被視爲現世最大的「福」，而這個福報是來自祖上（也就是一己這一代）積德行善所致；最忌怕的就是「斷子絕孫」、「慘遭族戮」，此被視爲最大的「禍」，而這個惡報是來自一己多行不義所積累造成。這種家族主義共同的價值觀功能，傳播到了漢代，衍生出陰德報的子系統（此爲下節論述概念，詳見於後），後又被道教吸收轉化成「承負報」的功能。

由以上分析，吾人可以得到一個清晰概念：儒家德報系統的建構，到孟子身上時，已有功利化、世俗化傾向。至於在孟子過世後，已過不惑之年的荀子，他是如何建構德報的呢？

三、荀子德報系統的建構

荀子建構德報系統是從孔子「習相遠」觀念觸發而有了一個基本的預設—人性本惡，完

㉒：參見劉道超：《中國善惡報應習俗》，（台北：文津出版社，民國八十一年元月），第四章第三節〈神救·積德·求實—中國善惡報應習俗與佛教因果報應觀念的差異〉，頁一〇八。

全背離孔孟仁學系統的路徑。爲什麼儒學發展到他會產生歧出呢？換句話說：從性善到性惡的觀念轉換機制(mechanisms)是什麼？在論述其系統建構前，必須首先釐清的前提，方能有助於本單元的思惟運作。

從荀子的基本預設觀念來推敲，他反對孟子即心言性善的說法，而存在於其心中的質疑是：如果善良是與生俱來，主體所本有，爲何人類會有那麼多好利、爭奪、悖禮、犯義、欺誣、詐僞、汙僈、邪淫、貪婪的行爲？其次就算心善，而惡是來自感官之欲以及外界不良環境所造成，不也凸顯一個事實：人的本性是軟弱的，其中存在一種趨向於惡的動力；而孟子強調寡欲和改善經濟環境以及教育來確立本心，不陷於惡途，證明了人性中也存在一種退回安全的內在趨勢，只是這種克己的意志力只有少數具有高度自覺心的人才能做到，對大多數人來說，恐怕需要一種近似人爲律的客觀道德規範，才能使其行爲「出於治，合於善」（〈性惡篇第二十三〉）。由以上筆者揣想荀子基本預設的思惟得知，從性善到性惡，儒學產生歧向的機制是：荀子認爲人類道德實踐（或善）的根源力不是來自存有的自覺，而是來自心知外在客觀道德之理。荀子便是從此價值觀建構起德報系統。

(一)以「知道心」作為道德實踐的根源力

道德規範是外在的客觀之理，要使原理產生實踐的行爲，尚待「心」的作用，心要能「知道」，道德實踐方成爲可能，但是依荀子的理論，心並不只有一種「認知」的指涉，它尚有會導人入惡途的官能、情欲、血氣心知的作用，例如：

「目好色、耳好聲、口好味、心好利、骨體膚理好愉佚，是皆生於人之情性者也。」（同

上引）

「心欲綦佚」（〈樂論篇第二十〉）

「心憂恐，則口銜芻豢而不知其味」（〈正名篇第二十二〉）

荀子認爲這種血氣心知是出自於人的情性，其所謂性是「生之所以然者」（〈正名篇第二十二〉）的自然之性；而情是「性之好惡喜怒哀樂」（同上引）已發的形質；這種「心」是不會「知道」的。心要如何才能「知道」、「擇善」呢？荀子認爲需要靠涵養：「導之以理，養之以清，物莫之傾」，如此心才能「足以定是非、決嫌疑」（〈解蔽篇第二十一〉），如實地行善。以理導心的具體工夫就是「虛」、「壹」、「靜」；何謂虛、壹、靜呢？「不以所已臧害所將受，謂之虛」——楊倞注云：見善則遷，不滯於積習（同上引，卷一五，頁一二）；「不以夫一害此一，謂之壹」——久保愛注云：心有所好，有所憎，不以所好之「非」，害所憎之「是」，唯義所在（同上引）；「不以夢劇亂知，謂之靜」——楊倞注云：處心有常，不蔽於想像、囂煩，而介於胸中（同上引，頁一三）。心能「虛壹而靜」，就能知道，荀子稱此心爲「大清明」，至此心方能中理、擇善，成爲道德實踐的動力。荀子進一步形容此清明心的效用：

> 萬物莫形而不見，莫見而不論，莫論而失位。坐於室而見四海，處於今而論久遠，疏觀萬物而知其情，參稽治亂而通其度，經緯天地，而材官萬物，制割大理，而宇宙裏矣。（同上引）

則荀子所謂清明心具備天地眾理和孟子所說的：「萬物皆備於我」（〈盡心上·四〉）

的心已相去不遠，只要再往內推求，即可與孟子思路合轍。然而荀子認爲清明心的涵養不是內省自覺而得，而是透過外鑠的禮義師法教化而得。他說：「凡治氣養心之術，莫經由禮，莫要得師，莫神一好，夫是之謂治氣養心之術。」」（〈修身篇第二〉），事實上，荀子這個外鑠的知覺心的理論是有缺漏，人心如果沒有潛藏向善的趨勢，如何能接受禮義師法教化，而成爲善德之人呢？吾人可以逼問荀子：聖人如何先我而知禮義？是自覺？抑師法？當然，照荀子的說法：「堯舜之與桀跖，其性一也」（〈性惡篇〉），聖人也是師法禮義而成的。如此，追問下去，聖人老師是自覺？抑師法而成？追問到最後無師狀態時的聖人那就是自覺自悟，先得我心之同然了，那麼既然最早那位聖人可以自悟自覺，爲什麼吾人不能靠自覺自悟而成君子、成聖人？又爲什麼吾人經由師法開啓本心的，一定要強制說成是「認知義」、「認知理」的後驗善？更何況人的本性如果沒有善的趨向，即使再有聖人師法禮義，也是不相應的。凡此都是荀子「性惡論」建構的先天缺漏。

㈡以禮義師法保攝善之必然

對荀子而言，道德實踐必須仰賴師法禮義之後的「知」來做判準，心知合於道，則「行」方爲合宜的、善的；心知不合於道，則禁絕之。孟子是由心到行，而荀子是由心到知到行，比孟子多一道轉折的工夫，可說是帶有主智論色彩。在其概念中，禮義師法是「僞」的，「僞」即人爲之意，是「可學而能，可事而成」的，如同矯正木材的工具一樣，是用來矯正人的本性。他說：「今人之性惡，必將待師法然後正，得禮義然後治」（〈修身篇〉）；又說：「禮者所以正身也，師者所以正禮也；無禮何以正身？無師安知禮之爲是也。」（同上引）；也就是說，人性經過學習、教化、引導，才會有道德行爲；反之，沒有透過師法禮義的行爲，必淪入姦邪。在〈儒效篇第八〉他肯定地說：

> 故人無師無法而知，則必為盜；勇，則必為賊；云能，則必為亂；察，則必為怪；辯，則必為誕。人有師有法而知，則速通；勇，則速威；云能，則速成；察，則速盡；辯，則速論。故有師法者，人之大寶也；無師法者，人之大殃也。

以有無師法來做爲個體行事善惡禍福的判準。則吾人要進一步追問：學，爲何要學禮呢？誰才夠格成爲師法的對象呢？關於第一個問題，荀子很明確地告訴世人：「禮者，法之大分，類之綱紀也。」（〈勸學篇第一〉）；又說：「禮者，人道之極也。」（〈禮論篇第十九〉）；所謂「人道之極」，就是統攝一切人事（包括個人立身、社會人際互動、治國綱領）法則之最，禮在他的觀念中是人類道德最後的判準，在《荀子》一書中，「禮」共出現三二七次㉓，比《論語》七四次㉔，《孟子》六〇次㉕多出近五倍，可見其重要性。然而，這概念也不是荀子獨創的，乃是承繼春秋人文「禮治」風潮而來。但是荀子也並非全盤接收，他的禮不僅提供了一個倫理總秩序，而且也提供了一個「化性起僞」，提升人性向善的途徑㉖，其地位

㉓：燕京學社：《哈佛燕京學報引得特刊二十二·荀子引得》，（台北：成文出版社，一九六六年十月），頁六七三—六七七。

㉔：同註⑦，頁一五〇。

㉕：同註⑦，頁三六九。

㉖：參見樊浩：《中國倫理精神的歷史建構》，（台北：文史哲出版社，民國八十三年十月）第二章〈儒

等同於孔孟的仁體。所以學要「至乎禮而止矣」（〈勸學篇第一〉）。吾人可以再追問下去：禮既是「人道之極」，那麼是誰創制禮？荀子的答案是聖人，他說：「聖人化性而起僞，僞起而生禮義，禮義生而制法度；然則禮義法度者，是聖人之所生也。」（〈性惡篇〉），而聖人制作禮義的目的是在矯正人性之惡：

古者聖王以人之性惡，以為偏險而不正，悖亂而不治，是以為之起禮義，制法度，以矯飾人之情性而正之，以擾化人之情性而導之也，使皆出於治，合於道者也。（同前引）

聖人既然是禮義之製造者，又是能導人去惡入善者，所以學要師法聖人。在〈解蔽篇第二十一〉裏，他說道：

故學也者，固學止之也。惡乎止之？曰：止諸至足。曷謂至足？曰：聖也。聖也者，盡倫者也；王也者，盡制者也；兩盡者，足以為天下極矣。故學者以聖王為師：：：

如此，便解決了前面所提的第二個疑問。只要透過禮義師法教化出來的個體意志或行爲必然是善的，反之則爲惡：「凡用血氣、志意、知慮，由禮則治通，不由禮則悖亂提僈」（〈修身篇〉）；「人無禮義則亂；不知禮義則悖」（〈性惡篇〉）。問題是：雖有師法，尚不足保證世人必會自動學禮義，因此必須再仰賴更有效的外在強制力—政令、刑法—的威勢，來達到禮義師法教化的普遍性效果。所以荀子說：「君子非得勢以臨之，則無由得開內焉」

家的倫理政治精神〉，頁一二七。

（〈榮辱篇〉）；所謂「開內」，就是開啓他內心，來接納禮的教化；而「勢」就是外在的權位、刑罰、政令。在〈性惡篇〉中說得更清楚：

> 古者聖人以人之性惡，以為偏險而不正，悖亂而不治，故為之立君上之勢以臨之，明禮義以化之，起法正以治之，重刑罰以禁之，使天下皆出於治，合於善也。

刑罰設立的作用在輔助聖人禮義教化的推行。如此個體行爲便納入客觀的道德規範，其外延的言行舉止必然合於治、合於善的；但是不能保攝人人必然行善，荀子自身也明白此點㉗，故同孟子思惟路徑，也以積累善德必獲致美譽或福澤子孫的世俗功利觀誘導之。

㈢強調禍福自召

從天報角度來看，人類善惡行爲所召至的吉凶禍福是由上帝來保證；而儒家德報是強調主體行爲來決定，這是人本主義下，一種自我承擔的價值觀，荀子在這觀念也不自外於孟子，〈勸學篇〉即言：「榮辱之來，必象其德。……怠慢忘身，禍災乃至。」，在〈正論篇第十八〉內說得更具體：

> 志意脩，德性厚，知慮明，是榮之由中出者也；……流淫汙僈，犯分亂理，驕暴貪利，是辱之由中出者也。

㉗：荀子在〈性惡篇〉裏就提到此種塗之人「可以而不可使」成為禹的現象。因為大凡眾庶都持著消極，不做壞事的心態，對於利他的行善之事，不太有人會積極去做，這是人類本性中被動、頹墮的劣根傾向，所以荀子說：「小人可以為君子，而不肯為君子」、「塗之人可以為禹，而不肯為禹」。

古人所謂：言有召禍，行有召辱；以及孟子所言：「出乎爾者，反乎爾者」，皆強調主體行為是決定吉凶禍福的關鍵，無非勸人敬其心，慎其行。

(四)強調積德以保證善報之必然

在世俗化功利效益的勸說中，荀子同孟子一樣，將重點對象擺在士以及諸侯、時君的階層。這是自孔子以後儒者一貫的修齊治平的思路—認為國君（或士大夫）實踐道德，就可獲致天下太平，在儒家典籍裏，這一類的思想隨處可見。如：

孔子回答樊遲：「上好禮，則民莫敢不敬；上好義，則民莫敢不服；上好信，則民莫敢不用其情。」（〈子路第十三・四〉）

孟子說：「人人親其親，長其長，而天下平。」（〈離婁上・一一〉）

比《荀子》稍後成書的《大學》第十章說得更清楚：「所謂平天下在治其國；上老老而民興孝；上長長而民興弟；上恤孤而民不倍；是以君子有絜矩之道也。」

為什麼孔子以及後來的儒者都那麼相信在上位實踐其德，即等於全民實踐其德呢？徐復觀在〈孔子的德治思想發微〉一文中有合理的推論：

在二千五百年以前的社會，我們不難推想，人民對於政治的依賴性特別大，統治者所給與人民的影響也特別強。㉘

這個推論，大致站得住腳。封建政權下的人民，沒有太多的自由，本身自主性不高，端

㉘：同註❺，頁二一六。

賴上階層的教化，上正，下不得不正矣，所以告子才會說：「文王興，則民好善；幽厲興，則民好暴」（〈告子上．六〉）。

由以上延伸補充說明，再把話題轉回本段的思路，荀子和孟子一樣，了解人性貪利好譽，故說之以聖功：

「積善成德，而神明自得，聖心備焉。」（〈勸學篇〉）

「故君子……務積德於身而處之以遵循，如是，則貴名起如日月，天下應之如雷霆。」（〈儒效篇第八〉）

「故聖人也者，人之所積也」（〈同前引〉）

「積善而不息，則通於神明，參於天地矣。」（〈性惡篇〉）

或加入家族禍福聯結的效益：

「有天下者事十（案：應爲「七」之誤）世，有一國者事五世，有五乘之地者事三世，有三乘之地者事二世，持手而食者，不得立宗廟，所以別積厚，積厚者流澤廣，積薄者流澤狹也。」（〈禮論篇第十九〉）

荀子以「性惡」的基本預設，開出善是由後天師法禮義而來的思惟路徑，補充了孔孟後天教育－禮學的不足。

四、小結

孔孟主性善，挺立人性尊嚴，然而其自覺、自悟，非上等根器之人，則不易臻至；荀子主性惡，開後天師法教育路徑，他人可以透過積累、學習而化性入於善道，頗與今日教育宗旨合轍，適合於廣大後知後覺，中下等根器之人，其目標和孔孟雖殊途而同歸於至善，德報系統於焉完成。而在其善惡評價裏，是以善惡德行爲標準，善行即給予肯定評價；惡行即給予否定的評價；與今日所認知的道德原則、規範沒有多大差異。也就是說，德報系統一經建構完成，已具有普世原則，時空雖有轉換，也不會有太大的改變。

筆者所要進一步思考是：德報系統在往下發展時，本身會產生何種變化？

第二節　德報系統的發展

孔孟荀三家不管取徑如何殊異，修德積善的終極目的在平治天下，這是孔門儒者一種自我承擔。但是對一般人而言，「成己成物」這種效益，不足以說服其實踐道德或成爲善德之人的動力。蓋中國人的價值觀念是求現世福報，如長壽、康樂、平安、富貴、子孫榮顯，而不是一種損己利人的大情懷。因此自孟子以後，戰國儒者在傳播德報時，已有世俗化、功利效益的傾向。其特色是：一部分承自春秋人文思潮以來至孟荀報必然性觀念；另一部分則是吸收某些系統功能，經過能源（觀念）轉換—即反饋的過程，重新再以混合的新面貌出現。

孟荀以後，德報系統發展承繼先前效益原則有：善惡報應必然性、禍福自召、禍福是善惡行爲積累所至、家族禍福的聯結等四種，在漢儒個人學術專集中，無不俯拾即得，由於概念和戰國儒相同，此不再贅述。而這一部分值得補充的是：必然（或積累德業）報應觀念和家族主義禍福聯結觀在《易傳》時代有合流現象；至漢代儒者並以古人史事作徵驗，達到最大效益，增強了德報功能傳播的擴散力和滲透力。

一、德報自身功能的合流

首先必然報應和家族禍福聯結合流文獻，最早出現在荀子之後成書的《周易．坤卦文言》❶：「積善之家必有餘慶，積不善之家必有餘殃」言「餘」之意就是點明主體和家庭成員，

❶：《易傳》成書年代，各篇不一，又學界眾說紛紜，迄今尚未有定論。比較有說服力是徐復觀在《中國人性論史—先秦篇》第七章〈陰陽觀念的介入—《易傳》中的性命思想〉，（出版狀況見前），就十翼內容，考其成篇年代為：〈彖〉、〈象〉、〈文言〉在《中庸》之後，孟子之前成書；〈繫辭〉、〈說卦〉在孟子之後成書；〈序卦〉、〈雜卦〉是西漢儒者所做（頁二〇四—二二一）；屈翼鵬在《先秦文史資料考辨》下篇〈周易〉一節認為：〈彖〉、〈象〉、〈繫辭〉、〈說卦〉、〈文言〉傳自戰國以後的先秦作品；〈序卦〉、〈雜卦〉是漢人所作。（台北：聯經出版事業公司，民國八十二年九月，頁三一三—三一五）

郭沫若在《青銅時代．周易之制作時代》，收入《郭沫若全集—歷史編1》（出版狀況見前），考定其成篇前後次序：〈彖〉、〈繫辭〉、〈文言〉三篇是荀子門徒在秦統治期間所寫，而〈象〉是在〈彖〉之後，由另一派的人所寫；〈說卦〉以下三篇是秦統一前作品（頁三九四—四〇四）。

案：筆者較傾向於郭氏的意見，理由一：由晉太康二年所發掘的汲縣魏襄王墓（公元前三九九年），內有《易經》二篇，與《周易》上下經同；《易繇陰陽卦》二篇，與《周易》略同，繇辭則異。（《晉書》卷五一〈束晳傳〉）。又杜預的《左傳集解．後序》也略有同樣記載；「《周易》上下篇，與今正

甚至於未來的子孫之間有一條因果的鎖鏈緊緊地聯繫著，禍福吉凶都會因一己善惡行爲延及到他們身上，並且以全稱的肯定命題形式表現這種合流報的必然性和普遍性。

漢代以後，儒者言德報最常舉堯舜、文武、周公等古人爲例以徵驗之，例如：

《中庸・十七章》❷：「舜其大孝也與，德爲聖人，尊爲天子，富有四海之內，宗廟饗之，子孫保之。故大德，必得其位，必得其祿，必得其名，必得其壽。」位、祿、名、壽是舜是四個概括的現世福報，而「子孫保之」則是家族因果的聯結。

同。別有《陰陽說》，而無〈彖〉、〈象〉、〈文言〉、〈繫辭〉……。」

由以上兩則記錄來看，可知道在魏襄王二十年時，《易傳》是沒有出現；其次《周易》之外，還有《易繇陰陽卦》（即杜預說的《陰陽說》），正表明《周易》尚在試作階段，尚未有定本。又孔子嫡傳弟子：子思、孟軻之徒，其著作中，絕口不提《易傳》，孟子生卒年約公元前二九〇—三〇五年間，也就是說，到公元前三〇五年時，《易傳》尚未產生，再往後的荀子，只有在其著作〈大略篇〉中提到《易經》的〈咸卦〉卦辭及〈小畜・初九〉爻辭，也對《易傳》隻字未提，其生卒年代約公元前三四〇—二四五年，換句話說，在此年限之間，尚未有《易傳》成書作品，郭氏推定《十翼》在荀子之後所作似乎是可信，然而斷言其弟子所作，就太武斷了。理由二：從德報必然性發展來看，〈坤卦文言〉將此兩觀念合流，其在孟荀後成篇也是挺合此內在理路的發展。

❷：《中庸》成書年代以徐復觀考證最為精詳，其結論是：第一——二十章上半成書於子思，其中或有摻雜門人之語；二十章下半段—三十三章係出於子思門人編寫，仍在孟子之前；其中十六、十七、十八、十九、二十八章為漢儒雜記。（詳參氏著：《中國人性論史—先秦篇》第五章第一節〈中庸文獻的構成及其時代〉，頁一〇三—一〇七）

王符《潛夫論·愼微第十三》：「文王小心翼翼，武王夙夜敬止：……，故能太平而傳子孫。」（卷三，頁一四五）

太史公《史記》卷九九〈劉敬傳〉云：「周之先，自后稷、堯封之邰，積德累善，十有餘世：……」宋代司馬光在〈家範〉一文中，說得更詳細：

> 舜自側微積德，至於為帝，子孫保之，享國百世而不絕；周自后稷、公劉、太王、王季、文王積德累功，至於武王而有天下。其詩曰：「詒厥孫謀，以燕翼子。」言豐德澤明禮法以遺後世，而安固之也，故能子孫承統八百餘生，其支庶猶為天下之顯諸侯，棋布於海內，其利豈不大哉？❸

司馬光將此家族福聯結報拿來作爲家訓教材，顯見德報功能已深入士階層家庭。

以上多言君王，至於將相方面，班固在《漢書》卷二三〈刑法志〉內有一段話批判兵謀家行仁義或巧詐的禍福吉凶下場：

> 凡兵，所以存亡繼絕，救亂除害也。故伊、呂之將，子孫有國，與商周並。至於末世，苟任詐力，以快貪殘，爭城殺人盈城，爭地殺人滿野。孫、吳、商、白之徒，皆身誅戮於前，而〔功〕滅亡於後，報應之勢，各以類至，其道然矣。

可見漢代以後，文人言及道德報應，莫不以必然的功利效益方式傳播。這是任何果報系統在向外傳播其功能時必然的現象：傳播者會有意無意間隱瞞那些善惡無報的反功能訊息，

❸：司馬光：《司馬溫公家範》，（中國子學名著集成編印基金會印行），卷一，頁四八九—四九〇。

而對那些因果必然的原信息，作某種添加或強調成爲新信息。

其次作爲德報的子系統—天人感應報（詳見於第八章論述），本身也有德報的功能，自然很容易與母系統融合。《搜神記》卷一一〈衛農〉條即表映這種孝道召感的現象：

> 衛農，字剽卿，東平人也。少孤，事繼母至孝。常宿於他舍，值雷風，頻夢虎嚙其足，農呼妻相出於庭，叩頭三下，屋忽然而壞，壓死者三十餘人，唯農夫婦獲免。❹

案：孝感應夢兆而免一死，亦可視爲吸入民間信仰—託夢功能。

二、德報與其他系統功能的互動

除了自功能互相融匯外，德報另一部分功能與民間信仰、傳說或佛、道鬼神罪福報功能合流，形成一種多重系統功能混合的報應觀。究其原因有二：一、是爲了解決報必然實現的根源問題而不得不與他力系統的功能混合；二是文人爲了向小傳統傳播德報時，或迎合世俗現世價值效益，或在採集民間口傳故事時，無意染有其已融合的報應觀❺。這種與外界環境

❹：晉・干寶：《搜神記》，（台北：鼎文書局，民國六十九年三月，影印民國胡懷琛標點通行本），卷一一，頁八三。（案：之所以界定魏晉六朝志怪筆記小說是屬小傳統範疇，乃因為文人是從民間汲取原料，加以改寫成的。）

❺：據王國良的研究，魏晉南北朝志怪小說題材的來源有：一、轉錄古籍舊事；二、記載見聞傳說；三、改寫佛經故事。參見氏著：《魏晉南北朝志怪小說研究》，（台北：文史哲出版社，民國七十三年七月）第四章〈小說之資料來源〉，頁五三—五七。

之間有物質能源及情報（案：就果報系統而言，是指觀念功能）交換的適應性，是系統的特性之一，沒有這種特性的系統會接近萎縮而造成消亡的結果，這種特性即筆者在前面〈緒論〉所介紹系統方法論中的「輸入—轉換（或處理）—輸出」的反饋過程。吾人可以從六朝文人筆記志怪小說得到檢證。其融合的形式可區隔爲下列三項：

(一)輸入道教鬼神罪福報功能

在小傳統的文獻當中，可以發現這種果報功能合流的現象，如晉·干寶《搜神記》卷一一載有數條孝道資料屬於此類型：

> 楚僚，早失母，事後母至孝，母患癰腫，形容日悴，僚自徐徐吮之，血出，迨夜即得安寢。乃夢一小兒語母曰：「若得鯉魚食之，其病即差，可以延壽。不然，不久死矣。」母覺而告僚，時十二月，冰凍，僚乃仰天歎泣，脫衣上冰，臥之。有一童子，決僚臥處，冰忽自開，一雙鯉魚躍出。僚將歸奉其母，病即愈。壽至一百三十三歲。蓋至孝感天神，昭應如此。

案：天報觀在兩漢以後，由子系統墨家鬼神部分功能結合民間神祇信仰，爲道徒所吸收、擴大其系統，此處小童理應天神化身，只是筆者無法區分那些是道徒改造的神祇？那些又是流傳於民間的地方神？故只要德報涉及鬼神罪福觀，筆者全納入道教系統。其次，文中記臥冰求鯉，事略同王祥、王延，可見此時佛教五戒首爲戒殺觀念尚未植中國民間❻；或已深入

---

❻：案：殺生食肉罪報至北齊王琰《冥祥記》才大量出現。可見彼時佛教茹素、戒殺觀已深入民間。

民間，然而未能撼動中土根深柢固的孝道價值觀。

> 郭巨，隆慮人也，一云河內溫人；兄弟三人，早喪父，禮畢，二弟求分，以錢二千萬，二弟各取千萬，巨獨與母居客舍，夫婦傭賃以給公養。居有頃，妻產男，巨念舉兒妨事親，一也；老人得食，喜分兒孫，減饌，二也；乃於野鑿地，欲埋兒，得石蓋，下有黃金一釜，中有丹書，曰：「孝子郭巨，黃金一釜，以用賜汝。」於是名振天下。（同前引書）

案：郭巨埋兒事屬機密，仍為天地神靈鑒察得知，以丹書贈金致意，顯見此條文獻受道教宣揚人間有司功過之神（如三尸神、北斗神君、灶神、王靈官）的信仰影響。

還有一種題材採自民間流傳的人神共婚故事，也可以看出儒家孝道觀和道教神仙觀的揉合：

> 漢，董永，千乘人也。少偏孤，與父居肆，力田畝，鹿車載自隨。父亡，無以葬，乃自賣為奴，以供喪事。主人知其賢，與錢一萬，遣之。永行三年喪畢，欲還主人，供其奴職，道逢一婦人曰：「願為子妻。」遂與之俱。……主曰：「必爾者，但令君婦為我織縑百疋。」於是永妻為主人家織，十日而畢。女出門，謂永曰：「我，天之織女也。緣君至孝，天帝令我助君償債耳。」語畢，凌空而去，不知其所在。（同前引書，卷一，頁九）

案：董永賣身葬父的孝道感動天帝之女下凡委身而助其償債，是東漢以來，流傳民間最膾炙人口的故事，至唐代內容更形踵事增華，以講唱方式傳播（今敦煌遺書中，斯二二〇四有〈董永變文〉）；此人神交感形式，可視為道教罪福報。類似的故事，尚見於《搜神後記》卷五的〈白水素女〉：謝端以恭謹自守，不履非法的操守感動天帝，令天漢白水素女女神下凡，化身為田螺，權為守舍炊爨⑦，皆可視為儒家道德世俗化後結合民間神仙傳說的善福混合報。

(二)輸入道教鬼神罪福報、天人感應報功能

《搜神記》卷一一〈劉殷〉條內容則是道教鬼神罪福和天人感應功能的混合：

> 新興劉殷，字長盛，七歲喪父，哀毀過禮，服喪三年，未嘗見齒。事曾祖母王氏，嘗夜夢人謂之曰：「西籬下有粟。」寤而掘之，得粟十五鍾，銘曰：「七年粟米百石，以賜孝子劉殷。」自是食之七歲，方盡。及王氏卒，夫婦毀瘠幾至滅性。時柩在殯，而西鄰失火，風勢甚猛，殷夫婦叩殯號哭，火遂滅，後有二白鳩來巢其樹庭。

---

⑦：舊題陶潛：《搜神後記》卷五，收入周光培編：《歷代筆記小說集成》第一冊《漢魏筆記小說》，（河北：河北教育出版社，一九九四年四月），頁七八〇下—七八一下。案：此白水素女田螺精故事，最早見於西晉·東皙《發蒙記》（收入《初學記》卷八，及馬國翰：《玉函山房輯佚書·發蒙記》，台北：文海出版社，民國五十六年六月，頁二a），文中白水素女是海螺精；干寶《搜神記》原本有採入，今通行本未見，《太平廣記》卷六二有引入，和《搜神後記》所載，文字略有小異；梁·任昉：《述異記》亦載有此事，係輯入東皙所撰原型。此故事流傳民間甚廣，至唐宋明清而不斷，情節或多或少，有所增減，說詳可參見王國良：《六朝志怪小說考論》，（台北：文史哲出版社，民國七十七年十一月），頁二四九—二六二。

案：前半段是感動天神賜粟米；後半段則加入子系統─天人感應報，孝感應火熄滅以及白鳩來巢。

㈢輸入佛、道兩教罪罰報功能

唐臨《冥報記》卷下〈隋河南人婦〉載：

> 隋大業中，河南人婦養姑不孝。姑兩目盲，婦切蚯蚓為羹以食，姑怪其味，竊藏一臠，留以示兒。兒還見之，欲送婦詣縣，未及，而雷震失其婦。俄從空落，身衣如故，而易其頭為白狗頭，言語不異。問其故，答云：「以不孝姑，為天神所罰。」夫以送官。時乞食於市，後不知所在。❽

案：佛經有輪迴之說，變形城之設，其報乃在人命終後，依罪業召感，而今河南人婦即遭現世謫罰，化爲人身狗頭之畜生報，足見佛教在此時已逐漸中土化；又佛教地獄罪罰乃自身造惡召感─所謂業報自受，非由他力神祇降罰，則又可知六朝民間道佛兩教果報功能已有混合現象。

以上種混合現象之所以界定德報爲主動吸收其他系統功能者，乃由於案例皆是強調「孝道」或敬德的善惡報應，當然就以德報爲主體。

此外，還有一種德報因吸收了陰陽五行和星象學的概念，而形成一獨立系統，其一，筆

❽：唐・唐臨撰、方詩銘輯校：《冥報記》，（北京：中華書局，一九九二年三月），卷下〈隋河南人婦〉，頁五六。

者視其爲德報的子系統—陰德報，析出於下一單元論述之；其二，由於大量輸入陰陽五行的災祥怪迂功能，形成一個龐大的子系統—天人感應報，亦可視爲陰陽五行報的下級系統，緣於互見關係，只好也獨立爲另一章論之。

第三節　德報子系統—陰德報的建構與發展

儒家德報在戰國時代輸入了陰陽家陰陽功能和星象學陰德星的概念，而歧出另一支子系統，這是任何一個開放的系統本身所具有適應功能；稍後將論及的天人感應報也是在這種防止衰退的情況下，一種自我穩定的表現。所謂「適應」（adapation）是組織（系統）爲求成長、穩定與互動，而輸入外在環境的思想、制度或方法，並使之融合於原有系統架構內，或析出另一支子系統的一種調適和整合的過程❶。

本單元思惟進路是：陰德概念如何形成？其意涵指涉及從原始義到今日定型的詞義是如何轉變？具體的內容是什麼？往後發展情況會有什麼變化？將逐一論述於下：

一、陰德概念的源起及其意涵指涉的轉變

「陰德」觀念出現在戰國時代，以前則未見文獻記載，但是不能說沒有這觀念存在。《墨

❶：彭文賢：《組織理論之分析》，（出版狀況見前），頁一五一。

子・公輸篇》內云：「治於神者，眾人不知其功；爭於明者，眾人知之。」❷，成書於戰國的《尸子・貴言篇》內一段話：「聖人治於神，愚人爭於明也。」❸正可作爲上句的註腳；其意乃指聖人行事、存心對鬼神負責，此爲「陰功」，眾人不知；眾人所知者，爲可見的「陽功」。雖然此二書皆有「陰德」的觀念，卻尚未使用此名詞。最早提到「陰德」二字的是戰國中期的史家星官甘德、石申的《星經》「陰德」條下云：「以太陰在尚書西，主天下綱紀、陰德、惠遺、周給、賑財之事。」❹，據《史記》卷二七〈天官書第五〉「紫微宮」條下云：「前列直斗口三星，隨斗端兌（案：《漢書・天文志》作隋北耑銳），若見若不見，曰陰德，或曰天一。」《正義》引《星經》云：「陰德二星在紫微宮內，尚書西，主施德惠者，故贊陰德遺惠，周急賑撫。」與今本《星經》所載相合❺；《晉書》卷一一〈天文志〉則進一步

---

❷：舊題宋・墨翟撰、清・孫詒讓注：《墨子閒詁》，（台北：河洛圖書公司，民國六十四年），卷一三，頁二五，二六。

❸：魯・尸佼：《尸子》卷上〈貴言〉，收入唐・魏徵等編：《群書治要》，（北京：中華書局，一九八五年，影印《連筠簃叢書》本，卷三六，頁六二〇。案：《尸子》一書早佚，據《漢志・雜家類》著錄有二十篇，並言：「名佼，魯人，秦相商君師之。」則尸子為戰國前期人物，清代孫馮翼有輯本，見《問經堂叢書》。

❹：魏・甘德、石申：《星經》，（北京：中華書局，一九八五年影印藝海珠塵本叢書），卷上，頁一八。

❺：有後代學者懷疑《星經》早佚，今通行本為偽。據宋・鄒淮：《星象考》，（台北：商務，民國五十

指出：「尚書西三星曰陰德、陽德，主周急振無。」❻；《晉書》和《星經》皆言二星，而太史公言三星，高平子《史記天官書今註》解釋道：「此處小星頗多，今星未能確指」❼，蓋陰德星位置正在紫微左右垣口處，被小熊星座附近的散佈群星光芒掩住，平時不易目測察

四年，頁一）言：「今所見《星經》乃吳太史令陳卓，始合甘德、石申、巫咸三家星官著錄之星成書。」言似以為陳卓附加，已非甘、石之舊。此懷疑沒有任何理論根據：一、古代天文史料是由史官所掌，歷代傳承；《史記》所載天文資料也非太史公一人所創，亦承自前代史官資料；而《星經》所載多保存在唐代《開元占經》，張守節《正義》所載「陰德」條殆引自《開元占經》，此書也是傳承自前代天文史料，增益而成的，而與今本相合，足證《星經》不偽；二、《星經》所載恆星位置，是在戰國中期（公元前三六〇—三五〇年間）間觀測的（參見陳遵媯：《中國古代天文學簡史》頁七四—七五，台北：木鐸出版社，民國七十一年五月），在時代上和甘、石二人相合；由以上兩點來看，今本《星經》不偽。更何況中國遠自殷商時代已有星象觀測的記錄。如：《乙》六六六四：「乙巳酌，明雨，伐既雨，咸伐亦雨，卯鳥星」、《通》四三二：「七日己巳，夕亞，㞢新大晶，並火」，此火、鳥兩恆星日人橋本增吉推定觀測時間為下午七時，約在公元前八世紀（參見：李約瑟：《中國之科學與文明》第五冊，頁一〇三所引；台北：台灣商務印書館，民六十四年），甚至《尚書・堯典》所載：「日中星鳥：……以正仲冬」日人也考證出觀測時間是在公元前二三五七—二二五六年之間，頗與傳說中五帝時代合轍（盧景貴：《高等天文學》頁六，台北：台灣中華書局，民四十七年），即使是《星經》成書於戰國，但陰德星這一部分天文史料，必然是自古代史官星家傳承下來。

❻：唐・房玄齡等撰：《晉書》，（台北：鼎文書局，民國七十二年七月，二十五史新式點校本）卷一一〈天文志第一〉，頁二九〇。

❼：高平子：《史記天官書今註》，（台北：中華叢書編審委員會，民國五十四年六月），頁四。

見。（見左渾象紫微垣星圖）

圖一：蘇頌撰、錢熙祚校：《新儀象法要》（北京：中華書局，一九八五年）

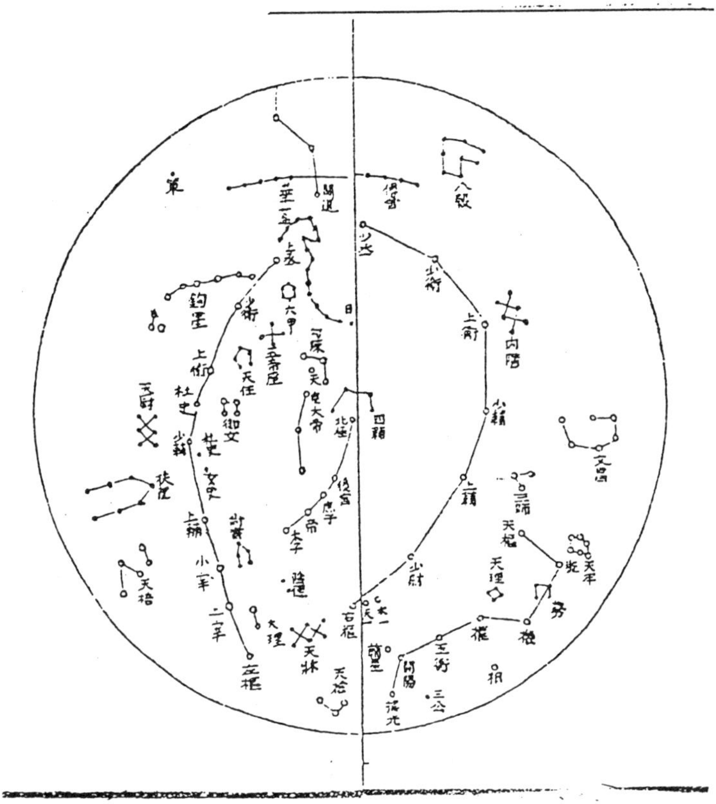

《晉書·天文志》將二星進一步析爲陰陽德星，顯然是受陰陽家影響。吾人所要問的是：甘、石二人命名爲「陰德」時是否受彼時戰國陰陽家影響？古代天文星象知識既然是有所傳承，則反過來說，有可能鄒衍所創立的陰陽五行學說是從古代天文知識那兒吸收過來的，徐復觀在〈陰陽五行及其有關文獻的研究〉一文中，指出此點：

> 太陽、四時都是史官所主管。因此陰陽的觀念，恐怕是由主管天文曆象的史官所發展出來的。所以在春秋時代，有關陰陽一詞出之於史官口裏的也比較多。❽

這個推論大致是正確的，更何況「陰德」星測量時間也比鄒衍出生時代（約公元前三四五—二七五年）早了五—十五年。緊接著，吾人要進一步考察在戰國時代，此「陰德」名詞有沒有進一步應用到人事的文獻？而其意涵是否同於今日世俗化的語意？筆者找到二條文獻：成書於戰國時期的《周禮》卷一八〈大宗伯〉職掌：「以天產作陰德，以中禮防之；以地產作陽德，以和樂防之。以禮樂合天地之化，百物之產，以事鬼神，以諧萬民，以致百物。」❾，據賈公彥《疏》解釋：「天產是天生自然者：……謂陰陽相配合而生，不由人營造，當

---

❽：該文收入氏著：《中國人性論史·附錄二》，（出版狀況見前），頁五五五—五五六。

❾：漢·鄭玄注、唐·賈公彥疏：《周禮注疏》，（台北縣：藝文印書館，民國六十八年三月，七版，影印阮刻十三經注疏本），卷一八〈大宗伯〉，頁二六。案：據：張心澂：《僞書通考》，（台北：台灣商務印書館，民國五十九年五月），頁三二七，總結前人考證云：「《周禮》一書，為戰國前期儒家而通法理經濟者所草擬之建國方略。至西漢前期發現而入祕府。及王莽時，劉歆見之，改竄而公布。」張氏之言後半段也有可能成書於秦大一統時代，故目前學界尚未有定論。

是六牲；地生謂由人營種，即植物九穀之屬是也。」（同上引），其意爲天生萬物，其功無形爲陰德；人種九穀於地，爲有形謂陽德。則「陰德」指無形之功，頗合原意，只是尚未指涉到人的道德實踐。

此外在《禮記》卷六一〈昏義〉內裏也提到「陰德」字眼：「天子理陽道，后治陰德」⑩，鄭玄《注》云：「陰德謂主陰事、陰令」；所謂「陰事」，據《周禮》卷七〈天官・內小臣〉鄭玄《注》：「群妃御見之事」；而「陰令」賈公彥《疏》：「縫人女御爲王裁縫衣裳及絲枲織紝」等事（同上引，頁二〇）；則可知戰國時期，「陰德星」尚未從天辰信仰下移到人類主體道德行爲的比附。如此，吾人需要再進一步追問：是什麼原因造成西漢以後「陰德」轉化成人事勸善的指涉？

到目前爲止，尚未找到一條可以直接證明這種星辰信仰轉化成社會屬性的價值觀的文獻，只能間接的推論：殆或受到漢代「天人感應」的風氣影響。在天人感應學說下，人必須有相似的道德行爲與之對應，才會召感祥瑞降臨，吾人從「緯書」中找到這種君德上應德星的觀念，來作爲陰德星轉化到人事陰德報的間接證明：

⑩：《禮記》一書各篇成書時代不一，或漢儒自作；或漢儒據先秦孔門遺簡所作；或戰國孔門後儒所作；此篇〈昏義〉，據屈翼鵬考訂是戰國儒者所作（參見氏著：《先秦文史資料考辨》下編，頁三四九—三五四）。就算不是出自戰國儒生手筆，這種「昏義」屬於五禮之一——吉禮，其儀式也是代代相傳而來的。

《禮緯・禮含文嘉》：「天子祫禘、巡狩有度，攷功責實，內外之制，各得其宜，四方之事無蓄滯，上下交通，則山澤出靈龜、寶石、麒麟至苑囿；六畜繁多，天苑有德星應。」⓫

又云：「王者敘長幼，各得其正，則房心有德星應之。」（同上引，頁一）

又云：「天子崇有德，彰有道，顯有功，褒有行，則太微七星明，少微處士有德星應。」（同上引，頁二五）

又云：「天子穆穆，諸侯皇皇，則少微有德星見」（同上引）

又云：「（王者）宮室之禮得宜，營室有德星見。」（同上引，頁二六）

等等，資料頻見，不暇一一列舉。「緯書」中所言「德星」不一定指涉「陰德星」，乃泛指一般吉祥的恆星，筆者所要推論的是：在這種天人感應的風潮下，漢儒從「陰德星」主掌陰德遺惠功能應用到道德實踐的必然性上，以勸說君主和世人積德行善，達到德化天下的目的是有可能的。郭沫若曾說：「神事乃人事之反映，於神事有徵者，於人事不能無徵。」⓬，這一段話正好可以做爲「陰德星」信仰到「陰德報」的轉換註腳。

二、陰德報系統的建構

陰德報系統由二個概念建構而成：

⓫：黃奭輯：《禮緯》，（上海：上海古籍出版社，一九九三年四月），卷二〈禮含文嘉〉，頁五。

⓬：郭沫若：《甲骨文字研究》，收入《郭沫若全集—考古編1卷》，（北京：科學出版社，一九八二年九月），頁四一。

(一)有陰德必有陽報

中國人的民族性是重現實，黜玄想的，在善惡報應的觀念影響下，無不希冀求得今世的富貴安樂、長壽福祿。儒家的德報世俗化可以說是此陰德子系統催化而成的；漢代以後的儒者在德報方面的發展，少有朝孔孟仁學自覺觀點去立說，多半是朝功利、效益觀點去傳播。如：

劉向《說苑・復恩》第七則載楚莊王宴群臣，有一臣趁燈滅調戲宮女，而楚莊王不予計較，後與晉交戰，賴得一臣五合五奮首卻敵，卒得勝之，楚王怪而問之，對曰：「臣當死！往者醉失禮，王隱忍不加誅也，臣終不敢以蔭蔽之德而不顯報王也。常願肝腦塗地，用頸湔敵久矣。臣乃夜絕纓者也。」劉向於尾處下評語：「此有陰德者，必有陽報也。」⑬陰德陽報，陰陽對舉，顯然是星辰信仰轉化爲人類道德行爲的因果必然性時，已受陰陽家影響。所謂「陰德」、「陽報」，在漢儒著作中，尚未見到有爲其下定義的文獻，似乎此兩名詞在當時已約定俗成了。根據上面這條文獻所載，所謂「陰德」指陰蔽之德，不求知或不求報之意；所謂「陽報」是現世的報應。而「陽報」中沒有比以子孫榮顯的效益更能打動中土人心了。

(二)有陰德者，子孫必榮顯

⑬：漢・劉向撰、清・趙善詒疏證：《說苑疏證》，（上海：華東師範大學出版社，一九八五年二月）卷六〈復恩〉，頁一四三——一四四。案：此事係先秦流傳下來的史料，劉向是以陰德觀去詮釋楚莊王的福報，不可以看作是戰國時人的觀念。

陰德報既爲德報子系統，自然在輸出功能方面必然是承接於上層系統，張詩言在〈系統的階層結構〉中提到子系統存在的目的，他說：

子系統雖然有著各自不同的目的，但各自的目的都必須是為了實現上層系統的目的而設立的。⓮

因此陰德報在系統建構上重疊德報的功能是必然的現象。而在家族禍福聯結這一點上，它比德報更具體地說出積德是要積陰德，子孫才會榮顯。從這角度來看，此二項內容可說是德報的註腳，也符合大小傳統現世及來世的價值觀。宋代黃光大在《積善錄》第三條內即云：

積陰德之士，苟常以方便存心，隨力行之不已，則陰德亦厚矣。殆見天下之報也，莫匪福壽之增崇，門戶之盛大，子孫之榮顯，有不可辭者。⓯

其中「福壽增崇」是積陰德之人的現世福報，而「子孫榮顯」是未來的福報，陰德報系統功能不衰退，恐怕和這種現實效益宣傳有關係，漢儒在這方面做的可說是不遺餘力，如：《淮南子》卷十八〈人間訓〉云：

夫有陰德者，必有陽報；有陰行者，必有昭名。……故三后（禹、契、后稷）之後，無不王者，有陰德也。孔子以三代之道教導於世，其後繼嗣至今不絕者，有隱行也。⓰

⓮：張詩言：《開發管理》，（出版狀況見前），第一章，第一節〈系統的階層結構〉，頁七。

⓯：宋・黃光大：《積善錄》，台北縣：藝文印書館，民國五十六年，《百部叢書集成》影印《稗乘》本，第十四冊，頁四。

⓰：漢・劉安撰、高誘注：《淮南子》，（台北：臺灣中華書局，民國八十二年六月，六版二刷），卷一

《淮南子》具體地以陰德觀念去詮釋夏、商、周和孔子後嗣不絕的家族禍福聯結的必然報應現象。劉向《說苑》卷六〈復恩〉第七則云：

> 邴吉有陰德於孝宣帝微時。孝宣皇帝即位，眾莫知，吉亦不言。……會吉病甚，將使人加紳而封之，及其生也。太子太傅夏侯勝曰：「此未死也，臣聞之，有陰德者必饗其樂以及其子孫，今未獲其樂而病甚，非其死病也。」後病果愈，封博陽侯，終饗其樂。⑰

夏侯勝這麼篤定邴吉必定不會死，就是深信善惡必然有報的宇宙普遍的法則。這種堅定的信念，在求真、求實的史家文獻中也可找到：

《史記》卷四五〈韓世家第十五〉贊曰：

> 韓厥之感晉景公紹趙孤子武，以成程嬰、公孫杵臼之義，此天下之陰德也。韓氏之功於晉未睹其大者也，然與趙、魏終為諸侯十餘世，宜乎哉？

《漢書》卷七一〈于定國傳〉載于公一段話：「我治獄多陰德，未曾有所冤，子孫必有興者。」案：據本傳所載，後其子定國果爲丞相，次子永爲御史大夫，封侯傳世。

同書卷九八〈元后傳〉裏翁孺後生女政君—即元后，爲宣帝太子所幸，生成帝於甲館畫堂，爲世適皇孫。

八〈人間訓〉，頁五。案：劉向：《說苑・貴德》第三則亦輯入此段話。

⑰：同註⑬，頁一四〇；案：班固《漢書》卷七七〈丙吉傳第四十四〉，有抄錄此段。

又同書卷五九〈張湯傳〉班固贊云：

……漢興以來，侯者百數，保國持寵，未有若富平者也（案：富平張湯子安世，昭帝時封富平侯）。湯雖酷烈，及身蒙咎，其推賢揚善，固宜有後。安世履道，滿而不溢。賀之陰德，亦有助云。

案：張湯為太史公寫入〈酷吏列傳〉，至《漢書》為班氏剔出，別列一傳，理由是「推賢揚善」。宋·王楙《野客叢書》卷一〈張杜酷惡之報〉條認為：張湯酷烈之報「不能逃諸身」，而在〈張杜皆有後〉條內則言：「湯之身後赫奕不絕者，非湯之德，是其子孫所積如此。」⑱；王符《潛夫論·志氏姓第三十五》對張湯評價異於王楙觀點：

御史大夫張湯，增定律令，以防姦惡，有利於民，又好薦賢達士，故受福祐。子安世為車騎將軍，封富平侯，敦仁儉約，務遠權，而好陰德，是以子孫昌熾，世有賢胤，更封武始，遭王莽亂，享國不絕，家凡四公，世著忠孝行義。（卷九頁四五四）（又案：據《漢書》本傳，湯五世孫純，於光武帝建武中封武台侯，非封在王莽前）

兩人之所以會對張湯有不同的評價，原由是：前者已知佛教三世業報因果而不採其觀點，後者值東漢和、安、恆之世，彼時佛法未普及，或符未聞之；因此對湯之死而子孫榮顯頗異軌於陰德報之事，各採取不同詮釋的角度，此種揀擇的態度，正暗合大眾傳播心理學關於社

⑱：宋·王楙撰、王文錦點校：《野客叢書》，（北京：中華書局，一九九二年二月，二刷），卷一，頁六一七。

會訊息傳播的規律：受傳者在可以獲得的大量訊息中，特別注意選擇那些同他立場一致，信仰吻合，並且支持和證實他的原有價值觀念與實際行爲的訊息，而總是下意識地迴避那些與自己固有觀念齟齬，與自己情緒相抵牾的訊息⑲。

在反面上，黃光大便言：「人之處世不可不積德，夫不積德者，未見其有後也。」⑳，黃氏語焉未詳，既言積陰德者子孫必榮顯；反之，則不積陰德者，未見子孫有榮顯，如果再以存心狡詐、陰刻，乃可言：「未見其有後」。《漢書》卷四〇〈王陵傳〉班氏引陳平言：

「吾多陰謀，道家之所禁，吾世即廢，亦已矣，終不能復起，以吾多陰禍也。」。

後傳子至曾孫陳何，果坐略人妻棄市，國除；此以有無陰德來做爲家族榮顯或絕嗣的價值判準。法家是借外在強制的約束力—族戮來凝結家族成員之間禍福吉凶的共命觀；儒家則是借溫和的內在自覺後的實踐陰德來喚醒家族成員的道德承擔；它的效力遠遠超越法家。

陰德報雖然在漢代建構起它的系統，但是它和德報一樣面對誰來保攝報的必然實現的問題。

三、陰德報系統的發展

信仰德報的儒家者都一廂情願地認爲：有道德者一定有善報，劉向即言：「山致其高，

---

⑲：見劉道昭：《中國善惡報應習俗》，（出版狀況見前），第三章〈善惡報應習俗的分類與內涵剖析〉，頁五四—五五。

⑳：同註⑮，頁三〇。

雲雨起焉，水致其深，蛟龍生焉；君子致其道而福祿歸焉。」㉑，可是誰來保證它實現？即使是孔孟復生也不敢打包票。因爲在經驗層面裏有太多不可測的客觀限定，就以史家文獻來說，那些赤膽忠心，爲國爲民肝腦塗地，心懷忠信而履仁義的循吏，被君主枉誅、貶官、流放老死又有多少？㉒而那些凶殘如鷹鷙，虐殺無辜，枉斷人命，貪婪而湎於酒色，假執法之公的酷吏而得君主寵幸獲高官厚祿者，何可勝數㉓？這一善一惡之間無報的現象又怎麼說？

㉑：同註⑬：在卷五〈貴德〉第三則，頁一〇七。

㉒：循吏所為有不測之禍，可從《漢書》卷八九〈循吏列傳·黃霸傳〉看出，黃霸於郡太守任內實施儒家教化，頗有政績，得到宣帝賞賜，位至丞相，五鳳三年（公元前五五年），張敞上奏，抨其為丞相，欲以其禮樂教化，天下齊同其制：「竊見丞相請與中二千石博士雜問郡國上計長吏守丞，為民興利除害成大化條其對：……而長吏守丞畏丞相指，歸舍法令，各為私教，務相增加，澆淳散樸，並行偽貌，有名亡實，傾搖解怠，甚者為妖。假令京師先行讓畔異路：……而以偽天下，固未可也；即諸侯先行之，偽聲軼於京師，非細事也。漢家承敝通變，造起律令，所以勸善禁姦，條貫詳備，不可復加。……敢挾詐偽以奸名譽者，必先受戮：……」（頁三六三二—三）案：所謂「偽聲」就是在民間聲名大於皇帝承德宣流名聲，蓋吏民只知有太守不知有皇帝；一件很單純的移風易俗事件，卻因為張敞揣摩上意—重法輕儒，而予以貶斥，即扣上「偽聲」罪名（後霸免冠謝罪），韓延壽也是在這種罪名下，成為政爭的祭品。（事詳見同書卷七六〈本傳〉）

㉓：酷吏中多半觸國法而死，但是從《漢書》卷九〇〈酷吏列傳〉中其行徑來看，皆因執法嚴苛暴酷而得到君主賞賜、陞遷、封侯，究其原因，乃和漢代統治階層壓制豪族大姓政策有關，這些酷吏行徑正暗合君主心意，只是後來殺戮過重，或引發民亂，或動搖地方民心，而才不得不誅殺（案：此部分可詳

在康德的哲學中，「圓善」是不能呈現的，康德只有肯定上帝來保障。同樣地，德報和其子系統—陰德報，在系統建構上朝世俗化發展的同時，自然退回他力的路徑，尋求超驗的宇宙主宰—上帝，來保障其必然性（如此一來，面對無報的現象時，也可以神意難測來緩解）。故其發展過程也產生系統功能融合的現象：

㈠輸入天報功能

陰德報在西漢形成的同時，便有和西周以來的天報信仰合流的現象，賈誼《新書》卷六〈春秋〉引孫叔敖幼時殺兩頭蛇之事，其母曰：「吾聞之：『有陰德者，天報以福。』……」㉔；稍後的劉向：《新序·雜事》也引到此話㉕；到了東漢，王充在《論衡·福虛篇》內云：「陽恩，人君賞其行；陰惠，天地報其德。」㉖，又引俗諺：「有陰德，天報之福」（同上

參徐復觀：〈專制政治對宗教勢力的摧殘〉，《兩漢思想史—卷一》，頁三三五—六）；就《漢書》所列酷吏諸人，不受報的，只有景、武帝時的寧成，觸法逃出關外，稱曰：「仕不至二千石，賈不至千萬，安可比人乎！」後置田產千餘頃，雇貧民，役使數千家。不久，會大赦，置產數千萬，為任俠，持吏長短，出從數十騎，其使民，威重於郡守。（詳見〈本傳〉，頁三六四九—五〇）

㉔：漢·賈誼：《新書》，（上海：上海古籍出版社，一九九五年二月），卷六〈春秋〉，頁五一。案：這種現象有可能是漢儒以陰德觀念去詮釋春秋流傳的史料，而彼時也正是天報系統的時代。

㉕：漢·劉向：《新序》，（台北：世界書局，民國五十五年三月），卷一〈雜事第一〉，頁二。

㉖：東漢·王充著、黃暉校釋：《論衡校釋》，（北京：中華書局，一九九〇年二月），卷六〈福虛篇〉，頁二六一。

引書，頁二六七）；可見陰德和天報混合，在西漢以後，已形成民間俗諺。

㈡輸入道教鬼神罪福報功能

吾人可以在小傳統文獻當中找到這種混合的佐證，例如：

> 漢征和三年三月，天大雨，何比干在家，日中夢貴客車騎滿門。覺，以語妻。語未已，而門有老嫗，〔年〕可八十餘，頭白，求寄避雨，雨甚，而衣不沾漬。雨止，送至門，乃謂比干曰：「公有陰德，今天錫君策，以廣公之子孫。」因出懷中符策，狀如簡，長九寸，凡百九十枚，以授比干曰：「子孫佩印綬者，當如此算。」（《搜神記》卷九頁七一）

劉義慶《幽明錄》也載入此條，內容略同，唯老嫗語比干之言稍有異：「君先出自后稷，佐堯，至晉有陰功，今天賜君策。」……「子孫能佩者富貴」[27]。《幽明錄》所載較爲疏漏，蓋比干先祖在先秦佐晉有功，則德惠應流及比干身上；至於比干子孫是否蒙富貴，應依比干陰德多寡而定，較合常理，否則一祖積德，千萬代子孫皆可享及富貴，豈不造成子孫放佚縱欲不必修德積善的借口？故《搜神記》所載老嫗之言較爲合理，問題是比干在《漢書》不入傳，他有何陰德則不得而知。據宋·王楙《野客叢書》卷一〈三公治獄陰德〉條即補《漢書》疏漏之處：

[27]：魯迅：《古小說鉤沉》（以下簡稱《鉤沉本》），（台北：盤庚出版社，民國六十七年十月），頁二四三，從《太平廣記》卷一百三十七輯出。

> 何敞六世祖比干，武帝時為廷尉，與張湯同時，湯持刑深，而敞(案：「敞」為「比干」之誤，王楙輯出時筆誤)務在仁恕，數與湯爭，雖不盡得然，所濟以千數。《注》載（案：王氏此處從宋・范曄：《後漢書》卷四三〈何敞傳〉輯出，此處注是指唐李賢注）《何氏家傳》，云：「有老姥謂比干：公有陰德，天賜君策，以廣公之子孫……比干有六男，代為名族……信知平反陰德，為不淺矣。」（頁一〇）

范曄時代略後於干寶，而干寶去後漢未遠，則可推知《搜神記》此段資料採自《何氏家傳》。從此一段文字敘述中，得知在東漢時代，陰德系統已結合原始道教鬼神罪福功能。從以上德報及其子系統發展過程來看，在世俗化勸善的效益下，其系統皆與傳統天報、天人感應報、及道、佛兩教罪福功能混融，之所以會有這種現象，從系統特性來說，其本身有殊途同歸性，而殊途同歸的前提條件就是：具有共同價值取向。（此點是本論文撰寫的核心問題之一，將於末章詳述，可參閱之。）

順著系統發展概念之後，吾人所要思考的是：德報系統是依據什麼管道（路徑）將其功能訊息傳播出去？

第四節　德報系統功能的傳播

西方傳播理論學者金凱特（D.L. Kincaid）認爲：維護群體生存所需要的是傳播，或個體間、群體間、文化間資訊的移轉。捨此而不爲，群體將終告消失❶。換言之，沒有傳播，果報系統功能就無法輸出，其組織將告衰竭，最後進入解體狀態。從這個理論來看德報系統，它從古至今仍然維繫著內部機能的運作，足見其傳播功能沒有中止過。筆者將區隔爲私人與民間團體暨統治階層二大部份，而其傳播結構，是屬於「同心圓型」，也就是由個體內向傳播，推及家族，鄉里、社會的職責範圍傳播，最後推及到天下國家，影響統治階層的施政措施，再經由統治階層以權威式往下傳播，如此私人團體和統治階層又形成「上下循環型」的傳播結構。以下將分別論述之：

一、私人與民間團體的傳播管道

此部分的傳播是以零星、點狀方式，基於個人或民間團體對儒家倫理道德信仰，就其能力所及或所居地位、處所而傳播出去，來達到對一家、一鄉、一郡或一國的教化。這個傳播過程，無形中正與西方大眾傳播理論學者拉斯威爾（Harold Lasswell）在一九四八年發表一篇〈傳播在社會中的結構與功能〉（'*The Structure and Function of Communication in Society*'）專文中，提到一個頗具權威性的傳播模式相合轍❷：

——誰？

---

❶：見李鍔強（S.W.Little John）撰，程之行譯：《傳播理論》，（台北：遠流出版公司，一九九三年十一月），第三章第一節〈基本的系統觀念〉，頁五一所引。

❷：同前註，頁三二五—三二六所引。

——說些什麼？

——透過什麼管道？

——對誰？

——得到什麼效果？

這個模式將傳播活動所包含的因素盡行列盡，也適用於本單元所即將進入的論題，以下便區分為五種管道來進行論述。

(一)透過家教的管道

士君子無論在朝或在野無不以其所習那一套儒家修齊治平的道德涵養來教諭子弟，冀望陶鑄其人格，以作為入世或安身立命之用，其形式有三：

1.文字立教

其媒介是透過文字立說，最常見的就是以「家規」或「家書」方式來告誡子孫。最早家書文獻是漢高祖〈手敕太子文〉：

> ……吾生不學書，但讀書問字而遂知耳，以此故不大工，……今視汝書猶不如吾。汝可勸學習，每上疏宜自書，勿使人也。汝見蕭、曹、張、陳諸公侯，吾同時人，倍年于汝者，皆拜……❸

❸：漢高祖：〈手敕太子文〉，收入清・嚴可均編《全上古三代秦漢三國六朝文》第一冊《全漢文》，（北京：中華書局，一九八五年十一月，三刷），卷一，頁一三一。

然此篇最早收入《古文苑》，太史公撰《史記》未見採入，歷來學者疑非出自高祖手筆。較可靠的要算是東漢馬援的〈誡兄子嚴．敦書〉一文，其所告誡兄子的無非是儒家做人處事——敏於行、慎於言、就有道而正己之類的話，如：

> 吾欲汝曹聞人之過失，如聞父母之名，耳可得聞，口不可得言；好議論人長短，妄是非正法，此吾所大惡也，寧死，不願聞子孫有此行也。❹

蓋口為禍福之門，輕者樹怨，重者或有滅身之禍。此外還要他們親賢就德，法當代龍伯高，因為龍氏是：

> 敦厚周慎，口無擇言，謙動節儉，廉公有威……效伯高不得，猶為謹飭之士。（同前引）

同時代的經學大師鄭玄也有一篇〈戒子益恩書〉則是勉獨子益恩，以德立身，勤儉持家：

> 咨爾煢煢一夫，曾無同生相依，其勗求君子之道，研鑽勿替，敬慎威儀以近有德……家今差于昔，勤力務時，無恤飢寒，菲飲食，薄衣服……❺

玄以儉對治貧，必深知人之患在於不能安貧，知足就能安貧，安貧則不妄求，自然可全身保家。

---

❹：該文收入劉宋．范曄撰、清．王先謙補注：《後漢書集解》，（北京：中華書局，一九九一年九月），卷二四〈馬援傳第十四〉，頁一三—一四。

❺：收入繆小放、鮑樸編：《歷代聖賢家訓》，（北京：北京燕山出版社，一九九六年一月），頁九—一〇。

三國時代梟雄曹操在〈諸兒令〉中欲派兒子前去鎮守壽春、漢口、長安，所擇條件竟是善德之人：「欲擇慈者，不違吾令。兒雖小見愛，而長大能善，必用之。」❻，善德之人得其位，則爲現世福報；若不得其位，至少也已有善德之名。

同時代的政治軍事家諸葛孔明〈誡子書〉也是以儒家那一套修身普世法則告誡兒子：

> 夫君子之行，靜以修身，儉以養德，非澹泊無以明志，非寧靜無以致遠……❼

此外詩人學者也有類似告誡的家書，如：嵇康〈家誡〉❽；陶淵明〈與子儼等書〉❾；其中以北朝顏之推的《顏氏家訓》堪稱古今家訓名著，計七卷，二十篇，首篇〈序致〉即表明其寫作心跡：

> 夫聖賢之書，教人誠孝，慎言檢跡，立身揚名，亦已備矣。……吾今所以復為此者，非敢軌物範世也，業以整齊門內，提撕子孫。夫同言而信，信其所親，同命而行，行其所服。……故留此二十篇，以為汝曹後車耳。❿

---

❻：曹操：〈諸兒令〉，收入《全三國文》，（出版狀況同前），卷二，頁一一。

❼：諸葛亮：〈誡子書〉，收入清・張溥：《漢魏六朝百三名家集・諸葛亮集》，（台北：文津出版社，民國六十八年八月），第一冊，頁八五七。

❽：稽康：〈家誡〉，收入《漢魏六朝百三名家集》，（出版狀況見前），第二冊《嵇中散集》，頁一四〇八—一四〇九。

❾：陶潛：〈與子儼等書〉，收入《全晉文》卷一一一，頁七—八。

❿：北齊・顏之推著；清・趙曦明注：《顏氏家訓注》，（台北縣：藝文印書館，民國六十二年三月），

除後四篇考證、雜論之文外，餘十六篇不外是向子孫講述持家、立身處世、行事言行準則；或徵引史事；或引時諺；或引述古之聖賢以爲榜樣；或舉前朝、當世無德、敗家、喪身以爲鑒誡；舉凡儒家入世道德規範，無不涉及。

2.言教

其媒介是口語，屬於人際傳播學中最直截的管道，個體與個體的認知互動，透過家長或族老的傳統合法權威性，達到使子弟順從。茲舉二例以證之：

《漢書》卷九〇〈酷吏列傳〉載嚴延年疾惡如仇，誅殺過甚，號爲「屠伯」，嚴母譴責其傷仁恩的一段話：

> 幸得備郡守，專治千里，不聞仁愛教化，有以全安愚民，顧乘刑罰多刑殺人，欲以立威，豈為民父母意哉？

嚴母在傳統封建社會中是沒有受教育的機會，則道德仁義教化必來自家教—其父口諭面曉，耳濡目染所致。晉代常璩《華陽國志·梓潼士女志》載東漢景毅爲官清廉，以禮讓化民，敕子孫惟修善爲禱，仁義爲福……⓫；可見士君子居官則行仁義、禮讓於一郡一鄉；在家則以言教責子弟入善道。常氏又在〈漢中士女志〉中載〈劉泰瑛〉條，言其：

卷一〈序致第一〉，頁一—二。

⓫：晉·常璩撰、宋·李調元校定：《華陽國志》，（北京：中華書局，一九八五年影印，《叢書集成初編·函海本》），卷一〇，頁一六七。

嚴明，世範厥訓。：：：：生有四男二女，拒亡，教訓六子，動有法矩。長子元珍出行，醉，母十日不見，曰：「我在，汝尚如此。我亡，何以帥群弟子？」元珍叩頭謝過。次子仲珍白母請客，既至，無賢者，母怒責之，仲珍乃革行交友賢人。兄弟為名世，泰瑛之教：：：：。（同上引，頁一六四；案：此條陳壽《益都耆舊傳》亦有收錄，題為劉恭璞，內容全同，不知是否為此女之字號）

劉氏爲楊拒（案：漢魏叢書本作相）妻，劉懿公之女，其言教必得之於家風所致。同卷〈杜泰姬〉條載杜氏生七男七女，皆有令德，其教男曰：「檢」；戒諸女及婦曰：「順」（同上引）。

以上數條文獻，皆可看出儒家德化傳播已深入民間家庭教育中。

3. 身教

身教是人際傳播管道中最具說服力的方式，其媒介就是傳播者本身的言行舉止。吳予敏在《無形的網絡》一文中云：

> 家族的技藝和觀念的傳承，常常並不採其學校式的耳提面命的辦法，而是將傳播者和受傳者都放置在生活的環境中，通過示範和訓練，自然而然地達到傳播的目的。⑫

史部文獻中最有名的身教例子是西漢文、景時代，號萬石君的石奮，其身教情形如下：

---

⑫：吳予敏：《無形的網絡》，（北京：國際文化出版社，一九八八年五月），第二章〈古代社會組織及其傳播方式〉，頁三七。

……子孫為小吏，來歸謁，萬石君必朝服見之；不名。子孫有過失，不誚讓，為便坐，對案不食。然後諸子相責，因長老肉袒固謝罪，改之，乃許。子孫勝冠者在側，雖燕必冠，申申如也；僮僕訢訢如也，唯謹。上時賜食於家，必稽首俯伏而食，如在上前；其執喪，哀戚甚；子孫遵教，亦如之。（《漢書》卷四六〈萬石傳〉）

石奮以自虐行為來感化子孫，這種傳播可以造成子孫的罪惡感，以達到扭正子孫不當舉止的效力。

《後漢書》卷二七〈張湛傳〉范曄說他：「矜嚴好禮，動止有則，及在鄉黨，詳言正色，三輔以為儀表。」

身教傳播者多半來自於家族、鄉黨較有權威者的長老。至於母儀方面，前項所提〈杜泰姬〉在身教方面做到：「威儀以先後之，體貌以左右之，恭敬以監臨之，懃恪以勸之，孝順以內之，忠信以發之，是以皆成而無不善。」（同上引〈漢中士女志〉，頁一六四）。

以上所敘三種家訓形式：文字立教、言教、身教，只是為了行文方便的解說。事實上，在德化的過程中，很少單獨奏效，都是混雜使用，以便形成一種無形的道德規律，研究規律理論的西方權威學者辛曼諾夫（Susan Shimanoff）為規律下一個定義：

一種可以遵循的處方，用以指示行為在某一層次所想完成的、所想擇取的、或所要禁止的。⓭

⓭：同註❶，頁一一三所引。

言教和身教就是從事一種行爲規律的統馭形式⓮，他們發號施令（或舉止）之所以有效，是建立在淵源悠久的傳統尊尊之神聖性及根據傳統行使支配權的正當性，屬於德國社會學家馬克斯・韋伯《支配的類型》一書中所分析的「傳統支配型」（traditional domination），而「傳統支配」中最基本的類型就是長老(Gerontocracy)和原始家父長制(primary patriarchalism)⓯。

(二)透過里規、鄉約的管道

此管道可說是前項的擴充。所謂里社或鄉社是由同一家族不同宗支的後裔組成的；或由不同宗族相鄰、聯姻組成的。由於人際互動，利害糾葛，而逐漸形成一些共同規範，如守望相助、盜匪警報、以及道德觀念的貞節牌坊、鄉約碑（或條文）。尤其是後者常爲退隱的儒者，或致仕回鄉的仕紳，或是受儒家教化的族老、耆舊，他們擁有傳統支配權，根據儒家世俗化的道德觀念來共同建立一些言行的準則，規範鄉里子弟。從現有文獻資料來看，唐前未見有里規、鄉約的記載，但並不能證明沒有這種道德制約的習俗存在。鄉約最早可溯自南宋袁采的《世範》，內分睦親、處己、治家三卷，每卷下又分二百多個小子目，大抵皆爲儒者常談爲人處世、修身、日用常行之道，欲達到厚人倫而美習俗；內又言及善惡報應，以勸人

⓮：案：此論點係繼普通語言哲學大師維特根斯坦、奧斯汀之後的瑟爾為言詞動作(Speech act) 上的定義。（同前註所引）

⓯：馬克斯・韋伯著，康樂等譯：《支配的類型》，（台北：遠流出版公司，一九九一年一月），頁四九。

為善，止人為惡的目的⑯。至於里規，據《明會典》所載一則社祭的材料，頗能說明里社也有傳播儒教德報的功能：

> 里社，凡各處鄉村人民每里一百戶內立壇一所，祀五土五谷之神，……會中先令讀抑強扶弱之誓，其詞曰：「凡我同里之人，各遵守里約，毋恃力凌弱，違者先共制之，然後經官。或貧無可贍，周給其家，三年不立，不使與會。其婚姻喪葬有乏，隨力相助。如不從眾，及犯奸盜詐偽一切非為之人，并不許入會。」讀誓詞畢，長幼以次就坐，盡歡而退，務在恭敬神明，和睦鄉里，以厚風俗。⑰

明代鄉里每年一度結社，在祭神之時，宣讀里約，這種風俗絕非明代所獨有，當沿襲古代而來（案：今敦煌遺書保存若干北朝、隋，地方結社追吉逐凶誓約詞文獻即可證之）。起碼吾人可以推定自漢代儒學世俗化滲入小傳統社會後，就有可能在里社、鄉黨中傳播開來。《明會典》中所描述里社抑強扶弱，周貧濟窮的里約，只是就該地方實際特性而訂定，並不能概括全部人民生活內容，也不能代表其他里社的規範條文。但是可以肯定的是，這些里社

---

⑯：南宋・袁采：《世範》，台北縣：藝文印書館，民國五十五年《百部叢書集成》影印《知不足齋》本。另外，尚有呂大防的《鄉約》內云：「凡同約者，德業相勸，過失相規，禮俗相交，患難相恤；有善則書于籍，有過者、違約者亦書之。三犯而行罰，不悛者絕之。」收入《宋史・呂大防傳》，及遠滕哲夫譯，朱子撰《小學・善行第六》，（東方：明德出版社，昭和六十年六月），頁一三〇。

⑰：明・徐溥：《明會典》，（台北：台灣商務印書館，民國七十二年影印文淵閣四庫全書本），第六一七冊，史部三七六，卷八七〈禮部四六・祭祀八・里社〉條，頁七。

組員，遇到糾紛或利害衝突時，通常是由輩分高、年歲大的父老，作公平權威的仲裁。地方官欲推行政令時，也都先需要獲得這些大老支持，才能順利執行政策，《漢書》卷七六〈韓延壽傳〉內載一條文獻可資證明上述筆者的推論，延壽任潁川太守時其俗多怨讎，豪強難治：

> 延壽欲更改之，教之禮讓，恐百姓不從，乃歷召郡中長老為鄉里所信者數十人，設酒具食，親與相對，接以禮意，人人問以謠俗，民所疾苦，為陳和睦親愛銷除怨咎之路。長老皆以為便，可施行。因與議定嫁娶喪祭儀品，略依古禮，不得過法。……百姓遵用其教。

韓延壽以太守身分尙需尊重地方父老，由此可見鄉土教化和輿論的傾向，往往以長老意念、經驗爲依歸。而其中長老身分如前所述，不乏受儒家道德薰陶之人，其言行足以爲鄉里表率；如有所訂定之里規、鄉約亦可爲子弟遵守的典範。

㈢透過為德典範於鄉里的管道

士君子或埋名於鄉里，或不見容於當權，或居官致仕還鄉，也自然會將儒家的道德規範，有意無意間透過言行舉止傳播出去，以化民成俗，此管道可說是前項一家到一鄉的推擴。晉‧皇甫謐《高士傳》內載不少這類人，如卷中〈李宏〉條：

> 居成都，里中化之，斑白不負擔，男女不錯行。⑱

⑱：晉‧皇甫謐撰、明‧吳琯校：《高士傳》，收入《歷代筆記小說集成㈠——漢魏筆記小說》，（出版狀況見前），卷中〈李弘〉，頁六二三下。

同卷〈韓福〉條：

> 昭帝時：……以德性徵至京兆，病不得進。元鳳元年，詔策曰：「朕愍勞福以官職之事，賜帛五十疋，遣歸，其務修孝弟以教鄉里。」……（同前引書，頁六二二上）

南宋・皇甫涍《逸民傳》卷一〈朱沖〉條，載晉武帝咸寧中：

> 每聞徵書至，即逃入深山，……沖居近夷俗，羌戎奉之若君。沖以禮讓為訓，邑里化之，路不拾遺，村無凶人……⑲

㈣透過表彰管道

文人為忠孝節義之士表彰，在傳播上是符合中國人好名、好譽的價值取向，可以強化德報的效應。其表彰形式有五種途徑：

1.立傳

(1)有專以德目為名立傳

又可細分以下幾類：

A以烈女為題：如劉向的《列女傳》，內分八卷，共集一二四人（除掉卷七〈孽嬖傳〉十五人外，尚餘一〇九賢媛），皆以表彰古今后妃，士庶民女智德、母儀、節義、貞順事蹟，以樹立婦德典範。其媒介起初為文字立傳，但在傳播過程中，有時分化為圖象，繪於廟祠圍

⑲：南宋・皇甫涍：《逸民傳》，（北京：中華書局，一九八五年），卷一〈朱沖〉，頁六。

牆、或立碑坊表彰⑳，以達到化民成俗的效益，故古君子不乏仿效劉向揚人之善的舉動。據《隋書》卷三二〈經籍志〉所錄，除劉向外，尚有趙母《列女傳》、高氏《列女傳》、皇甫謐《列女傳》、綦母邃《列女傳》、項原《列女後傳》、杜預《女記》等著作，今大多亡逸㉑。

案：王政由內始，后妃女德善惡，足以左右君王好惡，而君王一人好惡又繫天下生民之安危；即便是一般士庶人之妻母，其德是否良窳，亦可致一家成敗、顯廢。所謂身脩而家齊，故古賢達君子莫不推本其源頭，文王功業垂範百代，史家皆溯德教之源於其母大任，便是最佳女德的善例。而劉向諸人窮古今淑媛賢女之跡，纂錄成書，不僅適合於統治階層穩定社會秩序的期望，也適合士君子成家擇偶的鑒戒。一經入傳，善者名垂後世，使人見而起效尤之心；惡者則留臭萬代，便生戒懼之情；堪稱福報傳播管道的良方之一。

B以孝道為題：如舊題晉陶淵明的《孝傳》，不分卷，仿《孝經》形式，析成五綱目：天子、諸侯、卿大夫、士、庶人，共十八人㉒。此外據《太平御覽》所引逸書尚有虞般佶《孝

---

⑳：古時婦女沒有受教的機會，然而從劉向《列女傳》卷四〈貞順傳〉的〈魯寡陶嬰〉、〈梁寡高行〉、〈陳寡孝婦〉條，卷五〈節義傳〉所列的〈梁節姑姊〉、〈京師節女〉（案：此二女又被圖象文字歌誦，刊在武梁祠內）等諸賢女子，其行徑好善慕節，不計個人生死，皆孔孟仁義學說忠藎實踐者，不能不說受口語相傳或圖象耳濡目染所致。（台北：台灣中華書局，民國六十五年九月，影印四部備要本）

㉑：唐魏徵：《隋書》，（台北：鼎文書局，民國七十二年二月，四版，二十五史新式點校本），卷三二〈經籍志第二十八·經籍二〉，頁九八。

㉒：舊題晉·陶淵明：《孝傳》，收入《筆記小說大觀》四編一冊，（出版狀況見前），頁四二七—四三〇。

子傳》㉓、師覺授《孝子傳》（卷四一四）、蕭廣濟《孝子傳》（同上引）、周景式《孝子傳》、宋躬《孝子傳》（卷四一六）等。

案：孝為天下至德要道，百善之先，萬德入門之基，夫人能言不辱所生，行不敢危其親，而災禍至者，未之有也。況且有令聞及身，所謂「孝子不匱，永錫爾類」，漢儒亦言：大孝必得其名、其位、其祿、其壽，即是此理。

C以高士、隱逸為題：如晉皇甫謐《高士傳》，內分三卷，上至唐堯，下至魏代，凡舉九十六人；宋・皇甫涍《逸民傳》二卷，從晉至五代共七十二人（案：扣除唐五代二十八人，隋以前尚有四十四人）；此外據《太平御覽》所引唐前以此為題的著作尚有嵇康《高士傳》（卷五一〇）、張顯《逸民傳》（同上引）、虞般佶《高士傳》（同上引）、孫盛《逸人傳》（卷四一四）等。

案：以上諸書高士皆有互見，且儒道混雜，蓋儒者退隱不仕，跡近道家，如再辟穀煉丹、修神仙不死之術，便可劃入道教範圍。由此可知，儒道在亂世裏，更容易趨於合流。其次，入傳之徒，多是少慕清節，不逐名利，安貧樂道，避亂不仕，耕於野；或以教化行於鄉里，如東漢馬瑤隱於汧山，所居俗化，百姓美之（皇甫謐：《高士傳》卷下）；或是消極遁隱，亦可形成一股高風亮節風氣，使人睹其文而想見其人，油然興起清高之志。如魏文侯所言：

㉓：宋・李昉等撰：《太平御覽》，（上海：上海古籍出版社，一九九四年八月，影印文淵閣四庫全書本），卷四一三（人事部五十三・孝上），頁一〇。

「勢不若德貴，財不若義高」㉔；蓋世間財富不過一時一世，留於子孫，未必肯善用，惟有德可潤於己身，傳之於後，蔭庇其子孫，千百載之後的今日，吾人仍可想其風範，這就是修德的善果。

⑵有以地域爲名立傳

以地域爲名，蒐羅該地耆舊、賢達，有忠孝、節義、慈惠、勸儉等美德之士而爲之傳，可說是肇自東漢光武，據《隋書》卷三三〈經籍志第二十八·史部雜傳類〉尾序云：

> 後漢光武，始詔南陽，撰作風俗，故沛、三輔有耆舊節士之序，魯、廬江有名德先賢之讚。郡國之書，由是而作。……嵇康作《高士傳》，以敘聖賢之風。因其事類，相繼而作者甚眾，名目轉廣……。

東漢光武講倡節義，立名教，舉孝廉，上行下效，以發潛德幽光，亦足資勸善。魏晉以後，汝南、濟北、徐州、會稽、零陵、桂陽、廣州、交州各有先賢傳；東萊、益部、襄陽、長沙、豫章等率立耆舊傳。以上諸傳，作者皆以其自家里籍所在地，或德行足堪表率於後世者，爲之立小傳。其中以晉·常璩所撰的《華陽國志》體例最龐大，據南宋·呂大防序言：

> 晉·常璩作《華陽國志》，於一方人物丁寧反覆，如恐有遺，雖蠻髦之民，井臼之婦，苟有紀皆著於書……：自先漢至晉初，逾四百歲，士女可書者四百人（案：呂氏舉成數而言，實則四〇二人），亦可謂眾矣。復自晉初，至於周顯德，僅七百歲，而史所

㉔：見皇甫謐：《高士傳》卷中〈段干木〉條，頁六一八所引。

紀者無幾人。忠魂義骨與塵埃野馬同沒於邱原者，蓋亦多矣。㉕

從呂氏序言可以得知，私人立傳可補史家官傳不足與缺漏，使其德名揚於後世，就是善報。此書涵蓋德目甚廣，有關士女人物，依地域區分〈漢中士女志〉、〈梓潼士女志〉、〈西州後賢志〉、〈江原士女志〉四部分，有關烈女貞順有母儀風範者五十二人；餘男性或以忠蓋、直言、清節、循良之吏道聞世而立傳；或以家教聞世而立傳；或以孝友聞世而立傳，或以儉德聞世而立傳；或以教化鄉里聞世而立傳；或以提掖賢才聞世而立傳；或以義行聞名而立傳，等三百五十人㉖。

案：以地域爲名立傳，代表廣大上下層社會的生活實錄，也因此可看出儒家德報傳播幅面之廣的滲透力。至於其他志人筆記，如裴啓的《語林》、郭頒的《魏世語》、劉義慶的《世說新語》等，作者雖無意爲之立傳，但在記錄其言行舉止中已加入褒貶之辭，亦可看成立傳的傳播管道。

2.立碑

表彰的第二種途徑是透過立碑媒介。朱建新《金石學》在第三編〈說石〉文中綜論立碑之例有四：即一曰述德；二曰銘功；三曰紀事；四曰纂言；則立碑有述德之意㉗。它和前者

㉕：《筆記小說大觀》第四編第一冊，頁二六三。

㉖：同前註，頁二六三—三七五。

㉗：參考朱建新：《金石學》，（台北：台灣商務印書館，民國六十二年八月），第三編〈說石〉頁一七三。

不同是書寫材料從縑帛、竹簡、木牘、紙改成石頭，而石頭笨重不易搬動，傳播空間固定於一地，但是古人刻碑之意，旨在傳於後世，今天吾人能看到漢代以後碑刻裏表彰節義之行誼，就是靠石頭的永久性的特質，才能重現於後代。

宋代開始著錄金石的風氣，至清代蔚爲殷盛㉘，諸家著錄繁多，以王昶《金石萃編》㉙、孫星衍、刑澍合纂《寰宇訪碑錄》二書著錄碑品最多㉚，今以《金石萃編》爲例，摘要列爲下表，以窺刻碑樹德之貌：

表一：王昶：《金石萃編》述德碑品之例表

碑名	立碑時代	立碑原由	立碑人（團體）	資料出處
宛令李孟初神祠碑	東漢桓帝永興二年	李氏為益州刺史官宛縣，推行儒教、德義、吏民追思其德，因為之立神祠碑。	宛縣吏民	卷八〈漢四〉，頁二九，收入《石刻史料新編》第一冊，頁一四八（以下簡稱《新編》）

㉘：同前註，第一編三章──第五章，頁一二──六〇。

㉙：清・王昶：《金石萃編》，收入《石刻史料新編》，（台北：新文豐出版公司，民國六十六年十二月），第一冊；案：王昶共收入一千五百品，從三代迄遼，共分一百六十卷，有錄文。

㉚：清・孫星衍，邢澍：《寰宇訪碑錄》，收入《石刻史料新編》第二十六冊；案：此書計收入八千種，從周秦迄元，分十二卷，有目無文。

孔謙碣（孔子二十世孫）	漢桓帝永興二年七月	幼體蘭石之姿，長膺清妙，履孝友之行。	鄉民	卷九〈漢五〉，頁一；收入《新編》第一冊，頁一五〇。
夏承碑	東漢靈帝建寧三年	任北海淳于長，忠潔清肅，進退以禮，允道篤愛，先人後己，克讓有終。	蔡邕	卷一三〈漢十三〉，頁二三—二四；收入《新編》，第一冊，頁二二九。
李翕西狹頌	東漢靈帝建寧四年	以德化州郡，不出府門，政約令行，強不暴寡，智不詐愚。動順經古，先之以博愛，陳之以德義，示之以好惡，不肅而成，不嚴而治。	吏民	卷一四〈漢一〇〉，頁一—三；收入《新編》第一冊，頁二三七—二三八。
繁陽令楊君碑	東漢靈帝延熹三年	為繁陽令，崇德尚儉，以興政化，和毓感恩，以移風俗。調遷之時，吏民攀轅，老弱軔輪追慕，跋涉二千餘人；續留守闕上書歷年，運穀助官賑貧，乞還令君。	繁陽吏民	卷一五〈漢十一〉，頁八—九；收入《新編》第一冊，頁二五五—二五六。
司隸校尉魯峻碑	約靈帝熹平以後立	遷九江太守，廢殘酷之刑，行循吏之道。	九江吏民	卷一五〈漢十一〉，頁一三；收入《新編》第一冊，頁二五八。

武都太守耿勳碑（案：此碑為生前所造德政碑）	東漢靈帝熹平三年	為武都太守，淫雨傷稼，開倉賑贍，身冒炎赫，至屬縣巡行，扶活給餮千餘人。出俸錢，市衣賜貧乏。發荒田耕種，賦予獨寡。減省貪吏二百八十人，百姓樂業，老者終其壽，幼者得以全育。	李翕（案：李氏和耿勳同為前後任武郡太守，此立廟之舉，出自個人，非代表上級。）	卷一五〈漢十一〉，頁二七；收入《新編》第一冊，頁二六五。
保母磚志	晉哀帝興寧三年	為保母，志行高秀，柔順恭懃，善屬文，能草書，解釋老旨趣。	王獻之	卷二五〈晉〉，頁一四—一五；收入《新編》第一冊，頁四四六—四四七。
梁始興忠武王碑	梁武帝天監十八年	任吳興太守，厲精為政，廣闢屯田，減省力役，存問兵死之家，供其窮困。暴水民為之所溺，公匪懈瀞沐，躬自臨視，四郡所漂，賑之以粟。	吳興吏民（書跡出自貝義淵）	卷二六〈梁〉，頁一七—四〇；收入《新編》第一冊，頁四六二—四七三。

觀右表，可知碑主多爲官吏，而立碑者大都是吏民或鄉里民臨時組成的追思功德會團體，而少有個人；其次縣令、太守是和下層百姓第一線接觸的政府官員，他們德性良窳牽動老百

姓生死禍福，故彼此之間互動頻繁（稍後的謠諺也可看出這種現象），這也就是表內所立碑主大半是官吏，而較少是庶民的原因。

宋代洪适在《隸釋》卷九收有二塊庶民碑：一是〈故民吳仲山碑〉，在靈帝熹平元年立；其建碑原因是：吳氏「約身則己，不貪仕進，府縣請召，未曾應赴，德義布惠於鄉里」㉛；其二是〈玄儒先生婁壽碑〉，在靈帝熹平三年立，其建碑之由：「守道安貧，義善與人交，樂天知命，不逢迎仕進，甘山林之杳」所以國人相與論德而私謚之「玄儒」；這二塊碑都是國人刻，也就是一群沒有組織的鄉民共同出資建碑立石。謝波德（Clovis Sheperd）曾指出：「群體是推動社會化(socialization)的一個主要機制，並又是維護社會秩序的主要力量。」㉜；一群人刻碑（或立廟）就是「群體動力」，所謂「群體動力」指的是群體所存在的力和張力的產物。來自十九世紀西方社會心理學家—李溫（Kurt Lewin），被公認爲是群體動力學的鼻祖，在這一點上向我們強調：

> 一個群體，我們可視為一個「動力的整體」，這表示在任何一個次團體(Subpart)對現存狀態產生的變革，使其他一個次團體也隨之而變革。㉝

對於有功於鄉里的隱士、循吏，百姓感戴其德，聯合爲之立碑（或建廟），此訊息傳播

㉛：宋・洪适：《隸釋》，收入《石刻史料新編》第九冊，卷九〈故民吳仲山碑〉，頁三。

㉜：同註❶，第十一章〈群體傳播〉，頁二一七—二一八。

㉝：同前註，頁二二一所引。

無異向其他郡縣的官吏暗示：只要能視民如傷，愛民如子，鄉民也會爲你立碑建廟的。如此便會形成一種善惡共同的道德價值觀的取向。

3. 建廟

表彰的第三種途徑是建廟。對有功於鄉里的循吏或爲德典範儒士，百姓都建廟（神祠）來紀念他。通常不會只單純建廟，里民會商請名家撰文刻碑附載於內，來說明爲何立廟的原由。如東漢蔡邕爲陳仲弓（太丘）廟撰寫碑文，內提到：陳太丘八十三歲寢疾，「國人爲之立廟」，「形表圖於丹表」，「畫象郡國」，以褒其功德，表典式於後人，不僅立廟，還圖繪丹青於郡國㉞。另外還有一種建生祠紀念。《後漢書》卷六五〈張奐傳〉載張奐在東漢桓帝延熹六年拜武威太守時：

> 河西……其俗多妖忌，凡二月、五月產子，及與父母同月生者悉殺之。奐示以義方，嚴加賞罰，風俗遂改，百姓為之立祠。

生祠就是生前立廟，以崇仰其德。

4. 圖象

表彰的第四種途徑是圖象。圖象大多爲統治階層推動儒教於下層社會的一種非文字的傳播方式，詳細情形見稍後第二段論述，此處私人表彰節義，圖象於石的，最古要算是東漢山

㉞：漢・蔡邕：《蔡中郎集》，收入《漢魏六朝百三名家集》第二冊，頁七五二；卷二〈陳太丘廟碑〉頁一一三。

東任城〈武梁祠畫象〉，最早是記錄在趙明誠的《金石錄》：

> 武氏石室畫像五卷，武氏有數墓於今濟州任城。墓前有石室，刻古聖賢畫象，小字八分，書題記姓名往往為贊于其上。㉟

趙氏未註明石數多寡，同時代的洪适在《隸釋》卷一六〈武梁祠堂畫像〉內進一步提到：

> 武梁祠堂畫像為石六，其五則橫分為二……：合百六十有二人，有標題八十七人，其十一人磨滅不可辨。㊱

則洪氏所見武梁祠畫象石原六塊，其中五塊橫斷爲二，計十一石。到了清代乾隆五十一年丙午秋，黃易路經嘉祥縣紫雲山，偶搨得武斑的〈武梁碑〉；九月又重臨該地，見到了武梁祠堂內的畫像石，在〈修武氏祠堂記略〉一文內載其所見，知武氏祠建於東漢桓帝建和元年（公元一四七年），畫象石剩三石，又久碎而爲五塊；另外又發現前人未著錄的〈武氏前石室畫像〉十四石，〈武氏後石室畫像〉七石，〈武氏祠祥瑞圖〉三石㊲。

從黃易到嘉慶王昶，在《金石萃編》卷二〇，頁一—三六內收入了黃易所見三石，並著

㉟：宋·趙明誠：《金石錄》，收入《石刻史料新編》第十二冊，頁八九一四；卷一九〈武梁石室畫像跋尾〉，頁八。

㊱：同註㉛，卷六，頁三—四。

㊲：清·黃易：〈修武氏祠堂記略〉，王昶：《金石萃編》卷二〇，頁四〇—四一所引。（收入《石刻史料新編》第一冊，頁三六三—三六四）

錄其圖象和題字。觀其所繪內容皆古聖賢帝王（如三皇五帝之流）、忠臣義士(如曹沫、專諸、聶政、藺相如等)、孝子賢婦(如曾子、閔子騫、老萊子、丁蘭、董永之徒)等。作爲一種民間教育的圖像，不外乎儒家勸忠、勸孝、勸德之類的教材，蓋下階層百姓大都爲文盲，因此圖象傳播彌補了文字傳播的不足之處，讓德報功能更深入基層人心。

5. 謠諺歌誦

表彰的第五種途徑是謠諺，其媒介屬於口語傳播，適用範圍大大超出文字符號的運用，在非文字傳播的系統裏居於核心地位。這種傳播的語境特點是聽、說雙方都直接參與到傳播的過程中，在社會政治的生活中，庶民階層透過歌謠、諺語、俚語或隱語等口語形式㊳，來表達他們對政治的意見，這股民意力量是不可忽視的，有時它會鬆動或瓦解統治階層下的社會秩序結構（案：此已跨出謠讖範圍，詳參稍後將論述的天人感應報）。筆者據清代杜文瀾的《古謠諺》收集的文獻中㊴，有關謠諺傳播內容約可區分爲對政治（吏道）、對人物臧否及一般警世語三種：

(1)對政治（吏道）的臧否

謠諺對封建政治的吏道良窳作了最忠實的反應，現摘錄數則列爲下二表，以窺其貌：

㊳：所謂謠、諺、俚語的語意界分，據《詩・園有桃》毛《傳》云：「曲合樂曰歌，徒歌曰謠」；《尚書・無逸》某氏《傳》：「俚語曰諺」；陸德明《經典釋文・禮記大學》：「諺，俗語也」；則知謠是沒有樂曲伴奏的，其形式通常是兩句以上；俚語又叫諺語，以兩句以上居多。

㊴：清・杜文瀾：《古謠諺》，（台北：世界書局，民國七十二年十月，四版），卷一—卷一〇〇。

表二：謠諺對循吏歌誦摘錄表

時代	人物	循吏主要善德	謠諺內容	資料出處
西漢宣、成間人	馮野王 馮立	以德化百姓	櫟陽吏民歌之曰：「大馮君、小馮君，兄弟繼踵相因循，聰明賢知惠吏民，政如魯、衛德化鈞，周公、康叔猶二君。」	《古謠諺》採自《漢書》卷七九〈馮野王傳〉（案：以下皆還歸原典）
西漢哀、平間人	廉范（叔度）	為吏以便民除苛法。	蜀郡百姓歌曰：「廉叔度，來何暮，不禁火，民安作，平生無襦，今五袴。」	《後漢書》卷三一〈廉范傳〉
東漢光武時人	朱暉	為臨淮太守，好節義，表善黜惡。	吏民為之歌曰：「彊直自遂，南陽朱季，吏畏其威，人懷其惠。」	《後漢書》卷四三〈朱暉傳〉
東漢桓、靈間人	仇覽	為蒲亭長以教化里民。	鄉邑為之諺曰：「父母存在，在我庭，化為梟哺所生。」	《後漢書》卷七六〈仇覽傳〉
東漢人	吳爰[illegible]	為六令，吏人訟息。	陳留吏民歌曰：「我有田疇，爰父殖置，我有子弟，爰父教誨。」	《太平御覽》卷四六五引《陳留耆舊傳》（以下簡稱《御覽》）
東漢人	崔瑗	為汲令，開洰澮，興造稻田，有惠政。	汲縣長老歌曰：「上天降神明，錫我慈仁父，臨人佈德澤，恩惠施從序。」	《御覽》卷四六五引崔鴻《崔氏傳》

晉代	杜預	為鎮南將軍，破山夷，置屯田，有安邦惠民之功。	南土人歌之曰：「後世無叛由杜翁，孰識智名與勇功。」	《晉書》卷三四〈杜預傳〉
梁武帝時人	陸襄	為吏斷獄持平，無冤死。	鄱陽民為之歌曰：「鮮于平後善惡分，民無枉死，賴有陸君。」	《梁書》卷二七〈陸襄傳〉
北周	裴俠	為吏清廉。	民歌之曰：「肥鮮不食，丁庸不取；裴公貞惠，為世規矩。」	《周書》卷三五〈裴俠傳〉

表三：謠諺對酷吏、污吏批判摘錄表

時代	人物	惡吏主要罪行	謠諺內容	資料出處
西漢景、武時人	灌夫	仕淮陽太守，豢養門客橫行霸道，奪人田產。	潁川百姓咒曰：「潁水清，灌氏寧；潁水濁，灌氏族。」	《史記》卷一〇七〈灌夫傳〉
			縣官漫漫，死者過半。（案：泛指一般貪官污吏，沒有特定指名是何時人。	《御覽》卷二二六引應劭《風俗通》逸文

西漢武帝	寧威	其治如狼牧羊。	吏民：「寧見乳虎，無值寧成之怒。」	《史記》卷一二0〈酷吏．寧成傳〉《漢書》卷九0〈酷吏．寧成傳〉
西漢武帝	尹賞	其治殘暴，民有小過，必置於死獄。	長安人哀曰：「安所求子死？桓東少年場。生時諒不謹，枯骨後何葬？」	《漢書》卷九0〈酷吏．尹賞傳〉
晉武帝太康年間	羅尚	任平西將軍、益州刺史和西戎校尉，生性貪殘。	蜀士人罵曰：「尚之所愛，非邪則佞；尚之所憎，非忠則正。富擬魯衛，家成市里；貪如豺狼，無復極已。」	《晉書》卷五七〈羅尚傳〉
南朝劉宋	王玄謨 宗越	任豫州刺史和將軍宗越枉殺士兵。	吏民：「寧作五年徒，莫逢王玄謨；玄謨猶自可，宗越更殺我。」	《宋書》卷七六〈王玄謨傳〉
南朝劉宋	奚顯度	為人苛虐無道，對奴役動加棰楚，至有上縊者。	吏民：「寧得建康壓額，不能受奚度拍。」	《宋書》卷九四〈奚顯度傳〉
北齊隋文帝	庫狄士文 司馬書焜 清河趙達	此三人為吏苛暴少恩。	百姓謠曰：「刺史羅剎政，司馬蝮蛇瞋，……清河生吃人。」	《北齊書》卷一五〈庫狄士文傳〉

(2)對人物的臧否

東漢開始流行品藻人物，這種評議道德人格的風氣，一方面傳播儒家道德觀念；一方面形成一種輿論，可以對受評者行爲有制約作用。最有名的就是當時汝南許劭、許靖兄弟的「月旦之評」，彼時有所謂：「一玷清議，終身不齒」（《後漢書》卷六八〈許劭傳〉）的美譽，可見其評議的道德力量。《世說新語》卷中〈規箴第十〉第三則載一條這種清議制約的力量：

> 陳元方遭父喪，哭泣哀慟，軀體骨立，其母愍之，竊以錦被蒙上。郭林宗弔而見之，謂曰：「卿海內之雋才也，四方之則，如何當喪，錦被蒙上？孔子曰：『衣夫錦也，食夫稻也，於汝安夫？』吾不取也。」奮衣而去。自後賓客絕百許日。[40]

郭氏一言，使賓客絕足百許日，由此可見道德評議的力量。東漢流行的俗諺都表現出這種傾向，如：

A《後漢書》卷二八下〈馮衍傳〉：「道德彬彬，馮仲文。」

B《後漢書》卷七九〈召馴傳〉：「德性恂恂，召伯春。」

C《後漢書》卷六七〈黨錮列傳〉序：「天下模楷，李元禮（膺）；不畏強禦，陳仲舉（蕃）；天下俊秀，王叔茂（暢）。」

---

[40]：南朝宋・劉義慶著，徐震堮校箋：《世說新語校箋》，（台北：文史哲出版社，民國七十四年七月），卷中〈規箴第十〉，頁三〇一。案：此條較早收入晉・裴啟：《語林》第四則。

……以上數則文獻皆正面歌讚，人物一經品評，善則如登龍門，惡則如墮泥塗。

(3)一般警世諺語

這一類的俚諺，是從道德世俗化後，提煉出人生言行舉止，如何趨吉避凶的箴言，如：

A晉・傅玄《傅鶉觚集・口銘》引諺曰：「病從口入，禍從口出」[41]—勸慎言。又〈太子少傅箴〉引里諺：「近朱則赤，近墨則黑」（同上引）—戒習染。

B賈誼《新書》卷六〈春秋〉引諺語：「禍出者禍反，惡人者人亦惡之。」—勸慎行。

C曹操《魏武帝集・讓禮令》引里諺：「讓禮一寸，得禮一尺」[42]—勸謙讓。

D《漢書》卷二〇〈五行志七中之上〉引成帝時黃爵謠：「邪徑敗良田，讒口亂善人」—戒信讒。

從以上數則文獻略可看出儒家道德規範已世俗化為里諺，作為人生行事的良言箴語。

(五)透過私學、蒙書管道

我國很早就有私學教育了，據《周易・蒙卦・彖傳》曰：「蒙以養正，聖功也。」而蒙學既是養正，則不止識字、習字教育吧！多少也會摻雜一些道德教育[43]。《禮記》卷三六〈學

---

[41]：晉・傅玄：《傅鶉觚集・口銘》，收入《漢魏六朝百三名家集》第二冊，頁一五四四。

[42]：魏・曹操：《魏武帝集・讓禮令》，收入《漢魏六朝百三名家集》第二冊，頁八八六。

[43]：張志公在《傳統語文教育初探》（上海：上海教育出版社，一九六二年，頁五—六），序中將唐代蒙書分為：識字教育、思想教育、知識教育三大類。這只是從性質上區分，事實上，吾人從綜合性識字

記第十八〉言：

古之教者，家有塾，黨有庠，術有序，國有學。一年視離經辨志，三年視敬業樂群……

所謂「古者」古到什麼時代，則不得而知，至少在《易傳》時代就有學校之設置，到了漢代啓蒙教育更爲發達。塾、庠、序、學都是官私組織興辦的蒙學教育場所；據王國維〈漢魏博士考〉云：「漢時教初學之所名曰：『書館』，其師名曰：『書師』，其書用《倉頡》、《凡將》、《急就》、《元尙》諸篇……」[41]；而所謂「辨志」或指書師欲童蒙辨其志向之邪正、善惡、是非。據《漢志》言適齡學童是八歲，彼時正值可塑性高的時代，站在統治階層和儒家立場上，爲了社會長治久安，實有必要從蒙學教育中塑造其道德人格的模式，顏之推《顏氏家訓》卷一〈教子第二〉內引俗諺云：「教婦初來，教兒嬰孩」就是說明少成者天性，習慣成自然，好的習性養成，當可安頓身家生命，故蒙學養正，當不止常識灌輸，必有道德教育在裏頭。

從《漢書》卷三〇，〈六藝略·小學類〉著錄來看：蒙學教材在秦始皇初并天下，統一文字，時則有《史籀》、李斯《蒼頡》、趙高《爰歷》、胡母敬《博學》；武帝時司馬相如作《凡將篇》、《訓纂篇》；元帝時史游作《急就章》；成帝時李長作《元尙篇》；以上諸家，除史游所作外，餘皆亡佚。

類蒙書，如《千字文》、《開蒙要訓》內容中去檢索，仍然可以發現其中雜有道德教育。

41：王國維：《漢魏博士考》，收入《叢書菁華·學術叢編》第三冊，（出版狀況見前），頁四。

東漢以後字書，從《隋書》卷三二〈經籍志第二十七〉所著錄小學來看，約有四十三家屬童蒙教材，除了史游《急就章》、周興嗣《千字文》外，餘亦皆亡佚；即今所見敦煌遺書中蒙書類亦多不見於史志記載。。據鄭師阿財先生云：

> （蒙書）大多為後世所不傳、史志所不錄者。此則足以說明敦煌蒙書深具民間教育之通俗特質。蓋因一般庶民子弟少有接受教育之機會，能受教育者亦多以識字、記賬、寫信為滿足，或以學習應對進退與為人處世之基本規範為目的。且教學時間又短，教學內容要求層次亦不高，因此多以基本識字、普通常識、倫理道德與處世箴言等為主。既非高文典冊，亦頗涉俚俗，致使史志不錄，而為後世所罕知。加以其時雕版印刷尚未風行，蒙書之流通端賴傳抄，保存自是不易。又既為啟蒙所用，使用階段必短，用過之後，鮮有刻意保存；且求實用，則必與時具移，而隨時改易。凡此種種，當是造成敦煌蒙書大多為後世所不傳之原因。⑮。

從鄭師所統計敦煌蒙書共有二十六種，凡二百二十九抄本，除了周興嗣《千字文》、馬仁壽《開蒙要訓》、李瀚《蒙求》、杜正倫《百行章》等書外，其餘二十種皆爲作者不詳，及成書年代難以確定之作品⑯。今試舉三例以窺德報通過私學蒙書的傳播面貌：

1.漢·史游《急就章》：

---

⑮：鄭阿財先生：〈敦煌蒙書析論〉，「第二屆敦煌學國際研討會」論文，（臺北：漢學研究中心，一九九一年六月），頁二三〇。

⑯：同前註，頁二二八、二三〇。

官學諷《詩》、《孝經》、《論》，《春秋》、《尚書》律令文，治禮掌故砥礪身，
智能通達多見聞，名聞絕殊異等倫：：：⑰

案：勸學六經以修身而揚名。

2.梁・周興嗣：《千字文》（今據P・三一〇八、P・三四一六號寫本）：

言修身有「知過必改，得能莫忘，罔談彼短，靡恃己長」；言法聖賢有「景行維賢，克念作聖」；言法道德有「女慕貞潔，男效才良」；言善惡因果報應有「禍因惡積，福緣善慶」；言孝悌有「孝當竭力，忠則盡命」、「孔懷兄弟，同氣連枝」；言仁有「仁慈隱惻，造次弗進」等皆是儒家常談德教⑱

3.六朝・馬仁壽：《開蒙要訓》（今據P・二五七八號寫本）：

君王有道，恩惠弘廓，萬國歸投：：：地民歡躍，諂佞潛藏，奸邪憩息。

又云：「孝敬父母，承順兄弟」⑲

---

⑰：漢・史游撰、唐・顏師古注、宋・王應麟補注：《急就篇》，（北京：中華書局，一九八五年），卷四，頁二八九—二九〇。

⑱：案：敦煌遺書中有關《千字文》之寫本，數量最多，計有四十三件，其中以P．三一〇八、P三四一六保存最完整；詳參鄭阿財先生〈敦煌蒙書析論〉。

⑲：據藤原佐世：《日本國見在書目》，（台北縣：藝文印書館，民國五十四年，《藝文百部叢書集成》影印《古逸叢書》本），頁一〇，在《開蒙要訓》下注云：「六朝仁壽馬氏撰」；今所見敦煌抄本有P．二四八七、P．二五七八、P．二五八八、P．二七一七等三十二件。

此二則略可看出《開蒙要訓》除了勸孝悌外，還範圍君王的德行。

漢代不僅在童蒙識字教材內灌輸道德觀念，連里塾所選擇的書師條件也是要有道德修養的人來擔任。班固在《白虎通義》卷六〈辟雍〉條內云：

> 教民者皆里中之老而有道德者為右師，教里中之子弟以道藝、孝悌、行義……[50]

這些「老而有道德者」，想必來自沒落士族大姓；或致仕退隱還鄉的儒者；或經師、大儒得不到從政或任博士機會等這一類的人，儒家德化思想就是透過他們在私學的管道中往下層傳播。

二、統治階層的傳播管道

在傳播者當中，統治者常扮演權威性的角色，透過金字塔型的階層組織，由上向下傳播其所要達到的目標，韋伯在《經濟與社會》一書中，將這種傳播行徑定名爲：「科層制度」(bureaucracy)[51]；以下便區分爲三種管道來進行論述。

(一)透過表彰的管道

統治階層在表彰形式方面又可分爲三種：

---

[50]：漢·班固撰，陳立疏證：《白虎通疏證》，（北京：中華書局，一九九四年八月），卷六〈辟雍〉，頁二六二。

[51]：同註1，頁二五八、二三一所引。

1.立傳

自東漢以後，史書皆為官撰，當代表統治階層，透過文字媒介表彰有德者，以之入傳。至隋以前，六百多年，據筆者統計表彰人數四九六人（案：含重出），從前段私人立傳表彰來看，必有甚多遺珠之憾。其所表彰德行，不外乎儒家所言：忠孝、友悌、節義、誠實之類；至於隱逸之士代表安貧樂道、不慕仕進；而循吏、良政者其德則不限於一種，從〈表二〉謠諺對循吏歌誦內容便可看出。

2.察舉

在官方組織的傳播管道中，就以「察舉」制度最具現實的效益。此制度自武帝時已有，據《漢書》卷六〈武帝紀〉云：「元光元年冬十一月，初令郡國舉孝廉各一人」顏師古《注》云：「孝謂善事父母者，廉謂清潔有廉隅者。」也就是有孝行，有清廉，有為有守的人，可被推舉為「孝廉」。兩漢許多循吏或文吏多半是孝廉出身的，這情形意味著「孝廉」是統治階層派官任命的首要條件，中國傳統社會的價值感就是榮顯，仕宦就是一種榮顯，如果能代代為官，在中國人的心中就被認為是祖上積德所致，因此被推舉為孝廉，那可說是最具體的現世德報了。至於推舉人數，據東漢應劭《漢官儀》內言：

> 和帝詔曰：「大郡口五十萬人，舉孝廉二人；」[52]

---

[52]：漢·應劭：《漢官儀》，（臺北縣：藝文印書館，民國五十四年，《百部叢書集》影印《平津館叢書》本），卷上，頁三二〇。

又據《後漢書》卷四〈和帝紀〉云：

永元十三年九月詔：「其令緣邊郡口十萬以上，歲舉孝廉一人；不滿十萬，二歲舉一人；五萬以下，三歲舉一人。」

同書，卷三七〈丁鴻傳〉亦云：

自令郡國率二十萬口，歲舉孝廉一人；四十萬，二人；六十萬，三人；八十萬，四人；百萬，五人；百二十萬，六人。不滿二十萬，二歲一人；不滿十萬，三歲一人。

大約內地平均二十萬口，歲舉孝廉一人；而邊地并蠻夷，因人數稀少，只要十萬口以上，歲舉一人。在統治階層的預想裏，以舉孝廉來帶動民間講倡道德，再以孝廉爲地方官，便可達到以德化民，穩定下層社會秩序的目的，由此可知，察舉是最有效的德報傳播管道。

3.圖象

是統治階層第三種表彰途徑，專爲不識字的下層百姓而設置，一種非文字的媒介，透過實感的連環圖繪，來灌輸善惡道德觀。那麼最早的壁畫是起源何時呢？據間接資料所載，殷商時代就有宮廷壁畫，劉向《說苑》卷二〇〈反質篇〉提到商紂時代已有「宮墻文畫」，從地下出土文物也可佐證殷商晚期就有壁畫[53]。大約在周代壁畫已成爲宗教或道德宣傳的工

---

[53]：一九七五年中國社會科學院考古研究所安陽發掘隊：〈一九七五年安陽殷墟新發現〉，《考古》四期（一九七六年四月），頁二六七，內言發現一塊長二十二公分，寬十三公分，厚七公分牆皮，帶有紅色花紋和黑圓點。

具，據《孔子家語》卷三〈觀周篇〉內云：

孔子觀乎明堂，睹四門，墉有堯舜之容，桀紂之象，而各有善惡之狀，興廢之誡焉。又有周公相成王，抱之負斧扆，南面以朝諸侯之圖焉。……54

《淮南子》卷九〈主術訓〉也提到：

文王、周公觀得失，徧覽是非，堯舜所以昌，桀紂所以亡者，皆著於明堂。55

高誘《注》言：「著，猶圖也。」（同上引）；可見西周初有明堂圖書一事，漢人深信不疑56。

春秋戰國也有數條文獻提到壁畫，如：《左傳·宣公二年》提到晉靈公「厚斂以彫牆」；屈原〈天問〉王逸《章句》言屈原曾見：「楚有先王之廟及公卿祠堂，圖畫天地山川神靈，琦瑋僪佹，及古賢聖怪物行事。」57；《韓非子》卷八〈用人〉提到晉文公爲介之推「結其

54：晉·王肅注、清·陳士珂輯：《孔子家語疏證》，（北京：中華書局，一九八五年，影印《湖北叢書》本），卷三〈觀周篇〉，頁七二。

55：漢·劉安撰、劉文典集解，馮逸、喬華點校：《淮南鴻烈集解》，（北京：中華書局，一九九七年元月，二刷），卷九〈主術訓〉，頁三一二。

56：一九七三年，河北省定縣四〇號漢墓出土大批竹簡，內有《儒家者言》、《哀公問五義》等內容同於《孔子家語》，證實了今本《家語》實包含很多漢以前軼聞，其記載，最少已見於西漢初年典籍。（詳見《文物》一九八一年第八期：〈定縣四〇號漢墓出土竹簡簡介〉）

57：漢·王逸注、宋·洪興祖補注：《楚辭補注》，（台北縣：藝文印書館，民國六十三年十月），（天

德，書圖著其名」[58]。

《家語》和王逸《章句》以及前面幾則先秦文獻，同點明中國古代一有壁畫之始，就非爲藝術而作，而是在一種道德觀預設下去創作的。此或是文字流通不廣，教育尚未普及時，統治者對下層民眾的一種宣傳工具吧！

至漢代，統治者在獨尊儒術下，更是明顯地透過圖繪來表彰有德行之人。《漢書》卷五四〈李廣傳〉云：

（宣帝）甘露三年……上思股肱之美，乃圖畫其人於麒麟閣，法其形貌，置其官爵姓名。……曰大司馬大將軍博陸侯姓霍氏，次曰衛將軍富平侯張安世，次曰車騎將軍龍頟侯韓增，次曰後將軍營平侯趙充國，次曰丞相高平侯魏相，次曰丞相博陽侯丙吉……皆有功德，知名當世，是以表而揚之。

這種表揚名臣行爲到東漢更加盛行，有明帝追念功臣，圖二十八將於南宮雲台（《後漢書》卷二二〈論贊〉）；靈帝感念舊德，圖畫黃瓊、胡廣於省內（《後漢書》卷四四〈胡廣傳〉）。

京師宮省多表揚名臣、將軍等上層人物；至於下屬、百姓中的孝子、烈女、義士，多在

問章句第三〉，頁一四五。

[58]：陳奇猷撰：《韓非子集釋》，（台北：世界書局，民國八十年九月，四版），卷八〈用人〉，頁四九九。

郡國、縣府、學宮、東觀所在之地表揚，如：

(1)常璩《華陽國志・梓潼士女志》載：李餘爲母代死，吏上言於天子，天子以圖象於府廷表彰。；同書〈敬揚〉條，載敬揚爲父報仇，手刃仇人，會赦得免，縣令爲其圖表之。

(2)〈漢中士女志・燕邠〉言燕邠爲刺史，卻儉爲其部屬，儉爲米賊所殺，燕邠曰：「使君已死，用生何爲？」獨死之。州牧劉焉嘉之，爲圖象於學官。

統治階層透過圖象來表揚合乎儒家道德規範的行徑，是有助於勸善化俗的功效。

(二)透過循吏的管道

和庶民階段作第一線接觸的是文官系統—循吏，從前段表二所述謠諺歌誦的循吏行徑來看，循吏深受儒家教化薰陶，因此在任地方父母官時，自然而然地用這套道德去移風易俗，儒家道德觀念會更深入民間基層，和循吏的作爲有很大的因果關係，試再列舉文獻以佐證之。

1.《漢書》卷七六〈韓延壽傳〉：

延壽為吏，上禮義，好古教化，所至必聘其賢士，以禮待用，……表孝弟有行，修治學官。……又置正、五長，相率以孝弟，不得舍姦人，閭里仟佰有非常，吏輒聞知，姦人莫敢入界。

2.《後漢書》卷七六〈衛颯傳〉：任桂陽太守「修庠序之教，設婚姻之禮，期年間，邦俗從化。」

3.《晉書》卷九〇〈杜軫傳〉：

察孝廉，除建寧令，導以德政，風化大行，夷夏悅服。

4.《魏書》卷八八〈張恂傳〉：

任常山太守，開建學校，優顯儒士，吏民歌詠之……仁恕臨下，百姓親愛之，其治為當時第一。[59]

由以上數則文獻來看，循吏可謂是儒者本色。漢代帝國不致於像秦祚那麼短，也可以說是他們堅持儒家教化的功效。因此在漢代內部社會結構裏，雖然已產生豪強和酷吏結合，或官商勾結，集體剝削百姓的現象，也不致於出現有人民暴動亂象；從漢高祖五年（公元前二○二年）到王莽篡漢（公元前九年），計二百一十一年的國祚，直到東西漢政權替換不穩定之際，方出現赤眉亂事，是頗堪玩味的一件事。

(三)透過官學的管道

既然私學起源很早，官學創辦時間當不致晚於私學。據孟子在〈滕文公上・四〉內言：「聖人又憂之，使契爲司徒，教以人倫：父子有親，君臣有義，夫婦有別，長幼有序，朋友有信。」；在〈滕文公上・三〉內更明確指出：「設爲庠序學校以教之。……夏曰校，殷曰序，周曰庠，學則三代共之：……」則堯舜三代已有學制，即使以上所敘是儒家託古改制的技倆，也可看出他們主張透過教育的管道，來建構安詳和諧社會的用心。毛禮銳在《中國古代教育史》一書中指出：甲骨文中多次出現了「教」、「學」、「師」等字……還有幾

[59]：北齊・魏收：《魏書》，（台北：鼎文書局，民國六十八年二月，二十五史新式點校本），卷八八，頁一九○○。

片卜辭寫道：「學多囗父師于教」、「壬子卜，弗酒小求，學」、「丙子卜，多子其徃（義同往）學」這說明當時殷鄰國多遣子到殷入學校受教育[60]。

又從出土金文銅器來看，西周時代已有官學，分國學與鄉學。國學又分小學與大學，康王的〈大盂鼎〉：「余唯即朕小學」（《金文通釋》第二十八輯）、宣王的〈師嫠𣪘〉：「先王小學女」[61]，皆提到宮廷小學，證實了《禮記》卷一二〈王制〉所言：「小學在公宮南之左」這是西周爲貴族子弟設立的宮廷小學。

至於大學，則康王的〈麥尊〉、穆王的〈靜𣪘〉、恭王的〈師湯父鼎〉、懿王的〈匡卣〉都提到周天子在莽京參加辟雍之禮，帶領群臣及學生在學宮習射和作樂舞的事，茲以〈靜𣪘〉銘文爲例，記鄉射之儀頗詳。

隹六月初吉，王在莽京。丁卯，王命靜辭射學宮。小子眔服眔夷僕學射。[62]

大學即〈王制〉所說的「辟雍」；各諸侯邦君封地內稱之「泮宮」。

至於官辦的鄉學，沒有直接文獻佐證。據間接文獻所載，周代官辦鄉學叫「庠」（《孟子・滕文公上・三》）。不管是國學或鄉學，想必有專職教師，教導禮、樂、射、御、道德

[60]：毛禮銳、瞿菊農、邵鶴亭編：《中國古代教育史》，（北京：人民教育出版社，一九九六年三月，十五刷），第一章第二節〈夏、商、西周時期奴隸制社會的教育〉，頁二二。

[61]：白川靜：《金文的世界》，（出版狀況見前），第十章〈中興之挫折與崩潰〉，頁一八九。

[62]：同前註，第四章〈禮教文化之成立〉，頁八六—八七。

之事。據《周禮》卷一四〈地官．師氏〉職掌國子弟教育，其內容：

> 以三德教國子：一曰至德，以為道本；二曰敏德，以為行本；三曰孝德，以知逆惡。教三行：一曰孝行，以親父母；二曰友行，以尊賢良；三曰順行，以事師長。……凡國之貴遊子弟學焉。

《周禮》雖說是戰國儒家所編製的建國藍圖，其中教育概念想必是前有所承，非完全擬構。

有關官學的文獻記載較詳實的要從西漢開始。郡國開始設立學官是始於景帝時，蜀郡太守文翁（《漢書》卷八九〈文翁傳〉）；到武帝時，遂令天下郡國皆立學校官；至平帝元始三年，令天下立學官，郡國曰學，縣道邑侯曰校，鄉曰庠，聚曰序，學校置經師一人，庠序置孝經師一人（《漢書》卷一二〈平帝紀〉）。其主要目的是通過經學來灌輸皇太子、貴遊子弟的孝悌、禮義思想，以塑造其未來仁君惠吏的人格型態。尤其是武帝以後，《孝經》被推崇到至高無上的地位，它不僅是太學或郡國學校必修課程，也是一般官辦鄉校的教材。從以下幾則史料可看出《孝經》是通行全國的教科書：

1.《漢書》卷七〈昭帝紀〉：「朕以眇身獲保宗廟，戰戰慄慄，夙興夜寐，修古王之事，通《保傅傳》、《孝經》、《論語》……」

2.《漢書》卷八〈宣帝紀〉：「孝武皇帝曾孫病己，有詔掖庭養視，至今年十八，師受《詩》、《論語》、《孝經》。」

3.《漢書》卷七一〈疏廣傳〉：「皇太子年十二，通《論語》、《孝經》……」

4.《後漢書》卷六〈順帝紀〉於永寧元年立爲皇太子，王先謙《補注》引《東觀漢紀》云：順帝「始入小學，誦《孝經》章句」

由前數條文獻可知，統治階層的接班人必須接受儒家道德教育的洗禮，以達到未來領導上行下效的政治目的。吾人可以說，傳統孝道向倫理封建秩序轉化，是漢代官學傳播催促而成的。

綜合以上公私團體傳播管道來看：統治階層透過吏道、官學、察舉等表彰的行徑向下層社會傳布道德觀。而小傳統則以謠諺、立碑、建廟、私學等方式傳播他們自成一格的社會公約；其中循吏和謠諺產生互動，借民意歌讚的力量也可反過頭來影響統治階層的價值觀。介在中間的文人立傳表彰地方節義之士，撰家訓，立鄉規，雖出自士階層的手筆，然其取材資料以及傳播對象則來自小傳統；其至有些史傳資料也是汲取民間私傳的材料；由此可知，儒家的德報傳播網絡是開放的，大小傳統彼此之間，基於共同的價值觀，情報（或觀點）是互爲容受的，也正因爲如此，儒家德報傳播過程中，層面更加廣泛。

第五章　天報系統的發展暨功能傳播

西周以來所建構的天報雛形，發展到春秋時代，受到人文思潮的激盪，基於系統有防止衰退的維生功能，它的意涵會產生什麼樣的變化？和其他系統功能如何互動？衍生出另一個的子系統—鬼報，其理論如何建構？發展到六朝時，會產生什麼變化？從整體系統來看，功能如何傳播？以上思惟路徑，將析分爲三小節論述之。

第一節　天報系統的發展

一、天報意涵的衍變

當內在或外在環境發生變動時，系統本身基於自我穩定和防止衰退的特性，自然必須從事某種程度的改變，以適應各種新的情況❶。這種系統轉換的特性正好可以用來說明天報信仰鬆動後，其意涵衍變的現象。除了保留殷周以來的神性義、德性義外、吾人依其裂分情形

❶：見彭文賢：《組織理論之分析》，第四章第二節〈組織系統的轉換過程〉頁一四一所引。案：這種過程在系統學上，需要依賴「反饋」和「控制」兩項功能始能達成。通常這兩項功能在整個輸入與輸出過程中是同時發生的。彼此的區隔是：反饋旨在消弭果報系統的脫節；而控制則是掌握這新輸出的結果（同書第三節〈組織系統的反饋與修正〉，頁一五七）。

可區隔為四種：

㈠強力的天報觀

由於春秋戰國是講求霸權、爭戰的時代，國滅的速度可謂目不暇及，據潘英統計：春秋之際，滅於晉者三十五國、滅於齊者十三國、滅於楚者五十五國、滅於秦者十二國、滅於吳者四國、滅於衛者四國、滅於邾者三國、滅於宋者二國、滅於越者二國……❷；各國兼併之劇烈，令人怵目驚心。在這情況下，西周以來，「天命有德」的傳統觀念已無法解釋如此迅速的亡國現象，換言之，決不會有時君去相信仁德可以維繫國命的說法。面對這種客觀政治環境改變，天報系統自然輸入這個環境因素❸，來自我調適，因此衍生出強力預定（以下簡稱強力）的天報觀。如：

《左傳、僖公二十三年》載晉文公重耳流亡至楚，子玉請殺之，楚子曰：

> 吾聞姬姓，唐叔之後，其後衰者也，其將由晉公子乎？天將興之，能誰廢之？違天必有大咎。

這種強力義天報，有時會成為霸君發動戰爭的口實，以達到擴張領土的目的，如：

---

❷：潘英：《中國上古史新探》，（台北：明文書局，民國七十四年三月）第二章第五節〈春秋時代的「國」〉，頁一二六—一二七。

❸：毛里爾（R.W.Morell）乃將環境輸入因素區分為六種，即「倫理—意識的環境」、「政治—法律的環境」、「經濟的環境」、「社會的環境」、「心理的環境」，以及「物質—技術的環境」。（見彭著，頁一三一—一三四所引）

《左傳．隱公十二年》：「天禍許國，鬼神實不逞於許君，而假手于我寡人。」

《左傳．昭公十一年》叔向曰：「天將假手於楚以斃之（指蔡侯）……」

徐復觀就說：

> 到了戰國時代，以天命言政權興廢的，可以說絕無僅有。齊宣王伐燕勝利後對孟子說「不取，必有天殃」……❹

徐氏立論稍嫌武斷，不過正好可以用來說明，在戰國時代，很少有時君以奉「天命有德」做為戰爭的口實。

㈡社會律則的天報觀

彼時菁英份子提出禮治的人文觀念成為上層社會的主流思想，這倫理意識因素也被天報系統吸收，而輸出「天道」名詞，李杜在《中西哲學思想中的天道與上帝》一書中說：

> 從觀念的關連上說，「天道」一詞可緊隨著「天」或「天帝」觀的出現而有。……但從歷史考證的觀點上說，「天道」或「天之道」要到《左傳》與《國語》二書的記述中才常見到。❺

李氏的見證，正吻合天報意涵衍生的時代，如：

---

❹：徐復觀：《中國人性論史—先秦篇》，（出版狀況見前），〈附錄二：陰陽五行及其有關文獻的研究〉，頁五三四。

❺：李杜：《中西哲學思想中的天道與上帝》，（台北：聯經出版事業公司，民國八十年五月，六刷），第三章第四節〈天道觀的出現及其不同的意義〉，頁五一。

《左傳．文公十五年》魯大夫季文子曰：「禮以順天，天之道也」

《左傳．襄公二十二年》齊晏平仲告陳文子曰：「君人執信，臣人執共，忠信篤敬，上下同之，天之道也。」

季文子的「禮」和晏平仲的「忠信篤敬」道德條目，都是由人所建立起來的共同律則，被稱爲「道」是因爲它是大衆所遵循的方式；天報系統受到「人道」功能的衝擊，也將「人道」納入自己的系統之內，而名爲「天道」。事實上，也就是說人類行爲規範透過天的神性義來立說。

㈢自然法則的天報觀

人文思潮的崛起的另一項特色是，有一批理性主義的菁英份子，否認天是有意志的主宰，而將天還原爲「自然天」，或哲理的「形上天」，這個觀念也被天報系統吸收，如：

《左傳．哀公十一年》伍子胥將死曰：「盈必毀，天之道也。」

在自然界的律則中，常見物滿則虧損的現象，如月圓則缺，物壯則老，日中即昃，花開則謝等，此處就是由自然律則影射人事，而不由天道立場來說，它背後都有一句言外之意－即人驕滿，則天會概之。

《左傳．宣公十五年》晉大夫伯宗引俗諺：「高下在心。川澤納汙，山藪藏疾，瑾瑜匿瑕，國君含垢，天之道也。」這一段話，就很明白地說出影射的人事—國君含垢忍辱，亦是順天道自然法則。

㈣命定的天報觀

由於天報信仰鬆動，人類對於自身無妄之災的遭遇，無法用天理來解釋，只好歸之於命運。這種無分善惡、賢不肖，其吉凶禍福命數已定的觀念也成爲天報意涵的一種。如：《左傳·哀公十五年》陳國大夫芋尹蓋回答吳太宰嚭說：「……苟我寡君之命達于君所，雖隕于深淵，則天命也，非君與涉人之過也。」此處天命不是從德性義角度，而是從人生的吉凶運命去立說的。

再看筆者自行統計《左傳》、《國語》天報意涵衍生數據表：

表四：《左傳》、《國語》天報意涵衍變數據表

書目＼次數＼天報意涵	神性義	德性義	強力義	社會律則義	自然法則義	定命義
《左傳》	五〇	三二	九三	三	三	三
《國語》	四三	三三	三六	〇	三	〇

所顯示數據可知殷周以來，神性義和德性義的天報信仰仍未減弱祂的影響力，徐復觀云：

宗教是任何民族長久的生活傳統，決不容易完全歸於消失。當某一新文化發生時，

> 在理念上可能消解了宗教；但在生活習慣上自予以保持。文化少數的上層分子可能背離宗教，但社會大眾仍將予以保持。❻

徐氏這段話正好可以說明〈表四〉所列的第一種現象。從總數來看，超過了傳統信仰的次數，其中以「強力義」出現次數最多，正好反映春秋戰國是強權霸主的時代，傳統天報系統為了自我調適，也輸入此項因素；其意涵衍變正可以用來說明人生、社會及天地萬物生存的概念或模式，使「天報」貼近人世，而不會那麼遙不可及。〈表四〉的統計，實有助於吾人了解墨子的天志報是在什麼氛圍下來完成天報的理論系統的。

二、天報系統理論的完成——子系統：墨子天志報的建構

(一)建構的時代背景

從文化突破的觀點來看，墨子天志思想是反潮流的；但是從果報角度來看，他是循回原始宗教神道設教的路線來重建人間秩序的。蓋現實的層面，庶民階層是弱勢團體，其在人間的困頓與生活的磨折，多半來自統治階層的壓迫，而其自身力量又不足與之抗衡，只好向主體以外，尋求一個先驗❼的仲裁，於是將自我意識投射在此上，希望借鬼神的力量來壓制那

❻：同註❶，第三章第四節〈宗教的人文化〉，頁五一。

❼：所謂「先驗」(transcendent)是相對於「經驗」而言，吾人所有一切知識皆始於經驗，但並不因之即以為一切知識皆自經驗發生。這世界尚存在一種非經驗以及實證可範圍的形上事物或非實體的存有，它只能透過信仰或直觀悟性感通。

些苛暴的時君；其次，自古以來，人間秩序依靠一個清明有爲的政權來實現的話，就如同韓非所言：「恃自直之箭，百世無矢；恃自圓之木，千世無輪矣。」（〈顯學〉）、「（待）堯舜至乃治，是千世亂而一治也。」（〈難勢〉），那麼不可得。因此墨子的天志報便代表群眾普遍渴求公理、正義的需要，向世人強力宣告上帝的旨意。墨子此處的天帝已異於西周德性義的天帝了，後者雖能主動福善禍淫，不過是依人德性而爲；而墨子的天帝已吸入「強力命」的功能，變成主動告知世人，祂的意欲內容，在建構的過程中，不知不覺將天報規範統治階層的道德普及化和社會化。從天報系統整體來看，墨子天志報爲其理論的一部分，故不便析出另一節論述。墨子天志的建構是爲了解決人間禍亂的問題，那麼造成人間禍亂的根源有那些現象呢？墨子認爲社會秩序之所以會崩解，究其原因有六點：

1.淫奢

君主如淫奢，「必厚作斂於百姓，暴奪民衣食之財」（〈辭過第六〉），左右百姓若象之，則「富貴者奢侈，孤寡者凍餒」（同上引）；君臣上下皆奢淫成習，則「奢侈之君，御好淫僻之民，欲國無亂，不可得也。」」（同上引）

2.君主不能尙賢尊德

君主不能尙賢尊德，致不肖者環繞其身，使社稷陷入危亂。在卷二〈尙賢中第九〉說出它所造成的後果：

> 若苟賢者不至乎王公大人之側，則此不肖者在左右也。不肖者在左右，則其所譽不當賢，而所罰不當暴：：：則是為賢者不勸，而為暴者不沮矣。是以入則不慈孝父母，出則不長弟鄉里，居處無節，出入無度，男女無別。使治官府則盜竊；守城則

倍畔；君有難則不死；出亡則不從。使斷獄則不中；分財則不均；與謀事不得；舉事不成；不守不固；出誅不彊。故雖昔者三代暴王桀紂幽厲之所以失損其國家，傾覆其社稷者，已此故也。

3.義者茲眾

社會亂源第三個現象是「義者茲眾」，也就是說，意見紛紜，一人一義，十人十義，人皆是其義，而非人之義，在卷三〈尚同上第十一〉指出這種義者茲眾，交相非的惡報：

子墨子言曰：「古者民始生，未有刑政之時，蓋其語人異義。是以一人則一義，二人則二義，十人則十義，其人茲眾。其所謂義者亦茲眾，是以人是其義，以非人之義，故交相非也。是以內者父子兄弟作怨惡，離散不能相合。天下之百姓，皆以水火毒藥相虧害，至有餘力，不以相勞；腐朽餘財，不以相分；隱匿良道，不以相教；天下之亂，若禽獸然。」

4.不相愛

天下紛亂惡源第四個現象「不相愛」，人不能相愛，就是起於有「分別心」、「自私自利」，人一旦自私自利，就不會替人設想，就會虧人而自利。從個人到君主，從家庭到國家，皆如此的話，那就禍敗亂亡無所不至了。在卷四〈兼愛中第十五〉指出這種不相愛的惡報：

諸侯不相愛，則必野戰；家主不相愛，則必相篡；人與人不相愛，則必相賊；君臣不相愛，則不惠忠；父子不相愛，則不慈孝；兄弟不相愛，則不和調；天下之人皆不相愛，強必執弱，富必侮貧，貴必敖賤，詐必欺愚，凡天下禍篡怨恨，其所以起者，以不相愛生也。

5. 攻戰

墨子認爲攻戰是虧人不利己的行徑，也是社會國家亂源現象之一。一次攻戰的事前準備：

> 久者數歲，速者數月。是上不暇聽治，士不暇治其官府，農夫不暇稼穡，婦人不暇紡績織紝，則是國家失卒，而百姓易務也。然而又與其車馬之罷弊也，幔幕帷蓋，三軍之用，甲兵之備，五分而得其一，則猶為厚餘矣。然而又與其散亡道路，道路遼遠，糧食不繼傺，食飲不時，廝役以此飢寒凍餒疾病，而轉死溝壑中者，不可勝計也。此其為不利於人，天下之害厚矣。（卷五〈非攻下〉）

至於被攻打的國家所受的災禍是：

> 入其國邊境，芟刈其稼，斬其樹木，墮其城郭，以湮其溝池，攘殺其牲牷，燔燎其祖廟，勁殺其萬民，覆其老弱，遷其重器。……夫無兼國覆軍，賊虐萬民，以亂聖人之緒。（同上引）

6. 不信鬼神

天下混亂第六種現象，是眾人不信鬼神，妄作非爲，在卷八〈明鬼下第三十一〉內便云：

> ……昔三代聖王既沒，天下失義，諸侯力正，是以存夫為人君臣上下者之惠忠也，父子弟兄之不慈孝弟長貞良也，正長之不強於聽治，賤人之不強於從事也。民之為淫暴寇亂盜賊，以兵刃毒藥水火，迓無罪人乎道路率徑。奪人車馬衣裘以自利者，並作由此始，是以天下亂，此其故何以然也？則皆以疑惑鬼神之有與無之別，不明乎鬼神之能賞賢而罰暴也。今若使天下之人，偕若信鬼神之能賞賢而罰暴也，則夫天下豈亂哉？

信鬼神之人，時時畏懼鬼神不可測、不可防的賞罰能力，做事不會無法無天；沒有鬼神信仰，不信因果報應的人，當刑罰威嚇不了他蠢蠢欲動的徼幸心理時，做事便會無法無天。俗諺有云：「人在做，天在看」就是這種信鬼神的人一種約束自己行爲的說法。

這六種人間禍亂的現象，又總歸於一個概念：人人各遂其意欲而爲，而不順從上帝的意志來行事。上帝既然是人間萬物公正的仲裁者，便是至善的根源，祂的意志就是善的意志；在世界之內，甚至根本在它之外，我們不可能設想任何事物，它能無限制地被視爲善的❽，墨子甚至認爲：即使父母、師長、君主也有他們駁雜的自然生命，也就是仁者寡，私者眾，法他們，等於法不仁，只有上帝才可以效法（〈法儀第四〉）。在墨子的觀念中，上帝的存在，毋須要像希臘哲學家柏拉圖、亞理士多德，甚至到德國的康德純粹理性的批判，那樣透過思辨能力去證明祂的存在。因爲祂是一個信仰—超越於一切形式、可感覺事物之外的絕對普遍法則，人只有從信仰去相信上帝，然後可以從信心中得到上帝的福蔭，墨子在這一點上的認知是近似西方基督教的情懷。只有順著上帝的意志行事，人間才有安樂、幸福的可能。墨子便由此思路導出其天志報建構的內容。

㈡建構的內容

1.以上帝意志爲行事的準則

這是墨子天志報理論建構的預設核心概念，在卷一〈法儀第四〉提出爲何要「法天」的

❽：康德著，李明輝譯：《道德底形上學之基礎》，（出版狀況見前），第一章第一節〈善的意志〉，頁九。

理由：

> 天之行廣而無私，其施厚而不德，其明久而不衰，故聖王法之。

天意既然是至公無私，施厚明久，則人間善惡是非就以是否順天意爲判準：

> 故子墨子之有天之意也，上將以度天下之王公大人為刑政也；下將以量天下之萬民，為文學出言談也。觀其行，順天之意，謂之善意行；反天之意，謂之不善意行。觀其言談，順天之意，謂之善言談；反天之意，謂之不善言談。觀其刑政，順天之意，謂之善刑政；反天之意，謂之不善刑政。故置此以為法，立此以為儀，將以量度天下之王公大人卿大夫之仁與不仁，譬之猶分黑白也。（卷七〈天志中第二十七〉）

既然要法天，那麼「天之所欲則爲之，天所不欲則止」（〈法儀第四〉）；然而天無言，則吾人何以知天所欲和不欲的事？這便是墨子以個人道德哲學切合時代幣病來建構天志報的內容。蔡英文在〈天人之際—傳統思想中的宇宙意識〉一文內也說明此點：

> 墨家把傳統的「天」的宇宙意識引進於建構政治秩序的思想理路上，使「天」成為人世間政治活動合理與否的「監護者」，使「天」成為君王立法、行政措施的最高參考準則。❾

那麼，墨子建構天意—即上帝意欲的內容是什麼呢？

(1)天欲人兼相愛相利，不欲人相惡相賊

---

❾：蔡英文：〈天人之際—傳統思想中的宇宙意識〉，收入黃俊傑編：《中國文化新論思想篇—天道與人道》（以下簡稱《天道與人道》），台北：聯經出版事業公司，民國八十二年五月），頁二九二。

墨子是從「天生養萬物」的事實來逆推此項天意的：

> 奚以知天必欲人之相愛相利，而不欲人之相惡相賊也？以其兼而愛之，兼而利之也。奚以知天兼而愛之，兼而利之也？以其兼而有之，兼而食之也。（〈法儀第四〉）

蓋天生養萬物，普天下之國，無論大小，皆天之邑；普天下之民，無分長幼貴賤，皆天之臣民；天皆兼而愛之、利之、食之、護之。故君主、庶民也要法天的博愛，尊重生命，不可恃權勢、智謀欺凌弱寡，更不可侵伐殺掠別國：

> 天之意，不欲大國之攻小國也，大家之亂小家也，強之暴寡，詐之謀愚，貴之傲賤，此天之所不欲也。（〈天志中第二十七〉）

更重要的是，天要大家互助互愛：

> （天）欲人之有力相營，有道相教，有財相分也；又欲上之強聽治也，下之強從事也。（同上引）

上能聽治則國強；下能從事，則百姓日用常足。由此導出：順天意者就是善政，逆天意就是力政、暴政的結論。

(2)天欲義而惡不義

墨子是從經驗層面的部分事實：「有義則生，無義則死」這個判斷命題來逆推出天意是欲義而惡不義的：

> 然則何以知天之欲義而惡不義？曰：「天下有義則生，無義則死；有義則富，無義則貧；有義則治，無義則亂。然則天欲其生而惡其死，欲其富而惡其貧，欲其治而惡其亂，此我所以知天欲義而惡不義也。」（卷七〈天志上第二十六〉）

這種邏輯是很牽強比附的。事實上，在亂世裏，有義之人貧且賤焉；無義之人富且貴焉的現象是很普遍的，孔子就是一個很好的反證；這樣的立說，在當時士階層中沒有人就此矛盾提出反駁，主要是它滿足了一般人欲治不欲亂；欲福祿，不欲禍祟的趨吉避凶的心理。故墨子將「義」比附爲福祿，而不義比附爲禍祟，他說：

然則率天下之百姓以從事於義，則我乃為天之所欲也，我為天之所欲，天亦為我所欲。然則我何欲何惡？我欲福祿，而惡禍祟。若我不為天之所欲，而為天之所不欲，然則我率天下之百姓，以從事於禍祟中也。（同上引）

想要了解主體何種行爲會召至福祿、禍祟，就必須辨明天意何欲何惡之事。

(3)天欲尚賢使能而惡尚不肖

墨子認爲「尚賢」是良政之本，使「國家治而刑法正」。因此也套上天的意志力：

故古聖王能審以尚賢使能為政，而取法於天。雖天亦不辯貧富貴賤，遠邇親疏，賢者舉而尚之，不肖者抑而廢之。（卷二〈尚賢中第九〉）

能法天尚賢使能的君主，則「天福之，使立爲天之，天下諸侯，皆賓事之。」；反之，不能尚賢使能的君主，則「天禍之，使遂失其國家身死爲僇於天下，後世子孫毀之……」（〈法儀第四〉）

(4)天欲天下尚同而惡不同

前已言「義者茲眾」是國亂的根源，故墨子提出：「天下尚同於天子，而天子尚同於天」的齊一思想主張。它的效益，大可治天下，小可治家：

天子又總天下之義，以尚同於天，故當尚同之為說也，尚用之天子，可以治天下矣。

> 中用之諸侯，可而治其國矣。小用之家君，可而治其家矣。是故大用之，治天下不窕；小用之，治一國一家而不橫者，若道之謂也。（卷三〈尚同下第十三〉）

若天下尚同天子，而不上同於天，天給他們的懲罰是：

> 故當若天降寒熱不節，雪霜雨露不時，五穀不孰，六畜不遂，疾菑戾疫，飄風苦雨，荐臻而至者，此天之降罰也，將以罰下人之不尚同乎天者也。（〈尚同中第十二〉）

神道設教，少有不涉及效益原則，尤其最常強調的是現世因果的必然性，否則很難說服人去實踐天的意志內容。

2.順天意則賞，逆天意則罰

墨子斷言順天意必得賞，逆天意必得罰的事實依據，是檢證於三代興衰的歷史陳述：

> 當天意而不可不順。順天意者，兼相愛，交相利，必得賞；反天意者，別相惡，交相賊，必得罰。然則是誰順天意而得賞者？誰反天意而得罰者？子墨子曰：「昔三代聖王，禹湯文武，此順天意而得賞也。昔三代之暴王，桀紂幽厲，此反天意而得罰者也。」（〈天志上第二十六〉）

君王爲天所欲之事，其福賞不止現世善報，還延及子孫功業：「故使貴爲天子，富有天子，業萬世子孫，傳稱其善，方施天下，至今稱之，謂之聖王。」（同上引）；反之，爲天所不欲之惡，則天「使不得終其壽，不歿其世，至今毀之，謂之暴王。」（同上引），墨子在此處同德報一樣也加入家族禍福聯結的效益，可見這種未來世的價值觀已普及於大小傳統了。此外，墨子降低了人間君王的權威性，將之置於天意志之下，以抑制其非理性行爲，故其再三強調：「天之貴且知於天子者」、「天子爲善，天能賞之；天子爲暴，天能罰之」（〈天志中第二十七〉），所憑藉的是古代天子有疾病禍祟，也要齋戒沐浴，祈福於天的事實。

綜而論之，墨子的天志理論建構在傳統原始的畏天的信仰上，並進一步改造其質性，以此向世人強力宣告天的意欲何爲，並從人際交互報償的角度來推定：「天下人若順逆天意，天亦順逆天下人之意」的賞善罰惡因果必然的報應性，至此完成了天報系統的理論基礎，使其成爲今後流行於中國社會大小傳統間的普世信仰。

三、天報與其他系統功能的互動

(一)天報自身功能的融合

天報系統在先秦時代建構完成，而彼時的上帝是天、人、鬼三界的最高主宰，因此在三界一體的情況下，天報很自然會與其子系統—鬼報功能融合，從《墨子》一書中，「天」字出現三百三十次；「鬼」字出現一百八十一次，其中「天鬼」並稱二十次；「鬼神」並稱九十九次⑩的數據便可看出。

此外在先秦鬼報仇的文獻中，如《左傳·僖公十年》的晉太子申生、《左傳·成公十年》的大厲趙衰、《左傳·哀公十七年》的渾良夫，其枉死後冤情控訴的對象是上帝；這種訴之於天帝的原始信仰，一直到六朝地獄罪罰觀盛行時，筆記小說中還可以看到它殘留的影響力。

(二)為其他果報系統所吸收

---

⑩：《哈佛燕京學社引得特刊二十一，墨子引得》，（哈佛：燕京學社，一九四八年五月），頁二四六—二四九；三一八—三二〇；六四七—六四九。

例如前章德報及其子系統陰德報，在世俗化的效益原則下就吸數了天報賞罰功能。這是必然的現象，任何果報思想只要世俗化，必然走向效益、功利勸說的路徑，蓋人間沒有任何一個權力階層可以保攝善惡報應必然實現，最後當然會尋求背後那個超自然的主宰。也就因爲如此，天報系統在往後的發展中，其功能多爲其他系統所融受，而無法主動去吸收別的系統功能。例如：「漢代初期法報系統在吸入道家黃老思想觀念時，也輸入天報功能。又在道教崛起之後，天報和其子系統鬼報，都一併消融在其龐雜的鬼神譜系之下。唐臨《冥報說》卷下〈隋康抱〉條載大業九年楊玄感作亂，康抱兄受玄感官，連坐當死，而潛避京師十年，後抱入省覓舊識，逢曾氏舊友，抱知其相悉，亦以情告，既別，曾氏使人逐捕，抱知不免於死，謂曾曰：「卿與我故知，不能相濟，曷反如此？若死者有知，必當相報。」抱尋伏法。後數日，曾宅在太平里，將入留守，忽見抱乘馬，衣冠甚鮮，二青衣從後，謂曾曰：「……我今任太山主簿，已請天曹報殺卿……」康抱訴請天曹就是先秦的天帝。同書卷上〈唐眭仁蒨〉條，載眭仁蒨問鬼官成景：「道家章醮，爲有益不？」景曰：「道者，天帝總統六道，是謂天曹。……」由此可見天帝信仰已被道教納入其神祇譜系中，又混入佛教六道信仰；實際上，天帝也就是唐以後道教轉化成的玉皇大帝⑪，起初居於玉清宮中階，還不是最高神

⑪：參見蕭梁．僧旻、寶唱撰：《經律異相》，收入《大正新脩大藏經》（以下簡稱《大正藏》），台北：新文豐出版公司，民國八十三年五月），第五十三冊，卷一，頁一下—二上。案：忉利天宮王名釋提桓因，唐以後，道教受到佛經三世諸佛觀念影響，也仿照列仙排班次序，認為現在天尊為「太上玉皇」（或稱玉皇上帝），此名稱顯出民間宗教信仰的混淆性；蓋玉皇為道教之名稱，而「上帝」則為殷周以來

祇，但是經由道教改造後，在唐以後中國民間仰上，玉帝（或天帝、天曹）是三界六道最高神祇，遠超過道教自身所創造崇奉的「三清」。

第二節　天報子系統—鬼報的建構與發展

一、鬼信仰

鬼信仰起源甚早，大約人類有喪葬行爲，及祖先崇拜時期就有了。在本論文第二章第一節內已論及靈魂的產生，此不再贅述。在論述鬼報系統建構前，必須先釐清幾個概念：鬼定義如何？它的外形又如何？它是什麼成分聚合而成？

從文字學本義來看，《說文》九篇上云：「人所歸曰鬼」，這和《禮記》卷四六〈祭義〉說得一樣：「眾生必死，死必歸土，此謂之鬼。」，在甲骨文中收入鬼字形有五種：□、□、□、□、□❶，頭皆大形，至於下部從□、□、□、□、□，據葉玉森看法，是男女鬼性別之分❷。頭大形，有些學者認爲是獸頭、或精怪之屬。語義是不斷孳乳，在先秦一些神話文獻中，將一些自然精怪似獸似人的實體皆共稱爲鬼，如魑、魅、魍、魎、

的傳統信仰。（參見呂宗力、欒保群編：《中國民間諸神》，臺北：臺灣學生書局，民國八十年十月，頁三一—四四。）

❶：姚孝遂、肖丁：《殷墟甲骨刻辭類纂》，（出版狀況見前），上冊，頁一二五—一二六。

❷：見李孝定：《甲骨文集釋》，（出版狀況見前），〈第九〉，頁二九〇三引。

魈之屬，乃文字歧義，不足以反過來推倒本義。事實上，殷人將鬼頭部畫大，是從醜陋外形去命名，殷人稱「鬼方」異族，便有以外形醜劣，貶爲次等人的意義，因此「田」頭；是醜陋之形，不可名狀，不一定指獸頭。

鬼是人死後才稱呼的，既形容其醜陋，想必鬼能變化其外形，那麼它是什麼成分聚合的呢？既然人在肉體死亡後，能繼續與生人接觸、溝通，則人身上必有某成分可感而不可觸的質素存在，這些質素才被稱爲鬼的。從文獻記載，吾人可以知道，在春秋之世，古人已了解鬼乃魂魄聚合之物，從《左傳．昭公七年》鄭子產回答趙景子的一段對話可以看出：

「伯有猶能為鬼乎？」子產曰：「能。人生始化曰魄，既生魄，陽曰魂。用物精多則魂魄強，是以有精爽至於神明。匹夫匹婦強死，其魂魄猶能依於人，以為淫厲。」

杜預注：「魄，形也。」恐不正確，在稍後一點的《左傳．昭公二十五年》樂祈一段話也有這概念：「心之精爽，是謂魂魄，魂魄去之，何以能久？」則知魄和魂一樣是屬於一種精爽的靈氣。可見在公元前六世紀，中國社會已形成一種二元論的靈魂觀了。而且靈魂也不再是王公貴族的專利品（案：殷周以來，鬼一直是祖宗神的化身），一般匹夫匹婦也同有；並且如強死或橫死的話，會化爲淫厲復仇。

至於魂魄的去處，涉及到中國原始天堂、地獄觀的問題，余英時在〈中國古代死後世界觀的演變〉一文中，考證頗爲精詳❸，此處只借其研究成果方便本論文的進行。大約在漢武

❸：余英時：〈中國古代死後世界觀的演變〉，收入氏著：《中國思想傳統的現代詮釋》，（台北：聯經出版事業公司，民國七十九年四月，四版），頁一三二－一四三。

帝前，一般人相信魂是升天，而魄是入地；自武帝尙神仙方術之說後，天上世界便成爲神仙的世界，不再是魂去處，只好和魄一起入地，歸蒿里地下主藏君收繫管理，後又爲泰山府君所取代。

由以上論述，吾人知道在墨子建構鬼報系統時，中國社會已經有人死曰鬼，而鬼是魂魄所聚，匹夫匹婦死後也會化爲鬼，並且有報復能力的信仰基礎。根據〈明鬼篇〉所列舉數條鬼故事文獻，最早的是西周後期宣王時代的杜伯，墨子是根據口傳資料抄錄下來，想必此事或有部分眞實性，且流傳在民間有一段很長的時間。如果沒有這些信仰的基礎，恐怕墨子鬼神設教的宣傳很難推得動開來，更遑論會成爲當時的顯學之一了。

釐清了幾個鬼信仰的問題後，以下便可以展開本單元主題的論述。

二、鬼報系統的建構

墨子雖然在有很深厚的民間鬼信仰的基礎上來建構其鬼報系統，但是學說不只是在下層流通，更重要的是在大傳統的說服工作，首先墨子就面臨來自理性、無神論者執無鬼的強烈質疑，如果不能破除這個質疑，那麼所有建構在這上頭的思想將會跟著瓦解。所以他建構鬼報系統的首要步驟是證明鬼之存在。

㈠以三表法證鬼存在

何謂三表法？在〈非命上第三十五〉中有提到，所謂「三表法」就是：「本之」、「原之」、「用之」；上本之於古者聖王之事，下原察百姓耳目之實；發以爲刑政，觀其中國家百姓人民之利。墨子就是用此三表法推論出鬼存在的事實。首先，他用第二表證明：

子墨子曰：「是與天下之所以察知有與無之道者，必以眾之耳目之實，知有與亡為儀者也。請惑聞之見之，則必以為有。莫聞莫見，則必以為無。若是，何不嘗入一鄉一里而問之，自古以及今，生民以來者，亦有嘗見鬼神之物，聞鬼神之聲，則鬼神何謂無乎？若莫聞莫見，則鬼神可謂有乎？」（卷八〈明鬼下第三十一〉）

這是依一般人經驗事實來證明鬼存在，然而鬼不是每個人都可以看到，但自古及今，總會有磁場和祂相應的人看到，此以部分見聞概括全體。其次，再倒回來第一表證明：

子墨子曰：「若以眾之耳目之請，以為不足信也，不以斷疑。不識若昔者三代聖王，堯舜禹湯文武者，足以為法乎？」故於此乎，自中人以上皆曰：「若昔者三代聖王，足以為法矣。」若苟昔者三代聖王足以為法，然則姑嘗上觀聖王之書。昔者武王之攻殷誅紂也，使諸侯分其祭曰：「使親者受內祀，疏者受外祀。」武王必以鬼神為有，……若鬼神無有，則武王何祭分哉？非惟武王之事為然也，故聖王其賞也必於祖，其僇也必於社。……其始建國營都日，必擇國之正壇，置以為宗廟；……必擇六畜之勝腯肥倅毛，以為犧牲。……古者聖王必以鬼神為有，其務鬼神厚矣，又恐後世子孫不能知也，故書之竹帛，傳遺後世子孫……（同上引）

古聖賢君王智慧在百姓之上，以其信有鬼，斷定鬼的存在，這是訴之於權威的論證法。

最後以第三表法證明：

子墨子曰：「嘗若鬼神之能賞賢如罰暴也。蓋本施之國家，施之萬民，實所以治國家利萬民之道也。是以吏治官府之不絜廉，男女之為無別者，鬼神見之；民之為淫暴寇亂暴賊，以兵刃毒藥水火，迓無罪人乎道路，奪人車馬衣裘以自利者，有鬼神見之。是以吏治官府，不敢不絜廉，見善不敢不賞，見暴不敢不罪；民之為淫暴寇亂盜賊：：：由此止。是以莫放幽閒，擬乎鬼神之明顯。」（同上引）

第三表以眾人畏鬼神之罰，而不敢爲惡，來證明鬼之存在，這是導果爲因的論證法，順著一、二表思路下推定的。因爲有人眼見耳聞；因爲聖王相信有鬼存在；既然相信鬼神存在，自然也就相信祂有賞善罰惡能力。因爲一般人畏其能力，就不敢爲惡，從這個實際效用，再反過來論證它是存在的。

(二)以鬼的意志為行事的準則

事實上，在墨子的觀念中，鬼神是並提的，祂同天帝一樣具有福善禍淫的能力，在他建構天報理論的同時，鬼報系統也完成了，只是筆者爲了方便論文敘述，才割裂開來分別闡述而已。

既然天鬼一體，那麼順天的意志去行事，自然也要順鬼的意志去行事，鬼所欲之事便爲之，鬼所惡之事即不可爲。卷七〈貴義第四十七〉便云：

> 凡言凡動，利於天鬼百姓者為之；凡言凡動，害於天鬼百姓者舍之。

利就是指兼相愛、交相利等有義的事；害就是指相賊相篡、交攻、暴寡、陵弱、詐愚、傲賤的事。前者墨子比爲「天德」，後者比爲「天賊」：

> 處大國不攻小國，處大家不亂小家，強不劫弱，眾不暴寡，詐不謀愚，貴不傲賤。觀其事，上利乎天，中利乎鬼，下利乎人，三利無所不利，是謂天德。：：：處大國則攻小國，處大家則亂小家，強劫弱，眾暴寡，詐謀愚，貴傲賤。觀其事，上不利乎天，中不利乎鬼，下不利乎人，三不利無所利，是謂天賊。（〈天志中第二十

七〉）

天德的人，鬼神聚天下美名加在他身上，曰仁義、曰聖王；天賊的人，則聚天下之惡名而加之，曰非仁義、曰暴王。善惡禍福之報，於此世受之，可謂天理不爽。

㈢順鬼意則賞，逆鬼意則罰

順天意則賞，逆天意則罰，順逆鬼之意也一樣會召至福禍的賞罰。而且賞罰不分對象權位高低；德性則不分大小；行爲更不分幽顯；必難逃其明察：

> 故鬼神之明，不可為幽閒廣澤，山林深谷；鬼神之明必知之。鬼神之罰，不可為富貴眾強，勇力強武，堅甲利兵，鬼神之罰必勝之。……且禽艾之道之曰：「得璣無小，滅宗無大。」則此言鬼神之所賞，無小必賞之；鬼神之所罰，無大必罰之。

（〈明鬼下第三十一〉）

墨子以鬼神無所不在的密察，無所不報的賞罰，架構起一片無形的宗教法網，來穩定人間秩序；在其天鬼系統的善惡評價的標準裏，是順天鬼之意，即爲善的肯定評價；逆天鬼之意；即爲惡的否定評價。除了以上所建構的天鬼外，尙有一種人鬼，屬於匹夫匹婦或賤民階層的，遭君主或權貴所枉殺，他們化爲厲鬼後，也能執行復仇的能力。鬼報後來發展到六朝，所強調的就是這種人鬼，不是前者天鬼。墨子在〈明鬼篇〉中舉西周宣王枉殺杜伯、燕簡公枉殺莊子儀二例，並言：「凡殺不辜者，其得不祥，鬼神之誅，若此其憯遬。」來強調任何人的生命都應該被尊重的，這也一種鬼道設教的用心，墨子還認爲君主只要能推行鬼神政策，國家才能平治；不信鬼神，國必危亡：

古聖王皆以鬼神為神明，而為禍福，執有祥不祥，是以政治而國安也。自桀紂以下，皆以鬼神為不神明，不能為禍福，執無祥不祥，是以政亂而國危也。（卷一二〈公孟第四十八〉）

在社會秩序解構、國家混亂、百姓無禮的時代，強調鬼神的信仰，的確有它的效用。魏晉以後文人筆記所發展的也就是這一部分功能。因此吾人可以說，墨子鬼報系統只是理論部分建構而已，實證則待六朝而完成。這也是下一段所要進入的課題。

三、鬼報系統的發展

漢代鬼巫風氣盛行，自武帝迷信方士、神仙之術後，其風尤烈。魏晉以降，玄風雖盛，民間淫祀、巫風猶未熄，加上漢末以來，群雄割裂，天下分崩離析，儒學衰退，不足以正人心；司馬炎篡魏自立，百年分割局面復歸於一統，只曇花一現，又陷入「八王之亂」，歷時十六載，全國生民塗炭，輾轉流死為溝中瘠。西北羌胡趁機坐大，攻陷洛陽，先後擄走懷、愍二帝，繼嗣被迫東遷，從此南北對峙，戰無止息，歷時二百七十餘年，人民鎮日為死亡及不測之禍陰影所籠罩，朝不保夕，佛道報應思想適時塡入中空的思想界，於是文人筆下談玄說怪，或述靈異，或敘鬼魂索報，以明幽冥雖殊途，而因果報應卻歷歷不爽的天道好還之理，鬼報之風因而昌盛。魯迅在《中國小說史略》第五篇〈六朝之鬼神志怪書上〉開頭語便云：

中國本信巫，秦漢以來，神仙之說盛行，漢末又大暢巫風，而鬼道愈熾；會小乘佛教亦入中土，漸見流傳。凡此，皆張皇鬼神，稱道靈異，故自晉迄隋，特多鬼神志怪之書。其書有出于文人者，有出于教徒者。文人之作，雖非如釋道二家，意在自

神其教，然亦非有意為小說，蓋當時以為幽明雖殊途，而人鬼乃實有，故其敘述異事，與記載人間常事，自視固無誠妄之別矣。❹

魯迅這段話有二層含意：一是鬼道張皇受佛教激化而成；二是文人撰寫鬼報故事，非妄想，乃有勸化世人之意。

收入《隋志》中部雜傳類，有三十六部，真正全敘述鬼報應的著作，只有荀氏《靈鬼志》、顏之推《冤魂志》（或名《還冤記》）二書，餘皆雜揉禎祥、變怪、靈異之事。前者散佚頗多，《鉤沉本》只輯出二十四條，故專門以鬼報應的故事為主體而現存的作品，就不能不數顏氏的《還冤記》，其版本有上海掃葉山房影印五朝小說大觀本，以及寶顏堂秘笈本，還有大陸河北教育出版社影印漢魏筆記小說說郛本，輯錄三十六條，另外周法高從《法苑珠林》、《太平廣記》中輯出二十四條❺；近人王國良在前人基礎上，進一步再輯出五條，共六十五條，幾乎可算是復其原貌了❻。今以《還冤記》一書為例，來看鬼報系統發展到六朝，在實證方面，內容增益了什麼？在功能融受方面，鬼報和其他系統互動的狀況如何？以下就此二點分述之：

---

❹：魯迅：《中國小說史略》，（北京：東方出版社，一九九六年三月），第五篇〈六朝之鬼神志怪書上〉，頁二八。

❺：周法高：〈顏之推《還冤記》考證上〉，《大陸雜誌》二十二卷第九期（民國五十年五月），頁二六五—二六六。

❻：王國良：《顏之推冤魂志研究》，台北：文史哲出版社，民國八十四年六月。

(一)實證方面

人死後之所以會化爲厲鬼索命，生前必遭枉殺。六朝是個動盪不安、政權篡改迅速的時代，篡改就有兵禍、殺戮；戰敗一方流爲散兵游勇，劫殺無辜百姓，加上強權豪族、惡吏、酷主任意草菅人命情形必不可勝計，就以王國良所輯校《還冤記》一書爲例，爲強權所枉殺者有：四、〈莊子儀〉；六、〈夏侯玄〉；七、〈于吉〉；九、〈公孫聖〉；十一、〈麴儉〉；十四、〈蕭嶷〉；十六、〈竇嬰〉；十七、〈刁玄亮〉；二十二、〈李期〉；二十七、〈蘇娥〉；二十八、〈王忳〉；二十九、〈徐鐵臼〉；三十一、〈王淩〉；三十二、〈支法存〉；三十三、〈沮渠蒙遜〉；三十五、〈王濟左右〉；三十六、〈游殷〉；三十七、〈孫元弼〉；三十九、〈簡良〉；四十一、〈陶侃〉；四十九、〈張延康〉；五十一、〈康季孫〉；五十二、〈張絢部曲〉；五十四、〈弘氏〉等二十一條，幾占半數。可見冤魂索報，代表亂世時，人間秩序失調，法律無以伸張公理，一種企求正義的心理投射。其索報方式可分爲以下四種：

1.鬼魂訴於天（帝）

此索報方式受傳統天報影響，認爲天還是鬼界的正義仲裁，未吸入佛道地獄功能。第二十三條〈張超〉即是此例：

> 宋高平金鄉張超，先與同縣翟願不和。願以宋元嘉中為方與令，忽為人所殺，咸疑是超。超後除金鄉縣職，解官還家，入山伐材。翟願兄子銅烏，執弓持矢，并賫酒醴，就山覓之，斟酌已畢，銅烏曰：「明府昔害我叔，無緣同戴天日。」引弓射之，即死。銅烏其夜見超云：「我不殺汝叔，枉見殘害，今已上訴天帝，故來相報。」

> 引刀刺之，吐血而死。❼

另一種訴於帝索報形式，冤魂非領旨直接現形索命，而是告知加害者，天已知其冤情，不久加害者便意外而死，似乎是以天降禍譴的方式得報，如第二十四條〈張稗〉後半段云：

> 鄰人又見稗排門直入，張目攘袂曰：「君恃貴縱惡，酷暴之甚，枉見殺害，我已上訴天帝，事獲申雪，卻後數日，令君知之。」鄰人得病，尋亦殞歿。

其他向上帝訴冤的鬼報，尚有〈孫元弼〉、〈夏侯玄〉、〈太樂伎〉、〈徐鐵臼〉、〈陶侃〉、〈王濟左右〉等條。

2.鬼魂直接現形索報

這種不經由訴冤於天的管道，而直接現形索命，是在文人筆下出現最多的形式，令人感受到報應之速的怖懼，可以收儆戒效果。第三十二條〈支法存〉：

> 支法存者，本自胡人，生長廣州，妙善醫術，遂成巨富。有八尺毾㲪，作百種形像，光彩曜目；又有沉香八尺板床，居常芬馥。王淡為廣州刺史，大兒邵之屢求二物，法存不與。王淡因狀法存豪富，殺之而籍沒家財焉。死後形見於府內，輒打衙下鼓，似若稱冤。如此經月，尋王淡得病，恆見法存守之，少時遂亡；邵之至揚都，又死。

鬼魂索報是不懼權貴、豪富的，文人透過此形式渲染其事，可以平下層百姓之怨氣。第三十九條〈簡良〉甚至彰顯陽間法律可以宥之，卻難逃幽冥之法。東晉成帝間，羊聃恃其甥女為瑯琊王妃山氏，縱恣尤甚，枉殺吏民簡良等二百九十人，為征西大將軍庾亮奏聞，下詔

---

❼：同註❻，頁六八。

棄市；緣山氏苦請，成帝曾受太妃撫育之恩，不忍加誅其舅，下詔宥之，除名爲民，然而羊聃卻難逃冤魂索報的陰法：

> 少時聃病，恆見簡良等曰：「枉豈可受？今來相取，自申黃泉。」經宿而死。

可謂因果報應歷歷不爽。

3.鬼魂透過託夢向陽世親人伸冤請求主持公道

冤魂託夢代表鬼同人一樣也有無能爲力的時候，必須借助外力，代爲平反冤情，第十八條〈經曠〉即是此例代表：

> 河間國兵張麁、經曠二人，相與諧善。晉太元十四年五月五日，共升鍾嶺，坐于山椒。麁酗酒失性，拔刀斬曠。曠母爾夕夢曠，自說為麁所殺，投屍澗中，脫褌覆腹，尋覓之時，必難可得，當令褌飛起以示處也。明晨追捕，一如所言。……麁以伏辜。

4.鬼魂直接現形訴冤

第二十八條〈王忳〉：

> 漢時有王忳字少林，為郿縣令，之縣，到斄亭，亭常有鬼，數數殺人。忳宿樓上，夜有女子，稱：「欲訴冤，無衣自蓋。」忳以衣與之，乃進曰：「妾本涪令妻也，欲之官，過此亭宿，亭長殺妾大小十餘口，埋在樓下，奪取衣裳財物。亭長今為縣門下游徼。」忳曰：「當為汝報之，勿復妄殺良善耶！」鬼投衣而去。忳旦且收游徼，詰問，即服。收同謀十餘人，並殺之。掘取諸喪，歸其殯葬，亭永清寧。

另一條〈蘇娥〉，鵲奔亭亭長龔壽貪蘇娥美色，逼姦不成而枉殺之，經年王法不能得知，亦賴蘇娥鬼魂現身向刺史何敞訴冤，而得以昭雪。尹飛洲認爲這類故事具有強烈現實意義，是另一種嚮往公理正義的烏托邦心理❽，另外鬼魂何以不敢直接向加害人索命，多半是生人周遭有鬼忌諱之物，據謝秋萍碩士論文：《六朝鬼信仰研究》的歸納有八種：⑴卻鬼丸⑵爆竹⑶人氣⑷痰⑸雄雞、虎⑹佛經⑺鏡⑻劍❾。雖然如此，仍可以透過向正直官吏訴冤的間接方式索報。不管用何種方式，六朝鬼報應的故事，呈現二點特色：一、只要是枉死，必索報到底；二、所有報應故事全爲當下現世報的形式。

此二點特色顯示中國社會亟須公理、正義的迫切期望，因而轉換佛教地獄罪罰報爲現世報，以滿足庶民階層受迫害的不平心。

㈡鬼報與其他系統功能的互動

1.和自身天報功能合流

即前面所敘第一種訴於帝形式。

2.輸入佛教罪福報及民間信仰功能

佛教認爲眾生包括人以外的動物，它們也有佛性，無故妄殺之，仍然要受報。因此在六朝文人筆下也出現物魂索命的故事，劉宋．傅亮《靈應錄》就載有一則〈沈徵〉言徵性惡見

---

❽：尹飛洲：《中國古代鬼神文化大觀》，（上海：百花洲文藝出版社，一九九二年五月），頁三二二—三二六。

❾：謝秋萍：《六朝鬼信仰研究》，（台北：淡江大學中國文學研究所碩士論文，民國八十三年六月），頁一五二—一六二。

蚯蚓，殺之無數，後腿生癰，狀蚯蚓蠕動，一觸即痛楚難當，夜夢蚯蚓作偉丈夫語曰：「即顯討索命」。沈氏許抄寫佛經功德迴向予之，以救拔其脫離畜生道，逐得癒云云❿；另外同書〈薛主簿〉爲宿世冤魂訴冤於（泰山）府君，而夕暴卒，魂入地獄，許作善因，造尊勝幢子以解冤，而得以還陽之事⓫；以及〈潘逢〉枉殺民命，受陰魂糾纏，以符咒攊勝亦不能除，後潘氏同意鬼所求，作功德迴向予之，以拔離冥寞之苦，方得解冤⓬。除了後者略藏佛道爭勝用心外，大體上可看出這三則鬼報吸引了佛教殺生罪罰以及功德業福觀，其中地獄主仍以民間傳統信仰—泰山府君爲主，顯示彼時佛教閻羅王、道教北陰酆都大帝信仰尚未普及。

3. 輸入德報、民間神祇信仰及道教罪福報功能

《鉤沉本》輯錄姚秦．戴祚《甄異傳》一條特殊鬼報恩的故事：

> □城張闓以建武二年從野還宅，見一人臥道側，問之，云：「足病不能復去，家在南楚，無所告訴。」闓憫之，有後車載物，棄以載之。既達家，此人了無感色，且語闓曰：「向實不病，聊相試耳！」闓大怒，曰：「君是何人？而敢弄我也？」答曰：「我是鬼耳！承北臺使，來相收錄；見君長者，不忍相取，佯為病臥道側。向乃捐物見載，誠銜此意；然被命而來，不自由，奈何！」闓驚，請留鬼，以豚酒祀

❿：劉宋．傅亮：《靈應錄》，收入《筆記小說大觀》，（台北：新興書局，民國六十六年八月），三十編十冊，頁六四二八。

⓫：同註覈：在頁六四二三。

⓬：同前註，在頁六四二八—六四二九。

之。鬼相為酹享，於是流涕固請，求救。鬼曰：「有與君同名字者否？」闓曰：「有僑人黃闓。」鬼曰：「君可詣之，我當自往。」闓到家，主人出見，鬼以赤摽摽其頭，因回手以小鈹刺其心，主人覺，鬼便出。謂闓曰：「君有貴相，某為惜之，故虧法以相濟；然神道幽密，不可宣泄。」闓後去，主人暴心痛，夜半便死。闓年六十，位至光祿大夫。（《鈎沉本》頁一五一——一五二）

北臺係指三台北斗神君，本為漢代星辰信仰，漢末緯書將其人神化，早期道教吸收這種信仰，入其神仙譜系，陶弘景在《洞玄靈寶真靈位業圖》稱為「鬼官北斗君」掌人生死壽夭命籍⓭，張闓以賙人之急，救人之窮的善行，而免除被鬼差收繫的命運，可看成儒家道德觀結合鬼報應的信仰來輸入這些系統的功能。

由以上所述，吾人也可以看出天報及其子系統鬼報，在小傳統的散播中，功能也有合流的現象。

第三節　天報系統功能的傳播

天道鬼神報自西周形構以來，在統治階層長期的神道設教下，已由上往四周擴散，此傳播結構可視為「輻射型」，信仰層面可說是無遠弗屆，茲列舉七種傳播管道分述於下：

⓭：梁·陶弘景：《洞玄靈寶真靈位業圖》（以上簡稱《真靈位業圖》），台北縣：藝文印書館，民國六十六年二月，影印《正統道藏》洞真部譜錄類騰字號），第五冊，頁三三二九上。

一、透過統治階層誥令宣達的管道

古者王權講求天命神授的驗明正身性，因此在政權轉換之際，統治者（或繼嗣之君）會透過誥令向民眾宣達，辭中常有意提到自己是天命的合法接班人，借以凝聚新政權的向心力，消弭殘存的反抗意識。這種宣告行爲，無形中成爲天報的傳播管道之一，其形式有三：

㈠誥令

其媒介文字寫定而後透口頭宣達，例如《尚書》所載幾篇周初誥辭，便是保存最早的文獻證明，例如：卷一五〈召誥〉召公以夏、殷之亡託周公告誡成王：

> 誥告庶殷，越自乃御事：嗚呼！皇天上帝，改厥元子，茲大國殷之命。惟王受命，無疆惟休，亦無疆惟恤。嗚呼：曷其奈何弗敬？天既遐終大邦殷之命：：：王其疾敬德。

卷一六的〈多士〉則是周公代成王向遷於雒邑的庶殷一篇誥辭：

> 王若曰：「爾殷遺多士，弗弔！旻天大降喪于殷。我有周佑命，將天明威，致王罰，敕殷命，終于帝。肆爾多士，非我小國，敢弋殷命。惟天不畀，允罔固亂，弼我，我其敢求位？」

其他的〈大誥〉〈康誥〉、〈酒誥〉諸篇也都有言及天命報的觀念。即使到了漢以後，也仍然可以看到統治階層傳天神授的政權合法性的手段，如諸葛亮爲後主代伐魏的詔辭，內

即言：「天地之道，福仁而禍淫……」❶

㈡刻石

有的是以刻石碑方式宣告天命政權，例如〈魏上尊號碑〉內言：

> 漢朝雖承季末陵遲之餘，猶務天命以則堯道，是以願禪帝位而歸二女，陛下正於大魏受命之初……❷

〈吳天發神讖碑〉相傳出自皇象手筆。內亦言：「永歸大吳，上天宣命昭……」❸晉碑：〈齊太公呂望表〉，晉武帝太康十年三月造，內言：「大晉受命……四海一統」，又言及祈姜太公鬼靈庇齊地子孫百姓：「來方禋祀，莫敢不敬，報以介福，惠我百姓，天地和舒，四氣通正，災害不生……」❹

㈢印璽

有的以印璽方式宣告自己是天命的合法性，據文獻所載，最早算是秦始皇統一六國，所刻一方玉璽：「受命于天，既壽永昌」，此方玉璽後落入劉邦手裏，成爲漢代傳國璽（《漢書》卷九八〈元后傳〉）。至惠帝時，武庫火燒之，遂亡。據《晉書》卷二五〈輿服志第十

---

❶：諸葛亮：《諸葛丞相集．為後主代伐魏詔》，收入《漢魏六朝百三名家集》，頁八三一。

❷：該碑收入《金石萃編》卷二三〈魏一〉，頁三。

❸：該碑收入《金石萃編》卷二四〈魏一〉，頁二〇。

❹：該碑收入《金石萃編》卷二五〈晉〉，頁七—八。

五〉云：「……及懷帝沒胡，傳國璽沒於劉聰，後又沒於石勒，及石季龍死，胡亂，穆帝世乃還江南：……」此受命之國璽，後傳晉朝，旋沒入胡手，不久又流回江南，至南齊時，尚傳此璽（見《南齊書》卷一七〈輿服志第九〉）。唐以後，各朝代開國創業之君無不以製印璽造奉天承運的神話❺，來作爲政權移轉的合法性的，無意中成爲天報功能傳播的管道之一。

二、透過祭禮的管道

往古統治者遍祭天地山川諸神，其用意多重：或崇德報功；或明事鬼神之道；或報本反始。最主要的是：相信鬼神有福禍生民能力，以敬畏其神靈而求祈福於天。墨子在〈天志上第二十六〉內一段話是足以說明古天子祭祀的用心：

> 故昔三代聖王，禹湯文武，欲以天之為政於天子，明說天下之百姓，故莫不犓牛羊，豢犬彘，潔為粢盛酒醴，以祭祀上帝鬼神，而求祈福於天。

故歷代有天下者，莫不祭百神，至漢興而淪爲淫祀，應劭在《風俗通義》卷八〈祀典〉中提到：

> 自高祖受命，郊祀祈望，世有所增，武帝尤敬鬼神，于時盛矣。至平帝時，天地六

---

❺：唐太宗刻受命玄璽，以白玉為螭首，文曰：「皇天景命，有德者昌」（《新唐書》卷二四〈輿服志第一百四〉，頁五二四）；而宋代開國之君別造了「天授傳國受命之寶」及「承天福延萬億永無極」二方授命、鎮國寶璽（《宋史》卷一五四〈輿服志第一百七〉）。

宗已下，及諸小神，凡千七百所。❻

帝王淫祀，姑且不論其用心若何，光是這麼多祭祀行為，無形中就助長了天報鬼神的信仰，王充《論衡》卷六〈福虛篇〉中引時人觀點的一段話，正可以說明天報滲透力和影響力：「世論：行善者福至，為惡者禍來，禍福之應，皆天也。」❼

三、透過巫術的管道

帝王或民間在祭禮當中有時是透過巫覡和鬼神溝通的，巫者能為人祛禳祈福，溝通自然界超能力的靈意，這種認知風氣由來已久。《說文》第五篇上釋「巫」為：「巫，巫祝也，女能事無形，以舞降神者也。」所謂巫術就是指巫這種神民之官的人進行某些神祕的儀式，來溝通人與鬼神的心意往來。《國語》卷一八〈楚語〉中有一段文獻對巫的活動和功能有詳盡描述：

古者民神不雜，民之精爽不攜貳者，而又能齊肅衷正，其智能上下比義，其聖能光遠宣朗，其明能光照之，其聰能聽徹之，如是則明神降之，在男曰覡，在女曰巫。是使制神之處位次主，而為之牲器時服，而後使先聖之後之有光烈，能知山川之號……禮節之宜……而敬恭明神者，以為之祝……能知四時……犧牲之物……壇場之所、上下之神，氏姓之出，而心率舊典者為之宗。於是乎，有天地神民類物之

❻：漢·應劭撰，王利器校注：《風俗通義校注》，（出版狀況見前），卷八〈祀典〉，頁三五〇。

❼：黃暉：《論衡校釋》，（出版狀況見前），卷六〈福虛篇〉，頁二六一。

官……各司其序，不相亂也。……民神異業，敬而不瀆，故神降之嘉生，民以物享，禍災不至，求用不匱。

這段文獻顯示天報也由巫術儀式的管道來傳播其功能的，張光直甚至認爲中國古代文明是巫這種薩滿式（Shamanistic）來引導的：

中國古代許多儀式、宗教思想和行為的很重要任務，就是在這種世界的不同層次間進行溝通。進行溝通的人物就是中國古代的巫、覡。從另一個角度看，中國古文明是所謂薩滿式（Shamanistic）的文明。這是中國古代文明最主要的一個特徵。❽

中國古文明，是建立在宗教信仰基礎上，這個認知大致無誤，而宗教信仰就是以鬼神爲主體，因此巫覡的儀式也無形中成爲天報傳播的管道。

在東漢最常見的巫術是「解謫」的鎮墓文，所謂「解謫」（案：原文爲適，當爲謫之假借）是通過咒令文除去亡者死後在地府的凶災，以目前大陸出土的東漢鎮墓文，其中最早的是和帝、順帝時代；最晚者爲獻帝，而以桓靈兩帝時期最多，這情況表明，鎮墓文是盛行在此時期。從鎮墓文來看，一般包括以下幾項內容：一是紀年月日；二借天帝名義（或其使者黃神越章），下令給地下官吏，以除去死者的咎殃；三說明生死異路，死人魂歸泰山，接受冥間官吏的管束；四是說些利生人或後世子孫之類的吉祥話。文中常用「謹告」、「移」、「令」字眼；文末則用「急急如律令」❾。郭沫若在《奴隸制時代》引了一則瓦盆鎮墓文，

❽：張光直：《考古學專題六講》，（台北：稻鄉出版社，民國七十七年九月），頁四。

❾：吳榮曾：〈鎮墓文中所見到的東漢道巫關係〉，《文物》一九八一年三期（總二九八期），頁五六—

算是目前所見最完整的一篇，茲錄於下：

> 熹平二年十二月乙巳朔，十六日庚申，天帝使者告張氏之家三丘五墓、墓左墓右、中央墓主、冢丞冢令、主冢司令、魂門亭長、冢中游徼；告移丘㙻柏、地下二千石、東冢侯、西冢伯、地下徼犆卿、耗里伍長等：今日吉良，非用他故，但以死人張叔敬，薄命蚤死，當來下歸丘墓。黃神生五岳，主生人錄；召魂召魄，主死人籍。生人築高臺，死人歸，深自貍，眉須（鬚）以（已）落，下為土灰。今故上復除之藥，欲令後世無有死者。上黨人參九枚，欲持代生人；鉛人，持代死人。黃豆瓜子，死人持給地下賦。立制牡厲，辟除土咎，欲令禍殃不行。傳到約敕地吏，勿復煩擾張氏之家。急急如律令。❿

後來這種爲死者除咎，生人的儀式被道教吸收，史書上稱天師道爲鬼道，正說明道教和巫和鬼關係的密切（詳細情形，參見十一章〈道教的傳播〉的論述）。王充在《論衡》卷二五〈解除篇〉指出：「解除之法，緣古逐疫之禮也……」則古代逐疫的儺祭就是這種巫術解謫法的前身，可見巫道也是天報傳播徑的一種。

四、透過家訓的管道

儒者本身雖信奉道德，然而在教論子孫時，偶也會神道設教，冀其敬畏鬼神而慎其言行，

五七。

❿：郭沫若：《奴隸制時代·申述一下關於殷代殉人的問題》，收入《郭沫若全集—歷史編3》，（北京：人民出版社，一九八四年八月），頁九二—九四。

例如顏之推，在《顏氏家訓》卷一〈治家篇第五〉言：「世人多不舉女，賊行骨肉，豈當如此，而望福于天乎？」對當溺殺女嬰的罪行，透過天報向子孫告誡；又卷二〈慕賢篇第七〉云：

> 用其言，棄其身，古人所恥。凡有一言一行，取於人者，皆顯稱之，不可竊人之美，以為己力，雖輕雖賤者，必歸功焉。竊人之財，刑辟之所處；竊人之美，鬼神之所責。

蓋以天報的鬼神之罰來告誡子不可取人言行之美，而不顯稱之，過雖小，鬼神之明必察焉。

漢武帝時有名的屠伯酷吏嚴延年，其母誡其不可擅殺過當，亦以鬼神之報勸之：「天道神明，人不可獨殺！」（《漢書》卷九〇〈酷吏·嚴延年傳〉），可見天報信仰也由家訓管道傳播。

五、透過蒙學教材的管道

蒙學教材有時也摻入天報（鬼神）的觀念，例如史游的《急就篇》：「卜問譴崇父母恐，祠祀社稷叢臘奉，謁禓塞禱鬼神寵……」⑪意言家有不安，經卜問乃鬼神所譴責，故須廣祭百神，既請禱又報塞之，終爲鬼神所寵祐。可見天地鬼神之報也有透過蒙學教材管道傳播。

六、透過民間謠諺的管道

⑪：史游：《急就篇》，（出版狀況見前），卷四，頁二八四—二八六。

敬天畏鬼的觀念經過西周統治階層強力宣導後，滲入小傳統社會，而以口傳媒介的謠諺形式流行，無形中也成爲天報傳播管道的一種。

以現存文獻資料來看，春秋時代，天報已形成俗諺了，《國語》卷一二〈晉語六〉載范文子引俗諺云：「天道無親，唯德是授」事在魯成公十六年，晉楚鄢陵戰役，可見天報系統在此之前，已流行成民間諺語。

成書於戰國的《晏子春秋》卷一〈內篇諫上一〉載齊景公引古語：「吾聞之：人行善者，天賞之；行不善者，天殃之。」⑫；稍後的荀子在卷二〇〈宥坐篇第二十八〉內引子路之語曰：「由聞之：爲善者，天報之以福；爲不善者，天報之以禍。」兩則近似，可看出形成俗諺之後的天報觀又回流到大傳統來影響其價值觀。

杜文瀾在《古謠諺》卷一六，從《太平御覽》卷四六五中輯出謝承《後漢書》引一條東漢〈蒼梧人爲陳臨歌〉：「蒼梧陳君恩廣大，令死罪囚有後代，德參古賢天報施。」陳臨今本《後漢書》未入傳，據杜氏所考，曾爲蒼梧太守，私放死囚之妻入獄，與之成孕，令死囚有後，方執刑，故蒼梧百姓爲之歌謠誦之，歌謠內容摻有天報思想。同書，卷九四引《古本搜神記》卷二〈人爲杜伯段直語〉：「莫言鬼無身，杜伯射宣王；莫言鬼無形，孝直訟生人。」杜伯射周宣王事詳載《墨子》卷八〈明鬼下〉；段孝直事據杜氏所考，乃漢景帝長安令，爲雍州刺史梁緯所枉殺，經五十餘日，於景帝大會群臣之際，現形上殿奏言，景帝覽表讀訖，

⑫：舊題齊·晏嬰：《晏子春秋》，（台北：台灣中華書局，民國六十九年元月，《四部備要》本），卷一〈內篇諫上第一〉，頁一二。

忽不見孝直，乃收繫梁緯，斬之於孝直墓前，事亦未載於正史，乃野史筆記收錄民間傳記。言鬼報絲毫不爽，亦見《太平御覽》卷四四四引《三輔決錄》書中〈游殷〉條，載一則關中諺：

> 游殷字幼齊，與司隸校尉胡軫有隙，軫誣構殺之；初，殷知必死，託其妻於郡書佐吏張既。軫害殷月餘，得病目脫，但言：「伏罪，游幼齊將鬼來。」於是遂死。諺曰：「生有知人之明，死而有鬼靈之驗」。⓭

此二則鬼報本事在民間流傳時，也形成諺語被傳頌，足見天報的鬼神罪罰功能可以透過謠諺管道傳播。

七、透過文人撰寫果報故事的管道

以文字媒介而言，此管道最足以悚動大傳統以及小傳統中識字的庶民階層，感染力最強，在時間上可以流通到後代。其中以干寶的《搜神記》、劉義慶的《幽明錄》、傅亮的《靈應錄》、荀氏的《靈鬼志》王琰的《冥祥記》、顏之推的《還冤記》數書最爲時人津津樂道。

天報系統就是透過以上概括的七種管道，從有形的文字，到無形的口傳或儀式，以輻射狀向大小傳統散播其功能，迄今未見其消退，成爲中國大果報系統下影響力較深遠的一支從屬系統。

⓭：宋・李昉：《太平御覽》，（出版狀況見前），卷四四四，頁一〇；案：此條亦收入《還冤記》第三十六，然而結尾未收有此諺語。

第六章　法報系統的建構、發展與功能傳播

法報是在第二次文化突破下，從神本位到人本位的理性思潮的產物，它表現在外有三個特徵：一是不信鬼神；二是不信前兆禨祥；三是以客觀的人爲法來穩定社會秩序。那麼筆者所要關切的是：它何時形構成一個理論系統？在往後發展中，會發生何種變化？它的功能透過何種管道傳播？以上思惟將區分爲三小節論述之。

第一節　法報系統的建構

一、法的起源與發展

在進入本節核心問題前，必須先釐清二個基本的概念，其一是：法這個觀念源於何時？它最初內涵是什麼？

吾人可以肯定在初民社會，已有群聚、部落型態出現的時代，應該有法的觀念存在。以研究初民法律爲職志的法律人類學家羅勃士(S.Roberts)強調初民社會維持內部秩序，實際解決成員衝突的舉動皆與法律有關，如民族間的調節、酋長的判決、或巫師舉行神儀式的裁斷等。這種取向與初民社會的特性有關，因爲初民社會中不一定具有所謂法官、法庭等自成

體系法律組織❶。

從文字學角度來考察，甲骨文沒有「法」字，卻有「廌」字。《說文》十篇上釋為：「解廌獸，似牛一角，古者決訟，令觸不直者。」則知上古以神獸代表法的含義，而甲骨卜辭中有「御廌」，當為執法官吏❷；西周出土金文已有法字，全作「灋」形，如〈克鼎〉：、〈師酉𣪘〉：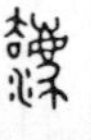❸、〈師嫠𣪘〉：❹，其中「廌」正是從甲骨文繼承而來，另外多出「法」的偏旁是何義呢？《說文》釋為：「法，刑也，平之如水，從水；廌所以觸不直者去之，從去。」（十篇上，頁二〇）；因此從文字結構來看，古「法」字由三個部分組成：㈠水：代表公平無私；㈡去：代表除去不直；㈢廌：代表神意的判決。在西周金文當中，多見「勿灋（廢）朕命」（如〈師虎𣪘〉）及「灋保先生」（如〈大盂鼎〉）的詞句。前者一般文字學釋為懷疑；後者釋為「效法」，天子的誥命是神聖不可侵犯的，下屬階級必須照辦。這已經具備後來狹義的法律意義了。

上古時代神意和政令是合一的，判決是非乃利用一頭似牛似羊的怪獸，以神乎其事，是

---

❶：見林端：〈儒家倫理與傳統法律——一個社會學的試探〉，《中國論壇》，第二十七卷第四期（民國七十七年十一月），頁七〇所引。

❷：郭沫若：《出土文物二三事》，北京：人民出版社，一九七二年八月；轉引自武樹臣等著：《中國傳統法律文化》，北京：北京大學出版社，一九九四年八月，頁一三二。

❸：白川靜：《金文通釋》第二十九輯，（出版狀況見前），頁五五五—五六一。

❹：白川靜：《金文的世界》，（出版狀況見前），第六章〈廷禮與貴族制〉，頁一一四。

可以理解的。後來解廌的絕跡，與其說是神獸的絕跡，毋寧說是神判法的絕跡❺。那麼，這頭神獸是誰創造出來的呢？《說文》在「薦」字條下內云：「古者神人以廌遺黃帝」，這當然是一種神話傳說。據《尚書》卷一九〈呂刑〉間接記載，法締造者是蚩尤，他們作「五虐之刑曰法」；又據武樹臣考證：廌是傳說時代（自黃帝始），世代主管軍事和司法事務的部落的圖騰；蚩尤在黃帝共主時代，主管司法，由於濫刑，戮及無辜，黃帝便起而剿滅他，後繼續沿用蚩尤創造的刑法，再另外選少昊氏部落來掌管這個司法圖騰。於是，蚩尤的圖騰和他們創造的法一起作爲一種公共的財產被重新組合的華夏民族吸收、消化、沿襲下來❻。

這個推論是合理而且有根據的。據任昉：《述異記》卷上第五條記載一則黃帝的神話傳說，內提到蚩尤的外貌：

> 逐鹿今在冀州，有蚩尤神，俗云：「人身牛蹄，四目六手。」……秦漢間說蚩尤氏，耳鬢如劍戟，頭有角，與軒轅鬥，以角抵人，人不能向。今冀州有樂名〈蚩尤戲〉，其民兩兩三三，頭戴牛角相牴。漢造角牴戲，蓋其遺制也。❼

甲骨文「廌」上方　形，即牛字，與傳說中蚩尤造形相合，可見蚩尤是一個頭戴牛角面

---

❺：瞿同祖：《中國法律與中國社會》，（北京：中華書局，一九八一年），頁二五三—二五四。

❻：武樹臣等著：《中國傳統法律文化》，（北京：北京大學出版社，一九九四年八月），第一章第四節〈廌：一個古老圖騰的始末〉，頁一二四—一二九。

❼：梁・任昉：《述異記》卷七，收入《百子全書》，（出版狀況見前），第五冊，頁四三五九；案：《鈎沉本》未輯入此條。

罩圖騰的部落。神話傳說往往遮住事情的真相，因此吾人相信武氏的推理：蚩尤這個部落，在軒轅時代，是各氏族推選出來負責法仲裁的組織。

其二要釐清的概念是：法往後發展情況如何？有成文法是從何時開始的？這一部分只能依據先秦的間接文獻來推定：以黃帝爲圖騰建立的華夏部落聯盟形式確立後，傳到五帝堯舜時代，負責司法事務的人是皋陶，《尙書・堯典》、《竹書紀年》等古籍均記載此事；《左傳・昭公十四年》叔向引《夏書》逸文，明確地說：「昏墨賊殺，皋陶之刑也。」；〈皋陶謨〉提到：「虞始造律」；《竹書紀年》卷上〈帝舜有虞氏〉條則進一步指明是舜「命咎陶作刑」。「法」既然是沿襲下來，而到了堯舜時代，負責司法的皋陶還要作「五刑」、「造新律」，可見法在傳承中，有因時代變異而作增減或補益，如此吾人才能理解叔向所引那一段《夏書》逸文後面說的話：「夏有亂政，而作禹刑；商有亂政，而作湯刑；周有亂政，而作九刑。」也就是說從三皇到五帝時代，人類社會逐漸墮落，沿襲的舊法無法應付新的犯罪型態，只有再造新律。則彼時已有刑罰，由直接文獻及地下出土文字來看，吾人可以相信在殷商時代已有刑罰。如《佚》八五〇：茲人井不？

甲骨文中雖無「法」字，卻有大量貞卜問的「井」字❽，除了借爲方國名、人名外，大多作刑罰意用的。法律就是刑罰，這是中國法律文化史上最早的有直接文獻證明的刑法觀。

---

❽：參見中國社會科學研究院考古研究所洛陽工作隊：〈一九七一年安陽後掘簡報〉，載《考古》一九七二年第三期。案：由甲骨卜辭記載，證實傳說中夏代五刑在殷代刑罰已有。

至於成文法的時代，一般學者認爲是到春秋後期刑書、刑鼎的出現才有的。事實上，吾人相信在西周時代應該有成文法了，筆者是依據一九七五年二月，陝西岐山縣董家村出土的一批銅器中的〈𠑇匜〉來佐證這個推論的。據唐蘭考證，此銅器約是西周後期厲宣代的作品，銘文是一篇法律判決書，主要記載伯揚父對於牧牛和他的師（即𠑇）打官司所作判決書。伯揚父譴責牧牛違背自己先前誓言，又膽敢同自己上級打官司，進行誣告，他勒令牧牛履行誓言，到嗇那個地方去見𠑇，還掉五名奴隸；並且還要處以鞭刑一千下及𪒠𪑗（案：所謂𪒠𪑗即黥刑，用刀刻額骨，并在創口上塡黑色，還要頭上蒙黑巾），赦了後，還有鞭一千下，給以黜𪑗之刑（案：黜𪑗是黥刑後又罷免官職）；再大赦，鞭五百下，罰銅三百鍰（合漢秤二千兩，一百二十五斤）；最後牧牛立誓以後不許再上訴，𠑇就是得了銅，就作了此件銅器爲紀念⑨；此外西周前期的〈師旂鼎〉銘文也是一篇判決詞，載師旂的眾僕沒有隨周王出征，伯懋父判其罰三百鍰，但他違抗不交，伯懋父下令說：應該流放他們，現在不流放，就快交罰款⑩。由這兩篇判決書來看，西周似已存在著成文的法律，否則法官無從援引刑罰條文而判決之。《周書．康誥》裡一段話正好可以佐助筆者這個推論：「封！元惡大憝、矧惟不孝

⑨：參見唐蘭：〈用青銅器銘文來研究西周史—綜合寶雞市近年發現的一批青銅器的重要歷史價值〉，《文物》一九七六年六期（總二四一期），頁三三；程武：〈一篇重要的法律史文獻—讀𠑇朕匜銘文札記〉，《文物》一九七六年五期（總二四〇期），頁五〇—五一。

⑩：〈師旂鼎〉，收入白川靜：《金文通釋》第十三輯，頁七五三—七五六。

不友……曰乃速由文王作罰，刑茲無赦。」⓫雖然西周已開始有成文法，但是真正以法為建立起社會秩序的思想——也就是列國紛紛公布成文法的時代——還是要到春秋後期才形成風潮。

二、法治思潮的形成

迨神權下墜，王綱不振，列國紛爭的局面出現後，為了建立更有效的統治，紛紛走向以法令為主導的體制，逐漸以刑鼎或刑書成文法作為治民的工具，這是封建政體鬆動，走向列國集權的體制下必然的產物。從有關文獻記載，吾人可以看到這種成文法存在於列國的現象，如：《左傳·昭公七年》提到楚文王（公元前六九〇—六七五年）作「僕區之法」；而《左傳·昭公六年》載鄭國子產作刑書；二十三年後的晉國也鑄了刑鼎，刻上范宣子的刑書；《左傳·定公九年》載鄭國駟歂殺鄧析，用其「竹刑」，而集諸國刑典總集的是戰國初期魏文侯的宰相李悝所造的《法經》（公元前四四五—三九七年）六篇，一盜法、二賊法、三囚法、四捕法、五雜法、六具法；張斐說：「律始於刑名者，所以定罪制也。」（《晉書》卷三〇〈刑法志〉），這是以罪統刑的成文法出現的集中表現。《法經》是魏國變法的成果，國因而富強。自是之後，天下爭於戰國，在富國強兵的目標下，法治思想有如一股強勁的風潮，

⓫：曾榮汾在《康誥研究》，（台北：台灣學生書局，民國七十年九月），中編第四章，頁九三—一〇〇，有詳贍考證；認為西周，甚且是三代之時，已入「成文法典」之期。

襲捲列國。在現實層面上，愈到後期，愈成爲時代主流思想。彼時秦有商鞅改《法經》爲律，厲行變法；韓前有申不害，後有韓非；趙有愼到。此輩不約而同擺脫家本位—禮治的舊軌，改以國本位—法治的原則來建立集權的君主專制政體，企圖達到強國霸主的目標，表現在外的形式不外是尊君崇法，廢私立公、去賢黜智、重刑賞、以法決斷一切等。至於法報系統的建構並非成一人一時，以下僅就主要代表人物：商鞅、申不害、愼到、韓非四人法報思想如何建構其內容，進行一番杷梳。

三、法報系統的建構

法家普遍對人性有個基本預設，即：「惡多善少」，從這個預設出發，如何使人不爲惡，而朝著國家（或社會群體）的利益（善）去做，是他們共同思惟的路徑，並且不約而同地認爲「法」可以解決這個難題，圍繞著「法」核心概念，各自提出一套屬於自己的思想模式，來形構成一派學說：

㈠商鞅法報系統的建構

商鞅（約公元前三九〇—三三八年），戰國衛人，原在魏相府任中庶人，後入秦，以強國之術說秦孝公，得其信任，先後進行兩次變法，使秦國鄉邑大治，兵革大強，諸侯畏懼（《史記》卷六八〈商君列傳〉）。現存的《商君書》雖爲其後學所作，亦是法家者流掇拾其言論以成編，可作爲商鞅法律思想的主要依據⓬。其法報建構的核心概念是：「重法」，由以下四個具體措施來貫串這個思想：

1.尊法令

法是指公布的成文刑罰律條；令是指國君的號令。法令一旦頒出，便不可隨意更改，以免損及權威性及公平性，方可達到禁奸止惡的功效。教授及執行法令的官吏也不可增損一字：「有敢剟定法令一字以上，罪死不赦。」（《商君書》卷五〈定分第二十六〉）；也不容許批評議論，以免損及法令的尊嚴和人主的威勢。「故立法明而不以私害法則治」（卷三〈條權第十四〉）；反之「釋法而任私議，此國之所以亂也。」（同上引）；甚至不能提倡善德、名譽，以免法令唯一的崇高的地位滑落，蓋民重善就會輕法，輕法則姦邪生：「上舍法，任民之所善，故姦多。」（卷五〈弱民第二十〉）；釋法制而任名譽，善德私行，它的後果是：「國亂而地削，兵弱而主卑」（卷五〈君臣第二十三〉）。在尊君崇法的前提下，商君強調人主一切要以法爲言行、價值高低的判準：

> 故明主慎法制，言不中法者不聽也；行不中法者不高也，事不中法者不為也。言中法，則辯之；行中法，則為之。故國治而地廣，兵彊而主尊。此治之至也。（同上引）

在尊君崇法的前提下，必然走向專制的集權，專制集權表現在外兩個主要特色：統一思

⓬：本論文《商君書》所採版本乃蔣禮鴻：《商君書錐指》，北京：中華書局，一九九六年九月。

想行動和重刑罰。

2.統一思想行動

法令不容私議，勢必朝向思想齊一的路徑發展，商君認爲在法以外，不可以有任何知識、辯慧存在，因爲那樣會影響國家的農耕戰力，其云：

> 善為國者，官法明，故不任知慮；上作壹，故民不偷營，則國力摶。國力摶者彊，國好言談者削。故曰：農戰之民千人，而有《詩》、《書》、辯慧者一人焉，千人者皆怠於農戰矣。（卷一〈農戰第三〉）

《詩》、《書》、辯慧只是概括，實際上，商君是泛指一切不務實，對國家戰力無任何助益，而輕易獲得榮祿名顯的行爲、職業，在〈農戰〉一文裡，還提到禮、樂、修、善、仁、廉、技藝、商賈之民。一個國家對外戰爭的成敗是看總體有形及無形的戰力資源，法家自商鞅開始強調農戰，著眼在有形、實際效益的農戰上，形成強烈的排他性、功利主義論。認爲農戰是本，而禮樂道德、仁義樂施、技藝、商賈是末，君主太強調末的話，「其民惰於農」，而「好辯樂學，事商賈，爲技藝」，造成「辯說成群」、「聚黨與說議於國」，「農者殆」、「土地荒」，而「游食者眾」（同上引），如此則國貧易危。

後來的法家都是基於國家整體戰力的強弱、安危的考量才提倡反智論，強調「統一」的觀念，故商鞅言：

> 壹則少詐而重居；壹則可以賞罰進也；壹則可以外用。……君修賞罰以輔壹教，是以其教有所常而政有成也。……故惟明君知好言之不可以彊兵闢土也，推聖人

之治國，作壹摶之於農而已於矣。（同上引）

「壹」就是「壹教」，即統一全國法教思想，令百姓朝國家整體利益方向去實踐言行。

3.重刑賞

商君爲了使人民守法而不爲姦，所使用的刑賞手段，實際上，是罰過於賞。徐復觀說：

這是春秋人文世紀，以禮達到政治目的之手段，轉變到以刑為達到政治目的之手段的政治性格大轉變。⓭

促成這個轉變的動因是：亂世求速效的用心。商君在刑罰上用四個概念來樹立他重法的特色。

(1)主張輕罪重罰

商君認爲輕罪重罰，會使偷刻、賊滑、奸詐者不敢存有僥幸之心，而輕犯律法。卷二〈說民第五〉內即明確提示出此概念：「行刑重其輕者，輕者不生，則重者無從至矣。」如果輕罪輕罰，重罪重罰，則無以止小姦小惡之事，民存僥幸之心，而不畏法；待其習染成形，而爲大姦大惡之徒，則不畏死，重刑便形同虛設，國必姦邪橫生矣。故其言：「行刑重其重者，輕其輕者，輕者不止，則重者無從止矣。……故重輕，則刑去事成，國彊；重重而輕輕，則刑至而事生，國削。」（同上引）

微罪重罰的內容如何呢？太史公記載了二則文獻，可以窺其重罰內容：

⓭：徐復觀：《兩漢思想史—卷一》，（出版狀況見前），頁一二一。

《史記》卷八七〈李斯列傳〉提到：

> 商君之法，刑棄灰於道者。夫棄灰薄罪也，而被刑重罰也，……夫罪輕且督深，而況有重罪乎？故民不敢犯也。

又卷六八〈商君列傳〉云：

> 令民為什伍，而相牧司連坐，不告奸者腰斬，……匿奸者與降敵同罰。

《韓非子》卷一七〈定法第四十三〉也提到這種連坐：「公孫鞅之治秦也，設告坐而責其實，連什伍而同其罪。」商鞅將軍法中的「連坐」、「相伺」普遍運用到人民生活中，這是他重法的特色，也是形成專制政體的基本內容。

(2)主張以刑去刑

儒定是以善化惡，法家則是以刑去惡，在商鞅的概念中更是認爲刑可達到平治天下的目的。他說：

> 刑重者，民不敢犯，故無刑也。而民莫敢為非，是一國皆善也。（卷四〈畫策第十八〉）

言重刑則民不敢爲惡，刑罰既已達防姦去惡目的，則只備而不用，有刑等於無刑，這就是商鞅所謂「以刑去刑」的概念。爲達到法治的目標，重刑難免會枉殺罪不當死之民，不過爲了國家長治久安，法家認爲犧牲是在所難免的：「以殺去殺，雖殺可也；以刑去刑，雖重刑可也。」（同上引），這種堅持以殺止殺，以刑去刑的忍情概念，令人怖慄。

(3)主張「壹刑」

既然刑法爲治民之具，君臣所共操，則它具有平等性，不可以私意害公法，以貴賤別公法，人人在法律之前都是平等，此即商鞅所謂「壹刑」：

> 所謂壹刑者，刑無等級，自卿相、將軍以至大夫、庶人，有不從王令，犯國禁，亂上制者，罪死不赦。有功於前，有敗於後，不為損刑；有善於前，有過於後，不為虧法。忠臣孝子有過，必以其數斷。（卷四〈賞刑第十七〉）

商鞅也知道徒法不能以自行，必待各級官吏貫徹法令，方能臻至國治兵彊的境地。因此官吏實不實踐法令，居法治成敗關鍵，商鞅對其不稱職、廢令、犯令的刑罰是施以「族戮」的酷刑：「守法守職之吏，有不行王法者，罪死不赦，刑及三族。」（同上引），來解決「人」變數的問題。

(4)尙首功

在商鞅的概念中，賞的對象行爲是「首功」，國家生存是靠作戰力，而作戰力高低是端賴兵民的殺敵勇氣，基於對人情好惡的了解，就以利祿官爵誘發其戰鬥力。換言之，賞是專爲戰而設，商君稱之爲「壹賞」：

> 所謂壹賞者，利祿官爵搏出於兵。夫固知愚、貴賤、勇怯、賢不肖皆盡其胸臆之知，竭其股肱之力，出死而為上用也。天下豪傑賢良從之如流水，是故兵無敵而令行於天下，萬乘之國不敢蘇其兵中原，千乘之國不敢捍城。……戰必覆人之軍，攻必凌人之城！（同上引）

《韓非子・定法》篇中保存商君尙首功的文獻：

商君之法曰：「斬一首者，爵一級；欲為官者，為五十石之官。斬二首者，爵二級；欲為官者，為百石之官。官爵之遷與斬首之功相稱也。」

這種倡首功所引動的戰爭殺戮，其慘烈是可想而知的。

4.法因時變異，各順其宜

儒家是講法古，而法家則背其轍，強調因時變異，因地制宜，商鞅回答秦孝公懷疑變法之可行性時，表現了這個很前衛的法學思想：

前世不同教，何故之法？帝王不相復，何禮之循？伏羲、神農教而不誅，黃帝、堯、舜誅而不怒。及至文、武，各當時而立法，因事而制禮；禮法以時而定，制令各順其宜，兵甲器備各便其用。臣故曰：治世不一道，便國不必法古。湯、武之王也，不脩古而興；夏、殷之滅也，不易禮而亡。然則反古者未必可非，循禮者未足多是也。（卷一〈更法第一〉）

在爾後的法家思想中，都可以看到這個前衛的主張，因爲這是他們變禮治爲法治的政治格局的理論依據。

(二)慎到法報系統的建構

慎到（約公元前三九五—三一五年），戰國趙人，學黃老道德之術，著有《十二論》（《史記》卷七四〈慎到列傳〉），《漢志》著錄有《慎子》四十二篇，然其書早佚，現通行本分〈威德〉、〈因循〉、〈民雜〉、〈德立〉、〈君人〉五篇；嚴可均、錢熙祚等從《群書治要》輯出〈知忠〉、〈君臣〉兩篇，并舊有爲七篇，書雖非僞，然而斷簡殘篇，亦難窺其思想全貌。大體而言，在前期法家中，慎子是由道入法的過渡人物，並且由法導入勢的代表者，故其法報建構的核心概念是「重勢」，而「重勢」是由「道入法」、「重法」兩步驟發展來的，今分述於下：

1.順道而因情，以道而變法

《慎子·因循》：

> 天道，因則大，化則細。因也者，因人之情也。人莫不自為也，化而使之為我，則莫可得而用矣。⓮

顯然是借道家的天道—任物而自然的觀念，運用到人事上，就是一任人情「莫不自爲」的不欲化的自私性，來「化而使之爲我」而用。如何使之化，這便是慎子「法」、「勢」理論所要解決的問題，故其言：「治國無其法則亂，守法而不變則衰。……以道變法者君長也。」⓯；那麼慎子「崇法」的具體內容若何呢？

2.崇法

從零散佚文中似乎可以看出慎子是以法來抑制人莫不自爲的「私心」，以賞來誘其好利之心而轉變成朝國家的利益而爲的實踐行動。

⓮：慎到：《慎子·因循》，收入唐·魏徵、蕭德言：《群書治要》，（出版狀況見前），卷三七，頁六三六。

⓯：唐·歐陽詢：《藝文類聚》，（台北：新興書局，民國六十二年七月）卷五四〈刑法部〉頁一四六七所引。

〈威德〉內云：「法制禮籍，所以立公義也。凡立公所以棄私也。明君動事分功必由慧，定賞分財必由法：……」⑯：又說：「法之功莫大使私不行」（《御覽》卷六三八引《慎子》佚文）。既然法可以使私不行，在定賞罰時也須以法裁斷，即使是一國之君，也不可以以心裁量。在〈君人〉篇中明確地表示這個概念：「大君任法而弗躬為，則事斷於法矣。法之所加，各以其分蒙其賞罰，而無望於君也：……」⑰；如果君主「舍法而以心裁輕重」，就有可能因私心作用，對所愛之人多賞，對所憎之人多罰，如此便會：「同功殊賞，同罪殊罰」，而造成民怨的流弊⑱。

慎子也承認「法」並非一定完美無缺，但是至少它是客觀規範，使人民言行賞罰有一定依循標準，在這種崇法的認知前提下，他說：「法雖不善，猶愈於無法，所以一人心也。」⑲；以上數則，皆可看出慎子如何的重法。但是法之賞，可使人欲為，卻不能強使其必為。如此就必須借助外在的「勢」了。

3.重勢

《韓非子》卷一七〈難勢〉引《慎子．威德》一段有關論「勢」的內容：

---

⑯：《慎子．威德》，收入《百子全書》，（出版狀況見前），第三冊，頁二五四二。

⑰：同註⑭，頁六三九。

⑱：同前註。

⑲：同前註。

慎子曰：「飛龍乘雲，騰蛇遊霧。雲罷霧霽，而龍蛇與螾螘同矣，則失其所乘也。故賢人而詘於不肖者，則權輕位卑也；不肖而能服賢者，則權重位尊也。堯為匹夫不能治三人；而桀為天子能亂天下。吾以此知勢位之足恃，而賢智之不足慕也。夫弩弱而矢高者，激於風也；身不肖而令行，得助於眾也。堯教於隸屬而民不聽，至於南面而王天下，令則行，禁則止。由此觀之，賢智未足以服眾，而勢位足以詘賢者也。」

在強調君的勢位和權柄可化民服眾，政出令行的前提下，又必然導出反德治—詘賢去智—的主張，爲後期韓非所接受。

㈢申不害法報系統的建構

申不害（約公元前三八五—三三七年），戰國中期，鄭之賤臣，韓滅鄭後，以「術」干韓昭侯，昭侯起用爲相，內修政教，外應諸侯，終申子之身，國治兵彊，無侵韓者。太史公言其學本於黃老而主刑名，著書二篇（《史記》卷六三〈老莊申韓列傳〉），《漢志》著錄《申子》六篇，今其書已佚，僅殘文數篇見於《群書治要》、清人輯佚書內。

申子亦是由道入法的法家，吸收道家「君人南面之術」，加以改造，用來鞏固君主權位，故其法報建構核心的概念是「重術」，由術來保攝法治的貫徹。今分述於下：

1. 任法而不任智

申子云：「君必有明法正義，若懸權衡以稱輕重，所以一群臣也。」⑳；這是法家一貫反智識的主張，認爲客觀化的規範法條可以裁量一切人事，申子又進一步仿效儒家托古說法，將「反智」之制追溯到三代：

> 堯之治也，善明察法令而已。聖君任法而不任智，任數而不任說。黃帝之治天下，置法而不變，使民安樂其法也。㉑

申子在反智方面，異於前期法家思惟方式，也引進了道家「君人南面之術」，認爲「智」是有爲，君一旦有所作爲，就易爲人臣所窺、所制。必須以莫測高深之術御臣民，由此導出其核心思想：「無爲」。

2.示天下無爲

這是目前《申子》佚文僅能看到的具體內容—君主南面之術—是示天下無爲；

> 善為主者，倚於愚，立於不盈，設於不敢，藏於無事，竄端匿疏，示天下無為。㉒

人君要佯裝無知、隱藏精明、不露形跡，是爲了不讓臣下窺知其喜怒之情和智愚之深淺，君主顯露跡象，則會受制於臣。故其言：

> 上明見，人備之；其不明見，人惑之。其知見，人惑之；不知見，人匿之。其無欲見，人司之；其有欲見，人餌之。故曰：「吾無從知之，惟無為可以規之。」（《韓

⑳：嚴可均輯：〈全上古三代文〉，（出版狀況見前），卷四，頁七。

㉑：同註⑲，頁八。

㉒：《申子．大體》，收入唐．魏徵、蕭德言：《群書治要》，（出版狀況見前），卷三六，頁六三〇。

非子》卷一三〈外儲說右上〉所引）

又云：

> 愼而言也，人且知女；愼而行也，人且隨女。而有知見也，人且匿女；而無知見也，人且意女。女有知也，人且臧女；女無知也，人且行女。故曰：「惟無為可以規之。」（同上引）

君明則臣備之，君愼則臣隨之；不管君主是如何精明能幹，一旦「有爲」，必會被臣下所制，其後果是：

> 一臣專君，群臣皆蔽。……蔽君之明，塞君之聽，奪之政而專其令，有其民而取其國矣。㉓

惟有「無爲」才能使臣下莫測其意。但是無爲不是無所作爲，君無爲的背後有一個陰謀的「術」在運作。其云：

> 去聽無以聞則聰，去視無以見則明，去智無以知則公。去三者不任則治，三者任則亂。（《呂氏春秋》卷一七〈審分覽第五．三曰任數〉所引）

這段話，言辭頗爲弔詭，君主去聽、去視、去智，不是不用聽、視、智，而是佯裝聽不見、看不明，無心智，以免暴露自己用心，使臣下無從投其所好，由申子的重術，而顯露出這種專制政權所造成君臣矛盾的流弊。

㈣韓非法報系建構的完成

㉓：同註⑳，頁六。

韓非（約公元前二八〇—二三三年），戰國後期韓人，太史公言其喜刑名法術之學，而歸本於黃老。上書諫韓王，不能用，疾治國不務脩明法制，執勢以御其臣下，而以求人任賢，反舉浮淫之蠹，加之於功實之上，於是憤而著書十餘萬言（《史記》卷六三〈老莊申韓列傳〉）。《漢志》錄其作五十五篇，與今本卷數合，然經近人考證，其中〈有度〉、〈飾邪〉、〈飭令〉、〈問田〉、〈初見秦〉、〈存韓〉諸篇非其自作㉔。大體上，韓非是先秦法家思想的集大成，提出了一套以法、術、勢相結合的法治思想，故其法報統建構由兩大部分完成，一是對前期法家思想的批判；二是對前期法家思想的補充。今分述於下：

1. 對前期法家思想的批判

(1)對商鞅的法的批判

韓非對商鞅思想的批判有二點；其一、批評其「徒法而無術」。他說：

> 公孫鞅之治秦也，設告坐而責其實，建什伍而同其罪，賞厚而信，刑重而必。……故其國富兵強。然而無術以知姦，則以其富強也資人臣而已矣。（《韓非子》卷一七〈定法第四十三〉）

韓非認爲商鞅法的系統裏，沒有提供君主御臣、知臣之術，所以雖「十飭其法」，而人臣反借用其賞厚的資糧成就自己的封爵利祿，國雖強，「數十年而不至於帝王者」，是「主無術於上之患」的緣故。（同上引）

㉔：屈萬里：《先秦文史資料辨》，（出版狀況見前），第三章〈子部書和集部書〉，頁四三一—四三二。

其二批評其首功政策，認爲是未盡於法之蔽，言其封爵則可，蓋「治官者，智能也；今斬首者，勇力也。以勇力之所加，而治智能之官，是以斬首之功爲醫匠也。」（同上引）；官吏同法皆爲治民之具，以不稱能之官去執法、役民，必有不可測之禍，這是商君蔽於法爲萬能的致命傷。

⑵對申不害的術的批評

韓非對申不害的批評也有二點，其一是：「徒術而無法」；申不害並非不言法，而是不擅法。他說：

韓者，晉之別國也。晉之故法未息，而韓之新法又生；先君之令未收，而後君之令又下。申不害不擅其法，不一其憲令則姦多故。利在故法前令則道之；利在新法後令則道之。利在故新相反，前後相勃，則申不害雖十使昭侯用術，而姦臣猶有所譎其辭矣。（同上引）

韓非認爲申不害術的系統裏，沒有提供君主明確、縝密的法條的保障，所以雖「十使昭侯用術」，而姦臣猶能尋新舊法的漏洞，來抗拒昭侯的術。國雖強，「十七年而不至於霸王者」，是「法不勤飾於官之患」的緣故。（同上引）

其二批評其「治不踰官，雖知弗言」政策是：「未盡於術」之蔽。他說：

治不踰官，謂之守職也可；知而弗言，是不謂過也。人主以一國目視，故視莫明焉；以一國耳聽，故聽莫聰焉。今知而弗言，則人主尚安假借矣？（同上引）

既然批評商君未盡於法，又言申子未盡於術，如何使商、申法術和慎子「勢」的思想臻於完善，以達到法治的目標，就是韓非建立自己一套法報系統主要概念。換言之，韓非就是在前期法家的思想基礎上，提出自己一套法治的思想，以下便順著這條思路，繼續論述之：

2.對前期法家思想的總結與補充

(1)主張法術勢合一

韓非在〈定法〉篇中明白揭示法術勢合一的看法。他說：

> 今申不害言術，而公孫鞅為法。術者，因任而授官，循名而責實，操殺生之柄，課群臣之能者也，此人主之所執也。法者，憲令著於官府，賞罰必於民心，賞存乎慎法，而罰加乎姦令者也：此人臣之所師也。君無術則弊於上，臣無法則亂於下。此不可一無，皆帝王之具也。（同上引）

那麼，吾人要進一步追問：韓非是如何使法術勢合一呢？要想解決這個問題，必須了解法術勢三者在韓非心中的份量，以及彼此之間的關連性。

關於「法」部分，韓非認爲是治國的常道，國富兵弱的關鍵，故其言：

> 聖人之治也，審於法禁，法禁明著則官治；必於賞罰，賞罰不阿則民用。民用官治則國富，國富則兵強，而霸王之業成矣。（卷一八〈六反第四十六〉）

卷二〈有度第六〉內亦云：

> 國無常強，無常弱。奉法者強則國強；奉法者弱則國弱。……故當今之時，能去私曲，就公法者，民安而國治；能去私行，行公法者，則兵強而敵弱。

在韓非的心中，法是治國的唯一基準，國之安危、強弱和遵不遵法劃上等號，由此可知，「法」在其思想中的份量。

關於「術」部分，從前面所敘，對申不害批判得知：君主無術則無以知臣姦，反易爲臣所蔽，而且也無法因任授官，循名責實，其後果，如卷一八〈八說第四十七〉所言：

> 任人以事，存亡治亂之機也，無術以任人，無所任而不敗。……故無術以任人，任智則君欺，任修則事亂，此無術之患也。

君主治國不以術斷，其後果是：「威勢輕，而臣擅名」（卷一四〈外儲說右下第三十五〉），然而，君主治國必須仰賴群臣之力，臣重則君必輕，爲了消解這存在矛盾，韓非便以「術」補救之，惟用「術」則可以御臣下，故其言：

> 明主之國，官不敢枉法，吏不敢為私，貨賂不行，是境內之事，盡如衡石也。此其臣有姦者必知，知者必誅，是以有道之主，不求清潔之吏，而務必知之術也。（卷一八〈八說第四十七〉）

「術」既是國家存亡治亂之機，由此亦可知在其思想佔有重要份量。

關於「勢」部分，韓非強調「勢」也是宰制天下的利器，他說：

> 萬乘之主，千乘之君，所以制天下而征諸侯者，以其威勢也。威勢者，人主之筋也。（卷二〇〈人主第五十二〉）

這是指自然之勢。韓非進一步言：君主不可以勢借人，「勢」一旦旁落，則君徒有虛名，會有亡國之禍，他說：

> 人主失勢，大臣得威，則失國矣，故曰：凡人主之國小而家大，權輕而臣重者，可亡也。（卷五〈亡徵第十五〉）

此處「勢」是指人爲的主權或權柄，君主一旦失勢，則如「魚失於淵」（卷一〇〈內儲說下第三十一〉）、「虎豹失其爪牙」（卷二〇〈人主第五十二〉），其身必危，其國必亡。則「勢」在韓非思想系統中也是佔有很重的份量。

由以上法術勢的分述，得知君主無法則國不可治；無術則無知臣姦、御下；無勢則言不重，令不行。三者誠各有其性能和界域，然而並非各自孤立，而是互補、互長、互用的。

在「法術」方面，韓非則云：

> 明主之所道制其臣者，二柄而已矣。二柄者，刑德也。……為人臣者，畏誅罰而利慶賞。故人主自用其刑德，則群臣畏其威而歸其利矣。（卷二〈二柄第七〉）

「刑德」乃法賦予君主合理權柄，如何使用？則屬於術的層次。君主若棄而不用，則刑德成爲虛文，臣無畏，君失威，反易爲臣下所劫殺；君主徒有術而無法，則言令虛浮無根。卷一七〈定法第四十三〉則云：

> 君無術則弊於上，臣無法則亂於下，此不可一無，皆帝王之具。

兩者亦不可獨用，必須相輔相成，在卷四〈姦劫弒臣第十四〉中言：

> （明主）操法術之數，行重罰嚴誅，則可以致霸主之功。治國之有法術賞罰，猶若陸行之有犀車良馬也，水行之有輕舟便戰也，乘之者遂得其成。

法和術的區隔，是一顯一幽，卷一六〈難三第五十八〉云：

> 人主之大物，非法則術也。法者，編著之圖籍，設之於官府，而布之於百姓者也。術者，藏之於胸中，以偶眾端，而潛御群臣者也。故法莫如顯，而術不欲見。

法以定賞罰，必須公平、公開以昭徵信；而術是「黑暗秘窟」，即老子所言：「國之利器，不可以示人」，它是依法之名，以求御下、知姦，方有督責、求實之功。

在「法勢」方面，兩者也是密切不可分，王邦雄先生在其博士論文《韓非子的哲學》內指出法和勢的關係：

> 《韓非子》書中，賞罰時與法並論，亦時與勢兼言，非其觀念不明晰，蓋勢之用，在執賞罰之二柄，行使統治的權力；而賞罰之基準則在法，以法為人主治國的唯一標準。法為厚賞重罰，勢則求其信賞必罰，以是之故，法與勢，在賞罰之運用下，實為不可離。㉕

換言之，徒勢不能自治，徒法亦不能以自行。君主治國不以法勢，則令不行，事不成，故韓非云：

> 無威嚴之勢，賞罰之法，雖堯舜不能以為治。（卷四〈姦劫弒臣第十四〉）

卷一七〈難勢第四十〉內亦云：

> ……無慶賞之勸，刑罰之威，釋勢委法，堯舜戶說而人辯之，不能治三家。

法勢兩者有無交互運用，也關係國家治亂安危。其云：「抱法處勢則治，背法去勢則亂」（同上引），只要抱法處勢，是毋須待堯舜之君，而國乃可治，蓋聖君千世而一出，若背法去勢而待之，則無異於千世亂而一治，韓非在強調政治實效的概念下，法和勢也成爲君主治國稱霸的帝王之具。

㉕：王邦雄先生：《韓非子的哲學》，（台北：東大圖書公司，民國六十六年八月），第五章〈韓非政治哲學體系之建立與其實際之發用〉，頁一七四。

在「術勢」方面，韓非則云：

> 君執柄以處勢，故令行禁止。（卷八〈八經第四十八—因情〉）

執賞罰二柄不僅是法的運用，也是術的運用，再加上勢的強化，便可以貫徹君主的意志。

法術勢三者，兩兩互動的關係，王邦雄先生以三角形圖明顯呈現出來：

圖二：韓非法術勢合一圖（取自氏著：《韓非子的哲學》頁二〇四）

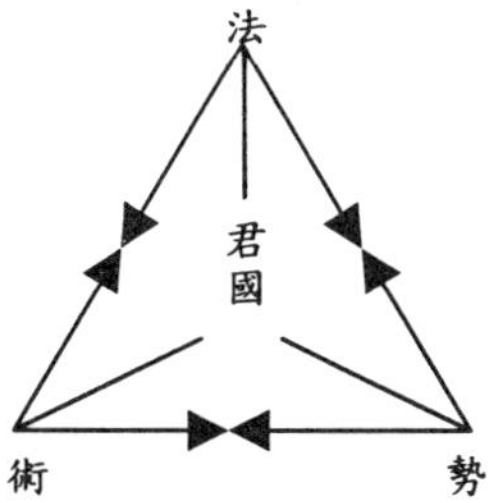

右圖顯示在君國利益，國家平治共同目標前題下，形成三者合一關係。王氏云：

> 每一頂角皆伸開雙臂，指向其他二端，投射出其助長的功能；同時，每一頂角也在其他二端之擁抱合圍之下，獲致補足其自身之能量。而其整體之重心，則在君國之公利上，三者皆指向國之治強的終極目標；也在此一整體重心的引力圈中，維繫彼此間的平衡。㉖

㉖：同前註，頁二〇五。

韓非在卷一九〈五蠹第四十九〉篇中即表達此三者合一的概念：

> 今人主處制人之勢，有一國之厚，重賞嚴誅得操其柄，以修明術之所燭，雖有田常、子罕之臣，不敢欺也。

法以明定賞罰，勢以顯其威，術以御下，則人主立於不可欺之地，天下臣民必依法而治矣。雖然三者有兩兩互補的關係，總有內外之別，輕重之分，韓非政治哲學，其基本精神實乃欲建構成一法治國家，從果報系統來看，即建構成一個法報國家，而勢與術只是實現其穩定政治秩序而設，其本身並非目的，在法治的終極目標下，規範勢術的運用，今再借王氏一簡表以明三者體用之關係：

表五：韓非法術勢三者體用關係合一表（取自氏著：《韓非子的哲學》頁二二九）

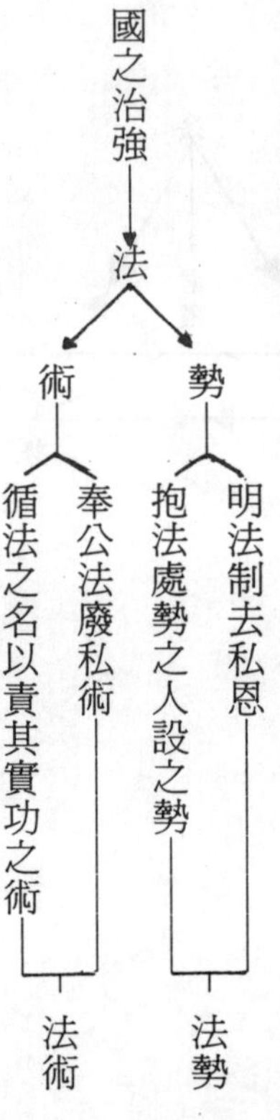

國富兵強是韓非法治思想的首要目標，基於此一目標下，勢之威，以求法之必行；術之用，以求行法之必當，以法來統貫術勢，由此開展其政治哲學的格局。

(2)對商鞅「法」的補充

韓非對商鞅法治思想的補充的份量遠超過其他二家思想的補充，足見他是在商君法思想的基礎上建構總結的系統。韓非對商鞅法的補充，有以下四項：

A對商鞅「壹教」的補充

韓非在商鞅「壹教」的基礎上，進一步揭示：只有法和令是被允許的言論和思想。他說：

明主之國：令者，言最貴者也；法者，事最適者也。言無二貴，法不兩適，故言行而不軌於法令者必禁。（卷一七〈問辯第四十一〉）

在尊君崇法的專制理念下，自然導入統一思想和反德、反智的結果。在卷一九〈五蠹第四十九〉一文中，爲「壹教」作了明確的宣告：

今修文學，習言談，則無耕之勞，而有富之實；無戰之危，而有貴之尊，則人孰不為也！是以百人事智，而一人用力。事智者眾則法敗，用力者寡則國貧，此世之所以亂也。故明主之國，無書簡之文，以法為教；無先王之語，以吏為師。

在卷一七〈說疑第四十四〉內主張箝制思想和反德治：

禁姦之法，太上禁其心，其次禁其言，其次禁其事。

又云：

故有道之主，遠仁義，去智能，服之以法。是以譽廣而名威，民治而國安。（同上引）

法家「壹教」下，反德、反智的態度，實際上，也是他們建立君主集權的專制政體的基調。從人爲律和自然律功效來來：持自然律（指人的良知、性善）主張的儒家，點明「人內在確有一種自然向善的傾向」，但是吾人必須有個初步的認知：這個良知德性的完成，不是很努力，且以禮的紀律來要求它的話，是做不到的。雖然人人都具有這種向善的傾向，但不盡然每個人會因它而向善。

吾人都知道，從先秦到廿世紀的今天，人性不會有多大的改變—人是很難自律的。只有少數社會菁英分子可以做到。爲此，法家持「人爲律」的認知，便是以爲持「自然律」來指導社會，有不足之處，必需要實踐的決定與懲罰。而這個決定只是特殊或少數分子的決定是不夠的，必需來自一種普遍的堅定與決定才可以，這就是法家爲何有志一同持嚴刑峻法的原因。因爲只有嚴法，這個「決定」才能貫徹、普遍，大家才能同心齊志。

法家不是不知道，人爲律有它的缺失，但是大前提下，不得不兩害相權取其輕。一個國家如果不是法律嚴明，執行得當，吾人可以預期看得見，大多數徼幸之徒，走向墮落、爲非作歹，不一而足的路徑。這也是先秦法家這麼迷信法是萬能的緣故㉗。

B對商鞅「輕罪重罰」的補充

商君對輕罪輕罰，只說「刑至而事生」（《商君書》卷二〈說民第五〉），而沒有進一步說明爲何會「事生」；韓非在卷一八〈六反第四十六〉文中點明事生的原因：「蓋姦之所利者大，上之所加焉者小也。」也就是違法所得利益大於受刑的恐懼，則人人「慕其利」而「傲其罪」，故「姦不止」。而輕罪重罰之所以可以達到「刑至事成」，是：「姦之所利者

㉗：參見趙雅博：〈論人為法與倫理性—(上)〉，《哲學與文化月刊》第十卷第十一期（民國七十二年十一月），頁六〇。

細，而上之所加焉者大也。民不以小利蒙大害，故姦必止也。」（同上引）。

C對商鞅以刑去刑的補充

商鞅只言以刑去刑，達到「國治」的目標，韓非則進一步具體陳述國治的內容：

> 民犯令之謂民傷上，上刑戮民之謂上傷民；民不犯法，則上亦不行刑，上不行刑之謂上不傷人：：：：故曰：「兩不相傷」民不敢犯法，則上內不用刑罰，而外不事利其產業；上內不用刑罰，而外不事利其產業則民蕃息而蓄積盛；民蕃息而蓄積盛之謂有德。（卷六〈解老第二十〉）

重刑不外「連坐」、「族戮」，只有禍及無辜親友的罪刑才可以止姦，商、韓之徒不是不了解這個弊端，但在大前提下，是可以忍受的。這個大前提，就是陳弱水所說的：

> 由法律而造成的安定的社會秩序，在價值上與利益上都高於處於不斷衝突中的混亂社會。㉘

為了國家整體利益，個人小小無辜或傷亡是可以容忍的，這正是專制政體的特色—集體主義下，不保障個人生命權利。在韓非主觀（或者說一廂情願）認知中，以刑去刑所達到的理想社會竟和儒家大同世界沒有兩樣。他說：

> 聖人者，審於是非之實，察於治亂之情也。故其治國也，正明法，陳嚴刑，將以救群生之亂，去天下之禍，使強不陵弱，眾不暴寡，耆老得遂，幼孤得長，邊境不侵，

㉘：陳弱水：〈立法之道—荀、墨、韓三家法律思想要論〉，收入黃俊傑編：《天道與人道》，（出版狀況見前），頁九九。

> 君臣相親，父子相保，而無死亡繫虜之患，此亦功之至厚者也。（卷四〈姦劫弒君第十四〉）

從相信輕罪重罰可以使人不敢爲惡；再從「人不敢爲惡」的理念上推導出「理想世界實現」，在邏輯命題上，便可化約爲下列二個形式：

「凡嚴刑峻罰下，人必不敢爲惡」

「凡人不敢爲惡，則國家就平治」

這兩個推概命題，基本上是不能處理成邏輯全稱的「肯定」形式，它只能處理成「假然」形式—

「如果實施嚴刑峻罰，則人有可能不敢爲惡」

「如果每人不敢爲惡，則國家有平治可能」

然而商、韓之徒，將嚴刑峻罰和國家平治兩個概念，強組合成全稱肯定的推概命題，這種形式從古至今在現實社會中，根本不可能實現的，究其原因是以爲法是萬能的迷思。

D對商鞅「法時宜性」的補充

法家講求變法來更改當時舊的政治格局，韓非也自不例外，甚至到了《呂氏春秋》卷一五〈察今〉，也是表現這種強烈的「變法」性。韓非在商君思想基礎上進一步說明「法」易不易對國家治亂的影響。他說：

> 欲治其法而難變其故者，民亂不可幾而治也。故治民無常，唯法為治。法與時轉則治，治與世宜則有功。故民樸而禁之以名則治，世知而維之以刑則從。時移而法不

易者亂，能眾而禁不變者削。故聖人之治民也，法與時移，而禁與能變。（卷二〇〈心度第五四〉）

法家就是有這種時代性的特色，故其所建構的法報思想，是具有速效現世報的功利色彩。

(3)對申不害「術」的補充

韓非原則上是同意申不害的術，他主要是用法來輔助其術之不足而已，由以下二則文獻可以看出：

〈二柄〉：「明主之所道，制其臣者，二柄而已矣。二柄者，刑德也。……今君人者釋其刑德而使臣用之，則君反制於臣矣。」──案：刑德即賞罰之法也，爲君制臣之術。

〈八說〉：「明君之道，賤得議貴，下必坐上，決誠以參，聽無門戶，故智者不得詐欺；計功而行賞，程能而授事，察端而觀失，有過者罪，有能者得，故愚者不得任事。智者不敢欺；愚者不得斷，則事無失矣。」──案：「賤得議貴」，「下必坐上」是告奸和連坐法，用來察考臣奸智和愚能的術。蓋君主「無術知姦，則人臣反用其資，無術任人，則無所任而不敗」（〈定法第四十三〉），而這個知人任人之術就是建立在告奸和連坐的法的基礎上。

(4)對慎到「勢」的補充

韓非對前期法家思想唯獨沒有批判的就是慎到的「勢」，他在慎到的基礎上，發展爲「賢勢不相容」，並進一步主張「以法抱勢」：

夫賢之為勢不可禁，而劫之為道也無不禁；以不可禁之賢處無不禁之勢，此矛楯之說也。夫賢勢之不相容亦明矣。且夫堯、舜、桀、紂，千世而一出，……世之治者不絕於中。吾所以言勢者，中也；中者，上不及堯、舜，而下亦不為桀、紂。抱法處勢則治，背法去勢則亂。今廢勢背法而待堯、舜，堯、舜至乃治，是千世亂而一治也。抱法處勢而待桀、紂，桀、紂至乃亂，是千世治而一亂也。（卷一七〈難勢第四十〉）

韓非強調中才君主只要抱法勢即可治天下，毋須待聖君賢主。這裡的「勢」實已包含自然之勢—君位，和人爲之勢—權柄兩種。君主的最大權勢就是生殺予奪之權，生殺予奪即韓非所言：「國之利器不可以示人」的賞罰二柄（卷一〇〈內儲說下．六微第三十一〉），君主有賞罰二柄，如同虎豹之有爪牙的威勢，一旦失去，則與犬無異，故知韓非是以「法」來保攝「勢」的威嚴的實踐。

(5)對前期法家「賞罰」思想的補充

「賞罰」是韓非法治思想的尚方寶劍，他就是以賞罰的概念去融合前三家的核心思想：法、術、勢，而形構他集大成的特色。

以韓非爲主的法家，之所以這麼堅持法是治世的萬靈丹，就是源於對人性的兩項基本預設：第一，人性是好利；第二，人性是好生惡死的。因此君主只要掌握賞罰這二件法寶，就可以實現他的政治理想，所以韓非明白宣示賞罰是國君導制其臣民二大利器。然而國君在運用二柄時，必須遵守以下四項原則，二柄才能發揮功效：

A賞要厚，罰要重

人情既有好有惡，因此他認爲賞要厚，才足以激起民好利之心，而爲國所用；罰要嚴，使民有所畏，而不得不克制其惡欲以從法，最後達到勸善止惡的目的，在〈八經〉篇中便云：

> 賞莫如厚，使民利之；譽莫如美，使民榮之；誅莫如重，使民畏之；毀莫如惡，使民恥之。

蓋賞如不厚，不足以誘其立功；罰如不重，則不足以止其姦邪之心。

B賞罰之令一旦頒布，則不可更改

〈五蠹〉內即云：

> 故主施賞不遷，行誅無赦。譽輔其賞，毀隨其罰，則賢不肖俱盡其力矣。

人主若任意更改已頒之賞罰令，會損傷二柄的權威性，人民不信法，國有法等同虛設，則國亂君危。

C賞罰不可錯誤

慶賞錯誤叫謬賞，刑罰錯誤叫謬罰。謬賞失民心；謬罰則民不畏法。有賞不足以勸功；有刑不足以禁邪，國雖大必危。所以韓非在〈八經〉內言：

> 賞譽不當，則民疑。……賞者有誹焉，不足以勸；罰者有譽焉，不足以禁。明主之道，賞必出乎公利，名必在乎為上。……有重罰者，必有惡名，故民畏。

D賞罰要公平

賞罰不以個人好惡，且不避權貴、近親，如此方能樹立二柄的權威性。卷一〈主道第五〉內云：

> 故明君無偷賞無赦罰。……是故誠有功則雖疏賤必賞；誠有過則雖近愛必誅。

賞罰公平就是今日法律之前人人平等的體現。

⑹對愼、申二家「道法」思想的補充

愼子言：「順道因情而變法」；申子言：「示天下無爲」。韓非在二人基礎上，提出「執一」的刑名法術理念：

> 用一之道，以名為首。名正物定，名倚物徙。故聖人執一以靜，使名自正，令事自定。（卷二〈揚搉第八〉）

「一」就是道，「道無雙，故曰一」（同上引），而君主執道以循名責實，使「群臣守職，百官有常」（〈主道〉）；那麼韓非心中的「道」指涉若何呢？其言：「虛靜無爲，道之情也」（〈揚搉〉），君主以「虛靜無爲」之術來「斟酌群生」、「參伍比物」，去一己「喜惡之情」（同上引）使臣民莫測其深，莫窺其實，如此得宰制天下。故韓非言：「明君無爲於上，群臣竦懼乎下」（〈主道〉）；又言：「人主之道，靜退以爲寶，不自操事，而知拙與巧；不自計慮，而知福與咎。」（同上引），在此，老子的道已轉爲韓非的「神祕之術」。

由以上所述，知韓非法報系統的建構在總結前期法家的思想上，法報理論系統於焉完成。彼時所建立起善惡報應評價標準裏是以「法」爲原則，即使同爲專制政體，在不同的時空下，也有不同的意涵。在先秦法家的價值體系裏，能遵循國家利益—即符合法治原則、規範，而能去實踐的，就是善的肯定評價。如：事農、戰功等；反之，違反國家利益以及作姦犯科的，就是惡的否定評價。如：殺人、偷、劫、盜、商賈、言談、倡私說、行仁義、慈惠等。法報在往後的發展中，由於系統和系統之間功能的互動，以及統治者認知尺度的鬆綁，以前是惡的評價，可能就變成善的肯定評價，大約在西漢中期以後逐漸統一法報善惡的標準，唐以後才定型。此即爲下一單元要討論的課題。

第二節　法報系統的發展

從商鞅到韓非，法報的理論系統終告完成，在其系統中，明確揭示善惡現時報的效益性。韓非之後，不到十二年，秦代便建立起中國第一個專制政權，它可說是法報在現實層面上具體的展現，那麼它的內容和商、韓理論有何差別？往後西漢在歷史分期上，和秦是相連的，它的法治格局又如何？西漢中期儒學定於一尊以後，對法報系統朝現實化發展時，會產生何種影響？以上三點思惟是本小節所要進入的課題，現分述於下：

一、法報系統具體實現——秦代法治的格局

從現存文獻和地下出土資料來看，秦法治格局除了循商、韓系統外，也有逸出其格局和其他系統功能互動的地方。以下便從此二點分述之：

(一)循商、韓格局系統

秦自孝公以後，到秦統一天下，一百一十七年間，秦一直沿著商鞅變法所定的基線發展，

吾人可以從《雲夢秦簡》內所保存的五種秦律❶，以及出土秦代銅器〈商鞅量〉得到佐證。器制於孝公十八年（公元前三四四年）十二月乙酉，重要的是此器底刻有秦統一天下的銘文：

> 廿六年始皇帝盡并天下，諸侯黔首大安，立號為皇帝，乃詔丞相狀、綰，灋度量則不壹歉疑者，皆明壹之。❷

足見商鞅死後，一百多年，其所定度量律，在秦兼併天下後，公布〈商鞅量〉為統一全國度量標準，彼時秦一直沿用商鞅律法。至於其他的格局尚有以下三項：

1.建立法治秩序的專制格局

靠法家的法、術、勢所建立的專制格局，是不同於西周以來，靠神權建立的格局。始皇二十八年所刻〈琅邪臺刻石〉內一段出自丞相王綰，卿李斯、王戊、五大夫趙嬰、楊樛五人共同議論之詞，批判了神權格局的政治：

> 古者五帝三王，知教不同，法度不明，假威鬼神，以欺遠方，實不稱名，故不久長，其身未歿，諸侯倍叛，法令不行……（《史記》卷六〈秦始皇本紀第六〉）

反應出法家無神論的本質，既然擺脫神權迷思，則人間秩序便建立在法治的格局上。

2.統一政經文教的格局

---

❶：雲夢秦簡整理小組：〈雲夢秦簡釋文(二)〉，《文物》一九七六年第七期，頁一—一〇；〈雲夢秦簡釋文(三)〉，《文物》一九七六年第八期，頁二七—三七。

❷：收入白川靜：《金文通釋》第三十四輯，頁三一。

秦始皇廿六年統一天下後，接受商、韓「壹教」的觀念，在政經文教方面，進行統一的工作：首先頒布「一法度衡丈尺」解決戰國以來混亂的度量衡局面，使農業經濟和賦稅制度落實下來；接著爲了「黔首改化，遠邇同度」（〈之罘刻石〉），有「車同軌」、「書同文字」（同上引）的政策。

二十八年所立的〈泰山刻石〉：

> 皇帝臨位，作制明法，臣下脩飭。……治道運行，諸產得宜，皆有法式。……訓經宣達，遠近畢理，咸承聖志。……（同上引）

同年所立的〈琅邪刻石〉：

> 普天之下，摶心揖志，器械一量，同書文字，日月所照，舟輿所載，皆終其命。（同上引）

文字的統一和車軌的一致，是有利於政令的宣導，和經濟的運輸；再透過法制的齊一，如此便不會因各地民風習俗利益不同，而影響社會安定。徐復觀便說：

> 這種社會安定的性格，實際是皇帝意志在客觀世界中作普遍性的伸展。這才是專制權力的徹底實現。❸

始皇三十四年，李斯取得政治發言權之後，上書諫始皇頒「挾書」、「禁私學」、「以吏爲師」等令：

> 今天下已定，法令出一，百姓當家則力農工，士則學習法令辟禁。令諸生不師今，

---

❸：徐復觀：《兩漢思想史—卷一》，（出版狀況見前），頁一三八。

而學古以非當世，惑亂黔首。丞相臣斯昧死言：古者天下散亂莫之能一，是以諸侯並作，語皆道古以害今，飾虛言以亂實，人善其所私學以非上之所建立。今皇帝并有天下，別黑白，而定一尊，私學而相與非法教人，聞令下，則各以其學議之。入則心非，出則巷議；夸主以為名，異取以為高，率群下以造謗。如此弗禁，則主勢降乎上，黨與成乎下……臣請史官，非秦紀，皆燒之；非博士官所職，天下敢有藏詩、書、百家語者，悉詣守尉雜燒之；有敢偶語詩、書，棄市；以古非今者，族；吏見知不舉者，與同罪；令下三十日不燒，黥為城旦。所不去者：醫藥、卜筮、種樹之書。若欲有學法令，以吏為師。（《史記》卷六〈秦始皇本紀〉）

李斯之酷，專尤甚於商、韓之論，這是法定於一尊必然導致的結果。加上李斯私心運作，就發生坑儒的歷史悲劇，集權專制格局殘酷的本質，在統一箝制天下悠悠眾口的政令上展露無遺。

3.賞刑的格局

雲夢出土的秦律五大類，包括了〈田律〉、〈倉律〉、〈金布律〉、〈關市律〉、〈工律〉、〈司空律〉、〈徭律〉、〈廄苑律〉、〈傳律〉、〈置吏律〉、〈軍爵律〉、〈捕盜律〉、〈捕亡律〉、〈內史雜律〉等二十幾種法令，均循商君律而來，把秦朝的政治、經濟、軍事、社會生活各方面有可能發生的糾葛、姦邪行爲，都作了嚴格的規定，以預設的立場，納人民於法條規範中，建立起法治的秩序。比如：

(1)在農業政策方面：

〈田律〉規定：「春二月，毋敢伐材木山林及雍（壅）隄水。不夏月，毋敢夜草爲灰，取生荔麛（卵），毋彀……，毋毒魚鱉，置阱罔……」❹等表明法家農業的保護政策。

(2)在約束吏民方面：

吾人可以看到商君的「賞刑」理論，在《秦律·法律答問》具體化為律條：

> 何如為犯令、灋（廢）令？律所謂者，令曰勿為，而為之，是謂犯令；令曰為之，弗為，是謂灋（廢）令殹（也）。廷行事皆以犯令論。
>
> 灋（廢）令、犯令，遝免徙不遝？遝之。❺

案：「遝」及也，即連坐；「免」是免職；「徙」是遷徙、流放之刑。

> 郡縣除佐吏它郡縣而不視其事者，可（何）論，以小犯令論。❻

案：此條即言已除舊職，尚未任新職（此期間空檔約三個月），在原任職位，仍要視其事，違者以小犯令論之。這在〈置吏律〉有更清楚的規範：

> 縣、都官十二郡，免、除吏及佐群官屬，以十二月朔日免、除，盡三月而止之。除吏尉，已除之，乃令視事及遣之；所不當除而敢先見事及相聽以遣，以律論之。❼

---

❹：雲夢秦簡整理小組：〈雲夢秦簡釋文㈡〉，《文物》一九七六年第七期（總二四二期），頁一。

❺：雲夢秦簡整理小組：〈雲夢秦簡釋文㈢〉，《文物》一九七六年第七期（總二四三期），頁三二。

❻：同前註。

❼：同註❹，頁六。

此外尚有嚴防出使六國，隨行徒吏叛逃，使者要連坐❽，這和韓非曾列舉危害國家的五蠹之民，其中之一的：「僞設詐稱，借於外力，以成其私，而遺社稷之利。」（《韓非子》卷一九〈五蠹第四十九〉）相似；主要是防範吏民和敵國串通一氣，危害到本國的利益，即《商君書》卷一〈墾令第二〉所提出：「無以外權爵任與民：……（民）無外交，則國安而不殆。」的警告是一致。

至於對人民違法的限制，多見於〈盜律〉和〈賊律〉。其中循商君：「使民怯於邑鬥，而勇於寇賊」（《商君書》卷三〈戰法第十〉）的理念，發展成《秦律》禁止私鬥的條文，以重刑連其罪，使褊急、狠戾剛強之民不爲害鄉里，破壞社會秩序。在《雲夢秦簡》第四種《秦律》記載與人私鬥的徒刑：

> 律曰：鬥夬（決）人耳，耐。
>
> 或與人鬥，縛而盡拔其須（鬚）麋（眉），論可（何）殹（也）？當完城旦。
>
> 鬥以：……箴（針）、鉥、錐傷人，各可（何）論？……當黥為城旦。

案：秦代徒刑有髡城旦、完城旦、鬼薪、隸臣妾、罰作、耐等名稱，而服刑時間長短，至今所知，六歲爲髡，若以《漢律》標準來看：一歲爲罰作；二歲、三歲、四歲爲耐；三歲爲鬼薪；五歲爲髡。城旦有輕重之別，輕者不帶械具，稱爲「完城旦」；重者爲「髡鉗城旦」，髡是剪髮；鉗是頸上或腳上加鐵鉗；黥是刺面；鬼薪是罰以取薪給宗廟之日用；而耐是不剪

---

❽：同註❺，頁三三。

髮，而剪其鬢鬚的刑法❾。

以重刑防止私鬥，可使人民專心於事農生產，再以首功賞於勇戰，更有利於養成爲國家、社會利益作戰的風氣，由此可知《秦律》禁止私鬥的真正企圖心。

值得注意在〈爲吏之道〉後，抄有兩條〈魏戶律〉、〈魏奔命律〉，抄寫時間是始皇廿五年閏再十二月丙午朔辛亥。證實《秦律》循商鞅系統，而商鞅攜李悝《法經》入秦變法之說是可信的。此二條皆提到對「假門逆旅」和「贅壻後父」兩種游民限制的問題：

〈魏戶律〉：「自今以來，假門逆呂（旅），贅壻後父，勿令爲戶，勿鼠（予）田宇。三枼（世）之後，欲士（仕），士（仕）之，乃署其籍曰故某慮贅壻某，更之乃孫。」

〈魏奔命律〉：「假門逆閵（旅），贅壻後父，或衛（率）民不作，不治室屋，寡人弗欲。且殺之，不忍其宗族昆弟。今遣從軍，將軍勿恤視。享（烹）牛食士，賜之參飯而勿鼠（予）殽（肴）。攻城用其不足：：：：」❿

法律規定對此二類待遇是很苛刻：不允許其落戶，三世以後；子孫方可爲仕，而且還要註記其祖先身分；從軍用來作攻城的替死鬼。商鞅即言：

廢逆旅，則奸僞、躁心、私交、疑農之民不行，逆旅之民無所於食則必農。（《商

❾：吳榮曾：〈漢簡中所見的刑徒制〉、〈漢刑徒磚志雜釋〉，收入氏著：《先秦兩漢史研究》，（北京：中華書局，一九九五年六月），頁二六一—二七八。

❿：雲夢秦簡整理小組：〈雲夢秦簡釋文㈠〉，《文物》一九七六年第六期（總二四一期），頁一四。

君書》卷一〈墾令第二〉)

限制游民，剝奪其生存依據，爲的是防惰性者終生甘爲此輩，而影響生產力，增加社會成本支出。

〈爲吏之道〉抄錄此兩條魏國律文，即表示尚未編入本國律法中，而承認其效益，可見秦代法治建立的過程，有輸入別國律法的功能。

(3)在首功方面

今本《商君書》未提到「首功」內容，僅見於《韓非子》和太史公所載片段，難究其全貌。今出土《雲夢秦簡》第一種《秦律·軍爵律》內詳載了首功可以「贖身」的具體條文：

> 欲歸爵二級，以免親父母為隸臣妾者一人；及隸臣斬首為公士，謁歸公士而免故妻隸妾一人者，許之，免以為庶人。工隸臣斬首及人為斬首以免者，皆令為工；其不完者，以為隱官工。⓫

秦法律允許奴隸階層的人，透過斬首戰功來擺脫自己卑賤的地位，也可以用子或丈夫的爵位來換取人身的自由。如此利誘之下，可想而知秦民的勇猛驍戰了，其所帶來慘酷的殺戮是不可避免的。

(二)法報與其他系統功能的互動

1.輸入德報的功能

⓫：同註❹，頁七。

在現實的格局裏，秦代並沒有像商、韓那樣反道德教化，相反地，甚至還用刑法條文來規範道德，可見秦代統治階層已看出「德」的穩定社會秩序的力量，在出土的《雲夢秦簡》裏的〈爲吏之道〉，即表明秦代統治階層是以儒家道德尺度來選拔官吏、考察官吏和規範官吏的：

> 凡為吏之道，必精潔正直，慎謹堅固，審悉毋悉，微密鐵(纖)察，安靜毋苛，審當賞罰。嚴剛毋暴，廉而勿刖(削)，……寬俗(裕)忠信，和平毋怨，悔過勿重。茲(慈)下勿陵，敬上勿犯……⑫

又云：

> 吏有五善：一曰中(忠)信敬上，二曰精(清)廉毋謗　三曰舉事審當，四曰喜為善行，五曰龔(恭)敬多讓。五者畢至，必有大賞。
>
> 吏有五失：一曰見民杲(倨)敖(傲)，二曰不安其鼂(朝)，三曰居官善取，四曰受命不僂，五曰安家室忘官府⑬

對良惡吏的評價並無商、韓所言的：君主重仁義，則威勢降；官吏行慈惠，會法制毀，那樣危言聳聽，反而是透過明令來獎賞廉有善行的良吏。甚且將吏道擴充到其他倫常：

> 戒之戒之，材(財)不可歸；……慎之慎之，言不可追；……朮(怵)愁(惕)之心，不可[不]長。以此為人君則鬼(懷)，為人臣則忠；為人父則茲(慈)，

---

⑫：同註⑩，頁一三。

⑬：同前註。

為人子則孝；為人上則明，為人下則聖。能審行此，無官不治，無志不徹。君鬼（懷）臣忠，父茲（慈）子孝，政之本殹（也）；志徹官治，上明下聖，治之紀殹（也）。⓮

審此爲吏之道，口氣幾同儒家倡言的倫理教化。如此引進儒家德治功能，亦見於〈泰山刻石〉、〈琅邪刻石〉等碑文，足見現實的秦代法治格局是走修正路線的。此外吾人可以從實際的《秦律》裏檢視到這類條文：

免老告人以為不孝，謁殺，當三環之不？不當環，亟執勿失。⓯

這條簡文的意思是六十歲以上的「免老」控告兒子不孝，要求庭上處以死刑，是否要經過三次受理訴訟程序。法吏的回答是，不必經過正式程序，要立即拘捕，勿令逃走。這種法律爲了維護傳統家庭孝道倫常秩序，而給予在訴訟程序上的優待—隨報隨辦，正可看出秦法路格局也將儒家孝道納入保護範圍。

2.輸入陰陽五行報功能

秦代是第一個採用鄒衍陰陽五行報觀念的王朝。《史記》卷六〈秦始皇本紀〉內云：

始皇推終始五德之傳，以為周得火德，秦代周德，從所不勝。方今水德之始，改年始朝賀，皆自十月朔，衣服、旄旌、節旗皆上黑。以六為紀……剛毅戾深，事皆決於法，刻削毋仁恩和義，然後合五德之數。

⓮：同前註。
⓯：同註❾，頁三〇。

《索隱》言：「水主陰，陰刑殺，故急法刻削以合五德之數。」（同上引）；《史記》卷二八〈封禪書〉則言：「水至平無頗，清明無濁，冰冷無情。法者刑也，平之如水，故治國尚法。」太史公和司馬貞這二段話恐怕是後設推論比附。始皇推五德終始，是自己相信是水德主，所以才能取周德而代之，並非行法治陰刻削以合五德之數，急法刻削本來就是專制政體的特色。與其說秦行法治路線以合五德之數，毋寧說是始皇採取五德之數，來支持法治陰刻酷烈的合理性及必然性。

由以上所述，法報系統落實在秦政權格局時，是以商、韓法治思想爲主體，然而不排除儒家道德教化功能。秦雖然看出「德化」的效益，仍不免於國祚短暫命運，乃由於德化功能並非從地方教育紮根，中央又限於禁私學令不能設置博士官，而只是從枝節（行爲）要求。平民在苛法連坐陰影下，逃死避凶則不暇，焉有所謂身行孝悌，與夫知信義之心呢。天下至廣，非刑法可以獨治，其亡國命運皆根植於專制政體排他性的格局所造成。如此，吾人便要進一步關切，法報系統發展到漢代政治的格局時，其內容又是如何呢？

二、西漢中期以前法治的格局

西漢中期以前法治路線有前期和中期的區別，試分述於下：

(一)西漢前期黃老刑名法治的格局

從現已知文獻資料上來看，漢代是承秦法家政治的格局。《漢書》卷二三〈刑法志〉記載了這個事實：

> 漢興，高祖初入關，約法三章……其後四夷來附，兵革未息，三章之法不足以禦姦，於是蕭何攈摭秦法，取其宜於時者，作律九章。

又同書，卷四三〈叔孫通傳〉提到叔孫通增加律令所不及者十八篇。稍後孝武即位，「張、趙禹之屬，條定法令，……禁罔寖密。律令凡三百五十九章，大辟四百九條，千八百八十二事，死罪決事比萬三千四百七十二事。文書盈於几閣，典者不能遍睹。」（同書，卷二三〈刑法志〉）

從約法三章到蕭何摭秦法作九章，至武帝時，已增至三百五十九章，僅決比事（案：無律文可循，則依判例，比類決之）的死罪就有上萬條，則知漢不僅承秦法，且法網之密超過前代。

法是代代相承的，而且有所增損，《晉書》卷三〇〈刑法志〉則更具體地說：「漢承秦制，蕭何定律，除參夷連坐之罪，增部主見知之條，益事律〈興〉、〈廄〉、〈戶〉三篇，合爲九篇。」由此可見，漢承秦法可信；另外從一九六四年洛陽南出土的大批東漢刑徒磚志⑯，內所載的徒刑名，如：髡鉗、完城旦、鬼薪、司寇等在《雲夢秦簡》都能見到，亦可資爲佐證。

讓吾人好奇的兩點，其一是漢爲何要承秦法？秦以嚴刑峻法治國不到幾十年時間就身死

⑯：中國科學院考古研究所洛陽工作隊：〈東漢洛陽城南郊的刑徒墓地〉，《考古》一九七二年四期，頁二—一九。

國滅，難道漢代統治者沒有自覺到？幾乎在大多數西漢儒者著作中，都不約而同地在批判秦亡國之史鑒。如：

賈山《至言》：「（秦）賦斂重數，輕絕人命」、「天下寒心，莫安其處」、「陳勝先倡，天下大潰」（《漢書》卷五一〈賈山傳〉所引）。連不反對法治的賈誼，也在〈過秦論上〉篇中大數秦以嚴刑峻法乃亡國之由：

> 一夫作難而七廟墮，身死人手，為天下笑者？何也？仁義不施，而攻守之勢異也⑰。

陸賈在總結秦王朝滅亡原因—深刻刑法。在《新語》卷上〈道基第一〉內即言：

> 齊桓公尚德以霸；秦二世尚刑而亡。⑱

〈輔政第三〉又云：

> 秦以刑罰為巢，故有覆巢破卵之患。⑲

桓寬《鹽鐵論》卷一〇〈詔聖第五十八〉賢良文學云：

> 上無德教，下無法則，任刑必誅，劓鼻盈蔂，斷足盈車，舉河以西，不足以受天下之徒，終而以亡者，秦王也，非二尺四寸之律異，所行反古而悖民心也。⑳

---

⑰：賈誼：《新書·過秦上》，（出版狀況見前），卷一，頁七。

⑱：漢·陸賈著、王利器校注：《新語校注》，（北京：中華書局，一九九六年二月，二刷），卷上〈道基第一〉，頁二九。

⑲：同前註，卷上，頁五一。

⑳：漢·桓寬著、王利器校注：《鹽鐵論校注》，（北京：中華書局，一九九二年七月），卷一〇〈詔聖

面對這麼多批判秦行嚴法而亡國的聲浪，漢帝不可能置若罔聞，然而仍遵循秦法路線，究其原因有二：第一、朝代在新舊鼎革之際，百廢待舉，很難在短時間之內，憑空臆造出一套治國法典，因此蕭何承秦法造律，是必然的趨勢；第二、據林聰舜的推論，是由於專制政體本身必然以法治爲基調所造成。他說：

> 法家本就是為專制體制催生的意識形態，也是專制體制需要的意識形態。它的思想自然與專制體制有不可分的關係，除非漢帝國放棄專制體制，否則就無法放棄法家思想。㉑

這個推論是很準確的。如此便導出第二個疑問：漢法治路線爲何要透過黃老形式來表達？這個問題其實不難理解，因爲透過黃老形式，一來可以化解反秦的輿論壓力，避免引爆朝野不安；二來可以掩飾、沖淡法家色彩，在外在政治運作上，多以生養調息，紓解秦法嚴酷的恐懼。因此西漢雖承秦法格局，卻以黃老形式緣飾掉。在太史公的筆下，吾人可以看到他對這個格局的描述：

《史記》卷九〈呂后本紀〉贊云：

> 孝惠皇帝、高后之時，黎民得離戰國之苦，君臣俱欲休息乎無為。故惠帝垂拱，高后女主稱制，政不出房戶，天下晏然，刑罰罕用，罪人是希。

第五十八〉，頁五九六。

㉑：林聰舜：《西漢前期思想與法家的關係》，（台北：大安出版社，一九九一年四月），第五章〈漢初黃老思想中的法家傾向〉，頁五六。

《史記》卷五四〈曹相世家〉贊云：

> 參為漢相國，清靜，極言合道。然百姓離秦之酷後，參與休息無為，故天下俱稱其美矣。

《史記》卷四九〈外戚世家〉：

> 竇太后好《黃帝》、《老子》言，帝及太子諸竇不得不讀《黃帝》、《老子》尊其術。

君臣上下極言黃老之道，製造一片清靜無為的表相，然而刑罰真得廢置不用了嗎？所謂冰山一角，正足以說明漢初陽道陰法的格局。《史記》卷一二一〈儒林傳〉云：

> 孝文帝好刑名之言。

《史記》卷二三〈禮書〉又云：

> 孝文好道家之學。

在史家筆下，文帝是「賢聖仁孝」（《漢書》卷四〈文帝本紀〉），然而卻是用刑最重的。據東漢崔實《政論》卷上云：

> 文帝雖除肉刑，當劓者笞三百，當斬左趾者笞五百，當斬右趾者棄市。右趾者既殞其命，笞撻者往往至死，雖有輕刑之名，其實殺也。㉒

肉刑尚不至於死，廢肉刑換以鞭刑，則「行殺」也，其刑法之刻深可想而知，史公言其

㉒：東漢・崔實：《政論》卷上，頁三，收入清・馬國翰：《玉函山房輯佚書》，（台北：文海出版社，民國五十六年六月），第五冊，頁二六四四。

「好刑名」，又「好道家」，正可以看出以道緣飾法的真相。曹參在回答惠帝的一段話，實表露了漢代統治階層對「垂拱無爲」之制有恃無恐的依據：

高皇帝與蕭何定天下，法令既明具，陛下垂拱，參等守職，遵而勿失。（《史記》卷五四〈曹相國世家〉）

除了依靠暗中的「酷法」外，還有什麼可以令漢家皇帝高枕無憂呢？

至於西漢初期黃老刑名法治的內容如何，民國以來，學界多停留在臆測階段，直到一九七三年長沙馬王堆三號漢墓出土一批帛書文獻，其中《老子》乙本卷前抄錄四篇古佚書，篇題爲《經法》、《十大經》、《稱》、《道原》㉓，文中避高祖名諱，不避惠帝名諱，而此墓建於文帝十二年（公元前一六八年），故抄寫年代不會晚於此年，約在公元前一七九—一六九年之間。其內容正是法家結合道家之術，依托黃帝來說明其治國的方法和理想的原貌。唐蘭斷定此四篇佚是《漢志》著錄的《黃帝四經》㉔，大致可信。漢代初期的黃老刑名之學的真實面貌終顯露於世，其內容可分爲以下二項論述之：

1. 循申不害、慎到、韓非以道入法的格局

其核心概念大致可歸納爲以下六項：⑴道生法；⑵順道而執法；⑶君順道則事成，逆道

㉓：馬王堆漢墓帛書整理小組：〈長沙馬王堆漢墓出土《老子》乙本卷前古佚書釋文〉，《文物》一九七四年第十期（總二二一期），頁三〇—四二。

㉔：唐蘭：〈《黃帝四經》初探〉，《文物》一九七四年第十期（總二二一期），頁四八—五二。

則事敗；⑷先德後刑；⑸以退爲進；以虛靜制動；⑹尊法而歸本於虛靜無爲。（案：由於本單元重心非法報系統建構，而是著眼於發展中的功能互動情形，故其內容略而不論）

2.與其他系統功能的互動

⑴輸入天人比附的功能

《十大經·觀》內引進天人比附的觀念：「春夏爲德，秋冬爲刑。先德後刑以養生。」、「先德後刑，順於天。」㉕，以四時比附刑德，顯見該篇作者出自儒家的手筆，此思想後來爲董仲舒吸收，建構成天人感應報的主要概念。

2.輸入天報功能

《十大經·姓爭》：「順天者昌，逆天者亡。毋逆天道，則不失所守。」㉖

《經法·亡論》篇裏也有這種神性義的天報觀念：「凡犯禁絕理，天誅必至。」㉗

3.輸入德報功能

《十大經·雌雄節》：

> 皇后屯曆（歷），吉凶之常，以辯（辨）雌雄之節，乃分禍福之鄉（向）。憲敖（傲）驕居（倨），是胃（謂）雄節；□□共（恭）驗（儉），是胃（謂）雌節。……

㉕：同註㉓，頁三六。

㉖：同前註，頁三七。

㉗：同前註，頁三四。

> 夫雄節以得，乃不為福，雌節以亡，必得將有賞。夫雄節而數得，是胃（謂）積英（殃）。凶憂重至，幾於死亡。雌節而數亡，是胃（謂）積德。……凡人好用雄節，是胃（謂）方（妨）生。大人則毀，小人則亡。……厥身不壽，子孫不殖。……凡人好用〔雌節〕，是胃（謂）承祿。富者則昌，貧者則穀。……故德積者昌，殃積者亡。觀其所積，乃知〔禍福〕之鄉（向）。㉘

雌雄觀念是從《老子》第二十八章：「知其雄，守其雌，爲天下溪。……知其白，守其黑，爲天下式。」㉙化出。雄代表剛，雌代表柔，意謂守柔不爭，可以宰制天下，此概念吸收德報積德積殃功能，形成儒、道、法雜揉的思想。

漢代前期黃老刑名的法治格局，雖然緩和了法家嚴誅酷罰，輕用民力之弊，但是吾人必須有個清楚的認知：漢代律法是摭拾現成的秦律而成，雖有增損，其本上不會逸出其精神之外，《漢律》久佚，是否蕭何造律有採納《黃帝四經》雜揉的思想入律，則不得而知，然而從其他相關史料得知漢代刑罰之酷不下於秦朝。所以統治階層雖以黃老治世，卻並未減輕刑罰酷烈的條文。

由於時空轉變，法的善惡評價標準也會跟著調整，漢代已結束列國紛爭的局面，毋須再倡首功來提高戰力；其次在先秦法家的眼中，儒家的道德仁義被視爲毒蛇猛獸，自漢以後，逐漸意識到它的教化功用，而恢復原有的地位和發言權，如漢惠帝四年，除「挾書之律」

㉘：同前註，頁三八。

㉙：舊題楚・李耳撰、黃釗校注：《帛書老子校注》，（台灣：學生書局，民國八十年十月），頁一四三。

（《漢書》卷二〈惠帝本紀〉），廣開獻書之路；文景開始設置經學博士；武帝大倡舉孝廉等等，都是允許儒家德報系統進入專制法治的格局之內，儒法並存，而逐漸浮上檯面，直到漢武帝獨尊儒術，儒學取得道統地位，正式與政統交鋒，至此漢代法治格局又有了新的變化。這便是以下要闡述的概念。

㈡西漢中朝法治的格局

到武帝時代，由於長期生養調息，國力已充足，便積極展現建立文治武功的強烈企圖心，加上客觀環境的轉變，黃老之「道」漸失去政治的發言權。謝大寧先生運用韋伯「支配」原型的觀點，指出漢文、景、武帝欲走回家長制支配的政治格局，舉賢良方正，任用沒有政治背景的儒者來取得政治主導權，在此情況下，儒者也基於共用利益而依附君主，來取得術的典範地位。因此在術的層面競爭下，作爲功臣宗室集團意識形態依據的道家，自然也因政治的失勢而遭到揚棄的命運，從此退出政治舞台，轉入民間，依附神仙方術……㉚。

政治檯面上只剩儒法兩家，在漢昭帝始元六年（公元前八一年），鹽鐵會議上正面交鋒，以賢良文學代表儒家德治，與以御史大夫桑弘羊爲首代表法家的刑治，展開激烈的爭辯，這次會議辯論的過程，由桓寬詳錄在《鹽鐵論》一書裏。總的來說，賢良文學祖述堯舜，憲章文武、孔、孟，念念不忘暴秦亡國的前車之鑒，主張德主刑輔的政治格局；而御史大夫則循

㉚：謝大寧先生：《從災異到玄學》，（台北：台灣師範大學國文研究所博士論文，民國七十八年五月），頁八三—八六。

商韓思路，強調德治不足以安邦，而刑法足以止暴禁姦的法治格局。

從形式層面來看，鹽鐵會議是儒法之爭的最後一役，至此以後，類似的論戰未再出現。這次論戰的結果，由於儒學定於一尊，儒生通經入仕者漸多，在立法和司法上取得主導權，加上春秋斷獄決事比侵入法律領域，雖然彼時法治理論雖已確立，卻尚未能指導立法和行政。因此儒學在思想上站穩了腳步，形成以道統指導政統—即所謂陽儒陰法的格局。

三、西漢中期以後法治的格局

西漢以前，法報系統具有強烈的排他性、獨尊性，即使在秦代的法治格局裏，稍有容許道德的空間，也是以刑爲主體去吸納其功能。自鹽鐵會議以後，儒學的綱常名教成爲治國的方針，在專制集權的格局裏：德與刑，王與霸是雜用且並存。統治階層逐漸接受：法令只是消極的禁惡誅姦，而禮樂教化可以勸善的觀念。吾人可以從官修的〈刑法志〉看到這種思想在統治者默許下形成一種共識。

《漢書》卷二三〈刑法志〉：

> 文德者，帝王之利器；威武者，文德之輔助也。夫文之所加者深，則武之所服者大；德之所施者博，則威之所制者廣。

東漢光武帝時，梁統上疏曰：

> 臣愚以為刑罰不苟務輕，務其中也？君人之道，仁義為主，仁者愛人，義者理務。愛人故當為除害，理務亦當為去亂。（《晉書》卷三〇〈刑法志〉所引）

西晉武帝時，張斐《注律》表上云：

> 禮樂崇於上，故降其刑；刑法閑於下，故全其法。是故尊卑敘，仁義明，九族親，王道平也。（同上引）

大致來說，西漢中期以後，儒學便成爲法報系統擴充或刪減的指導思想，吾人可以從曹魏時代以後造律的精神看出：[31]

曹魏因漢律、令、儀制定《魏律》十八篇，其中「八議」之制，根據《周禮・秋官・小司寇》中的「八辟」之說而來，禁止復仇和誣告，以達到省刑息誣，回歸人性互信的善良風俗；凡屬親、故、賢、能、功、勤、貴、賓八種人，在法律上享有優待的權利；此外《魏律》中沒有納入「夷之族」和「宮刑」之罪。

晉增損漢魏律文，定爲二十篇，《晉律》不但沿用漢魏以來，儒家化的律令，而且還明文規定「五服治罪」的刑法原則，凡冒犯尊長，血緣愈近，輩分愈高的處罰也愈重；若長輩責打晚輩，則不追究刑責，充分表映了儒家「孝悌」倫常精神。

南朝的《梁律》、《陳律》則沿用《晉律》的制度，在增補上，進一步以法律維護家族內部秩序。

到了北朝時代，《北魏律》首創留養制度，爲標榜以孝治天下，規定罪犯有年老父祖，

---

[31]：張晉藩：《中國法制史研究綜述》，（北京：中國人民公安大學出版社，一九九〇年六月），頁一五〇——一五三；頁一九一——二〇九。

又無其他成年兄弟、親屬可代爲侍養時，可多緩刑或免刑的優待；《北齊律》中的「重罪十條」，更是體現儒家「三綱五常」的倫理思想。至此以後隨、唐、宋、元、明、清，均沿此步軌。儒家綱常名教得以指導法律，構成了中華法報系統最大的特色。林端在〈儒家倫理與傳統法律——一個社會學的試探〉一文內便明確指出中國法律有禮俗化的現象：

> 以中國傳統社會而言，秦漢建立大一統國家後，儒家和法家思想合流，禮與法並列，……：歷二千年治亂相循，大抵社會本質變化不大。禮法並列，其實就是法律禮俗化、倫理化，儒家倫理的理想體現在中華法系上，便是對家族與階級的強調與重視（瞿同祖先生語）。儒家視法律為禮俗的輔助，兩者皆以家族倫理為基礎的五倫的實踐手段，藉之來維繫一個有等差、有秩序的社會：……[32]

從系統角度來看，不管是儒家指導法律，抑法律禮俗化，中華法報系統，自西漢中期以後，被儒家德報功能侵入，而占據其系統內部一部空間，再逐漸與之合流成一體。這在本論文所陳述的各果報系統中，是很特殊的一個現象，造成這種輸入其他系統功能而由賓入主的原因是：法報本身只有消極地禁姦誅惡功能，自然會被另一種防患未然或勸善的系統所補充。

以下便進入法報系統功能透過何種管道傳播的課題。

[32]：見林端：〈儒家倫理與傳統法律——一個社會學的試探〉，《中國論壇》，第二十七卷第四期（民國七十一年十一月），頁六八——六九。

第三節　法報系統功能的傳播

法報是透過「科層制度」，權威式地由上向下傳播其功能，故其結構爲「金字塔型」（或稱層次型，見圖三），其頂A是組織結構中最高主宰（君、父、師等），同時也是法報功能的總發源地。A以下各級層次，也都按照相同的結構來建立功能的管道，這種橫向交流還時常處在被防範、監視、堵塞的境地。因此總的來說，法報功能傳播較注重上下垂直的管道的溝通，與條貫的聯繫❶，茲以六種由上到下傳播管道分述於後：

圖三：金字塔型的傳播結構

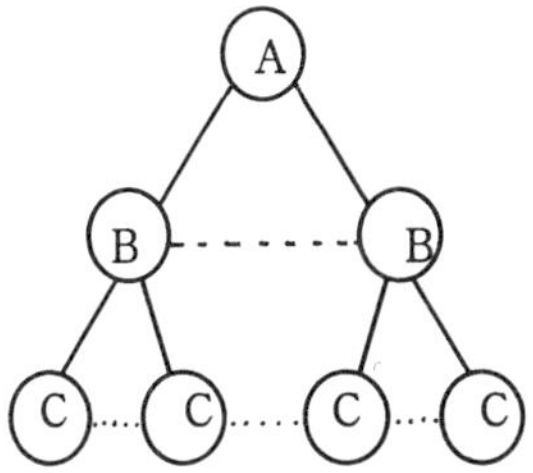

❶：吳予敏：《無形的網絡》，（出版狀況見前），第五章〈綜論：社會傳播結構與傳統文化模式〉，頁二一一—二一二。

一、透過統治階層布令的管道

凡是犯法、處決人犯、公布罪名刑期、發出通緝、或宣達新令等行爲都可以歸入此管道。其公開的方式，無非是欲達到「以儆效尤」目的。其媒介爲文字，然書寫所使用材料，隨時代通用性而定。《周禮》卷三四〈大司寇〉條云：

> 正月之吉，始和。布刑於邦國都鄙，乃縣刑象之法於象魏，使萬民觀刑象，挾日而斂之。

「象魏」意：象，圖形；魏，高大之義。本是天子、諸侯王宮外對稱高立的柱形建築，通常爲石質材料。

本章第一節所敘述的晉國公布「刑鼎」、鄧析的「竹書」、以及出土《雲夢秦簡》的《秦律》，其懸象布憲，有以銅鼎、有以竹簡。還有以木條、《左傳·昭公二年》載鄭國公孫墨將作亂，因舊疾發作，事不果。子產聞之，自邊鄙趕回國內，討其罪，逼其自殺，然後「尸諸周氏之衢，加木焉。」所謂「加木焉」，就是在屍體旁邊豎立木條，上面公布其罪狀，此即謂「刑木」。

或有以墓碣方式，清代劉聲木在《續補寰宇訪碑錄》一書中收入東漢死罪墓碣一百八十品，可惜只錄題名，未錄碣文❷。

此外，東漢尙有以刑磚方式公罪犯之名於世之舉。茲以兩刑磚文爲例，以窺其一斑：

「（東漢靈帝）元和三年，九月七日，弘農盧氏完城旦史仲死在此下。」上頭橫寫：「史仲死」。

「（東漢和帝）永和三年，九月廿日，穎川武陽髡鉗東門當死在此下。」上頭橫寫：「東門當死」❸。

生前受刑已蒙其辱，死後又被昭告於碑碣磚志，而含恥於地下。此舉無非是毀其家族聲名，完全是貫徹韓非：「毀莫如惡，使民恥之」（〈八經〉）、「毀隨其罰」（〈五蠹〉）的理念而來。

二、透過司法、吏治的管道

在秦代以前，執法人員，據《周禮》卷三四〈大司寇〉所述，大司寇是總司法工作，下設許多屬吏分司審判、獄政、執行；卷三五〈大司寇〉所載，小司寇負責審判，士師掌管禁令及解釋法令；鄉士掌管六鄉獄訟；在地方上還設有遂士、縣士、方士分掌獄訟。

❷：清・劉聲木：《續補寰宇訪碑錄》卷一，頁二—三，收入《石刻史料新編》，（出版狀況見前），第二十七冊，頁二〇三〇三—二〇三〇四。

❸：日本・西川寧、神田喜一郎：《漢磚文集》，（東京：二玄社，一九八八年十一月，十四刷），收入《書跡名品叢刊》第三十五冊，第五二—五三頁。

至於秦漢負責司法的官員，據《漢書》卷一九上〈百官公卿表第七上〉所載，廷尉掌刑辟，總責司法（漢景帝更名爲大理；武帝時復爲原名；哀帝又復爲大理；王莽改名作士）；地方負責司法有亭長，下設嗇夫職聽訟；游徼循禁賊盜、姦非者。

三國兩晉南北朝司法機關大體沿東漢制度，中央仍爲廷尉，北齊又稱大理寺。負責司法官員必須熟悉法律，韓非、李斯皆言：「以吏爲師」，睡虎地出土的《秦簡》內的〈南郡守騰文書〉即以明不明法律令來界定良吏、惡吏的區別：

> 凡良吏明法律令，事無不能殹（也）；……惡吏不明法律令……（〈雲夢秦簡釋文㈠〉）

可見官吏也是傳播法報的管道之一。自漢代以降，吏有分循吏、酷吏；循吏執法以寬，加上以德禮化之，尚無多大問題，倒是酷吏行徑有造成法報反功能的現象，所謂「反功能」，就是任何系統中的結構因素，對於系統目標的達成，固然可能帶來功能的一面，但同時亦可能帶來反功能的一面，這在社會學派中叫「目標移置」（goal displacement）❹，也就是，酷吏「直法行治，不避權貴」，「嫉惡如仇」；「以暴理奸」、「專任刑罰」、「刻削少恩」、「爲政剛猛，專事威斷」（《後漢書》卷七七〈酷吏列傳·序〉），固然可以達到禁姦誅惡的法報功能，但是由於手段過於殘酷，小惡亦「重文橫入」使罪至於死，所治之縣，白骨成塚，有可能造成民怨，甚至民叛的暴動反功能。這在德報傳播以歌謠諷酷吏行徑一節中，便

---

❹：彭文賢：《組織理論之分析》，（出版狀況見前），第一章第二節〈功能學派辯證模型〉，頁一三。

可看出其後遺症—禁姦未果，反造成社會內部更大的不安。補救之道，就是加強官吏督責與考察。

三、透過教授律令的管道

從史料上可以知道秦漢為刀筆之吏，先決條件是要「通曉律令」❺，而律令不可能無師自通，必有學習的管道。其管道又可分官學、私學、家學三種。

(一)官學管道

截至目前，尚無文獻可資證明漢代有設置專門教授律令的官吏。但是不可以無文獻就斷定沒有官學教授的設置，據《周禮》卷一二〈地官·鄉大夫〉條內提到鄉大夫每年要集於京師學習憲令，有如今日的講習進修；以常理推斷，專制政體的利器就是刑法，而執行刑法的就是官吏，如果官吏沒有習曉律令，又如何用它來治民？既然有事先習曉，就應有學習的場所，和專門教授律令的官員。就文獻記載，曹魏以降，統治階層已開始設置官學的律博士，

---

❺：《後漢書》卷七七〈酷吏列傳·黃昌〉：「曉習文法，仕郡為決曹」，決曹就是主罪法事；同書，卷五六〈陳球傳〉：陳球以「明法律，拜廷尉正」；漢代不僅是文吏習法律，連守邊武吏也要通曉律令：《居延漢簡》五六二·二·二·圖版三八葉：「□□侯長公乘蓬士長富中勞三歲六月五日，能書、會計、治官民，頗知律令，……」（一三·七·圖版三九葉）：「肩水侯官並山隧長公乘司馬成中勞二歲八月十四日，能書、會計、治官民、頗知律令，……」；參見勞幹：《居延漢簡考釋之部》，台北：中央研究院歷史語言研究所·民國四十九年，《專刊之四十》，頁三八。

專門備諮詢及教授法律知識。

《宋書》卷三九〈百官志上〉：「廷尉律博士，一人。魏武初建魏國置。」

《三國志·魏志》卷二一〈衛覬傳〉：

明帝即位，……覬奏曰：「九章之律，自古所傳，斷定刑罪，其意微妙。百里長吏皆宜知律。刑法者，國家之所貴重，而私議之所輕賤；獄吏者，百姓之所縣命，而選用者之所卑下。王政之弊，未必不由此也。請置律博士，轉相教授，事遂施行。」

衛覬提出置律博士以培養刀筆之吏人才，此制度後代相沿成習。

(二)私學管道

官吏既爲法律執行者，其致仕還鄉就有可能專門教授律令爲生。從史料上得知，西漢初期就已有私人教授律令的情形了。

《史記》卷八四〈賈生列傳〉云：

賈生名誼，雒陽人也，年十八，以能誦詩、屬書聞於郡中。吳廷尉為河南守，聞其秀才，召置門下，甚幸愛。孝文皇帝初立，聞河南守吳公，治平為天下第一，故與李斯同邑而常學事焉，乃徵為廷尉。

既然置之門下，當然會就便習律，孝文帝初立，律令的更定皆出自賈生手筆，如果賈生沒有從吳公習律，又如何能改定律法？

《漢書》卷四九〈鼂錯傳〉更明白說出其私學師承：

（鼂錯）學申商刑名於軹張恢生，所與雒陽宋、孟及劉帶同師。

另一則文獻更有力證明律令私學已有門派之分。據同書，卷九〇〈杜周傳〉所載，武帝時已有大杜律和小杜律之分，大杜指杜周，治皆酷暴；小杜指其三子杜延年，治行寬厚。結果由於律令比附不同，造成罪同而論異的現象。

東漢習大杜律可考的試舉二例：

洪适：《隸釋‧馮緄碑》：

> 習父業，治《春秋》嚴、韓；《詩》倉氏；兼習律大杜。❻

〈荊州從事范鎮碑〉：

> 韜律大杜，綜皋陶、甫侯之遺風。❼

傳小杜律有：

《後漢書》卷四六〈郭躬傳〉：

> 父弘，習小杜律。

同卷〈陳寵傳〉內云：

> 漢興以來，三百二年，憲令稍增，科條無限，又律有三家，其說各異。

則可知，除大小杜律，尚有一家，名不可考。

㈢家學管道

❻：宋‧洪适：《隸釋》卷七，頁一三，收入《石刻史料新編》第九冊，頁六八三四。

❼：同前註，卷一二，頁六（《新編》頁六八八七）。

既然有私人教授，則必定有子承父業的現象，如上所述的郭宏、郭躬父子；此外還有武帝時的酷吏嚴延年，班固說他：

> 其父為丞相掾，延年少學法律丞相府，歸為郡吏。（《漢書》卷九〇〈嚴延年傳〉）

同書，卷七一〈于定國傳〉：

> 定國少學法于父，父死，後定國亦為獄吏、郡決曹……。

據《晉書・刑法志》所載，東漢在三家律之外，尚有注解律文的章句之家十餘派；《南齊書》卷二八〈崔祖思傳〉也提到兩漢私學家法的景況：

> 漢末治律有家，子孫並世其業，聚徒講授至數百人。

由此可見律學傳播之盛況。

四、透過取士的管道

漢代官吏必須通曉律令，則可知統治階層在取士時必有以此條件為選才標準。據衛宏《漢舊儀》載漢武帝元狩六年令丞相設四科之辟，其中第三科曰：「明曉法令，足以決疑，能案章覆問，……」❽；又應劭《漢官儀》載光武中興甲寅詔書：「丞相故事，四科取士」❾所謂「故事」即承前朝四科取士之法。朝廷以熟悉律法為取士條件之一，則有意仕宦者，必

❽：衛宏：《漢舊儀》，（台北縣：藝文印書館，民國五十四年，《百部叢書集成》影印《平津館叢書》本），卷上，頁五下。

❾：應劭：《漢官儀》，（同前註出處），卷上，頁四。

私下拜師學律，如此也會助長法報傳播的風氣。

五、透過蒙學教材的管道

在專制政權下，爲了讓人民毋無知而犯法，除了公布明令外，尚有從根做起的，即在蒙學的教材中加入法報思想，如史游的《急就篇》卷四云：⑩

> 皋陶造獄法律存，誅罰詐偽劾罪人。廷尉正監承古先，總領煩亂決疑文。變鬥殺傷捕伍鄰，亭長游徼共雜診。盜賊繫囚榜笞臀，朋黨謀敗相引牽。欺誣詰狀還反真，坐生患害不足憐。辭窮情得具獄堅，籍受證驗記問年。閭里鄉縣趣辟論，鬼薪白粲鉗鈦髡。不肯謹慎自令然，輸屬詔作谿谷山。……

在此童蒙讀物中灌輸基本的法律、獄訟、刑名常識，並警戒其勿犯法，如爲非犯法而坐刑，是不足憐憫的。在安徽阜陽一九八三年出土的《阜陽漢簡》中有《倉頡篇》，據大陸學者考證：乃先秦之舊，由西漢初期里中塾師抄錄而成，內也有「殺捕獄問諒」殘文⑪。以上二則文獻可資證明大傳統的法報功能也透過蒙學教育管道傳播。

六、透過歌謠的管道

《雲夢秦簡》在〈爲吏之道〉後面也抄錄有三字一韻（中夾雜四、五、七言）的歌謠形

---

⑩：漢·史游：《急就篇》，（出版狀況見前），卷四，二九九—三〇九。

⑪：阜陽漢簡整理小組：〈阜陽漢簡《倉頡篇》〉，《文物》一九八三年第二期（總三二一期），頁二七。

式來唱良吏、惡吏的標準：

處如資，言如盟，出則敬，毋施當，昭如有光。……凡戾（吏）人，表以身，民將望表以戾（吏）真。表若不正，民心將移乃難親。……⑫

可見法家吏道傳播也是深入人心。如此，執法人員善惡行為標準形象，在小傳統社會庶民心中就很鮮明，惡吏便很難逃過眾人悠悠之口，如此可以間接達到法律明確貫徹與執行，使枉法、曲法、廢法、犯法的現象減少到最低程度。

大致說來。法報是透過以上六種管道將功能傳播到大小傳統的社會各角落，以達到人人知法、畏法，而不輕易以身試法，而能穩定社會秩序的目的。使守法良民身家性命得以保障，而令作姦犯科之徒儘速得到應有的刑罰，維繫人間最後一道公理、正義的防線。

⑫：雲夢秦簡整理小組：〈雲夢秦簡釋文(一)〉，《文物》一九七六年第六期，頁一四。

第七章 陰陽五行報系統的建構、發展與功能傳播

陰陽五行報是介在正統和異端系統之間，一種混合自然性和神格性的思想產物。蓋戰國時代，國家傾覆頻繁，以西周傳統「天命有德」來言政權興廢，是無法圓解那些有德之君亡國的事實。所以鄒衍用一套機械式的循環原理來重新詮釋天命，重建政治上天人關係。徐復觀便說：

> 鄒衍終始五德之說……乃是在政治中原始天命觀垮掉以後，重新提出的一種新說，以重建政治上的天人關係，因而即以代替古代天命之說。……其與古代天命在本質上不同之點，天命是有目的，有所選擇，有賞罰，而與人類的行為關連在一起的。五德終始，則是機械的，盲目的，定命的。❶

這個論斷是可以被學界接受的，鄒衍冀導時君行仁義節儉，不從德性著手，而從陰陽怪迂，機祥制度去言天意，基本上，其建構的系統也可視爲天報觀的異質化。

筆者所要關切的是：鄒衍是如何將它建構成一套系統？而此系統往後發展時，內容會有那些增益？與其他系統功能互動的情形如何？而其功能又如何傳播？以上思惟將區爲三小節論述之。

---

❶：徐復觀：《中國人性論史—先秦篇》，（出版狀況見前），〈附錄二：陰陽五行及其有關文獻的研究〉，頁五三四—五三五。

第一節　陰陽五行報系統的建構

陰陽五行思想從自然質素到形上層次，學界前賢已論述頗詳❷，此處只取其結果來說明本段核心問題。

一、陰陽五行思想的形成

有關「陰陽」觀念出現最早文獻記載，在《易經》卦爻辭和《詩經》裏的〈大雅〉、〈小雅〉時代就有了。或言本義：日光；或言引伸義：方位、蔭蔽等。春秋時代，從《左》、《國》文獻來看，已發展到六氣（陰陽風雨晦明），並開始與人發生關係，能發爲五聲、五色、五味。陰陽觀念由此轉化爲形上意，一般學界公認，自《易傳》時代開始，只是尙未與五行同爐而冶。

有關「五行」觀念出現是直到春秋時代以後才有，從《左》、《國》、《逸周書》、《尙

❷：有關陰陽五行期刊論文之作甚夥，較早有梁啟超：〈陰陽五行說之來歷〉，《東方雜誌》第二十卷第十號（民國十二年五月），頁六二—七一；近人有饒宗頤：〈五德終始說新探〉，收入氏著：《饒宗頤史學論著選》，（上海：上海古籍出版社，一九九三年十一月），頁一四三—一五〇。其中對鄒衍遺說的真僞、理論的原貌、以及生平行跡，考辨最精詳的，要算是學界耆儒王前輩夢鷗先生的《鄒衍遺說考》，（台北：台灣商務印書館，民國五十五年元月），本單元幾全採其研究成果，前人之功，令後學銘感五內。（案：本單元如引其說，則遺文以簡稱《遺考》，附頁碼，不另註說明）

書·洪範》、〈甘誓〉❸等篇章所提到的「五行」概念，皆與五種民生物資有關。但是值得注意的是：在魯襄公二十八年以後，「周室出了萇弘，宋國出了子韋，鄭國出了裨灶，魯國出了梓慎，開始把天上水木火等星的變異來對應人世之饑饉或火災等等」（《遺考》頁一二一—一三）；也就是說在紀元前六世紀中期以後，開始有把天文的變異比人事的預測說明❹。如此便導出一個思想史的問題：從五種民生物質到鄒衍的「五德終始」循環編制，似乎跳脫了一個環節，學術思想發展都是前有所承的，不會憑空造出。吾人相信王氏的推定：「鄒衍是收集占星家觀察自然現象的知識，而把原有的陰陽說加入於五星運轉—即五行中，而起消息作用的」，而「『五行』的名稱是出自古代占星家觀察五星運行所起的術語」（《遺考》頁一一一—一一五）。《漢書·藝文志》說：「五行者，五常之星氣也。」顯然地，占星家觀察的是最常被注意的五個星氣：太白（金星）、歲星（木星）、辰星（水星）、熒惑（火星）、鎮星（土星）的運行現象，而這些占星的知識在鄒衍出生前就已有的，鄒衍之所以能夠顯於諸侯，就是在於他那驚人的組織能力。既然「五星運行」的知識是收集來的，那五行比附成

❸：《尚書》中出現五行字眼的只有〈洪範〉、〈甘誓〉兩篇，其成書年代，歷來學界多半持戰國以後成書的看法，獨徐復觀考定為原始文獻，其中經過西周史官，以及春秋戰國傳承的儒者所整理（同註❶，頁五二八）。姑且不論是戰人述古之作，或是西周以來文獻，此二書所提到的「五行」均無後來抽象的循環終始義。

❹：原始文獻請參考：《左·昭公九年》、《左·昭公十五年》、《左·昭公十七年》、《左·昭公二十九年》、《左·昭公三十一年》等等。

五德，想必也是借來的「術語」，若要解決這個問題，必須先切入一個關鍵點：那就是在鄒衍同時或之前，有無提到五行和五德的文獻？很幸運的，吾人可以從《荀子》卷三〈非十二子篇〉批評思、孟一段話中找到線索：

> 案往造舊說，謂之五行，甚僻違而無類，幽隱而無說，閉約而無解。案飾其辭，而祗敬之曰：「此真先君子之言也。」子思唱之，孟軻和之，世俗之溝猶瞀儒嚾嚾然不知其所非也，遂受而傳之，以為仲尼、子游為茲厚於後世。是則子思、孟軻之罪也。

楊倞《注》五行謂：「五常：仁、義、禮、智、信」（同前引書，卷三，頁二六）是不合常理推斷，荀子和孟子係出同門，自己說的也正是這一套仁義道德，豈有自打嘴巴之理？恐怕思、孟已改變五行的意涵，而比附某種抽象層次的東西了，而這種論說恰好牴牾荀子理性的唯物理念，所以才會批評爲「幽隱」、「僻違」、「閉約」這一類話。吾人檢視今本：《中庸》、《孟子》、《子思子》，都找不到思、孟之徒有這一套的說法。據一九七三年長沙馬王堆二號漢墓出土的《帛書老子》甲本卷後佚書四種之一：《五行篇》，乃秦漢之際的古抄本，讓吾人看到荀子批判思、孟一派「五行說」的原貌❺。其言五行非金木水火土；亦

❺：參見曉函：〈長沙馬王堆漢墓帛書概念〉，收入《文史集林》，（台北：木鐸出版社，民國六十九年十一月），第二輯，頁三九所述：「《帛書老子》甲本卷後佚書四篇，無篇題，第一篇共一百八十一行，五千四百餘字，文體與《大學》相近，主張「性善」、「慎獨」，詞句中也套用《孟子》的話，可見作者是子思、孟軻學派的門徒。這篇佚文為我們研究思、孟「五行學說」提供了新的材料。

非孔門所言：仁義禮智信；而是仁義禮智聖五德：

〈經1〉：「德之行五和，胃（謂）之德；四行和，胃（謂）之善。善，人道；德，天道也。」❻

其言四行和則善，這是人道；能以四行之善合而臻之聖境，則五行合謂之德，這是天道，已經將五常提昇到形上層次。

〈經18〉：「聞君子道，〔聰〕也；聞而知之，聖也。聖人知天道，知而行之，義也。行之而時，德也。見賢人，明也。見而知之，智也。知而安之，仁也。安而敬之，禮也。仁義禮智所由生也。五行之所和，和則樂，樂則有德。」（同前引，頁八〇）

《五行篇》內數言「君子道」，「君子道」即是「天道」：

〈經6・說〉：「聰則聞君子道。道者，天道也。」（頁七二）

案：《五行篇》不僅將仁義禮智聖比附成五德，而總名為天道（或君子道），又去比附樂的五聲：

〈經18・說〉：「五行之所和，和則樂。和者，有（猶）五聲之和也。」（頁八一）

〈經9〉更明確地說：「金聲而玉振之，有德者也。金聲，善也；王言（玉振），聖也。善，人道也；德，天道也。唯有德者，然後能金聲而玉振之。」（頁七四）

孔子是罕言「天道」的，所以子貢才說：「夫子之言性與天道，不可得而聞也。」（〈公

❻：龐樸：〈帛書《五行篇》校注〉，收入《文史集林》，（出版狀況其前），第二輯，頁七〇。

治長第五・一三〉）；而《五行篇》將道德歸之於天道，這是「錯人而思天」，不明於「天人之分」，是失萬物之情，故荀子非之。又比附樂，和荀子以五行爲禮樂根本，立足於人道理念大相背離❼，故在〈非十二子篇〉中用激烈的措辭批判。

鄒衍以思、孟五德概念運用到其五行身上這比附不會憑空跳出，應前有所承，而這個問題已從《五行篇》出土的文獻得到部分解決。饒宗頤在〈五德終始說新探〉一文中也說：

> 鄒衍倡五德終始說，似本此為基礎而恢皇之。嚴安上書引鄒衍曰：「政教文質者，所以云救也。」（《漢書．嚴安傳》）太史公〈高祖紀〉贊言三代文質相救云：「周人承之以文；文之蔽，小人以僿，故救僿莫若以忠。」《索隱》云：「此語本出《子思子》，見今《禮．表記》。」《子思子》書今不傳，賴此知之。董仲舒〈天人三策〉引此云：「道亡救弊之政」。三代文質相救之義，原出子思，而鄒衍、董生、太史公皆秉之立論，此鄒說之原於《子思子》之一證也。❽

由饒氏的推測可理解荀子批判思、孟「往造舊說」之舉，是爲了救文質之弊，而鄒衍的五德終始立說也是承繼這個概念而來。然而鄒衍從思、孟的五行說發展成五德說，恐怕不是

❼：《荀子》卷一四〈樂論篇〉：「貴賤明，隆殺辨，和樂而不流，弟長而無遺，安樂而不亂，此五行者，足以正身安國矣。」；卷一一〈天論篇〉：「故君子敬其在己者，而不慕其在天者；小人錯其在己者，而慕其在天者。」；案：以上兩則文獻皆可看出荀子立足人道。而遠天道；事實上，他是以自然天批判思、孟的道德法則天罷了。

❽：饒宗頤：〈五德終始說新探〉，收入《饒宗頤史學論著選》，（出版狀況見前），頁一四五—一四六。

今天有限的材料可以具體的說明，吾人只能推測：思、孟將五常德性提昇到天道形上層次，鄒衍是否借此概念去比附五星運行也合於天道法則？便因此賦與五行德義呢？接下來的疑問是：鄒衍是陰陽家，如何跟儒家的思、孟扯上關係？如果可以解決這個疑點，那麼鄒衍借思、孟五行來比附五德的概念推論就可以成立了。

鄒衍和儒家的關連可以從以下幾則文獻窺出端倪：一是太史公在〈孟荀列傳〉中，提到鄒衍時，一再指明：他是「後孟子」及「孟子……後有鄒衍」。因爲太史公所說的後於孟子的人很多，也包含鄒忌、慎到、環淵、田駢、接子等人，而單獨指明鄒衍，這不是沒有含意的。《漢書・藝文志》將他歸入陰陽家，是根據後來學說成形的結果而定，不足以證明鄒衍和儒家沒有關係。

二是太史公見過鄒衍著作內容，在經過他鉤玄提要後，作了一個結語：「其術皆此類也；然要其歸，必止乎仁義節儉，君臣上上六親之施；始也濫耳。」這個結語說明了鄒衍學說的宗旨，兼括儒家的「仁義」與墨家的「節儉」；而太史公同意這個宗旨，但嫌他用以立說的前題（案：指閎大不經的禨祥怪迂之論）太過誇張，故曰：「始也濫」（《遺考》頁三六）。太史公這一段話可證明鄒衍的確和儒家有關連。問題是他爲什麼要透過那麼誇張的前題去倡導時君行儒家仁義這一套價值觀？

三從太史公在下面這一段話中可以看出鄒衍這種立說的動機。後面又說道：「其游諸侯，見尊禮如此，豈與仲尼菜色陳蔡，孟軻困於齊梁同乎哉？……或曰：『伊尹負鼎而勉湯以王，百里奚飯牛車下而繆公用霸。作先合然後引之大道，騶衍其言雖不軌，儻亦有牛鼎之意乎？』」由這段話可以看出太史公對鄒衍行權變的同情及贊許口氣；同情是同情他像其他歷史人物蘇秦一樣，行權變以干遇諸侯，最後竟死於權變之事；贊許是贊許他不拘泥大道，行權變而見重於諸侯。所以《呂氏春秋》引其說的同時還提出許多稷下先生之名，獨不題「鄒衍」；其後學，操其術以熒惑時君世主者，自秦至漢，不乏其人，亦諱言其名而托「黃帝」（《遺考》頁三一），這都由於有這層政治顧忌。桓寬《鹽鐵論》卷二〈論儒第十一〉御史更明顯地表達和太史公一樣的看法：

> 御史曰：「鄒子以儒術干世主，不用，即以變化始終之論，卒以顯名。故馬效千里，不必胡、代；士貴成功，不必文辭；孟軻守舊術，不知世務，故困於梁宋。孔子能方不能圓，故飢於黎丘。……聖人異塗同歸，或行或止，其趣一也。……鄒子之作，變化之術，亦歸於仁義。」

又卷九〈論鄒第五十三〉云：

> 大夫曰：「鄒子疾晚世之儒墨，不知天地之弘，昭曠之道……於是推大聖終始之運……」

從後三則文獻可以隱約看出鄒衍既「以儒術干世主」的確和儒家有關，孟子生卒年（據錢賓四考）：公元前三九〇—三〇五年，鄒衍生卒年（據《遺考》）：約公元前三四五—二七五年。則合乎太史公所說的「後孟子」，鄒衍四十歲以前，孟子尚存於世，則其與孟子應有關連。《遺考》也指出荀子在非十二子時，為何獨漏鄒衍的問題，認為，這是罵與他並世的賤儒一樣：不指其姓名，而但稱「子張之徒」、「子游之徒」。非十二子中，凡是被他指名批判的，全是「已死」之人。從這種指死人來罵其學說遺毒，並暗諷當時活著的徒眾之文例來看，鄒衍與子思、孟子的學說，在某點上必有關連（頁八—九）。吾人相信王氏這種推測，因為以今日帛書〈五行篇〉五千多字原文來看，頂多抽象、難解，還稱不上「僻違」、「閉約」的境界。雖然鄒衍之學和儒家有關連，但可以確定的是，其陰陽五行生剋之法，絕非從思、孟身上得來，那麼這觀念是從何得知？這問題也不是今日有限的文獻可以證明的。依筆者粗淺的推測：五行生剋說法，恐怕早就已存在現實的生活經驗當中，《尚書・洪範》提到五行就明指它們的特性：

> 水曰潤下，火曰炎上，木曰曲直，金曰從革，土爰稼穡。潤下作鹹，炎上作苦，曲直作酸，從革作辛，稼穡作甘。

《周易・乾卦文言》也說：「水流濕，火就燥」可見先民早就五行材料性質有經驗上的認知，由此來看生剋之說，恐怕也是取自經驗。例如：水可滅火；土可長育樹木，又可阻洪水；火可銷鑠金屬，使它改變形體為流質之物；金屬可以釘進木幹裏等等。《墨子》卷一〇〈經說下第四十三〉內有段話，就表映這種生活認知：「五合：水土火（疑作木生火）。火離然。火鑠金，火多也。金靡炭，金多也。合之府水，木離木（疑作木離土）。」❾當然在生活層面裏，滅火之物不只是水，土也可滅火；火也可以燒燬樹木。從生活認知到學術上的運用，就會多了一層篩選，選擇金剋木，就棄火剋木的說法，這是無法解釋，只是為了理論

❾：孫詒讓：《墨子閒詁》，（出版狀況見前），卷一〇〈經說下第四十三〉，頁六〇。

建構要面面俱到的需要。那麼是誰創五行生剋理論呢？一般皆認爲是鄒衍，但是有不少文獻可以推倒這個說法。如：

《左傳·昭公三十一年》內載有一則五行相剋文獻，史墨答趙簡子辛亥日食問題：「庚午之日，日始有謫。火勝金，故弗克。」又同書〈哀公九年〉，晉趙鞅卜救鄭，遇水適火，史墨曰：「水勝火，伐姜可也。」又《孫子》卷中〈虛實第六〉內也提到：「五行無常勝，四時無常位」❿；以上這三則文獻顯示在春秋後期社會，已流行部分五行相勝的說法。至於五行位列的順序，《左傳·昭公二十九年》是：木、火、金、水、土，《國語》卷九〈鄭語〉史伯的排列順序是：土、金、木、水、火；〈洪範〉的順序是：水、火、木、金、土。這三種不同的排列方式，無論是順向或逆向，都無生剋之意。那麼這種現象是不是可以說明：五

---

❿：春秋·孫武：《孫子兵法》，收入《百子全書》第二冊，頁一一二八。案：一九七二年四月，山東臨沂銀雀山漢墓出土《孫子兵法》殘簡，與現今通行宋本《孫子兵法》對照，證明西漢初期即流傳《孫子兵法》十三篇及其他議兵專篇，是確信無疑；至於新發現竹簡，不見於現存通行本，可能是孫子遺文佚失部分。此出土文物證明了《孫子兵法》是春秋孫武所作，非孫臏。（以上資料可詳參遵信：〈《孫子兵法》的作者及其時代—談談臨沂銀雀山一號漢墓《孫子兵法》竹簡的出土〉，《文物》一九七四年十二期（總二二三期），頁二〇—二四）其內〈地葆篇〉載有：「五壤之勝」，即：「青（木）勝黃（土），黃（土）勝黑（水），黑（水）勝赤火，赤（火）勝白（金），白（金）勝青（木）。」可資證明春秋後期已有五行相勝說法，而《墨經》云：「五行毋常勝」，似乎表示時人對生剋說仍存懷疑態度。

行生剋順序尚在試說階段？如果筆者以上的說明可以被接受的話，則可以導出一個心得，那就是：鄒衍是吸收當時社會已有（但雜亂）的五行相剋觀念，加以整理出合乎其五德終始的理論的五行相生相勝順序呢？

筆者再把以上繁瑣的論述整理成以下的結論：鄒衍所創造的陰陽五行思想，是來自於他的驚人轉化和組合能力。也就是說：他自己深觀陰陽消息，又吸收當時占星家觀察五星運行現象記錄下來的知識，以他儒家根柢，從思、孟五常比附形而上天道五德哲學，得到聯想，而套用其概念，將之運用在五星的命名上，然後借當時社會已流傳部分五行生剋觀念，將之擴大，形成一套可以自圓其說的生剋理論。經過大包裝之後，以原始天人感應的信仰爲基礎，混上「閎大不經」、「陰陽怪迂」的說辭，來建構他天人神學的果報系統，而這系統的內容架構如何，便是以下所要探討的課題。

二、鄒衍陰陽五行報系統的建構

鄒衍的著作見於太史公記載有二則：「終始大聖之篇十餘萬言」（〈孟荀列傳〉）、「鄒衍以主運顯於諸侯」（〈封禪書〉）；這十幾萬言，被《七略》整理成篇帙，後轉錄於《漢書‧藝文志》，成爲《鄒子四十九篇》、《鄒子終始五十六篇》。其中「主運」是書名抑篇名，它和《五德終始》之間的區別，由於其書在東漢末年以後散佚，無從察考。清代馬國翰在《玉函山房輯佚書》中所輯入十一條鄒衍遺說，據王氏考定：「多半爲鄒子之徒或漢儒增益」（《遺考》頁三七—四六）。如今欲了解鄒衍建構陰陽五行報的內容，就只剩下太史公在〈孟荀列傳〉內那一段鉤玄提要的論述：

……其語閎大不經；A必先驗小物，推而大之，至於無垠；B先序今，以上至黃帝，學者所共術，大並世盛衰，因載其機祥度制，推而遠之，至天地未生，窈冥不可考而原也；C先列中國名山大川、通谷禽獸、水土所殖，物類所珍，因而推之及海外，人之所不能睹；D稱引天地剖判以來，五德轉移，治各有宜，而符應若茲。……E然要其歸，必止乎仁義節儉，君臣上下六親之施……（案：英文題號是《遺考》所編，E是筆者所添，以上皆為方便採王氏觀點論述）

憑太史公這一段提要是無法具體陳述陰陽五行報建構內容，所幸有王氏《遺考》勾勒出鄒衍原著的理論架構的輪廓，使筆者論述不至於中斷、脫節，學術能往前推進一步，均有賴於前賢積累研究心得之功，筆者不敢竊美，故於本文中再聲明感謝之意。依王氏的考辨心得來配合本節的課題—鄒衍建構陰陽五行報的內容，可區分爲以下三項論述之：

(一)建構的原理

陰陽五行報依據何種原理建構的？首先必須釐清這個概念，才能談其內容。那麼鄒衍陰陽五行報建構的原理是什麼？吾人可以歸納爲二點：

1.陰陽消息

太史公在〈孟荀列傳〉中介紹鄒衍一開始便說：「乃深觀陰陽消息」；又在卷二六〈曆書〉中云：「鄒衍明五德之傳，散消息之分」可見「消息」是此報建構的原理之一。其「消息」是指涉什麼？據〈曆書〉上云：「黃帝考定星曆，建立五行，起消息。」《正義引皇侃解》云：「乾者陽生爲息，坤者陰死爲消」；又據《春秋繁露》卷一二〈陰陽終始第四十八〉內云：「春夏陽多陰少，秋冬陽少陰多，多少無常，未嘗不分而相散也；以出入相損益，以多少相溉濟也。」⓫，則知「『散消息之分云者』，就是在播五行于四時，而四時更迭過程也是陰陽損益既濟的過程」（《遺考》頁六〇）；而此「消息」觀念，又從何而來呢？「顯然是從考定星曆而後發生的」（《遺考》頁五八），如此便逆導出其第二個建構原理：

2.五德相生剋

前面所引的〈曆書〉那一句：「五德之傳」，經王氏解釋，實即「轉移」或「相次轉用事」的意思（《遺考》頁六〇）。鄒衍就是觀察日月五星順逆運行的現象，配合時令周而復始的循環而生的消息，創造出五德「生」、「剋」的原理。根據這個原理去構陰陽五行報的內容。

(二)建構的內容

1.小型的五德終始論

此論專用於帝王行政的措施—即時令之類的設計。以一年一周的終始，來安排每一時令有一位主運的帝而配合五行來說，如東方青帝—木王，令行春三月，赤帝受命，以火德王，

⓫：漢・董仲舒：《春秋繁露》，（上海：上海古籍出版社，一九九五年二月），卷一二〈陰陽終始第四十八〉，頁七〇。

令行夏三月：：：（餘此類推）；大抵居明堂之人王，必依其節令及主運的五德帝特色，穿戴不同顏色的衣冠，駕御不同顏色的馬車，使用不同顏色的器具，並按月行政令，且預測順逆時令的休咎徵候。其內容大約近似今日所見《呂氏春秋》的十二紀、《淮南子》所載的〈時則訓〉、〈天文訓〉之類的內容。這種小型的五德終始理論，在「陰陽消息」的原理上注意其「相繼生」的一面。即太史公所敘提綱A、C部分：

（例證是）A：「先驗小物，推而大之，至於無垠。」亦即C：「先列中國名山大川，通谷禽獸，水土所殖，物類所珍，因而推之及海外，人之所不能睹。」

此即用於自然的五德相生律。（《遺考》頁五〇—五六）

2.大型的五德終始論

此理論專用於帝王受命的制度，依當時學者所共術的托古立制方法，利用陰陽消息原理來說明五行自天地剖判以來，一朝一代消長盛衰的人世間現象，著重在「相繼勝」的一面，即類似《呂氏春秋》卷一三〈有始覽・二曰應同〉所述的內容：

黃帝之時，天先見大螾大螻。黃帝曰：土氣勝。土氣勝，故其色尚黃，其事則土。及禹之時，天先見草木，秋冬不殺。禹曰：木氣勝。木氣勝，故其色尚青，其事則木。及湯之時，天先見金刃生於水。湯曰：金氣勝。金氣勝，故其色尚白，其事則金。及文王之時，天先見火：：：文王曰：火氣勝。火氣勝，故其色尚赤，其事則火。代火者必水：：：水氣至而不知數備，將徙於土。⑫

---

⑫：舊題秦・呂不韋著、漢・高誘注：《呂氏春秋》，（出版狀況見前），卷一三〈有始覽・二曰應同〉，

此段帝王代祚符命解釋，未預言水德王，可見是秦統一前的言論，即便不必如馬國翰所認定是必出於鄒衍終始五勝原著，或出自於鄒子之徒，或漢儒竄入，也與鄒衍相勝說相去不遠，即如太史公所敘提要B、D部分：

（例證是）B：「先序今，以上至黃帝，學者所共術，大並世之衰，因載其機祥度制，推而遠之，至天地未生，窈冥不可考而原也。」D：「並稱引天地剖判以來，五德轉移，治各有宜，而符應若茲。」

此即用於人事的五德相勝律（《遺考》頁五〇—五六）；鄒衍整個學說體系就是一種用原始類推法造成的宇宙論，其具體內容就包括以上所敘述的五德「相生」、「相剋」的兩種理論。

㈢建構的目的

從後來諸子的時令文章內容來看，鄒衍當初設計順逆時令休咎徵候的說法時，確實含有勸時君世主行仁義道德的用心，而以五德相勝說來比附代君王興衰更替的現象，顯然有以異化的命定論，來弭平人間紛擾的戰爭：既然王德轉移有序，則君王帝位不可強求，必修德以應天命，此其一；既獲君位，然五德毋常勝，亦無子孫永享之理，終將被他德王所代替，得失皆天數，不可逆天數行事，此其二；已獲君位，若失德，逆時令行事，則天降災咎，令其帝位不久長，此其三。故其創建的陰陽五行報終極目的，即如太史公所敘提要E的部分：

頁二九一—二九二。

然要其歸，必止乎仁義節儉，君臣上下六親之施。

從系統學角度來看，鄒衍這種用原始陰陽消息和五德轉移的原理去包裝德報，是屬於系統維生功能中的「轉換」或「反饋」作用，它不僅可以防止系統本身功能萎縮，而且還可以經過轉換作用之後，輸出新的功能。只是鄒衍輸出的禨祥度制，陰陽怪迂功能過大，而形成一個與母系統不相上下的結構體，就其目的而言，雖爲德報子系統；然而從其內容和形式來看，已成爲一個專門規範統治者行徑施政的新興果報系統。在此系統的價值觀內，只要君王行事順時令行德政，則有吉、休徵，便爲善的肯定評價；反之，逆時令行惡政，則有凶、咎徵，即爲惡的否定評價。

此果報系統雖然規範統治階層，但是在建構者的原意中仍有其普遍意，蓋世間一切不幸，皆歸根於君主一人的行爲，只要能約束其欲望和氾濫的野心，或失控的理智，則天下蒼生必可獲得安樂的保障；鄒衍之所以套用此種閎大不經、怪迂禨祥的包裝，實有鑒於：世主時君不信鬼神，故墨子神道設教，無助於世；儒術迂闊，不切實用；而天命信仰又下墜，無以穩定人間政治秩序，故說之以天地災祥之變以警惕時君尚德並身施及於黎庶。其影響層面之廣可從漢代天人感應學說盛行看出。

總之，鄒衍雖然創造了一個新的果報系統，但其理論則有待於後儒發展而完成。

第二節　陰陽五行報系統的發展

陰陽五行報在發展的過程中，系統有逐漸膨脹、繁富的現象，經《管子》、《呂氏春秋》、劉安《淮南子》、董仲舒《春秋繁露》、班固《白虎通》等書的闡釋而臻至成熟；在禨祥度制、怪迂之變的內容比附上則有待《洪範五行傳》、班固《漢書·五行志》、《晉書·五行志》、《宋書·五行志》以及「緯書」而完成。此外，在與其他果報系統方面，也有功能互動的現象？現分述如下：

一、陰陽五行報系統的發展

(一)《管子》❶陰陽五行報系統的發展

《管子》陰陽五行思想散見於卷三〈幼官〉，卷一四〈水地〉、〈四時〉、〈五行〉諸篇中。由〈四時〉和〈五行〉兩篇可知其陰陽五行的基本架構；而從〈幼官〉、〈水地〉兩篇中可看出陰陽二氣分化後，所比附的事物概念。大抵來說，在《管子》的建構裏，陰陽運行四時之中，而將五行分派與四時相配合。卷一四〈四時第四十〉即云：

❶：《管子》一書，學界大致認同其成書於戰國，其中有一部分成書於秦漢、或漢人之作（羅根澤：《管子探源》），而本段所敘述其陰陽五行思想篇章：〈四時〉、〈幼官〉、〈五行〉三篇則屬戰國成書，故置於《呂氏春秋》之前。

是故陰陽者，天地之大理也；四時者，陰陽之大經也；刑德者，四時之合也？刑德合於時則生福，詭則生禍。然則春夏秋冬將何行？東方曰星，其時曰春，其氣曰風，風生木與骨……此謂星德，星者掌發。……是故春三月，以甲乙之日發五政……五政苟時，春雨乃來。南方曰日，其時曰夏，其氣曰陽，陽生火與氣……此謂日德。中央曰土，土德實，輔四時入出……四方乃朝，此謂歲德。日掌賞……歲掌和……是故夏三月，以丙丁之日發五政……五政苟時，夏雨乃至也。西方曰辰，其時曰秋，其氣曰陰，陰生金與甲……此謂辰德。辰掌收……是故秋三月，以庚辛之日發五政……五政苟時，五穀皆入。北方曰月，其時曰冬，其氣曰寒，寒生水與血……此謂月德，月掌罰……是故冬三月，以壬癸之日發五政……五政苟時，冬事不過，所求必得，所惡必伏。……是以聖王治天下，窮則反，終則始。德始於春，長於夏，刑始於秋，流於冬。刑德不失，四時如一。刑德離鄉，作事不成，必有大殃。❷

卷一四〈五行第四十一〉：

日至，睹甲子，木行御……七十二日而畢。睹丙子，火行御……七十二日而畢。睹戊子，土行御……七十二日而畢。……睹庚子，金行御……七十二日而畢。睹壬子，水行御……七十二日而畢。

由以上二則文獻可知其五行配四時，採五分法，以七十二日配一行，五次七十二日，合

---

❷：舊題齊・管仲撰，安井衡纂詁：《管子纂詁》，（台北：河洛圖書公司，民國六十五年三月），卷一四〈四時第四十〉，頁九—一五。

三百六十日，所餘之數，則以六日爲閏餘，雖不言「歲遷六日，終而復始」，然其意可以推之。《遺考》認爲此種五行派五分法，較《呂氏春秋》十二紀四分法更接近鄒衍當初的設計（頁八一—八二）。此外其架構特色有三點：一、刑德合四時、五政，以「生」、「養」、「收」、「藏」四種意涵訂下施政綱領，〈四時篇〉雖未以陰陽合刑德，然觀其意已有儒家仁義之施的用心：欲先陽德後陰刑；二、五行雖已合四時，然而比《呂氏春秋》以後的漢儒著作，直言東方木，南方火，尚多一層轉折，恐非鄒衍原意，或係出另一支鄒子之徒的見解，由此可見陰陽五行思想在鄒衍之後有駁雜現象；三、陰陽五行已合四方、干支，而在〈水地第三十九〉篇中，五臟配五味、九竅配五慮；在卷三〈幼官第八〉中五行，合五色、五味、五音、五氣（和、燥、陽、濕、陰）、五數、五蟲（鱗、羽、倮、毛、爪）。其設計近於《淮南子・時則訓》；與《呂氏春秋・十二紀》相較，用意幾乎全同，只少了日纏、中星和五方帝、神、祭、祀等的配對。

總之，陰陽和五行在《管子》的系統中，只是組合而已，尚未認定五行乃陰陽二氣分化而來。

(二)《呂氏春秋》陰陽五行報系統的發展

《呂氏春秋》十二紀的時令設計，吸收了〈夏小正〉、《逸周書》的〈時訓〉、〈周月〉加以整理，而擴充了鄒衍的思想❸；以此爲經，配日纏、中星、四方位、十干、五行之德、

❸：徐復觀在《兩漢思想史—卷二》，（出版狀況見前），頁一四—一五，有列出原文比對，可參考之。

五帝、五神、五蟲、五律、五數、五味、五臭、五祀、五臟、天子居明堂之位及服色、時政、休咎徵等分列在四節十二月紀中，以組織成「同氣」的政治理想的系統。茲列爲下表，以窺其貌：

表六：《呂氏春秋》十二月紀君主施政順、違時令休咎徵表

月紀	君主施政順違時令	休咎徵
孟春	行夏令	則風雨不時，草木早槁，國乃有恐。
	行秋令	則民大疫，疾風暴雨數至，藜莠蓬蒿並興。
	行冬令	則水潦為敗，霜雪大摯，首種不入。
仲春	行秋令	則其國大水寒氣總至，寇戎來征。
	行冬令	則陽氣不勝，麥乃不熟，民多相掠。
	行夏令	則國乃大旱，暖氣早來，蟲螟為害。
季春	行之是令	而甘雨至三旬。
	行冬令	則寒氣時發，草木皆肅，國有大恐。
	行夏令	則民多疾疫，時雨不降，山陵不收。
	行秋令	則天多沈陰，淫雨早降，兵革並起。

月令	行令	結果
孟夏	行之是令	而甘雨至三旬。
	行秋令	則苦雨數來，五穀不滋，四鄙不保。
	行冬令	則草木早枯，後乃大水，敗其城郭。
	行春令	則蟲蝗為敗，暴風來格，秀草不實。
仲夏	行冬令	則雹霰傷穀，道路不通，暴兵來至。
	行春令	則五穀晚熟，百螣時起，其國乃饑。
	行秋令	則草木零落，果實早成，民殃於疫。
季夏	行之是令	是月甘雨三至三旬二日。
	行春令	則穀實解落，國多風欬，人乃遷徙。
	行秋令	則丘隰水潦，禾稼不熟，乃多女災。
	行冬令	則寒氣不時，鷹隼早鷙，四鄙入保。
孟秋	行之是令	而涼風至三旬
	行冬令	則陰氣大勝，介蟲敗穀，戎兵乃來。
	行春令	則其國乃旱，陽氣後還，五穀不實。
	行夏令	則多火災，寒熱不節，民多瘧疾。
仲秋	行之是令	白露降三旬。
	行春令	則秋雨不降，草木生榮，國乃有大恐。
	行夏令	則其國旱，蟄蟲不藏，五穀復生。
	行冬令	則風災數起，收雷先行，草木早死。

季秋	行夏令	則其國大水，兵藏殃敗，民多鼽窒。
	行冬令	則國多盜賊，邊境不寧，土地分裂。
	行春令	則暖風來至，民氣解墮，師旅必興。
孟冬	行春令	則凍閉不密，地氣發泄，民多流亡。
	行夏令	則國多暴風，方冬不寒，蟄蟲復出。
	行秋令	則雪霜不時，小兵時起，土地侵削。
仲冬	行夏令	則其國乃旱，氣霧冥冥，雷乃發聲。
	行秋令	則天時雨汁，瓜瓠不成，國有大兵。
	行春令	則蟲螟為敗，水泉減竭，民多疾癘。
季冬	行之令是	此謂一終三旬二日。
	行秋令	則白露蚤降，介蟲為妖，四鄰入保。
	行春令	則胎夭多傷，國多固疾，命之曰逆。
	行夏令	則水潦敗國，時雪不降，冰凍稍釋。

由表六所列休咎徵可知《呂覽》十二月紀作者欲導時君行德政，特借陰陽五行配合四時十二月紀以障蔽其用心。值得注意的是：其時令設計採十二區分法，除季夏、季冬二月各三十二日外，餘皆三十日，合計三百六十四日，與天文家測定三百六十五又四分之一度，少了一度又四分一日，恐怕已非鄒衍當初五分法設計原貌。案：《遺考》（頁八三），認爲：鄒

衍所作五德轉移，並非「月令」一類設計，王氏這個推測可信度極高，因爲以五行配四時，還多出一行無法安頓，只好安在季夏之月的末段，造成其他四行，主管一時三月，而火德只當令二月，土德只當令一月的矛盾現象，如以五分法，七十二日當一行，就免此矛盾，可見此篇作者只想把時令之政事敘述得更繁瑣而搭配於十二月而已，可能是鄒子之徒另一支派所創。這個矛盾在禮家把它採入《小戴禮記》中而稱爲〈月令〉時，使其置在季夏和孟秋之間，獨立成一段，而勉強得到解決。但是土德究竟當何月，依然得不到圓解。

其次〈十二紀〉已有五常五事的設計，然只存於孟夏紀：「其性禮，其事視」一條，餘皆漏失。

總之，〈十二紀〉是截至目前爲止，所能看到時令設計中將陰陽五行思想滲透到各人文、自然現象，而組織成一個大有機體的系統。只是陰陽和五行在〈十二紀〉中依然是兩種平行的觀念，尚未發展到理論合一的階段。

(三)《淮南子》陰陽五行報系統的發展

《淮南子》卷五〈時則訓〉全取自《呂氏春秋‧十二紀》加以損益而成，也沒有解決〈十二紀〉架構的缺失。對鄒衍陰陽五行系統的擴展則見於卷三的〈天文訓〉、卷四〈墬形訓〉。

1.以氣說明創生的過程

〈天文訓〉的作者，屬於道家一派，所以以道來說明天地、陰陽、四時的創生：

> 天墬未形，馮馮翼翼，洞洞灟灟，故曰大昭。道始于虛霩，生宇宙，宇宙生氣，氣有涯垠。清陽者薄靡而為天，重濁者凝滯而為地。清妙之合專易，重濁之凝竭難。

故天先成而地後定，天地之襲精為陰陽，陰陽之專精為四時，四時之散精為萬物。積陽之熱氣生火，火氣之精者為日；積陰之寒氣為水，水氣之精者為月。日月之淫精者為星辰……❹

太昭是天地無形之貌，虛霩是宇宙創生之源，即名爲道，其創生的格架簡略成下表：

表七：《淮南子・天文訓》中宇宙創生次序表

```
                              ┌火──日
虛霩（道）─宇宙─氣─天地─陰陽┼四時─萬物─星辰
                              └水──月
```

則知〈天文訓〉作者已超越前人架構，爲陰陽、四時找尋氣化創生的理論根源，雖內不明言五星，實已涵蓋其中。

2.以陰陽比刑德

〈天文訓〉作者比《管子・五行》更進一步明言陰爲刑，陽爲德：

陰氣勝則為水，陽氣勝則為旱。陰陽刑德有七舍……。

又進一步比附日月、晝夜，而從自然現象：日居天時長，月短；一日之中，也是晝長夜短；一季之中，則是先春夏後秋冬；其意至明，欲導君王先德後刑，故其言：「人主之情，上通于天，故誅暴則多飄風……殺不辜則國赤地」（卷三〈天文訓〉）

3.以剛柔之性配天干

❹：劉文典：《淮南鴻烈集解》，（出版狀況見前）卷三〈天文訓〉，頁七九。

〈天文訓〉云：「凡日，甲剛乙柔，丙剛丁柔，以至于癸」案：剛柔之性即從陰陽化出，作者或從易卦爻位得到啓示，凡奇位爲剛，偶位爲柔。

4.以地支說明五行生死之道

〈天文訓〉云：

木生于亥，壯于卯，死于未，三辰皆木也。火生于寅，壯于午，死于戌，三辰皆火也。土生于午，壯于戌，死于寅，三辰皆土也。金生于巳，壯于酉，死于丑，三辰皆金也。水生于申，壯于子，死于辰，三辰皆水也。故五勝。

觀此段配對說明，除了土外，餘可導出一個原理：所謂「生」是指新德王生機已暗藏在上一個舊德王的前一地支；所謂「壯」是指每一位新德王所在之位；所謂「死」是指舊德王被新德王取代後的下一地支。茲列爲以下圖表方便說明：

表八：地支合五行生死表

五行／地支／生壯死	木	火	土	金	水
生	亥	寅	午	巳	申
壯	卯	午	戌	酉	子
死	未	戌	寅	丑	辰

圖四：干支合五行相生圖

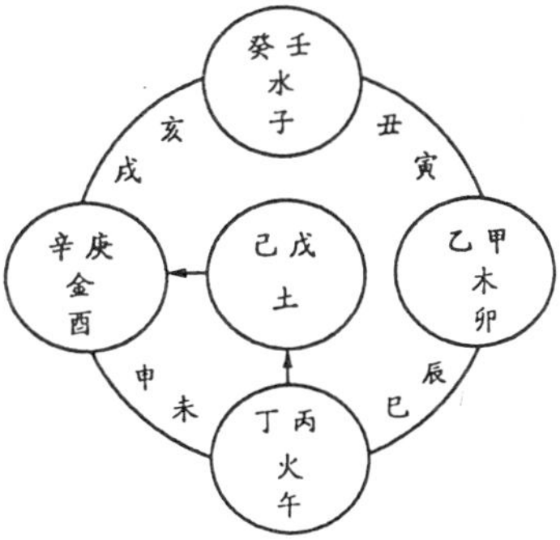

以水爲例，其生，當伏在上一個舊德王「金」的前一地支，即「申」位；其壯，即指其現德王位，即水德王：「子」；其死，則指取代己位者的下一地支，即「辰」位。只有土不可解。

5.賦予五行相生母子義

〈天文訓〉云：

水生木，木生火，火生土，土生金，金生水。子生母曰義；母生子曰保。子母相得曰專；母勝子曰制，子勝母曰困。以勝擊殺勝而無報；以專從事而有功；以義行理，名立而不墮；以保畜養，萬物蕃昌；以困舉事，破滅死亡。

案：五行互爲相生，即爲子，又可爲母；生者爲母，被生者爲子，則以水—木—火爲例，水爲木之母，木爲水之子，而又爲火之母。如此，水即木之母，又同時爲金之子。而作者強調的是相生相得，才有功，反對相剋、相勝之行事。漢中期以後儒者，言政權帝位興衰替代，改變鄒衍五行相勝之道，可似由〈天文訓〉肇起。

6.言五行生剋生化義

五行結構爲事物普遍所具有。就生物生化而，言其整體可依五行分爲生、長、化、收、藏、或生、長、壯、老、死五個階段。在卷四〈墬形訓〉裏，作者是以壯、老、生、囚、死來說明五行相生、相勝的生化循環過程。

木勝土，土勝水，水勝火，火勝金，金勝木。故……木壯，水老火生金囚土死；火壯，木老土生水囚金死；土壯，火老金生木囚水死；金壯，土老水生火囚木死；

水壯，金老木生土囚火死。

所謂「壯」就是指現任德王；所謂「老」是指相生義的前舊德王；所謂「生」是指相生義的下位新德王；所謂「囚」是指相勝義的下一位德王；所謂「死」是指現德王相勝義所剋之德王。茲以左圖來說明（案：壯、生、死、囚、老可以隨著五行相生義循環，往下移動一格）

圖五：五行生剋生化圖（取自《鄒衍遺說考》）

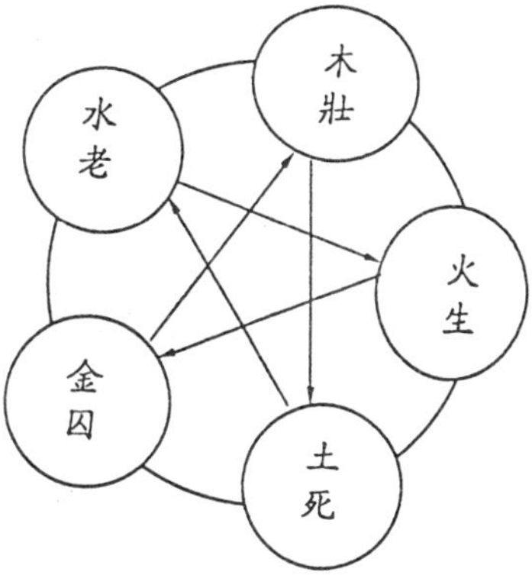

從相生義來看：水生木，故木「壯」時，水已「老」；而對下一個火而言，木是生火，故木「壯」時，火仍在初「生」狀態；從相勝來看：木是剋土（箭頭相對），故「土」是在木壯時，被剋「死」；而金是剋木，金是下一位相勝的新德王，在木「壯」時，仍處在未生狀態

即：「囚」。則知作者以「老、生」概念來詮釋五行相生義，而以「囚、死」概念來詮釋相勝義。由這點特性來看，五行不論是比相生或間相勝都只有單向的生、剋，並沒有雙向的生、剋；這種往而不復的循環，所根據的原理是「時間」，想必是從四季循環觀念得來，即使立春（木德王）可以再來，也屬於第二年，非同一年間。則可知，至《淮南子》陰陽五行思想時，已將小大型五德終始原理治爲一爐的現象了。

(四)《春秋繁露》❺陰陽五行報系統的發展

陰陽五行報的系統發展到董仲舒身上時，吸收更龐大的德報功能，使陰陽、五行、四時和時政、人事、倫常的比附更加繁富。以下便論述他對陰陽五行報系統的擴展的具體內容。

1.以陰陽五行同爲天地一氣所化

---

❺：董仲舒作《春秋繁露》，自宋程大昌以後，開疑偽之風，至近世，不乏學者受其說影響。徐復觀在《兩漢思想史—卷二》頁三一二—三一六中有詳贍的辯駁，其中最有力證據是《春秋繁露》中的五行已比前人更進一步為「氣」，但尚未與陰陽之氣融為一體，視五行為陰陽分化，大約在《白虎通》時代成立。這是衡斷此書真偽的最重要眼目。筆者在論述本章〈陰陽五行報的系統建構暨發展〉時，也發現其內在理論架構是逐漸完成的，如果說此書是東漢以後所偽，為何此書篇章中言五行和言陰陽和各自分開立說？這在學術思想發展中是說不通的現象，故本章論述採徐氏觀點：《春秋繁露》只有殘缺，並無雜偽問題。

此外，本文引用董氏《春秋繁露》版本，是採上海古籍出版社（一九九五年二月）影印清趙曦明等據盧文弨校本等重校本為主，下引用此書時，只有原文列出卷次、篇題，不另註說明。

卷一三〈五行相生第五十八〉云：「天地之氣，合而為一，分為陰陽，判為四時，列為五行。」案：照天地一氣分化理論來看，元氣分為陰陽，陰陽再分為四時，則五行當亦由陰陽二氣分化而來，但如卷一二〈陰陽終始第四十八〉所述，陰陽只分化為太陽少陽太陰少陰四時，五行之氣未包括於陰陽二氣之內，只是由天派到四時中去推動氣的運轉。這一點正好可以解釋，為何在董氏的理論系統裏，言陰陽即不言五行，言五行即不言陰陽的現象。

2. 以人情、事物、制度比附陰陽

此種比附可細分為以下五項：

(1) 以三綱比附陰陽

卷一二〈基義第五十三〉云：「君臣、父子、夫婦之義皆取諸陰陽之道。君為陽，臣為陰；父為陽，子為陰；夫為陽，妻為陰」案：董氏透過天的陰陽哲學來穩定人間五倫三綱禮序，強調陰是兼合的角色，不可獨專。故其言：「陰者，陽之合；妻者，夫之合；子者，父之合；臣者，君之合。……陰道無所獨行，其始也不得專起，其終也不得分功，有所兼之義。」順著這個思路將導出下面尊卑、貴賤的概念：

(2) 以貴賤、尊卑比附陰陽

卷一一〈天辨在人第四十六〉云：「天下之尊卑隨陽而序位……貴者居陽之所盛，賤者居陽之所衰。……不當陽者臣子是也，當陽者君父是也。故人主南面，以陽為位也。陽貴而陰賤，天之制也。」案：先秦孔孟儒學言倫常是相對的，至董氏因附會天，而變成絕對化；在君父絕對化的社會裏，許多良善而處陰賤地位之人有了不測之憂。在同卷〈陽尊陰卑

第四十三〉篇內即表映這種專霸的思想：「丈夫雖賤，皆爲陽；婦人雖貴，皆爲陰」如果順著這個陳述延伸下去，就變成：「君主雖苛暴，皆爲陽、爲貴；臣子雖仁義，皆爲陰、爲賤」，而賤不可陵貴，猶陰不可兼陽，而歷代以來君王並非人人如文武之徒，則天下蒼生就有不測的禍殃，這是董氏在擴展陰陽五行系報的比附時所意想不到的流弊。

(3)以德刑善惡比陰陽

《易傳》思想，無崇陽貶陰，也無賦予善惡性格，至董氏開始有了這種比附。在卷一一〈王道通三第四十四〉內即言：「惡之屬盡爲陰，善之屬盡爲陽」以四季來分配的話，春夏屬陽，秋冬屬陰，而照節序是先春夏後秋冬，董氏先將德比陽，陰比刑，而導出天之道：「先德後刑」的德治用心。在《淮南子》原有德刑思想的基礎上，進一步擴充：

「天數右陽而不右陰，務德不務刑。刑之不可任以成世也，猶陰不可任以成歲也，爲政而任刑，謂之逆天，非王道也。」（〈陽尊陰卑第四十三〉）

〈王道通三第四十四〉又云：「陽爲德，陰爲刑，……天以陰爲權，陽爲經。……經用於盛，權用於末。以此見天之顯經隱權，前德後刑也。」案：以陽爲經，陰爲權，欲人主法天之道，棄秦法之苛。

卷一二〈陰陽義第四十九〉亦云：「故爲人主之道，莫明於在身之與天同者而用之，……使德之厚於刑也，如陽之多於陰也。」

同卷〈天道無二第五十〉云：「陽之出常縣於前而任歲事，陰之出常縣於後而守空虛，……天之任陽不任陰，好德不好刑，如是。」

……等文獻，其用心至明，欲人君以德治天下，不惜天道設教，神化其意，納儒學於陰陽五行系統中。

(4)以人情比陰陽

人情有喜怒哀樂，而君主喜怒哀樂如不加以節制，則臣民性命有不測之禍。其論見於卷一一〈為人者天第四十一〉：「人生有喜怒哀樂之答，春秋冬夏之類也。喜，春之答也；怒，秋之答也；樂，夏之答也；哀，冬之答也。」而人主之道，必須法天「使喜怒必當義而乃出，如寒暑之必當其時乃發」（〈陰陽義第四十九〉）；如果「寒暑移易其處，謂之敗歲」君主若「喜怒移易其處，謂之亂世」（〈陽尊陰卑第四十三〉）；反之，「天出此物者，時則歲美……人主出此四者，義則世治」（〈王道通三第四十四〉）；蓋君主掌生殺之位，必使其喜怒好惡當義而出，此乃董氏比附陰陽之用心。

(5)以貪仁兩性比陰陽

董氏以貪仁兩性比陰陽，欲導君主行德治教化，在卷一〇〈深察名號第三十五〉中言：

> 天兩有陰陽之施，身亦兩有貪仁之性。天有陰陽禁，身有情欲栣，與天道一也。是以陰之行不得干春夏，而月之魄常厭於日光。……天之禁陰如此，安得不損其欲而輟其情以應天。

董氏此條在規範一般人要應天，以仁抑制情欲。然而人人並非孔孟之徒，具有高度的自覺心和實踐力，故約束情欲，需要得外在的教化乃成：

> 必知天性不乘於教，終不能栣，……譬如瞑者待覺，教之然後善。當其未覺，可

> 謂有善質，而不可謂善。（同上引）

而這個教化責任是歸之於君主，君主不可以刑法妄殺無化之民，必須以德教化其覺：

> 天生民性，有善質而未能善，於是為之立王以善之，此天意也。民受未能善之性於天，而退受成性之教於王，王承天意，以成民之性為任者也。（同上引）

此處可看出董氏是承荀子化性起僞思路，而歸導於天道設教，以強制君主行仁政教化，在卷一一〈爲人者天第四十一〉裏更明白說出此用心：

> 天地之數，不能獨以寒暑成歲，必有春夏秋冬。聖人之道，不能獨以威勢成政，必有教化。故曰：先之以博愛，教以仁也。

自古以來，政統和道統就一直處在尖銳化的對立狀態。專制政權下，文人沒有多少本錢可以對抗政統後面支持的力量，在此弱勢情況下，類董氏之流去比附天道，而使儒學道統陰陽災異化，也是誠不得已的作法。近人瞿同祖在《中國法律與中國社會》一書中便云：

> 尊德禮，而卑刑罰；禮先法後，必也使無訟乎！仍是讀書人出仕的理想境界，在某個意義上亦是牽制專制帝王的手段。❻

蓋以刑爲治國主要段，必有枉死無告、善惡無報、誅連無辜的現象。董氏以下，賢良文學科爭的也是這個理念：德主刑從。（此事已見於前章〈法報〉論述）

3.以人事、倫常、官制、政令比附五行

此種比附又可細分爲以下五項：

---

❻：瞿同祖：《中國法律與中國社會》，（出版狀況見前），頁二五六。

(1)以五行相生比附父子忠臣之行

卷一一〈五行之義第四十二〉：

> 天有五行：一曰木、二曰火、三曰土、四曰金、五曰水。木，五行之始；水，五行之終也；土，五行之中也，此其天次之序也。木生火，火生土，土生金，金生水，水生木，此其父子也。木居左，金居右，火居前，水居後，土居中央，此其父子之序，相受而布。是故木受水而火受木，土受火，金受土，水受金也。諸授之者，皆其父也；受之者，皆其子也。常因其父以使其子，天之道也。是故木已生而火養之，金已死而水藏之，火樂木而養以陽，水克金而喪以陰。土之事天，竭其忠，故五行者，乃孝子忠臣之行也。

董氏將五行相生次序比爲父子、君臣之行，並繫之於天，以達聖人成教之事。在〈王道通三第四十四〉內說得更清楚：

> 人受命於天也……有忠信慈惠之心，有禮義廉讓之行。……故為人臣者，視地之事天也；為人子者，視土之事火也。是故孝子之行，忠臣之義，皆法於地也。地事天也，猶下之事上也。

將孝子、忠臣行爲比附成天經地義，可說是儒家倫理德教的絕對化、神學化。

(2)以五行相生比附五官之職司

董氏並進一步將五行相生比附到朝廷五種官制的運作，並賦予五常之性：

> 五行者，五官也，比相生而間相勝也，故為治，逆之則亂，順之則治。
> 東方者木，農之本。司農尚仁，進經術之士，道之以帝王之路，將順其美，匡救其

惡，執規而生，至溫潤下。知地形肥磽美惡，立事生則，因地之宜，召公是也。親入南畝之中，觀民墾草發淄，耕種五穀。積蓄有餘，家給人足，倉庫充實，司馬實穀。司馬，本朝也，本朝者火也，故曰：木生火。

南方者火也，本朝司馬尚智，進賢聖之士，上知天文，其形兆未見，其萌芽未生，昭然獨見存亡之機，得失之要，治亂之源，豫禁未然之前。執矩而長，至忠厚仁，輔翼其君，周公是也。成王幼弱，周公相，誅管叔蔡叔，以定天下，天下既寧以安君。官者，司營也，司營者土也，故曰：火生土。

中央者土，君官也，司營尚信。卑身賤體，夙興夜寐，稱述往古，以厲主意。明見成敗，微諫納善，防滅其惡，絕原塞隙，執繩而制四方。至忠厚信，以事其君。據義割恩，太公是也。應天因時之化，威武強禦以成。大理者，司徒也。司徒者金也。故曰：土生金。

西方者金。大理，司徒也。司徒尚義，臣死君，而眾人死父，親有尊卑，位有上下，各死其事，事不踰距。執權而伐，兵不苟克，取不苟得，義而後行。至廉而威，質直剛毅，子胥是也。伐有罪，討不義，是以百姓親附，邊境安寧，寇賊不發，邑無獄訟則親安。執法者，司寇也。司寇者水也，故曰金生水。

北方者水，執法，司寇也。司寇尚禮，君臣有位，長幼有序，朝廷有爵，鄉黨以齒，升降揖讓，般伏拜謁，折旋中矩，立而罄折，拱則抱鼓，執衡而藏，至清廉平，賂遺不受，請謁不聽，據法聽訟，無有所阿，孔子是也。為魯司寇，斷獄屯屯，與眾共之，不敢自專，是死者不恨，生者不怨，百工維時，以成器械。器械既成，以給司農，司農者田官也，田官者木，故曰水生木。（〈五行相生第五十八〉）

案：五官：司農主田政；司馬主軍政；司營主監察，司徒主教育；司寇主獄政。各有所司，以五行配之已屬牽強，又言其相生，更爲荒謬。

(3)以五行相勝比附五官之制衡

董氏的五行相勝已非鄒衍大聖終始，朝代政權轉移原意，乃前所言五官相互制衡之意：

> 木者，司農也。司農為奸，……：則命司徒誅其率正矣，故曰：金勝木。火者，司馬也，司馬為讒……：熒惑其君，執法誅之。執法者，水也。故曰：水勝火。土者，君之官也。……：導主以邪，陷主不義。……：故曰：木勝土。金者，司徒也。司徒為賊，……：將率不親，士卒不使，兵弱地削，令君有恥……：則司馬誅之。故曰：火勝金。水者，司寇也。司寇為亂，……：誅殺無罪……：則司營誅之。故曰：土勝水。（〈五行相勝〉第五十九）

其中表徵土的司營失職，照「木勝土」觀念，應言司農誅之，然而董氏只「言故曰……：木勝土」，可見董氏覺得司農尚仁，而司營又爲君之官，不宜言誅。此點正好暴露董氏在強欲納進所有君主行政、幕僚職司、人性、倫常等事務於儒家道德規範之下，而比附於陰陽五行的框架時，所出現的扞格現象。

(4)以五行比附五事

五事是：貌、言、視、聽、思；董氏與之配合五行：木、金、火、水、土。專門用來軌範人君的言行思慮。卷一四〈五行五事第六十四〉內云：

> 夫五事者，人之所受命於天也。而王所修而治民也。故王者為民，治則不可以不明，準繩不可以不正。王者貌曰恭。恭者，敬也，言曰從，從者可從。視曰明。明者知

> 賢不肖者，分明黑白也。聽曰聰。聰者，能聞事而審其意也。思曰容。容者，言無不容。恭作肅，從作乂，明作哲，聰作謀，容作聖，何謂也？恭作肅，言王者誠能內有恭敬之姿，而天下莫不肅矣。從作乂，言王者言可從，明正從行，而天下治矣。明作哲，哲者知也。王者明，則賢者進，不肖者退。天下知善而勸之，知惡而恥之矣。聽作謀，謀者，謀事也。王者聰，則聞事與臣下謀之，故事無失謀矣。容作聖，聖者，設也。王者心寬大無不容，則聖能施設，事各得其宜也。

王者五事須受命於天而治民，不可專斷獨行，蓋君權至上，無法可壓制，只好回歸神道設教，而出之以災異警告之，冀導君於聖賢之人格：

> 王者與臣無禮貌，不肅敬，則木不曲直，而夏多暴風。風者，木之氣也。其音角也，故應之以暴風。王者言不從，則金不從革，而秋多霹靂。霹靂者，金氣也。其音商也，故應之以霹靂。王者視不明，則火不炎上，而秋多電。電者，火氣也。其音徵也，故應之以電。王者聽不聰，則水不潤下，而春夏多暴雨。雨者，水氣也。其音羽也。故應以暴雨。王者心不能容，則稼穡不成，而秋多雷。雷者，土之氣也。其音宮也，故應之以雷。（同上引）

這是專制政體格局下，儒者所能想到限制君權膨脹的唯一途徑。

⑸以五行順逆休、咎徵比附人君施政得失

此項可說是順著鄒衍以下，至〈淮南子．時則訓〉等時令設計的格局下，再進一步擴大其規模，試列舉一行以窺其全貌：

> 木者春，生之性，農之本也。勸農事，無奪民時；做民，歲不過三日；行什一之稅；

進經術之士；挺群禁；出輕繫；去稽留；除桎梏；開門閭；通障塞。恩及草木，則樹木華美，而朱草生。恩及鱗蟲，則魚大為，鱣鯨不見，群龍下。如人君出入不時，走狗試馬；馳騁不反宮室；好淫樂，飲酒沈湎；縱恣不顧政治；事多發役，以奪民時；作譕增稅，以奪民財；民病疥搔、溫體、足胻痛。咎及於木，則茂木枯槁，工匠之輪多傷敗；毒水渰群，漉陂如漁。咎及鱗蟲，則魚不為，群龍深藏，鯨出見。……（卷一三〈五行順逆第六十〉）

觀右文，可說冀導君行仁政之心，昭然若揭。從系統學角度看，其輸出功能中的德報成分已大於自身結構體的陰陽五行功能，後董氏從此發展出天人感應報的子系統，也是功能互動必然造成的現象。

4.以德化五行變異之災咎

天災自古皆有之，聖賢如堯舜文武周公亦不能免之。君王敗德會召感災咎；若君王不敗德，而災咎仍至，在董氏的理論系統裏，將之歸於五行變異，如：

火干木……蟄雷蚤行。土干木……鳥蟲多傷。金干木，有兵。水干木，春下霜……（卷十四〈治亂五行第六十二〉）

所謂「五行變異」即言五行不按生剋之理，而互相干犯。會造成水、旱、地震、兵燹、霜、雹、寒、飢饉等天災人禍。其言：

五行變至，當救之以德，施之天下，則咎除。不救以德，不出三年，天當雨石。木有變，春凋秋榮，秋木冰，春多雨。此繇役眾，賦斂重，百姓貧窮叛去，道多饑人。救之者：省繇役，薄賦斂，出倉穀，振困窮矣。……（卷一四〈五行變救第六十

三〉）

救濟之道，仍然歸於德報功能的運作，不外乎舉賢任能、摒惡出奸、省刑罰、薄稅斂、倡孝悌等。

5.以三統新解政權興替

董氏「五行相勝」既不循鄒衍思路，自然另以三統說建立起新的歷史循環哲學代替之。在卷七〈三代改制質文第二十三〉即表達這種新的歷史觀：

> 王者必受命而後王。王者必改正朔，易服色，制禮樂，一統於天下。……

案：此篇文字頗有訛奪，總歸其要點有四：一、以夏爲黑統，殷爲白統，周爲赤統，繼周而起的王朝，再反轉過來爲黑統。二、以子、丑、寅三正爲天、地、人；又將赤、白、黑配上三正，故建子（以十一月爲歲首）的天統爲赤統，建丑（以十二月爲歲首）爲地統白統；建寅（以正月爲歲首）爲人統黑統。三、再將質文嬗配到三統的更迭中，認爲商質主天，而夏文主地。四、董氏認定孔子受命而作《春秋》，改制以當新王（董氏把魯國當新王，故有「王魯」之說），則納入鄒衍所提出政教文質互救的觀念❼於其改制思想中，由此而伸張其德治的政治理念。

總之：董氏棄五德相勝，而採自創三統說，主要是欲執政者改制；由三代改制中，導出「絀夏故宋存周」的觀念，蓋如照五德相勝順序，則秦水德之後，漢爲火德，如案其三統說

---

❼：《漢書》卷六十四下〈嚴安傳〉云：「以故丞相史上書曰：臣聞鄒衍曰：政教文質者，所以云救也？……」

則秦是繼周之後的黑統，而漢應爲白統。然董氏實欲漢王應《春秋》作新王以應黑統，此一矛盾；三統合三正，又配以質文遞嬗說，造成白統屬天，而實際上殷是地統白統，此二矛盾；依質文遞嬗：：：夏是文，商便是質，而周又爲文，接著孔子作新王，又不得不輪到質，此三矛盾，董氏欲漢主應《春秋》作新王改制，卻不慎落入質文矛盾，而殷質是「質五刑以督奸，傷肌膚以懲惡」（《漢書》卷五六〈董仲舒傳〉），與自己尚德不尚刑的理念不合。其混亂、矛盾的思想，主要來自於董氏企圖納入許多觀念在一個系統裏；其次是不願採五德相剋說法（此點詳見於後論述）。據《漢書》卷六〈武帝本紀〉載武帝於太初二年夏五月，正曆，棄秦曆建亥，改成建寅爲歲首。看來頗受董氏改制說影響；不過在帝王主運方面，由漢初水、土兩德之爭，到武帝以後，終定爲土德（同上引），不循其三統說。

(五)《洪範五行傳》❽陰陽五行報咎徵思想的發展

陰陽五行系統發展到《洪範五行傳》，在災異方面有更進一步的離奇、怪迂之說：以妖、

❽：將〈洪範·五行〉賦以五事言災異蓋始於董仲舒（參見〈五行五事〉）；夏侯始昌承其風而賦以煩瑣怪迂離奇之說。據《漢書》卷二十七上〈五行志上〉頁一三一七，所載，劉向、劉歆也有作《五行傳》，歆又與其父意乖。則不知此卷所引的《傳》是劉向抑劉歆之文？在卷二十七中之上〈五行志中之上〉所引《傳》，班固於後言：「夏侯始昌通《五經》，善推《五行傳》，以傳族子夏侯勝：其《傳》與劉向同：：：」則不知此卷所引是夏氏所作或劉向所作？故筆者引用此文，不標明作者。

孽、禍、痾、眚、祥、沴七類咎徵⑨來比附五事合五行變異的現象：

1.木不曲直、貌之不恭

《尚書五行傳》云：「田獵不宿，飲食不享，出入不節，奪民農時，及有姦謀，則木不曲直。」（《漢書》卷二七上〈五行志七上〉）

又云：「貌之不恭，是謂不肅，厥咎狂，厥罰恆雨，厥極惡。時則有龜孽，時則有雞禍，時則有下體生上之痾，時則有青眚青祥。唯金沴木。」（同前引書，卷二七中之上〈五行志七中上〉）

舉證：（案：以下舉證乃筆者搜集志怪、史書以證其說，非《傳》之舉證）

(1)（晉元帝）太興四年，王敦在武昌，鈴下儀杖生花如蓮花，五六日而萎落。說曰：「《易》稱：『枯楊生花，何可久也？』今狂花生枯木，又在鈴閣之間，言威儀之富，榮華之盛，皆如狂花之發，不可久也。」其後，王敦終以逆命，加戮其屍（〈搜神記〉卷七）——木不曲直類。

(2)班固引《左氏傳桓公十三年》：「楚屈瑕伐羅，鬥伯比送之，還謂其馭曰：『莫囂必敗，舉止高，心不固矣。』遽見楚子以告，楚子使賴人追之，弗及。莫囂行，遂無次，且

⑨：班固引《說》曰：「凡草物之類謂之妖。……蟲豸之類謂之孽。……及六畜，謂之禍，……及人，謂之痾。痾，病貌，言寖深也。甚則異物生，謂之眚；自外來，謂之祥。祥猶禎也。氣相傷，謂之沴。」《漢書·五行志第七中之上》卷二七中之上，頁一三五三。

不設備。及羅，羅人軍之，大敗，莫囂縊死。」）《漢書》卷二七中之上〈五行志七中之上〉）—貌之不恭類。

(3)班固引《左氏傳》曰：「鄭子好聚鷸冠，鄭文公惡之，使盜殺之。」（同前引）—服妖類，即班氏所謂風俗狂慢，變節易度，世人乃爲輕剽奇怪之服是矣（同前引）。

(4)漢宣帝黃龍元年，未央殿輅軨中雌雞化爲雄，毛衣變化而不鳴，不將，無距。元帝初元中，丞相府史家雌雞伏子，漸化爲雄，冠距鳴將。永光中，有獻雄雞生角者。京房《易傳》云：「厥妖雞生角。雞生角，時主獨。」（《搜神記》卷六）—雞禍類。

(5)（晉元帝）太興初，有女子，其陰在腹，當臍下。自中國來，至江東。其性淫而不產。又有女子，陰在首，居揚州，亦性好淫。京房《易妖》曰：「人生子，陰在首，則天下大亂。若在腹，則天下有事。若在背，則天下無後。」（《搜神記》卷七）—下體生上之痾類。

(6)嚴公（案：班固避明帝莊名諱，改爲嚴）十七年「冬，多麋」。劉向以爲麋色青，近青祥也。麋之爲言迷也，蓋牝獸之淫者也。是時，嚴公將取齊之淫女，其象先見，天戒若曰：「勿取齊女，淫而迷國。」嚴不寤，遂取之。夫人既入，淫於二叔，終皆誅死，幾亡社稷。（同前引）—青眚青祥類。

(7)景帝三年十二月，吳二城門自傾，大船自覆。劉向以爲近金沴木，木動也。先是，吳王濞以太子死於漢，稱疾不朝，陰與楚王戊謀爲逆亂。城猶國也，……天戒若曰：「與楚所謀，傾國覆家。」吳王不寤，正月，與楚俱起兵，身死國亡。京房《易傳》曰：「上下咸詩，厥妖城門壞。」（《漢書》卷二七中之上〈五行志七中之上〉）──金沴木類。

2.金不從革，言之不從

《五行傳》：「好戰攻，輕百姓，飾城郭，侵邊境，則金不從革。」（《漢書》卷二七上〈五行志七上〉）

又云：「言之不從，是謂不艾，厥咎僭，厥罰恆陽，厥極憂。時則有詩妖，時則有介蟲之孽，時則有犬禍，時則有口舌之痾，時則有白眚白祥，惟木沴金。」（《漢書》卷二七中之上〈五行志七中之上〉）

舉證：

⑴晉惠帝永興元年，成都王之攻長沙也，反軍於鄴，內外陳兵。是夜，戟鋒皆有火光，遙望如懸燭，就視，則亡焉。其後終以敗亡（《搜神記》卷七）──金不從革類。案：《晉書》卷二七〈五行志上〉、《宋書》卷三一〈五行志〉並歸入「金不從革」。此乃金失其性而為變怪也。

⑵史記周單襄公與晉郤錡、郤犨、郤至、齊國佐語，告魯成金曰：「晉將有亂，三郤其當之虖！夫郤氏，晉之寵人也，三卿而五大夫，可以戒懼矣。高位實疾顛，厚味實腊毒。今郤伯之語犯，叔迂，季伐。犯則陵人，迂則誣人，伐則掩人。有是寵也，而益之以三怨，其誰能慰之？雖齊國子亦將與焉。立於淫亂之國，而好盡言以招人過，怨之本也。唯善人能受盡，言齊其有虖。」十七年晉殺三郤。十八年，齊殺國佐。凡此屬，皆言不從之咎云。（《漢書》卷二七中之上〈五行志七中之上〉）

(3)建安初，荆州童謠曰：「八九年間始欲衰，至十三年無孑遺。」言自中平以來，荆州獨全；及劉表爲牧，民又豐樂，至建安八年九年，當始衰。始衰者，謂劉表妻死，諸將並零落也。十三年孑遺者，表又當死，因以喪敗也（《搜神記》卷六）—詩妖類。

(4)晉武帝太康六年，南陽獲兩足虎。虎者，陰精而居乎陽，金獸也。南陽，火名也。金精入火而失其形，王室亂之妖也。七年十一月丙辰，四角獸見於河間。天戒若曰：「角，兵象也；四者，四方之象。當有兵革起於四方。」後河間王遂連四方之兵，作爲亂階（《搜神記》卷七）—毛蟲之孽類。

(5)永嘉五年，吳郡嘉興張林家有狗忽作人言曰：「天下人俱餓死。」於是果有二胡之亂，天下饑荒焉（《搜神記》卷七）—犬禍類。

(6)吳孫亮五鳳二年五月，陽羨縣離里山大石自立。是時孫皓承廢故之家，得復其位之應。（《搜神記》卷六）—白眚白祥類。

(7)（晉惠帝）元康七年，霹靂破城南高禖石。高禖，宮中求子嗣也。賈后妒忌，將殺懷、愍，故天怒賈后將誅之應也。（《搜神記》卷七）案：此一事，《晉書》卷二八〈五行志中〉、《宋書》卷三一〈五行志二〉，歸入「木沴金」類。

3.火不炎上，視之不明

《尚書五行傳》云：「棄法律，逐功臣，殺太子，以妾爲妻，則火不炎上。」（《漢書》卷二七上〈五行志七上〉）

又云：「視之不明，，是謂不悊，厥咎舒，厥罰恆奧，厥極疾。時則有草妖，時則有嬴

蟲之孽，時則有羊禍，時則有目痾，時則有赤眚赤祥，惟水沴火。」（《漢書》卷二七中之下〈五行志七中之下〉）

舉證：

(1)（晉元帝）太興中，王敦鎭武昌。武昌災，火起，興衆救火。救於此而發於彼，東西南北數十處俱應，數日不絕。舊說所謂「濫炎妄，雜興師衆不能救之」之謂也。此臣而行君，亢陽失節。是時王敦陵上，有無君之心，故災也。（《搜神記》卷七）—火不炎上類。即班固所謂賢佞無別，讒夫昌，邪勝正，則火失其性是也。（《漢書》卷二七上〈五行志七上〉）

(2)桓公殺兄弒君，外成宋亂，與鄭易邑，背畔周室。成公時，楚橫行中國，王札子殺召伯、毛伯；晉敗天子之師于貿戎，天子皆不能討。襄公時，天下諸侯之大夫皆執國權，君不能制。漸將日甚，善惡不明，誅罰不行。（《漢書》卷二七中之下〈五行志七中之下〉）—班固以爲視之不明類。

(3)吳孫亮五鳳元年六月，交阯稗草化爲稻。昔三苗將亡，五穀變種。此草妖也。其後亮廢。（《搜神記》卷六）

(4)成帝綏和二年三月，天水平襄有燕生雀，哺食至大，俱飛去。京房《易傳》曰：「賊臣在國，厥咎燕生雀，諸侯銷。」一曰：「生非其類，子不嗣世。」（《搜神記》卷六）—《漢書》、《晉書》、《宋書》等〈五行志〉並歸入羽蟲之孽。

(5)史記魯定公時，季桓子穿井，得十缶，中得蟲若羊，近羊禍也。羊者，地上之物，幽於土中，象定公不用孔子而聽季氏，暗昧不明之應也。（《漢書》卷二七中之下〈五行志七中之下〉）—羊禍類。

(6)（漢）惠帝二年，天雨血於宜陽，一頃所，劉向以為赤眚也。……是時政舒緩，諸呂用事：……大臣共誅滅諸呂，僵尸流血。京房《易傳》：「歸獄不解，茲謂追非，厥咎天雨血；茲謂不親，民有怨心，不出三年，無其宗人。」（同前引書）—赤眚赤祥類。

4. 水不潤下，聽之不聰

《五行傳》云：「簡宗廟，不禱祠，廢祭祀，逆天時，則水不潤下。」（《漢書》卷二七上〈五行志七上〉）

又云：「聽之不聰，是謂不謀，厥咎急，厥罰恆寒，厥極貧。時則有鼓妖，時則有魚孽，時則有豕禍，時則有耳痾，時則有黑眚黑祥。惟火沴水。」（《漢書》卷二七中之下〈五行志七中之下〉）

舉證：

(1)（莊公）二十四年，大水。董仲舒以為夫人哀姜淫亂不婦，陰氣盛也。劉向以為哀姜初入，公使大夫宗婦見，用幣，又淫於二叔，公弗能禁。……故是歲、明年仍大水。劉歆以為先是嚴（案：避明帝莊名諱改）飾宗廟，刻桷丹楹，以夸夫人，簡宗廟之罰也。（《漢書》卷二七上〈五行志七上〉）—水不潤下類。

(2)桓公八年「十月，雨雪」。……劉向以為時夫人有淫齊之行，而桓有妒媢之心，夫人將殺，其象見也。（《漢書》卷二七中之下〈五行志七中之下〉）—聽之不聰類。

⑶漢成帝鴻嘉三年五月乙亥，天水冀南山有大石鳴，聲隆隆如雷，有頃止，聞平襄二百四十里野雞皆鳴。石長丈三尺，廣厚略等，傍著岸脅，去地二百餘丈，民俗名曰：石鼓。石鼓鳴，有兵。是歲廣漢鉗子謀攻牢，篡死罪囚鄭躬等，盜庫兵，劫略吏民……後四年，尉氏樊並等謀反，殺陳留太守嚴普……踰年乃伏誅。是時起昌陵，作數萬人……作治五年不成，乃罷昌陵，還徙家。石鳴，與晉石言同應……（《漢書》卷二七上〈五行志七上〉）

—鼓妖類。

⑷（晉武帝）太康中，有鯉魚二枚，現武庫屋上。武庫兵府：魚有鱗甲，亦是兵之類也。魚既極陰，屋上太陽，魚現屋上，象至陰以兵革之禍干太陽也。及惠帝初，誅皇后父楊駿，矢交宮闕，廢后為庶人，死於幽宮。元康之末，而賈后專制，謗殺太子，尋亦誅廢。十年之後，母后之難再興，是其應也。……京房《易妖》曰：「魚去水，飛入道路，兵且作」。（《搜神記》卷七）—此一事，《晉書》卷二九〈五行志下〉、《宋書》卷三三〈五行志四〉俱歸入魚孽類。

⑸昭帝元鳳元年，燕王宮永巷中豕出圂，壞都灶，銜其鬴（古釜字）六七枚置殿前，劉向以為近豕禍。時燕王旦與長公主、左將軍謀為大逆，誅殺諫者，暴急無道。竈者，生養之本；豕而敗灶，陳鬴於庭鬴竈灶將不用，宮室將廢辱也。燕王不改，卒伏其辜。京房《易傳》：「眾心不安君政，厥妖豕入居室。」（《漢書》卷二七中之下〈五行志七中之下〉）

—豕禍類。

⑹張駿薨，子重華嗣立。虎遣將軍王擢攻拔武御始。如與進圍抱罕，重華遣宋輯率眾

拒之。濟河，次於金城，將決大戰。乃日有黑虹下於營中，少日，輯病卒。（《鉤沉本·述異記》，頁一六九）—黑眚黑祥類。

(7)史記曰：秦武王三年渭水赤三日；昭王三十四年渭水又赤三日。劉向以爲近火沴水也。秦連相坐之法，棄灰於道者黥，罔密而刑虐，加以武伐橫出，殘賊鄰國，至於變亂五行，氣色謬亂。天戒若曰：「君湎于酒，淫于色，賢人潛，國家危，厥異流水赤也。」（《漢書》卷二七中之下〈五行志七中之下〉）—火沴水類。

5.稼穡不成，思心不睿

《五行傳》云：「治宮室，飾臺榭，內淫亂，犯親戚，侮父兄，則稼穡不成。」（《漢書》卷二七上〈五志七上〉）

又云：「思心之不睿，是謂不聖。厥咎霧，厥罰恆風，厥極凶短折。時則有脂夜之妖，時則有華孽，時則有牛禍，時則有心腹之痾，時則有黃眚黃祥，時則有金木水火沴土。」（《漢書》卷二七下之上〈五行志七下之上〉）

舉證：

(1)嚴公二十八年「冬，大水亡麥禾」。董仲舒以爲夫人哀姜淫亂，逆陰氣，故大水也。劉向以爲水旱當書，不書水旱而曰「大亡麥禾」者，土氣不養，稼穡不成者也。（《漢書》卷二七上〈五行志七上〉）—稼穡不成類。

(2)昭帝元鳳元年，燕王都薊大風雨，拔宮中樹七圍以上十六枚，壞城樓，燕王旦不寤，謀反發覺，卒伏其辜。（《漢書》卷二七下之上〈五行志第七下之上〉）—案：班固以爲：

貌言視聽，以心爲主，四者皆失，……故其罰常風也。（同上引書），故歸爲思心之不睿類。

⑶景帝十六年，梁孝王田北山，有獻牛，足上出背上。劉向以爲近牛禍，內則思慮霿亂，外則土功過制，故牛禍作。足而出於背上，下奸上之象也。（《搜神記》卷六）──牛禍類。

⑷成帝建始元年四月辛丑夜，西北有如火光。壬寅晨，大風從西北起，雲氣赤黃，四塞天下，終日夜下著地者黃土塵也。是歲，帝元舅大司馬大將軍王鳳始用事。……厥異黃，厥咎聾，厥災不嗣。黃者，日上黃光不散如火然，有黃濁氣四塞天下。蔽賢絕道，故災異至絕世也。（《漢書》卷二七下之下〈五行志七下之上〉）──此黃眚黃祥類。

⑸（晉）元帝太興六年四月，西平地震，涌水出；十二月，廬陵、豫章、武昌、西陵地震，涌水出，山崩。此王敦陵上之應也。（《搜神記》卷七）──案：《晉書》卷二九〈五行志下〉、《宋書》卷三四〈五行志五〉歸之於水沴土，火沴土類。

由以上舉證可以看出，五行變異是透過天人感應功能傳播其咎徵；其次筆記小說內容或爲〈五行志〉所採；或採自史書，彼此之間是互相流動的，也可了解陰陽五行報在大小傳統裏的影響力和滲透力。

㈥「緯書」──陰陽五行報休徵思想發展

「緯書」起於哀、平之時，其書可說是陰陽五行災異、休咎之說的集大成。有關災異部分性質同於《洪範五行傳》故略而不論，此處只簡述其休徵部分，茲列爲下表：

表九：「緯書」五行祥瑞摘錄表

祥瑞／五行	具體內容		資料出處
木	君乘木而王：	其政昇平，則日黃中而青暈。地生舟。黃木豐楙，嘉穀並生。福草出廟中。松為長生。江海不揚波。下有人參生。上有紫氣。楸梓為常生。	〈禮斗威儀〉⑩
		為人青色，脩頸美髮。其民長身廣肩。尚仁長。時草豐茂。嘉穀並生。鳥不胎傷。	〈河圖緯〉⑪
金	君乘金而王：	其政平。嘉雨時至。月多耀。日黃中而白暈。太白揚光。黃金見山。芬桂常生。紫玉見於深山。江海出明珠。海出大魚。黃銀見。麒麟在郊。	〈禮斗威儀〉
		為人白色。其民白頸長大。尚義。善則大貝珠出。外國遠貢珠貝。	〈河圖緯〉

⑪：黃奭輯：《河圖》，（出版狀況同前註），卷一〈河圖緯〉，頁二二。

⑩：黃奭輯：《禮緯》，（出版狀況見前），卷四〈禮斗威儀〉頁六——一三。

火	君乘火而王：	其政昇平，則祥風至。地生朱草。日黃中而赤暈。梧桐常生。南海輸以駿馬。	〈禮斗威儀〉
		其人疾敏尚孝。賢人任用。政頌平。	〈河圖緯〉
水	君乘水而王：	其政太平。辰揚光。日黃中而黑暈。江海著其神象。	〈禮斗威儀〉
		北海輸白鹿。其民聰耳。景雲至。龜龍被文。	〈河圖緯〉
土	君乘土而王：	其政太平。河海夷晏。黃真人遊於後池。日五色。月黃多輝。鎮星黃而多暈。甘露降。河濂。蒙水出於山。嘉穀並生。鳳凰集於苑林。	〈禮斗威儀〉
		甘露降。醴泉並應。和故逸樂。	〈河圖緯〉

觀〈表七〉內容，可謂「帝王之將興也，其美祥亦先見」（《春秋繁露》卷一三〈同類相動第五十七〉），陰陽五行報會輸出天人感應功能於此可見一斑。

(七)《白虎通》陰陽五行報系統的發展

《白虎通》大量承受《春秋繁露》的思想。在傳承中彌補了至董氏爲止，陰陽五行一氣分化的理論罅漏；也解決以往「土位」安排的問題：在內容方面更有新的比附；可分爲以下三項說明：

1.將五行納入陰陽統貫之內

《白虎通》卷四〈五行篇〉云：「五行者，何謂也？謂金木水火土也。言行者，欲言爲天行氣之義。」同卷〈五行之性〉又云：「五行所以二陽三陰何？尊者配天，金木水火，陰陽偶自。」案：土，五行最尊，因配天之故，爲陰；其餘四行，金水爲陰；土木爲陽。已把五行納入陰陽之系統。故《白虎通》只列〈五行篇〉，而不另立〈陰陽篇〉。《漢書》以下史志皆命名爲〈五行志〉（除《魏書》名〈靈徵志〉外），即可知自《白虎通》以後，陰陽五行分立概念才合而爲一。

2.解決土王位問題

卷四〈五行更王相生相勝變化之義〉內云：「土王四季各十八日……土所以王四季何？木非土不生，火非土不榮，金非土不成，水非土不高，……故五行更王，亦須土也。王四季，居中央，不名時。」案：《白虎通》以土王四季，不名時—即不占四時任一季，其位則暫止於季夏之月的說法來解決以往五行配四時，多於一行的難題。

3.擴大五行比附的價值取向

《白虎通》在董氏的基礎上更進一步擴大五行相生相勝比附的內容：

……父死子繼何法？法木終火王也。

……子復仇何法？法土勝水，水勝火也。

……男不離父母何法？法火不離水也。

……女離父母何法？法水流去金也。

……臣諫君何法？法金正木也。

……子諫父何法。法火揉直木也。

……不以父命廢王命，何法？法金不畏土而畏火。

……明王先賞後罰何法？法四時先生後煞也。（卷四〈人事取法五行〉）

在人事牽強比附中，隱約可看出：尊君父的表象下，暗藏德報的功能—企圖以道統領政統。

(八)漢儒不以五行相勝言政權興廢

漢儒可說自董氏以後，不以五行相勝來說明帝王的替換，這是一個頗令人深思的問題。吾人可以從《漢書》卷七五《眭弘傳》載眭弘一段話得到啓示：

……（昭帝）元鳳三年正月，泰山……大石自立；又上林苑中大柳樹斷枯臥地，亦自立生。孟（即眭弘字）推《春秋》之意，即說曰：「先師董仲舒有言：『雖有繼體守文之君，不害聖人之受命。』」漢家堯後，有傳國之運，漢帝宜誰？差天下求索賢人，禪以帝位，而退封百里，如殷周二王後，以承順天命……。

又同書卷七七〈蓋寬饒傳〉載宣帝時，蓋氏引《韓氏易傳》云：

五帝官天下，三王家天下：家以傳子，官以傳賢，若四時之運，功成者今，不得其人，則不居其位。

雖然眭、蓋兩人以妖言惑衆伏誅，終影響哀帝，欲法堯舜禪讓美德，傳位於董賢（事詳卷九三〈佞幸傳〉），終被王莽有機可趁，順利取得漢家天下。蓋昭帝時改爲土德，於彼時民間謠讖流傳土德將衰，木德將取代之言。故眭弘承其師董氏天人三策中三代受影響，以禪讓說之。則漢先爲火德，求索賢人再以火德繼嗣木德王位，即免被篡，帶來兵災，則木生火是相生義。後來哀帝在建平三年，待詔夏賀良等言赤精子之讖，欲漢帝再受命，所受之命，自然是火德之命（《漢書》卷一一〈哀帝本紀〉），可見漢末已流行五行相生說，此外《漢書》卷二一下〈律曆志下〉，以及《後漢書》卷三六〈賈逵傳〉、卷五九〈張衡傳〉三人所排三皇五帝終始大聖也是相生順序。這些文獻凸顯了一個意義：即漢儒認爲「相勝」是血腥的革命，天下蒼生不免於死亡、流離之苦，故不再以相勝說言政權興廢，而代之以相生，而相生最理想的方式就是禪讓，正是從黃帝以下排到到堯也是火德，故畦、蓋兩氏便以禪讓勸昭、宣退位讓賢，結果成爲專制體制下的祭品。

不僅是漢儒言五行相生，從魏以下，大小傳統提到終始大聖皆採相生說，如干寶《搜神記》、王嘉《拾遺記》⓬、皇甫謐《帝王世紀》⓭等，這是不是代表傳統儒者內心企盼一個合理、清明的聖賢來禪帝位呢？

自東漢以後陰陽五行觀念愈朝哲理化發展，製造更多的歧義和文字解讀障礙，如隋・蕭吉的《五行大義逑》卷二〈論四時休王〉已將《淮南子・墬形訓》內的「壯」改爲「王」，「老」改爲「休」，「生」改爲「相」，且歧說成三種相勝（此觀念也改成休王）論，即五

⓬：苻秦・王嘉：《拾遺記》，（台北縣：藝文印書館，民國五十五年，《百部叢書集成》影印《古今逸史》本），卷一—卷九。

⓭：晉・皇甫謐：《帝王世紀》，（台北縣：藝文印書館，民國五十六年，《百部叢書集成》影印《指海》本），頁二—五〇。

行體休王、干支休王、八卦休王⓮。蓋文本踵事增華，思想亦如是，其末流已與本章果報主題脫離太遠，故置而不論。

二、陰陽五行報與其他系統功能的互動

陰陽五行雖經鄒衍建構成軌範人君的果報系統，然而其功能輸出多成爲其他系統的佐助說明，例如：醫學、命理、風水、卜筮、方術、道教煉丹派、宋代理學等，此皆與果報系統無關涉，故亦闕而不論。

從果報系統來看，陰陽五行報發展到漢代，由於吸入德報功能太龐大，儼然成爲其子系統，爲了尊重源頭，仍然獨立一個果報系統，同德報一起繫在中國大果報系統下。而其天人感應功能被董氏等人吸收，混入其德報系統，而無法釐清其主體成分比重，特以兩者子系統—天人感應報獨立於下章論述之。

此外，陰陽五行報的天人感應功能也被道書宣揚末世劫難的預言及其消災、解厄上章、作醮儀式吸收入其系統，此部分見後述。

⓮：隋·蕭吉：《五行大義》，（台北：廣文書局，民國七十六年七月），卷二〈論四時休王〉，頁六—八。

第三節　陰陽五行報功能的傳播

陰陽五行報功能傳播可分爲概念和感應二種，後者留至下章論述；至於前者是以非有機的散狀型結構，向大小傳統社會傳播其信息。其較普通的傳播管道約可分爲以下六項：

一、透過符命的管道

所謂「符命」是「讖」表現的一種形式。《說文》三上・言部：「讖，驗也，有徵驗之書。」《後漢書》卷一上〈光武帝本紀〉李賢《注》：「讖，符命之書。讖，驗也，言爲王者受命之徵驗。」又《四庫全書總目提要・易類六》：「讖者，詭爲隱語，預決吉凶。」❶，則知「讖」是一種預言的文字，而「符命」就天意神授透過讖言文字來表現，所預測的，多半是君主興廢。《後漢書・光武帝本紀》內即載一條符命文獻：

> 光武先在長安時，同舍生彊華自關中奉赤伏符曰：「劉秀發兵捕不道，四夷雲集龍鬥野，四七之際火為主。」（卷一上，頁一五）

李賢注云：「四七，二十八也；自高祖至光武初起，合二百二十八年，即四七之際也。漢，火德也；故火爲主也。」（同上引），案：「符命」透過大聖終始五行相生說來預決帝

---

❶：清・紀昀：《四庫全書總目提要》，（台北縣：藝文印書館，民國七十八年元月，六版），卷六〈經部六・易類六・易緯坤靈圖〉，頁六〇。

王的人選。又《後漢書》卷七一〈皇甫嵩傳〉載張角建立太平道並造符命曰：「蒼天已死，黃天當立，歲在甲子，天下大吉。」漢以火德相承，依五行相生次序：火生土，所以代漢者自然是土德，色尚黃。故東漢起兵叛劉氏王朝的，皆以「黃」自居，如：九江馬勉著黃衣帶，自稱「黃帝」（《後漢書》卷六〈質帝本紀〉）；長平陳景自號「黃帝子」（同書卷七〈桓帝本紀〉）；而張角自稱「黃天」，頭著黃巾。

二、透過占星的管道

先秦以前，早就有占星官的設置，專門占星象以卜人事吉凶。《周禮》卷二六〈春官・保章氏〉條即言保章氏職司在占星、望氣：

保章氏掌天星以志星辰日月之變動，以觀天下之遷，辨其吉凶……。

而最常觀測的就是五行星的運行。《淮南子》卷三〈天文訓〉內即有占五行星運行以卜人事吉凶的記載：

熒惑……受制而出列宿，司無道之國，為亂、為賊、為疾、為喪、為飢、為兵。

鎮星……歲鎮行一宿。當居而弗居，其國亡土；未當居而居之，其國益地，歲熟。

太白……出以辰戌，入以丑未。當出而不出，未當入而入，天下偃兵；當入而不入，未當出而出，天下興兵。

……

占星卜吉凶是無科學根據，這裏頭有多少誤差？多少巧合？則不得而知，但古人的確相信天上星象的變異是反映人事的。

三、透過占夢的管道

殷卜辭中有占夢記錄❷；在《周禮·春官》裏有屬官太卜、卜師掌占夢之職，專爲君主卜吉凶，觀妖祥。《晉書》卷九五〈索紞傳〉載令狐策夢己站在冰上同冰下人說話，索紞即把「冰上」、「冰下」夢象占爲「陰陽」；張宅夢見自己走馬上山，索紞占爲：「馬屬離，離爲火，火禍也。」這是占夢者運用陰陽五行觀念斷吉凶。

四、透過前兆占卜的管道

前兆就是天人感應的一種自然現象，陰陽五行報就是建構在這種深植人心的前兆信仰基礎上。如前所列〈表七〉的「緯書」所載，每一位新德王應運而出，必有祥瑞前兆應之。殷芸《小說》內載樊噲和陸賈一段對話，就可以看出前兆信仰由來已久：

> 樊將軍噲問於陸賈曰：「自古人君皆云受命於天，云有瑞應，豈有是乎？」陸賈應之有曰：「有。夫目瞤得酒食；燈火花得錢財；午鵲噪而行人至；蜘蛛集而百事喜；小有徵，大亦宜然：：：：況天下之大寶，人君重位，非天命何以得之哉。？」（《鉤沉本》頁九八）

陸勳《集異志》卷二〈災異類〉收有五行變異的文獻，〈陳宣帝〉條內載：

---

❷：可參見胡厚宣：《甲骨商學史論叢初集——下·殷王占夢考》，（台北：台灣大通書局，民國六十一年十月），頁四四一——四六六。

陳宣帝大建四年七月江水赤如血，自建康西至荊州。禎明中，江水赤，自方州東至海。占曰：「法嚴刑酷，傷水性也。五行變節，陰陽相干，氣色謬亂，敗亡之象」。京房曰：「水化為血，兵且起」其後為隋所滅。❸

卦象占卜凶吉，也是由來已久，《周易》便是一部占卦的總集。《宋書》卷三二〈五行志三〉云：

（晉懷帝）永嘉六年五月，無錫縣有四株茱萸樹，相樛而生，狀若連理。先是，郭景純筮延陵偃鼠，遇〈臨〉之〈益〉，曰：「後當復有妖樹生，若瑞而非，辛螫之木也。儻有此，東南數百里必有作逆者。」其後徐馥作亂。此草妖也，郭以為木不曲直。

蓋以木不曲直的自然現象卜筮卦，得出有作亂的預測。

五、透過文人立說的管道

文人立說：或以筆記小說形式爲之；或以史志形式爲之；或以災異附會經典形式爲之（如《尚書五行傳》、《京房易妖占》）；或以災異附會政事形式爲之等數種形式傳播陰陽五行的功能。

以上五種傳播管道，只是概略言之，餘或與天人感應報雷同，此不再贅述。

❸：陸勳：《集異志》，（北京：中華書局，一九八五年，影印寶顏堂祕笈本），卷二，頁一七。

第八章　天人感應報系統的建構、發展與功能傳播

天人感應報可說儒術與神學前兆信仰的結合。從學術思想立場來看，是造成儒學發展的歧向；但是從果報系統發展的角度而言，這是一個自我調適的現象。系統爲了自身的成長、穩定與發展，必然會輸入外在環境的其他因素（如思想、制度、方法），使之融合於原有系統內。

在本單元所要關切的課題是：天人感應報的理論如何建構？往後發展過程中，和其他系統功能互動如何？其傳播的管道有那些？以上思惟將分爲三小節論述之。

第一節　天人感應報系統的建構

一、天人感應思想的形成

天人感應思想早散見於先秦文獻中，據劉向在元帝初即位時　在一篇論災異奏疏中提到孔子作《春秋》：

> 二百四十二年之間：日食三十六；地震五；山陵崩阤二；彗星三見；夜常星不見；夜中星隕如雨一；火災十四。……：五石隕墜，六鷁退飛……：晝冥晦；雨木冰；李梅冬實；七月霜降，草木不死；八月殺菽；大雨雹，雨雪雷霆失序相乘；水、旱、

> 饑、蝝、螽、螟、蠭午並起。當是時，禍亂輒應，弒君三十六；亡國五十二；諸侯奔走，不得保其社稷者，不可勝數也……（《漢書》卷三六〈楚元王傳〉）

《左傳》更據此發揮天人感應之說，其他史料，如：《國語》、《竹書紀年》、《尚書．洪範》的「庶徵」、《逸周書．時訓》等皆載有此類思想，顯示天人感應在建構成系統前，就早已存在中國大傳統士大夫的觀念中。不過它真正形成一股共識的風氣，則是在西漢以後才有的。爲什麼會在西漢以後才形成呢？徐復觀在〈道德地因果報應觀念〉一文中提供了問題切入的關鍵點的說明：

> 在大一統專制政治下，很難給道德地因果報應觀念以長久的支持，……於是天人感應之說出，……殆皆所以濟專制下人類良知走頭無路之窮。❶

秦漢大一統專制格局的建立，是激化天人感應報形式的外在環境改變的主要因素。天報神權逐步下墜的時代，「天命有德」的舊信仰已對強權霸主興起的君主沒有約束力，更遑論用道德良知範圍其君主的行徑；而在集權的格局裡，君主操掌生殺予奪大權，世間法也約束不了他；在政統領道統的氛圍裏，知識分子也沒有多少的自由抨議空間❷。適巧有鄒衍陰陽

---

❶：徐復觀：〈道德地因果報應觀念〉，收入《徐復觀雜文續集》，（台北：時報文化出版公司，民國七十年五月），頁八三。

❷：兩漢經學盛行，民間師法門派林立，弟子動輒數萬，這個現象只代表學術自由，並不代表抨議政治的的言論。也只有統治者認為他們沒有任何一點政治威脅，才可能消極地允許他們存在。太史公在《史記》中一提到朝廷提倡儒術，常用一個「飾」字。徐復觀指出：這是揭破了古今中外一切專制者對學

五行觀念流行，而鄒衍以五德終始怪迂之論欲導時君行仁義節儉的行徑也給予漢儒的某些啓示。在這幾種外在因素的匯合下，漢儒自陰陽五行系統中吸入感應功能，以災祥去抨議君主的德性良窳和施政得失，也可以看成是道統對政統的一種反撲。

就是這種對專制政統反撲的心理，漢儒不約而同地形成倡言天人感應的時代風氣。如西漢初期的陸賈在《新語》卷下〈明誠篇〉說：

> 惡政生於惡氣，惡氣生於災異。蝮蟲之類，隨氣而生；虹蜺之屬，因政而見。治道失於天下，則天文度於上；惡政流於民，則蟲災生於地。❸

賈誼在《新書》卷六〈春秋〉也倡言春秋文獻中的災異而導向於德治的居心，舉宋康王之時，見祥瑞而行暴虐，終致國敗身死；斷言：「見祥而爲不可，祥反爲禍。」舉晉文公出畋見妖蛇，咎責己過，而章德行善，遂至於霸，斷言：「見妖而迎之以德，妖反爲福。」❹

賈山《至言》：

> 是以元年膏雨降，五穀登，此天所以相陛下也。（《漢書》卷五一〈賈山傳〉）

漢文帝十五年，鼂錯上書曰：

> ……（君主）動靜上配天，下順地，中得人……德上及飛鳥，下至水蟲草木諸產，皆被其澤。然後陰陽調，四時節，日月光，風雨時，膏露降，五穀孰，妖孽滅，

術的用心。（《兩漢思想史──卷一》頁一九〇）

❸：王利器：《新語校注》，（出版狀況見前），卷下〈明誠第十一〉，頁一五五。

❹：賈誼：《新書》，（出版狀況見前），卷六，頁四九──五〇。

賊氣息，民不疾疫，河出圖，洛出書，神龍至，鳳鳥翔，德澤滿天下，靈光施四海，此謂配天地，治國大體之功也。（《漢書》卷四九〈鼂錯傳〉）

《淮南子》卷三〈天文訓〉更明白地說：

人主之情，上通於天，故誅暴則多飄風；枉法令則多蟲螟；殺不辜則國赤地，令不收則多淫雨。

董仲舒在回答漢武帝「天人三策」第二問：「災異之變，何緣而起」，就透顯出漢儒倡言天人感應的用心：

……國家將有失敗之道，而天迺先出災害以譴告之；不知自省，又出怪異以警懼之；尚不知變，而傷敗迺至。……及至後世，淫佚衰微，不能統理群生，諸侯背畔，殘賊良民，以爭壤土，廢德教而任刑罰，刑罰不中則生邪氣；邪氣積於下，怨惡畜於上，上下不和，則陰陽繆盭而妖孽生矣，此災異所緣而起也。（《漢書》卷五六〈董仲舒傳〉）

從以上數則文獻可以看出漢儒於儒術各有獨尊，然各家以天人相與，言災異感應，就自然指向君主的施政；談施政，則動輒言刑罰不中、誅暴、枉法、惡政；談祥瑞感應則指向君主的德澤。於此可見其用心是欲以德化刑，以道統領政統，企圖解決君權非理性的根本問題。以德化刑已見於前章〈法報發展〉及〈陰陽五行報發展〉的論述；至於以道統領政統則可說是自孔孟以來，儒者的心願，欲建立一個合理的文化秩序。然而以法治爲本質的政權，基本教義上是和儒學道統對立的，即使是允許些微的道德教化，無非是基於穩定政權的前提下才有的。漢儒自陸、賈以下實欲矯正漢承秦法的弊病，不得不回頭，重新以改裝過的天報來限制君權的膨脹，扭轉施政的方向，以窺測天意而言災異來儆人主。皮錫瑞在《經學歷史·經學極盛時代》內云：

> 漢有一種天人之學，而齊學尤盛。《伏傳》五行，《齊詩》五際，《公羊春秋》多言災異，皆齊學也。《易》有占驗，《禮》有明堂陰陽，不盡齊學，而其旨略同。當時儒者以為人主至尊，無所畏憚，借天象以示儆，庶使其君有失德者猶知恐懼修省。此《春秋》以元統天，以天統君之義，亦《易》神道設教之旨。漢儒藉此以匡正其主。❺

可說一語道出漢代天人之學形成的動機。

吾人從漢文帝二年十一月對災異下詔罪己：

> 朕聞之，天生民，為之置君以養之。人主不德，布政不均，則天示之災以戒不治……其悉思朕之過失，及知見之所不及，丐以啟告朕。（《漢書》卷四〈文帝紀〉）

可以看出天人之說的影響力。而從夏侯勝以《洪範五行傳》察變❻；董仲舒以《春秋》決獄

---

❺：皮錫瑞：《經學歷史》，（台北：河洛圖書出版社，民國六十三年九月），第四章〈經學極盛時代〉，頁一〇六。

❻：《漢書》卷七五〈夏侯勝傳〉內載霍光和安世欲廢昌邑王。勝數諫之，曰：「天久陰不雨，臣下有謀上者，陛下出，欲何之？」……光讓安世，以為世語。安世實不言，迺召問勝。勝對言在《洪範傳》，曰：「『皇之不極，厥罰常陰，時則下人有伐上者，惡察察言。』故曰臣下有謀。」光、安世大驚，以此益重經術士。

❼；王式以三百五篇當諫書❽等事看出漢儒無不欲以道統深入政統的體制內，作爲其行政、司法的指導綱領。

了解西漢天人感應思想興起的背景和用心之後，便可以進一步地論述其系統理論的建構。

二、天人感應報系統的建構

天人感應報是建構在前兆信仰的基礎上，在談其理論建構前，必須先釐清這個概念。何謂「前兆信仰」？朱天順在《中國古代宗教初探》第五章第一節〈原始前兆迷信產生的根源〉內有對前兆信仰起源作詳細的說明：

> 原始社會，人類在長期的社會實踐中，不知不覺地建立了一種認識事物的方法，即注意認識事物發展過程的前期現象—前兆，以求預知將來可能發生的事情，並預料自己行動的後果。❾

前兆迷信有時是建立在錯誤的前兆觀基礎上，因爲不是每一次的前兆現象都會徵驗。到

---

❼：《漢書·藝文志》著錄春秋家條下《公羊董仲舒治獄》十六篇，王先謙《補注》云：「……作《春秋決獄》二百三十二事。」

❽：事詳見《漢書》卷八八〈儒林傳·王式〉。

❾：朱天順：《中國古代宗教初探》，（出版狀況見前），第五章第一節〈原始前兆迷信產生的根源〉，頁一一七。

有鬼神信仰後，通常在前兆現象和未來事物之間的聯繫，是通過神意來解釋。人們迷信前兆是鬼神對人的啓示，警告將來要發生的事，則是鬼神給人的獎懲，即所謂「天垂象見吉凶」。往後發展時，會逐漸比附人的德性好壞；到了鄒衍以後，則有意識地建構起天人哲學；入漢之後，則更強化帝王德性良窳和災異感應的功能之間的聯繫。

也就是說，見「月暈」預知會有風，「礎潤」會近日下雨，是一種累積的生活經驗，久而形成前兆信仰。到了說：「牝雞司晨，惟家之索」（《尙書．牧誓》引古諺），則已在前兆信仰上加入了社會屬性。接著進一步地預言：「國之將興，必有禎祥；國家將亡，必有妖孽。」（《中庸．二十四章》），則是有意識地在前兆信仰上加入學術思想屬性，企圖達到某種目的。

順著這個理路下去，便可以進入天人感應報建構這個課題。天人感應報就是漢儒以學術思想的屬性去吸收感應的前兆信仰。其理論的建構可說是始於劉安、董仲舒、劉向、谷永等人，而完成於「緯書」。其建構的原理可分爲以下五項：

㈠天人相副

所謂「天人相副」是認爲人本身也是一個小宇宙。《淮南子》卷八（本經訓）即言：「天地宇宙，一人之身也；六合之內，一人之制也。」，從這個認知，劉安和董仲舒不約而同地以人身體構造去比附天地自然現象：

> 故頭之圓也象天，足之方也象地。天有四時五行九解，三百六十六日。人亦有四支

五藏九竅三百六十六解。天有風雨寒暑，人亦有取與喜怒。故膽為雲，肺為氣，肝為風，腎為雨，脾為雷，與天地相參也，而心為之主。（《淮南子》卷七〈精神訓〉）

董氏在《淮南子》的基礎上，比附得更繁雜：

天德施，地德化，人德義。天氣上，地氣下，人氣在其間。……唯人獨能偶天地。人有三百六十節，偶天之數也；形體骨肉，偶地之數也。上有耳目聰明，日月之象也；體有空竅理脈，川谷之象也；心有哀樂喜怒，神氣之類也。……是故人之身首坌而員，象天容也、髮象星辰也；耳目戾戾，象日月也；口鼻呼吸，象風氣也；胸中達知，象神明也；腹胞實虛，象百物也。百物者最近地，故要以下，地也。……頸以上者，精神尊嚴，明天類之狀也；頸而下者，豐厚卑辱，土壤之比也。（《春秋繁露》卷一三〈人副天數第五十六〉）

又云：

天地之符，陰陽之副，常設於身，身猶天也，數與之相參，故命與之相連也。天以終歲之數成人之身，故小節三百六十六，副日數也。大節十二分，副月數也。內有五藏，副五行數也。外有四肢，副四時數也。乍視乍瞑，副晝夜也。乍剛乍柔，副冬夏也。乍哀乍樂，副陰陽也。……（同上引）

董氏以數的觀念來佐助他的類推法，使人和天關係扣得更緊密，如此才能導出第二個原理：人天相感。

(二)人天相感

人和天既然是相副，則是屬同類，既然是同類就會互相感應，如火就燥，水就濕，他說：

百物去其所與異，而從其所與同。故氣同則會，聲比則應。……如馬鳴則馬應之，牛鳴則牛應之。（卷一三〈同類相動第五十七〉）

董氏從人天相副，說到同類相動，其用心主要是歸結於德的運作，故其言：「美事召美類，惡事召惡類」、「帝王之將興也，其美祥亦先見；其將亡也，妖孽亦先見。」（同上引）；所謂「榮辱之來，必象其德」（《荀子》卷一〈勸學〉）；個人的善行會召感福至，惡行會引發禍來。擴而大之，全民的善行會凝聚成天地間的善氣，召來祥瑞；全民的惡行會凝聚天地間的惡氣，引發災咎。如此指向專制的禁忌：君主的德性和施政，也不能免於這個宇宙法則。如是董氏的論點便進入天人感應報系統的核心原理：

㈢君主行徑必順於天道法則

此觀念已詳述於前章，故此處只作概括的說明：人既副天道，則君主喜怒哀樂之情必順時而發，即春喜，冬怒，秋哀，夏樂。慶賞刑罰措施也要順時而行：春夏慶賞；秋冬刑罰。而四季順序以春夏爲先，秋冬爲後，則君主必須先德後刑，以法「天之任陽不任陰，好德不好刑」（陰陽位第四十七）之意。如君主專斷孤行，則繼之以災異威嚇之。

㈣災祥之來必本於美惡之政

過多的天災、人禍是會動搖社會根本及政治秩序的，即使再專斷橫行的君主也不得不對天人感應說辭懷敬畏之心。因此如董氏之流，持天人感應說，強調其徵驗，必本於歷史殷鑒的事實，來增強其說服力，最常見的史例是堯舜商湯文武周公和桀紂幽厲。劉向在漢元帝初即位時，上疏大談災異，引證古今：

> ……文武周公為政，朝臣和於內，萬國驩於外，……天應報於上，……此皆以和致祥，獲天助也。……下至幽厲之際，朝廷不和，轉相非怨，……當是之時，日月薄蝕而無光。……天變見於上，地變動於下，水泉沸騰，山谷易處，……霜降失節，不以其時，……此皆不和，賢不肖易位之所致也。自此之後，天下大亂，篡殺殃禍並作。……由此觀之，和氣致祥，乖氣致異。祥多者其國安，異眾者其國危。（《漢書》卷三六〈楚元王傳〉）

劉向順著引證古事的概念，而導入時政的批評：

> 今佞邪……合黨共謀，違善依惡，……此天地之所以先戒，災異之所以重至者也。（同上引）

持天人感應說的漢儒，幾乎和劉向理路同出一轍；谷永在漢成帝元延元年上書曰：

> 王者躬行道德，承順天地，博愛仁恕，恩及行葦，……符瑞並降，以昭保右。失道妄行，逆天暴物，窮奢極欲，湛湎荒淫，婦言是從，誅逐仁賢，……群小用事，峻刑重賦，百姓愁怨，則卦氣悖亂，咎徵著郵，上天震怒，災異婁降，……終不改寤，……惡洽變備，不復譴告，更命有德。（《漢書》卷八五〈谷永傳〉）

谷永在用自然災祥來包裝其抨議時政，末了，以「更命有德」重話儆戒，由此可知持天人感應說的儒者其迫切之用心。《易緯》卷六〈易稽圖〉更明確地指出災祥現世報的時效：

> 天子為善一時，天立應以善；為惡一日，天立應以惡。諸侯為善一時，天立應以善；為惡一時，天立應以惡。大夫為善一歲，天立應以善，為惡一歲，天亦立應以惡。

至於災祥內容則在其他「緯書」創立時而完成。茲揀擇數則列爲〈表一〇〉以窺其貌：

表一〇：「緯書」災祥本於美惡之政摘錄表

君臣行徑良窳具體內容	導致災祥現象	資料出處
君喜怒無常，輕殺不辜，戮無罪。	日蝕	《禮緯》卷四〈禮斗威儀〉
人主自恣，不循古，逆天暴物。	日蝕	《春秋緯》卷五〈春秋運斗樞〉⑩
臣專政，私其君位。	草木不生，禾穀不實	《禮緯》卷四〈禮斗威儀〉
妻黨翔，群臣恣肆，讒慝行，大臣專命	日黃無光	同前引，卷六〈春秋感精符〉
天子外苦兵，威內奪，臣無忠。	天投蜺	同前引，卷二〈春秋演孔圖〉
君行非是，僭差過制度，奢侈驕泰。	大旱不雨	同前引，卷八〈春秋考異郵〉
強臣擅命，夷狄內侮，后妃專恣，刑殺無辜。	天雨雹	
昭明蔽塞，政在臣下，親戚滿朝，君不覺悟。	星奔日蝕，虹蜺貫日	《易緯》卷一⑪
撓弱不立，邪臣蔽主。	白虹刺日	《詩緯》卷三〈詩推度災〉⑫
為政無常，天下懷疑。	蜺逆行	
逆天地，絕人倫。	天漢滅見	

⑩：黃奭輯：《易緯》，（和《禮緯》同冊），卷一，頁八。

⑪：黃奭輯：《春秋緯》，（上海：上海古籍出版社，一九九三年四月），卷五〈春秋運斗樞〉，頁二六。

⑫：黃奭輯：《詩緯》，（和《禮緯》同冊），卷三〈詩推度災〉，頁五。

主急妄怒，失陽事。	無雲而雨	《河圖緯》卷二〈河圖祕徵〉
天子舉賢。	景星見於天	〈春秋演孔圖〉
天子官守以舉賢。	鸞在野	
天子行孝德。	景星見	《孝經緯》卷五〈孝經內記圖〉⑬
王者遠嫌，別微，殊貴賤，抑驕臣，息亂子。	屏星明	
王者敘長幼，各得其正。	房心齊，德星應心。	
王者崇有德，彰有道，顯有功，褒有行。	太微七星明少微處士有德星應	《禮緯》卷二〈禮含文嘉〉
人君政尊。	日月貞明	
內外久制，各得其宜。	山澤出靈龜寶石	
作禮制樂，得天心。	景星見	
天子賜命諸侯皆如其德。	陰陽和，風雨時。	
王者得禮之制，不傷財，不害民，君臣和。	澤中出白泉、生赤木，有朱鳥、白玉、赤虹、赤龍出。	同前引，卷三〈禮稽命徵〉
王者君臣、父子、夫婦、尊卑有別。	鳳凰，玉飛翔於明堂。	

---

⑬：黃奭輯：《孝經緯》，（和《春秋緯》同冊），卷五〈孝經內記圖〉，頁七。

王者刑殺當罪，賞賜當功，得禮之儀。	醴泉出	同前引，卷三〈禮稽命徵〉
天子祭天地、宗廟、五岳得其宜。	五穀豐登，雷雨時至，四方貢物，青白黃馬，黃龍翔，黃雀集。	
出號令，得民心。	祥風至	
制禮作樂，得天意。	景星見	
王者德至天	降甘露、斗極明。	《孝經緯》卷三〈孝經援神契〉
王者德至八分	景星見、祥風至。	
王者德至山陵	景雲出、澤出神馬、出黑丹、山出木根東。	
王者德至地	秬鬯生、嘉禾生、蓂莢生、華苹盛。	
王者德至深泉	黃龍見、醴泉湧、河出龍圖、洛出龜書。	

「緯書」在董氏之徒的基礎上，更強調人事、德性和天意美惡之間的比附，希望藉此銷解君主的權力之源，將其施政措施導向儒家德治的路線。

(五) 修德以化災

順著第四項建構原理的陳述，往下思考：災異既已發生，要如何補救呢？在漢儒的理念中，認為天是慈悲的，雖然君主不信鬼神，不行善政，導致天先以「災」譴告之，而不知改進，再繼之以「異」畏之；又狂妄不知畏恐，才降下殃咎。即使降下殃咎，天仍然不欲陷人入絕境，只要君主改過遷善，尚可以德化災。《淮南子》卷一〈繆稱訓〉則云：「國有妖祥，不勝善政。」劉向也說：「妖孽不勝善政，惡夢不勝善行，至治之極也。」（《說苑》卷一○〈敬慎篇〉第十一則）；在上漢元帝疏中更具體地提供君主行政的措施：

> 今以陛下明知，誠深思天地之心……考祥應之福，省災異之禍，以揆當世之變，放遠佞邪之黨，壞散陰詖之聚，杜閉群枉之門，廣開眾正之路……則眾祥並致，太平之基，萬世之利也。（《漢書》卷三六〈楚元王傳〉）

谷永也持同樣的看法：

> 臣聞災異，皇天所以譴告人君過失，猶嚴父之明誡，畏懼敬改，則禍消福降；忽然簡易，則咎罰不除。（同書卷八五〈谷永傳〉）

京房在其著作中對君主以德化災有更詳盡的說明，茲摘錄數則列成〈表一一〉方便讀者檢閱：

表一一：君主以德化災摘錄表

君主德性或施政不良	災異現象	解救之道	資料出處
人君不仁，春秋無辜。	歲星失度	慈仁敬讓，廣恩惠施，無犯四時。	京房〈五星占〉（《太平御覽》卷八七五引）
人君內無法禮，輕薄房室，外行慢易，斂奪民財。	熒惑失度	爵賢位德，養幼廩孤，命樂師趣，鼗鼓合歡。	
人君內無仁義，外多華飾	鎮星失度	治社稷，修明堂，近方直之人。	
人君薄恩無義，懦弱不勝任	太白失度	舉有義，任威用武。	京房〈別對災異〉（《太平御覽》卷八七四引）
君無仁德，臣懷叛戾，華飾虛舉，薦賢實不相副。	五穀不實	選明經，舉茂才，改往脩來，退去貪狼；施恩行惠，賞賜勞臣。	
佞人眾，君迷惑。	迴風起	用公直黜邪枉	京房〈別對災異〉（《太平御覽》卷八七六引）
人君政教無法，為下所逆。	狂風發	脩政教，聘賢士。	
人君擅私恩，恣意縱情，不與臣下同謀。	偏雨夜墮	興公道，無私黨。	京房〈別對災異〉（《太平御覽》卷八七七引）
人君封拜無功，進無德。	無雲暴雨	誅彊卹弱，信及兆民。	
人君無施，澤惠利於下人；又亢陽暴虐，興師動眾，下人悲怨。	久旱	誅讒佞之臣	京房〈別對災異〉（《太平御覽》卷八七九引）

其解救之道不外舉賢任能、誅佞逐邪、慈惠下民，省刑薄斂，句句導向「德治」一途。這種借修德化災，企圖壓縮君權，建立一個較合理、公平的文化秩序的用心，不是漢儒的專利，在漢以後，各朝代的儒者只要信仰天人感應報，都會出現驚人的一致性。茲舉二例如下：

《晉書》卷五二〈阮种傳〉阮种爲太保何曾薦舉賢良，召試對策，回答晉武帝「咎徵作見」問題：

> 陰陽否泰，六沴之災，則人主修政以禦之，思患而防之，建皇極之首，詳庶徵之用。《詩》曰：「敬之敬之，天惟顯思」，……是以人主祖承天命，日慎一日也。故能應受多福而永世克祚，此先王之所以退災消眚也。

《周書》卷四〇〈顏之儀傳〉載京兆郡丞樂運宇於北周宣帝即位（公元五七八年）上疏曰：

> 昔桑穀生朝，殷王因之獲福。今元象垂誡，此亦興周之祥大尊，雖減膳撤懸，未盡銷譴之理，誠願諮諏善道，修布道政，解兆民之慍，引萬方之罪，則天變可除，鼎業方固矣！

阮、樂二氏倡言以德化災，不出漢儒格局，由此可知天人感應報自系統建構後，即成普世的信仰。在其價值觀裏：順天行德政（或見災異以德化之），即獲得善的、肯定的評價；反之，逆天行惡政（或見災不改其過，見祥仍暴虐無道），即獲得惡的、否定的評價。

第二節　天人感應報系統的發展

本單元可分內容增益、規範層次、功能互動三方面論述之：

一、內容增益

天人感應報系統理論建構完成後，即成爲大小傳統普世的信仰，只有在災祥內容及史料實證上增益，對理論不會有太大的修正。而這部分已見於前章第二節《洪範五行傳》舉例的論述，此不再贅述。

二、規範層次擴及地方官吏

天人感應報系統當時建構的用心，主要是範圍君主行徑，偶及於朝中大臣和后妃。在發展的過程中，已逐漸擴及到一般地方官吏。干寶《搜神記》卷一一載有幾則文獻可以佐證此現象。茲舉二例：

> 後漢，諒輔字漢儒，廣漢新都人，少給佐吏，漿水不交，為從事，大小畢舉，郡縣斂手。時夏枯旱，太守自曝中庭，而雨不降；輔以五官掾出禱山川，自誓曰：「輔為郡股肱，不能進諫、納忠、薦賢、退惡，和調百姓；至令天地否隔，萬物枯焦，百姓喁喁，無所控訴，咎盡在輔。今郡太守內省責己，自曝中庭，使輔謝罪，為民祈福；精誠懇到，未有感徹，輔今敢自誓；若至日中無雨，請以身塞無狀。」乃積

薪柴，將自焚焉。至日中時，山氣轉黑，起雷，雨大作，一郡沾潤。世以此稱其至誠。

案：諒輔只是小小佐吏，由於恪遵職守，盡心於民事的忠誠惠愛的德性因而感應天降甘霖，可見天人感應不視其位尊卑，而視其德性良誠與否，背後隱約有一個鬼神在伺察人間善惡，因此諒輔的禱告才會起感應作用，所謂「人在作，天在看」即是此理。

另外史料文獻也有類似的記載：

《北齊書》卷四六〈循吏列傳·宋世良〉載汲郡久旱，殿中侍御史宋世良路過汲郡：

見汲郡城旁多骸骨，移書州郡，令悉收瘞。其夜甘雨滂沱。

以德及路旁無主骸骨，使汲郡久旱降雨，似乎已受道教積德派教規影響。

三、天人感應報和其他系統功能的互動

天人感應報互爲德報、陰陽五行報的子系統，又可看成天報異化下的從屬系統；一般系統理論的學者都一致認爲：系統的組成份子之間皆具有層級節制的關係。而在「上級系統」與「次級系統」之間則顯現了重疊交叉現象❶。根據張詩言爲「子系統」下的定義：「而子系統雖然有著各自不同的目的，但各自的目的都必須是爲了實現上層系統的目的而設定的。」

❶：彭文賢：《組織理論之分析》，（出版狀況見前），第三章第三節〈社會—技術的系統模式〉，頁一〇七。

❷；從這個定義來看，天人感應報和其上級系統—天報、德報、陰陽五行報功能自相融合也是必然的現象。因爲德報和陰陽五行報的終極目的是建立一個德治的文化秩序，此項目標也是天人感應報建構的目的，天報就範圍君王這部分功能來說，也和天人感應報有殊途同歸性，何況天人感應在言及災祥感應時，背後確有超自然的人格神—即天意美惡的仲裁力在運作，此點和天報的鬼神賞罰並無兩樣。驗之於文獻，如第四章〈德報系統的發展〉筆者所舉數條孝道感應而免災的故事，就是德報和天人感應報的融合。《漢書》以下的〈五行志〉所舉的休咎徵史事，就是陰陽五行報感應的描述，天人感應報主體的功能就是由此析出。至於和天報系統的互動，如前面所舉的〈諒輔〉，多半隱而不顯。《幽明錄》載〈彭娥〉條就稍可看出此二系統功能融合的情形：

> 晉永嘉之亂，郡縣無定主，彊弱相暴。宜陽縣有女子，姓彭名娥，父母昆弟十餘口為長沙賊所攻。時娥負器出汲於溪，聞賊至，走還，正見塢壁已破，不勝其哀，與賊相格，賊縛娥驅出溪邊，將殺之。溪際有大山，石壁高數十丈，娥仰天呼曰：「皇天寧有神不？我為何罪？而當如此。」因奔走向山，山立開廣數丈，平路如砥，群賊亦逐娥入山，山遂隱合，泯然如初，賊皆壓死山裏，頭出山外，娥遂隱不復出。（《鉤沉本》頁二五四）

《太平御覽》卷八八八收入此則，載入〈妖異部〉；山石感應彭娥的呼冤而裂開，然而

❷：張詩言：《程式開發管理》，（出版狀況見前），頁七。

亂世無罪遭兵殺、賊殺的例子多得不可勝數，而此則呼冤感應的說服力不夠，才被載入〈妖異部〉，如果作者在前段強調彭娥的孝道，就可使呼冤感應有足夠說服力，不管如何，在此則天人感應報文獻裏，天的神格性已浮出字面，顯示此二報功能互動的必然性。

除了與自身上級系統功能融合外，天人感應報，於佛道興起之後，爲教徒在建構末世啓示預言的理論時所吸收。前者見於敦煌遺書，如中土造經：《勸善經》、《救諸眾生一切苦難經》、《新菩薩經》、《僧伽和尚欲入涅槃說六度經》；後者如：《太上洞淵神咒經》，詳見下章敘述。

第三節　天人感應報系統功能的傳播

天人感應報系統功能傳播管道和陰陽五行報傳播管道幾近於雷同，茲分爲以下九項簡述之：

一、透過符命的管道

陸勳《集異志》卷四〈魏明帝〉條載：

> 青龍元年，張掖柳谷口水溢涌，寶石負圖狀象龜，立於川西，有石馬七及鳳、麟、牛、白虎、犧犢玦八封列宿孛彗之象；又有文曰：大討曹。此晉之符命，而於魏為妖。

符命是人假借天意所造的，通常都出現在舊政權衰敗之際。班固就直接道出哀章爲王莽作銅匱兩檢，署其一曰：「天帝行璽金匱圖」，其一署曰：「赤帝行璽某傳予黃帝金策書」。內僞造符命曰：「王莽，爲真天子，皇太后如天命」（《漢書》卷九九上〈王莽傳上〉）

二、透過謠讖的管道

王莽露出野心，欲篡漢時，長安就開始流傳一道謠讖：「三七末世雞不鳴，犬不吠，宮中荆棘亂相繼，當有九虎爭爲帝。」（《集異志》卷三），案：九虎王莽之外號；三七，言自高祖自立漢王到新莽即位(BC206-AD9)，二百一十五年，舉其成數。

另一種非讖類，而是純歌謠稱頌。《晉書》卷五一〈東晳傳〉載：

> 太康中，郡界大旱，晳為邑人請雨三日，而雨注，衆謂晳誠感，為作歌曰：「東先生，通神明，請天三日甘雨零。我黍以育，我稷以生。何以疇之？報東長生。」

東晳博學多聞，以孝廉察舉，孝子禱雨，而天應之，則歌謠也是傳播此報的管道之一。

三、透過前兆妖異現象占卜的管道

《搜神記》卷七〈晉懷帝〉條下載數則妖異文獻，茲列二則如下：

> 永嘉元年，吳縣萬詳婢生一子，鳥頭，兩足，馬蹄，一手無指，尾黃色，大如椀。
>
> 永嘉五年，枹罕令嚴根婢產一龍，一女，一鵝。京房《易傳》：「人生他物，非人所見者，皆為天下大兵。」是時承惠帝之後，四海沸騰，尋而陷於平陽，為逆胡所害。

基本上，此傳播管道，是承自先秦的迷信：「國之將亡，必有妖孽。」干寶在《搜神記》

卷六開頭語即言：

妖怪者，精氣之依物者也。氣亂於中，變於外，……雖消息升降，化動萬端，其於休咎之徵，皆可得域而論矣。

蓋亂世道消魔長，君無道於上，民變亂於下，上下所形成的一股妖氣召感出怪異的前兆，由怪異的跡象占卜出亡國的預測。

四、透過占星的管道

日月星辰運行與人事吉凶禍福的比附，到了《史記．天官書》才具體地建構起來，其後「緯書」踵事增華，各家異說紛起，占卜不一，隨時事而比附。茲以占彗星爲例：太史公言：「吳楚七國叛逆，彗星數丈」（《史記》卷二七〈天官書〉）；《春秋緯》卷八〈春秋考異郵〉則言：「人主淫亂，尊卑無倫，則彗出形如帚。天下大飢，君臣悖逆，相尋干戈，則彗出形如苐。」又卷五〈春秋運斗樞〉云：「彗星見，委曲象旗，王者征伐四方。長竟天，人主失天下。」之所以比附人事吉凶不同，主要依於當時政治情勢的預測。

五、透過望氣的管道

望氣就是觀望雲氣大小形狀、色澤以卜人事吉凶。此占法早見於殷商時代，〈小子𧻚卣〉：「乙巳，子命小子𧻚……望人方𩰪。」❶，殷王子命𧻚伐人方，出師前先

❶：見白川靜：《金文的世界》，（出版狀況見前），第一章〈殷代之金文〉，頁二七。

望「霉」（即雲氣），以卜戰事吉凶。

司馬遷言：「雲精白者，其將悍，其士怯。其大根而前絕遠者，當戰，青白其前低者戰勝，其前赤而仰者，戰不勝。」（《史記．天官書》），憑什麼古人認定雲氣和人事吉凶有關呢？這也是從同氣召感的角度來立論，太史公就說：「雲氣各象山川人民所聚積」（同上引），國有善政，民有善德，自然會召感祥雲之氣，其狀：「若煙非煙，若雲非雲，郁郁紛紛，蕭索輪囷，是謂卿雲。」（同上引）；若是國無善政，民多奸邪，自然會召感不祥的雲氣，其狀：「若犬，若馬，若白鵠，若眾軍」❷，其色則以黑居多。

六、透過占夢的管道

古代帝王將興，也有透過夢象的感應形式。《列子》卷三〈周穆王篇〉即言：

神遇為夢，形接為事。故晝想夜夢，神形所遇。❸

夢也是一種天人交感形式，天意有時會透過夢象向當事人暗示。有時候在朝代替換之際，或朝廷接班人未定的情況下，夢象是用來驗明「真命天子」正身的手段。《史記》卷八〈高

---

❷：《呂氏春秋》卷六〈季夏紀第六．五曰明理〉云：「君臣相賊，長少相殺，父子相忍，兄弟相誣，知交相倒，夫妻相冒，日以相危，失人之紀，心若禽獸，長邪苟利，不知義理，其雲狀有若犬若馬……」（頁一五〇——一五一）

❸：舊題鄭．列禦寇撰、晉．張湛注、楊伯峻集釋：《列子集釋》，（北京：中華書局，一九九六年二月，四刷），卷三〈周穆王篇〉，頁一〇三。

祖本紀〉內載有這種記錄：

> ……其先，劉媼嘗息大澤之陂，夢與神遇。是時雷電晦冥，太公往視，則見蛟龍於其上，遂產高祖。

諸呂之亂後，大臣議立繼嗣，代王（文帝）被迎立爲帝，也是借夢象驗明正身，以息諸藩非分之想。夢象記載見於《史記》卷四九〈外戚世家〉：「薄姬曾夢，蒼龍據腹，……生男，是爲代王。」《漢書》卷九三〈鄧通傳〉：「文帝嘗夢欲上天，不能，有一黃頭郎推上天。」

光武在天下未定於一尊之前，搶先一步說：「我夢乘龍上天」（《藝文類聚》卷七九引《東觀漢記》）

《南史》卷四〈齊本紀上〉載蕭道成：「年十七曾夢乘青龍，西行逐日」❹等等諸如此類，夢日、夢龍、夢天的說法，都是另一種天命神授的政治宣傳手段。

七、透過巫覡的管道

巫覡是一種神職人員，在傳達神意的時候，也會成爲天人感應報傳播的媒介。魏·崔鴻《十六國春秋》〈劉淵〉條載劉淵母生淵時的瑞應：

> 豹（淵父）妻呼延氏，魏嘉平中（齊王芳年號），祈子於龍門，有一白魚頂有一頂軒髻，躍鱗而至祭所，久之乃去。巫覡皆異之，曰：「此嘉祥也」……自是十五

❹：唐·李延壽：《南史》，（台北：鼎文書局，民國六十八年三月），卷四〈齊本紀上〉，頁一一三。

月而生淵。❺

則知巫覡本身在爲人祈禳、消災之餘，也兼觀天地災祥之兆，而斷其人事吉凶。

八、透過圖象的管道

在敘述德報的傳播管道時，筆者也曾提及山東〈武梁祠畫象〉，其中有二石是繪祥瑞之圖，並有註記：一石云：

「木連理，王者德純，治八方爲一家，則連理生。」「比肩獸，王者德及鰥寡則至。」（《金石萃編》卷二一，頁二一）

一石較殘泐：「白□□王者不暴□，白□仁不害人。」（同上引，頁二〇）案：據《宋書》卷二八〈符瑞志中〉：「白虎王者不暴虐，則白虎仁不害物。」可知缺空殘泐之原字。「白魚，武：：：（下闕）：：：津入于王舟。」（同上引，頁二一）案：據《宋書》卷二七〈符瑞志上〉：「白魚，武王渡孟津入于王舟。」則可知下闕原字。

由以上文獻可知，先秦流傳的帝王祥瑞徵應之事，到了漢代，有些被圖繪於石，並註記爲文說明，以廣流傳。那麼圖繪也是一種天人感應傳播的管道。

九、透過文人立說的管道

---

❺：魏．崔鴻：《十六國春秋》，（北京：中華書局，一九八五年，影印漢魏叢書本），〈前趙錄．劉淵〉頁一。

兩漢天人災異學說之所以盛行，最主要是來自士階層的推波助瀾；不論是呈給君主的奏疏；或是撰文著述；或是史官立志書；或是野史筆記，均不約而同地導向天人感應的比附，因爲造成一股風潮。

論述完第二次文化突破下各果報系統的建構情形後，吾人就要思考下一個單元的問題：佛道思想爲什麼會興起？一個是本土文化匯聚而成，一個是外來的宗教信仰，它們的興起，是不是意謂著在此以前的果報系統本身理論有所缺陷？或者是不是彼時的環境有了變動？這將是下章所要解決的課題。

第九章　佛道兩教興起的機緣

佛道兩教爲何適時地在東漢中葉以後興起，這是一個頗耐人尋思的問題，歷來學者多著重在政治、社會的外緣層面，而筆者認爲除了這個因素外，尚有果報系統本身的內緣因素催化，才能圓解這個問題，以下便區分爲二節論述。

第一節　佛道兩教興起的內緣因素

佛道兩教興起的內緣因素可以從果報系統理論和學術思想兩個角度來說明：

一、從果報系統理論角度來看

㈠佛道以前各果報系統有理論的缺陷

佛道興起以前，各果報系統，無論是建構在人與神、人與鬼、人與人、或人與天的互動上，其理論只能說明外在已發生，或未發生的善惡有報必然性，卻無法建構另一套理論來圓解「善惡無報」，違反宇宙必然定律的現象。

一個健全而理想的社會，應該是獎善懲惡的，還要包括公理、正義、秩序、安樂等等。換言之，如同馬斯洛爲優秀社會所下的定義：「善有善報」；他還強調說：「只要不是善有善報，優秀社會不會到來。」❶。而所謂報應，是指事物因果之間存在著「必然性」的普遍原則，一旦真理被歪曲、蒙蔽，正義被拋棄，就會導致惡質化的社會效應，製造更多或然性的善惡無報的現象。筆者可以再進一步分析各果報系統的理論缺陷情形，以及面對善惡無報的態度。

1.從天報（包括墨子鬼神報子系統）系統來看

在一般人的認知裏，天是「福仁而禍淫」、「唯德是輔」，然而一旦出現惡有善報（或惡無惡報），善有惡報（或善無善報）的現象時，就會動搖這個認知。如果事物因果之間的或然性大於必然性時，天報權威性的信仰就跟著下墜，人們由疑天的態度，轉爲恨天、詈天的情緒發洩，此部分可證之於本論文第三章第一節引述變風、變雅的文獻。以及太史公作〈伯夷列傳〉的贊辭，其中即強烈質疑天的公平性：

> 或曰：「天道無親，常與善人」，若伯夷、叔齊可謂善人者非邪？積仁絜行如此而餓死。且七十子之徒，仲尼獨薦顏淵為好學，然回也屢空，糟糠不厭，而卒蚤夭，天之報施善人其如何哉？盜跖日殺不辜，肝人之肉，暴戾恣睢，聚黨數千，橫行天下，竟以壽終。……所謂天道是邪？非邪？

太史公對天道公平性的質疑，便是凸顯出其系統理論的缺陷。

❶：弗蘭克．戈布爾著，呂明．陳紅雯譯：《第三思潮：馬斯洛心理學》，（出版狀況見前），第十一章〈尤賽琴管理〉，頁一二六。

至於其子系統墨子天志報、天鬼報如同母系統一樣，也是正面強調報應的必然性，對兼相愛沒有得天賞，交相賊沒有得天罰情形無法圓解。在《墨子》卷一二〈公孟第四十八〉載有二則弟子質疑墨子鬼神報的必然性：

> 有游於子墨子之門者，謂子墨子曰：「先生以鬼為明知，能為禍人哉福（案：孫氏疑當作能為人禍福哉？）？為善者福之，為暴者禍之，今吾事先生久矣，而福不至，意者先生之言，有不善乎？鬼神不明乎？我何故不得福也。」

墨子的回答是：「雖子不得福，吾言何遽不善？而鬼神何遽不明？……」（同上引）

另一則文獻：

> 子墨子有疾，跌鼻進而問曰：「先生以鬼神為明，能為禍福，為善者賞之，為不善者罰之。今先生聖人也，何故有疾？意者先生之言有不善乎？鬼神不明知乎？」

墨子的回答是：「雖使我有病，何遽不明？人之所得於病者多方，有得之寒暑，有得之勞苦，百門而閉一門焉，則盜何遽無從入？」

墨子兩次的回答，都沒有解決核心問題。前者只是說：雖有善無福至的事實，但是不見得自己話說得不對，或鬼神不明；而後者的回答，吾人可以進一步追問：既然先生一切行事順鬼神所欲去做，而鬼神爲何不能順你健康的願望而擋住那一扇寒暑之門？

除了疑天外，面對善惡無報時，還有以下三種態度：其一：歸之於命運天，如《楚辭》

卷一三〈七諫．怨思〉：「哀人事之不幸兮，屬天命而委之咸池。」❷；其二：歸之於天意難測，如《淮南子》卷一八〈人間訓〉內舉「塞翁失馬」之例，末云：「故福之爲禍，禍之爲福，化不可極，深不可測也。」即言天降福禍之意，難以測度。其三：歸之於天加速其滅亡的說辭，如《左傳．襄公二十八年》載魯子服景伯對齊慶封無道而富有產生疑天的口氣，說：「天殆富淫人，慶封又富矣。」穆子曰：「善人富，謂之賞；淫人富，謂之殃。天其殃之也……」套今日的觀念來說是，天在加速消耗惡人的福報，令其早日受罰。

其次，墨子主張「尙同」，卻忽略君主可以假借天意對天下萬民逞其私欲和野心，使蒼生陷入不測之憂。徐復觀便指出此點禍害：

> ……統治者便可使天志落空，而自己僭居天志之實，一切毒害，便會由此出。❸

這種理論缺陋所造成人爲的禍害，一般人仍然會歸罪於「天」，認爲：「老天無眼」，讓惡人當道。

2從德報（包括陰德報）系統來看

德報系統理論言善惡有報，其必然性最後還是歸之於上帝（天）來保攝，而天報都無法解決善惡無報的問題，當然德報系統的理論也無法圓解此現象；吾人再回顧一下第四章論述

❷：宋．洪興祖：《楚辭補注》，（台北：藝文印書館，民國六十三年十月四版），卷一三，頁一二。

❸：徐復觀：《中國人性論史—先秦篇》，（出版狀況見前），第十章〈歷史的另一傳承—墨子的兼愛與天志〉，頁三二三。

到孔子建構德報系統時，他面對客觀的限定的態度是：「德之所在，即福之所在」，因此他以「君子固窮，小人窮斯濫矣！」保攝本心來回答子路的質疑。自荀子以後。儒者都在思考德報與時命的問題，並嘗試著去圓解這種或然現象，來安頓世人以及自己那顆不平的心。如荀子在〈宥坐篇〉裏托孔子之口而表之以己意來回答子路的問題：

> ……孔子曰：「由不識，吾語女。女以知者為必用邪？王子比干不見剖心乎？女以忠者為必用邪？關龍逢不見刑乎？女以諫者為必用邪？伍子胥不磔姑蘇東門外乎？夫遇不遇，時也；賢不肖者，材也；君子博學深謀不遇時者多矣！……何獨丘哉？」

荀子的理解是將「無報」視爲時命，而無損一己德性圓滿，這種義命分立的態度，爲漢儒所承繼；如韓嬰在《韓詩外傳》轉述此條時，完全襲自荀子❹；《淮南子》卷一四〈詮言訓〉云：

> 君子為善不能使福必來，不為非而不能使禍無至。福之至也，非其所求，故不伐其功；禍之來也，非其所生，故不悔其行。內修極而橫禍至者，皆天也，非人也，故中心常恬漠，不累其德。

行善而召禍，非其自召，《淮南子》歸之於「天」，而此處的「天」是運命天，既是運

❹：漢．韓嬰：《韓詩外傳》，收入《筆記小說大觀》，（台北：新興書局，民國六十三年五月），三編一冊，卷七，頁三。

命（或時命），則非我所能掌握，君子面對這種不能掌握的或然現象，只有挺立道德主體，不爲所困。英國歷史學家柯靈烏（R.G.Collingwood, 1889-1943 A.D.）在其鉅著：《歷史的理念》（***The Idea of History***）一書中轉述坡里畢爾斯的思想有類似的概念：

> 人類發現自身已不復為自己命運的主宰，命運反而是他的主宰，意志自由無法控制生活中之外在事件，只能控制面對這些事件時之內在心態。❺

這種放棄控制外在事件的企圖之後，轉而追求如何保持內在心智的舒坦與平衡的自覺意識和孔孟面對時命的態度是相近的。可見不論東西方的學者在面對同樣境遇時，都不約而同自闢一處心靈的避難所。吾人再回過頭來檢視於漢儒，如應劭，他在《風俗通義》中也有同樣的價值觀和態度：

> 君子通於道之謂通，窮於道之謂窮。今丘抱仁義之道，以遭亂世之患，其何窮之為？故內省而不疚於道，臨難而不失其德。大寒既至，霜雨既降，吾是以知松柏之茂也。（卷七〈窮通〉）

只要是循孔孟道德軌跡的儒者，都會表現出此一致性的共相。從先秦儒以後，將這種無法銷解的無報現象歸之於時命，轉化了天的神性義和公正義，徐復觀也指出這理路：

> 其不能接受人文的知識與教養；或不能以道德或人文加以解釋的，則歧出而為盲目

---

❺：柯靈烏著，陳明福譯：《歷史的理念》，（台北：桂冠圖書公司，一九九四年四月），第八章〈坡里畢爾斯〉，頁五一—五二。

地運命。❻

漢代的學者，尤其是未立學官的古文學派文人，不約而同地表現了這股集體意識。由於政治的變遷所形成的大一統格局，使文人出路變窄，造成許多有德無位，或是賢者處卑下的現象，從這點也可以了解漢儒特別喜歡用「時命」觀念去詮釋孔孟不遇的問題，也是這種集體挫折感意識所觸發出來的❼。到了王充，便擴大了「時命」的內涵，將人的際遇歸之於「幸不幸」、「偶不偶」、「逢不逢」的命定數。這和西方思想家以賽柏林的「機緣」觀念相近：他認爲人類能掌握的自由疆界原比思想家所想像的要窄得多，「強迫力」使我們不能如願以償。換言之，我們這些願望不是出自我的一般性向所造成的結果（或是努力），那麼世上必然存在著一種不受因果鎖鍊所控制的「機會」或「機緣」❽。事實上，從佛教業報系統來看，「機緣」也存在著一條因果鎖鍊，只是王充和其他漢儒所持的「命定」（或時命）論無法解釋。吾人可試著再問下去：爲什麼有幸、不幸的現象？是什麼力量造成？爲什麼是別人幸，而我不幸？爲什麼是別人逢遇？而我不逢遇？可見追問下去，王充是無法圓解的。這是不是意味著，社會需要一種超出現存果報系統的信仰來安頓人心呢？

---

❻：徐復觀：《中國人性論史—先秦篇》，（出版狀況見前），頁二二五。

❼：請參閱 Helmut Nilhel 著，劉紉尼譯：〈學者的挫折感：論「賦」的一種型式〉，收入段昌國等譯：《中國思想史與制度論集》，（台北：聯經出版事業公司，民國六十五年九月），頁四〇三—四二〇。

❽：以賽柏林著，陳曉林譯：《自由四論》，（台北：聯經出版事業公司，民國七十五年九月），頁三六。

至於陰德報也和其母系統一樣，無法圓解善惡無報的現象。例如漢武帝時代的兩位酷吏：張湯和杜周，湯坐誅自殺，周幸免得以善終。兩人同惡異報，而張湯後世子孫顯赫不絕，杜周在河內子弟皆下吏誅死，只餘少子延年與孫五人。面對這種矛盾現象，陰德報系統的理論就顯得有點侷促，而難以自圓其說了。宋・王楙在《野客叢書》裏就表現出避重就輕的說辭，對張湯的現象解爲：「湯之身後赫奕不絕者，非湯之德，是其子孫所積如此。」（卷一第十一則〈張杜皆有後〉）；對杜周的現象解爲：「周能逃諸身，不能逃諸子。」（卷一第十則〈張杜酷惡之報〉），而對其少子和孫顯於三國則云：「此豈杜周之遺澤哉？蓋自有以致之耳。」（同卷一第十一則），一面說「禍及子孫」，又一面說：「德所致之耳」就凸顯德報上下層級系統理論的侷限性。

3.從法報系統來看

其理論建構是在保證「善惡有報」的實踐性，然而在專制的格局下，先天就存在製造更多「善惡無報」的現象。例如：「連坐」「族戮」律條，荀子就批判：

> 亂世則不然，刑罰怒罪，爵賞踰德，以族論罪，以世舉賢。故一人有罪，而三族皆夷，德雖如舜，不免刑均。（《荀子》卷一七〈君子篇第二十四〉）

這種族戮累害所造成善有惡報的或然率必定高於惡有惡報的必然率。誠如董仲舒所說的：

> 為善者不必免，而犯罪者未必刑也。（《漢書》卷五六〈董仲舒傳〉）

其次是秦漢刑法中有「贖罪」、「代刑」條列，犯法者可以用金錢贖罪，或買奴隸以其賤命抵死罪。在出土《雲夢秦簡》中，有關《秦律》第一種〈司空〉條下有這方面記載：

> 有辠（罪）以貲贖及有責（債）於公，以其令日問之。……大嗇夫、丞及官嗇夫有辠（罪）居貲贖責（債），欲代者，耆弱相當，許之。❾

在新出土的《居延漢簡》也載有這種贖罪條例：❿

> 大司農延奏罪人得以錢贖品。（《居延新簡》E.P.T56:35）案：大司農是宣帝時人。
>
> 贖完城旦舂，六百石，直（值）錢四萬。（同上，T56:36）
>
> 贖髡鉗城旦舂，九百石，直（值）錢六萬。（同上，T56:36）

漢代髡鉗城旦刑徒是最重的，僅次於死罪。《漢書》卷六四上〈賈捐之傳〉云：「減死一等，髡鉗爲城旦」。贖罪也見之於史料記載：

《漢書》卷二四上〈食貨志上〉記景帝二年頒詔上郡：

> 得輸粟就縣官以除罪。

《漢書》卷六〈武帝本紀〉：

> 令罪人贖錢五十萬，減死一等。

自東漢起，贖罪似已成常法，而且贖金比西漢少⓫，此不啻變相鼓勵人民犯罪。

---

❾：〈雲夢秦簡釋文㈡〉，收入《文物》一九七六年第七期，頁五。

❿：轉引自吳榮增：〈漢簡中所見的刑徒制〉，收入氏著：《先秦兩漢史研究》，（出版狀況見前），頁二六六。

⓫：《後漢書》卷二〈明帝本紀〉：「中元元年：……十二月甲寅，詔曰：『天下亡命殊死以下，聽得贖

另外，代刑記錄見於一九六四年洛陽南郊出土的刑徒磚：「曹福代胡非」、「胡生代路次」⑫，如此則有錢人犯法殺人而不死，不僅鼓舞其惡質的行爲，而守法百姓朝夕不保矣。從法報的本質來看，它只有禁姦誅暴，沒有勸善功能，如今律法中又有「贖罪」、「代刑」條例，則其對已發生的罪行，不能施以惡報的懲治，徒使善惡無報或然率增加；況且還有「惡吏」、「酷吏」的問題，更是對其維繫公理、正義的功能一大挫傷。

4.從陰陽五行報、天人感應報系統來看

其理論也是無法解答有德之國爲何天災人禍不斷的現象，《孝經緯》卷三〈孝經援神契〉即云：

行善得善，曰受命；行善得惡，曰遭命……

德性合乎天地災祥報應就可以自圓其說；反之則歸之於「時運」。即使是合乎災異以儆時君的理論，然而災禍卻是波及全國無辜良民，此所造成無報及累害現象，遠超過法報系統的流弊。更何況漢代在倡言災異論的風氣下，逐漸演變成政治鬥爭，借災異剷除異己，使朝臣陷於不測之禍。宋代呂公著在〈異天疏〉一文中就批判漢儒這種曲解天人感應的流弊：

論，死罪入縑二十匹，右趾至髡鉗城旦舂十匹，完城旦至司寇作三匹。』」案：一匹縑在章帝時代約六百十八錢。（以上可參考吳榮曾：〈漢簡中所見刑徒制〉，收入氏著：《先秦兩漢史研究》，頁二六一—二六七。

⑫：吳榮曾：〈漢刑徒磚志雜釋〉，收入氏著：《先秦兩漢史研究》，頁二七九。

> 然自兩漢以來，言天道者多為曲說，以附會世事，間有天地變異，日月災眚時，君方恐懼修省，欲側身修道，而左右之臣，乃據經傳或指外事為致災之由；或陳虛文為消變之術，使主意怠於應天，此不忠之甚者也……⑬。

所謂外事就是指誅殺異己，黨同伐異等政爭陰謀。劉向於元帝朝上即被外戚宦官弘恭、石顯二人以災異不實原因譖愬下獄，後免爲庶人。不久有復進機會，劉向恐懼，奏言：「災異數見，此臣所以寒心者也。……退就農畝，死無所恨。」（事詳《漢書・楚元王傳》）；這種不測，使個人吉凶禍福充滿高度變數。揚雄在〈解嘲賦〉裏云：「當塗者入青雲，失路者委溝渠；旦握權則爲卿相，夕失勢則爲匹夫。」（《漢書》卷八七下〈揚雄傳〉），一段話適可以作爲此變數的註腳。

由以上的論述得知前數種果報系統，不僅其理論無法圓解善惡無報的現象，和安頓人心，並且還有不少延伸的流弊，製造更多無辜累害。那麼是不是意謂著亟需要有一種新的果報理論來補充呢？

㈡佛道果報系統理論可以圓解善惡無報的現象

佛教以神不滅爲前提，建構起三世輪迴的業報理論；該理論以十二因緣詮釋人生死流轉，各隨其所積習的業力而轉生於六道之中。在時間上有過去世、現在世、未來世的因果鎖

---

⑬：宋・呂公著：〈畏天疏〉，收入清・陳夢雷：《古今圖書集成》，（台北：鼎文書局，民國六十六年四月），第二十四冊，卷二五〇〈敬天部藝文〉，頁二六二一。

鏈聯貫，如此便圓融地解決了善惡無報的問題（詳見後述）

道教則是在德報的家族禍福聯結的功能基礎上，建構出承負流災的理論，也圓滿解決了此問題（詳見後述）。

佛道兩教的果報系統適切地填補了其他中國傳統果報理論的缺漏，徐復觀在〈道德地因果報應觀念〉一文內也提到此點：

> ……但它們的構造不周密，由解釋而來的說服力不強，這樣便由民間廣大的迷信，集結而為黃巾的五斗米道的崛起。黃巾雖被撲滅，但五斗米道遂成為中國自身所產生的新宗教，即所謂道教。而佛教以三世輪迴之說，將不可見的過去未來的靈魂世界，以塑造成圖畫的鮮明形象，和可見的現世，密切連在一起，把現世不合理的善惡報應，推之於過去的因，慰之以未來的果，解答了社會大眾感情上所長期積壓的問題……[14]

佛道兩教果報理論不僅彌補以前果報系統的欠缺周密之處，也使得彼此之間的從屬系統聯繫得更緊密，形成爾後發展時，在民間三教混合的契機。

㈢佛道兩教的救贖理論可以安頓人心

佛道兩教本身的教義具有強烈的救贖思想，提供且預示著一個未來美好樂土的世界圖象。尤其是佛教在民間廣泛流傳後，被中土人士轉化為消災除厄，救死濟危的此世救贖，給

[14]：同第八章第一節註[1]所引。

生活在亂世，長期受天災、人禍痛苦磨折的大眾，一種心靈的慰藉，提供美好的憧憬。道教的「真人」以及佛教的阿彌陀佛、彌勒佛、觀世音菩薩自然也成了大眾心中的救世主，這不是其他果報系統理論可以做到的。善無善報，惡無惡報，以及法報所帶來不公平的流弊，畢竟是人間一大缺憾，人情定有所不堪，這是福德不圓滿；而佛道兩教的三世輪迴、承負流災理論，可以消解人世的缺陷，這便是宗教的圓滿，在果報系統彼此互相融受之下，終繫連成一個大果報的密網，在中國多元化的民間信仰裏逐漸成為一種社會的道德法庭，產生揚善抑惡的效應。

二、從學術思想角度來看——第三次文化突破

自漢武帝獨尊儒術後，儒家道德教化一直是統治階層穩定社會秩序的工具。然而發展到東漢，由於經學走入考據到訓詁章句的死衚衕裏，斲傷了它道德教化的生機；又被讖緯、災異所滲入，喪失精神的主導地位；再加上中期以後，知識分子捲入政爭的漩渦，遭統治階層禁錮殺害，從此遁入清談玄風，造成儒術廢弛，不足以振衰起敝，自來論者頗多，不克一一列舉⑮。由於學風的轉變，造成思想的空檔期。當舊有的文化出現僵化，或老化狀態，它本身可以靠知識分子的自覺，重新改造其內涵，而形成新的突破，使文化生命再延續下去；另

⑮：可參考余英時：〈魏晉之際士之新自覺與新思潮〉，收入氏著：《中國知識階層史論》，（台北：聯經出版事業公司，民國八十二年五月，二刷），頁二〇五—三二七。

一種是依靠外來文化的輸入新血而形成新的突破。佛教就是屬於外來的宗教文化，它適時的輸入中土，彌補了這思想的空檔期，結合中國老莊玄學，分上下階層兩條路徑傳播其思想：對大傳統階層傳佈般若大乘玄學；對小傳統則說之以三世因果輪迴地獄罪罰觀，以安頓亂世人心，造成了中國第三次的文化突破。而本土的原始道教，也發跡於東漢中後期，幾乎和佛教同時在東漢以後浮出檯面，其兩教互爲影響、糾葛、爭勝，然而從民間果報信仰來看又是融會一起的，成爲魏晉六朝果報系統的主流思想。

第二節　佛道兩教興起的外緣因素

佛道兩教的興盛是有待外緣因素催化而成的。東漢以後的社會出現什麼樣的問題，才會使佛道兩教蓬勃起來呢？本單元將從政治、社會、天災三個方面來切入考察。

一、政治方面

東漢自和帝以後，由於短命，造成接班人年幼而由母后臨朝的現象，外戚勢力便入主皇室，窺伺君權。待幼主成立，自不容其專權，而聯合宦官以排除其勢力。因此從和帝永元四年（公元九二年）至靈帝中平六年（公元一八九年），這近百年的時間，外戚宦官迭相爭權殘殺，總計東漢十三朝，外立有五，臨朝有六（即宦官和外戚互相廝殺的政治鬥爭有六次）

❶，由於長期的政權鬥爭，削弱了統治階層穩定政治、社會秩序的力量。而從桓帝開始，借由選拔、薦舉進入官僚系統的太學生，以李膺、陳蕃爲首介入政爭、聯合在野知識分子，以清議的力量批評時政。此輩多鯁直之士，有「處世當掃除天下」（《後漢書》卷六六〈陳蕃傳〉），「登車攬轡，慨然有澄清天下之志」、「欲以天下風教爲己任」（同書，卷六七〈黨錮列傳·范滂〉）的抱負，代表一股社會正義的力量，對抗惡質化的政治勢力。范曄在《後漢書》卷六七〈黨錮列傳〉序中云：

> 逮桓靈之際，主政荒謬，國命委於閹寺，士子羞於為伍，故匹夫抗憤，處士橫議，遂乃激揚名聲，互相題拂，品覈公卿，裁量執政，婞直之風於斯行矣。

這段序言有二層涵意，一是君主昏聵，在朝無法主持正義，維護社會秩序；二是代表社會公理的最後一道防線—清議，在民間清流人士中。

清議雖然展現了道德的制裁力，可惜沒有武力作後盾，在專制政權的格局裏，一旦正面衝突，自然釀成史上有名的「黨錮之禍」的悲劇，在二次的大規模誅殺、逮捕的行動，使正義最後一道防線崩解，製造更多的無報現象，如范滂在臨刑前感慨地說：

> 古之循善，自求多福；今之循善，身陷大戮。（《後漢書》卷六七〈范滂傳〉）

這種對有德無報的質疑，可看出在亂世，道德式的果報信仰是多麼無力感。

---

❶：可參考侯外盧：《中國思想通史—第二卷》，（出版狀況見前），頁三三五—三四二，所列簡表。

在黨錮之禍中受牽連除官，而終身禁錮的下場，比轟轟烈烈死在刑場的，更悽慘❷。從此知識分子封閉道德良知，轉入清談玄風，社會頓失去主宰人心的信仰。

政權一旦腐敗，必引動各方的覬覦，從曹操挾獻帝以令諸侯開始，天下便陷入長期割裂的局面。待司馬炎篡魏，百年紛亂稍歸於一統；尋又值「八王之亂」，骨肉篡殺相殘，歷時六七載，朝廷陷入無主狀態，西北方羌、胡，羯、鮮卑等異族趁機坐大，窺伺中原，全國又陷入塗炭之境，終釀成「永嘉之亂」，懷、愍二帝先後被擄，中原淪入胡塵，晉室被迫東遷。從此南北朝對峙，迄隋一百六十餘年間，中國的社會是：干戈四起，斷垣殘瓦，家園破碎，民流離顛沛；兵賊竄亂，生殺擄掠，所到之處，生機蕭條的景況，這都是因爲政治鬥爭所造成的災難。

從善惡報應角度來看，舊的果報系統在這種動亂的時代，已無法安頓人心，解釋眾多生命無常的現象，而使穩定社會果報信仰出現真空狀態。這是不是表示社會更迫切需要一種新的宗教信仰來慰藉人心呢？

二、社會方面

由政治因素所造成最大的災難，是兵災、盜賊災、苛吏豪強暴虐災，而其中兵災和盜賊

❷：漢·劉珍：《東觀漢記》卷二一〈范丹列傳十六〉載范丹（史雲）遭黨錮禁終身不仕，「捃拾自資，有時絕糧」的困境。（收入《文淵閣四庫全書·史部·別史編年類》第三七〇冊，頁二〇五）

災往往是無法釐清的。戰敗或軍紀廢弛，流爲散兵游勇，劫掠村民，行徑實與盜賊無異。《後漢書》卷一一〈劉玄傳〉載新市平林兵初起時，即流竄搶掠：

> 攻拔竟陵，轉擊雲社、安陸，多略婦女，還入綠林中。

馮衍亦嘗謂鮑永曰：「然而諸將虜掠，逆倫絕理，殺人父子、妻人婦女，燔其室屋，略其財產。」（同上引）；同卷〈劉盆子傳〉內光武劉秀對樊崇說：

> 諸卿大為無道，所過皆夷滅老弱，溺社稷，污井灶。

公孫述直截批評南陽宗成（虎井將軍）、王岑（定漢將軍）：

> 今百姓無辜，而婦子係獲，室屋燒燔，此賊寇也，非義兵也。（同書，卷一三〈公孫述傳〉）

正規軍亂紀等於是賊匪幫凶，而男子壯丁爲求自保，往往離鄉背井，迫於生計，也流爲盜賊，又復掠殺其他村落的老弱婦孺，可謂雪上加霜。《漢書》卷九九中〈王莽傳中〉云：

> 民棄城郭，流亡為盜賊。

同書，天鳳六年：「青徐民多棄其鄉里流亡，老弱死道路，壯者入賊中。」

這種兵爲盜匪劫民，民復爲盜賊，又賊他民，或降或被召撫，納入朝廷正編，兵敗又散爲流賊的惡性循環，所帶來的殺戮慘況是無法想像的。茲擇錄數條史料列爲下表，以窺其貌：

表一二：三國至六朝兵禍、賊災傷亡擇錄表

時代	傷亡具體內容	資料出處
三國	董卓之亂，曹操兵坑殺男女數萬口於彭城，泗水為之不流。	《三國志．魏書》卷一〇〈荀彧傳〉❸
西晉惠帝	自兵興六十餘日，戰所殺害，僅十萬人。	《晉書》卷五九〈趙王倫傳〉
西晉懷帝	至於永嘉……幽、并、司、冀、秦、雍六州……百姓又為寇賊所殺，流屍滿河，白骨蔽野……。	《晉書》卷二六〈食貨志〉
西晉懷帝	石勒坑武德縣降卒萬餘。	《晉書》卷一〇四〈石勒載記〉
劉宋世祖	自華夷爭殺，戎夏競威，破國則積屍竟邑；屠將則覆軍滿野，海內遺生，蓋不餘半。	《宋書》卷八二〈周郎傳〉
陳文帝天康元年	頻歲軍旅，生民多斃。	《陳書》卷三〈世祖本紀〉

亂世統治階層弭四方之亂已不暇，何嘗能監督地方官吏的良窳？因此苛吏趁隙或結合地方豪強大族也趁火打劫，掠奪民脂，借朝廷用兵大量徵稅調役之公以濟其私欲。《梁書》卷五三〈良吏傳〉序云：

> 齊末昏亂，政移群小，賦調雲起，徭役無度，守宰多倚附權門，互相貪虐，掊克聚

❸：晉·陳壽撰、劉宋·裴松之注：《三國志》，（台北：鼎文書局，民國六十七年十一月），〈魏志〉卷一〇〈荀彧傳〉，頁三一〇。

斂，侵愁細民，天下搖動，無所厝其手足。

梁武帝在大同七年十二月頒詔便指出此苛吏虐民之弊：

> 州牧多非良才，守宰虎而傅翼，至於民間誅求萬端：或供廚帳；或供廄庫；或遣使命；或待賓客；皆無自費，取給於民。又復多遣遊軍，稱為遏防，姦盜不止，暴掠繁多。或求供設；或責腳步，又行劫縱，更相枉逼，良人命盡，富室財殫，此為怨酷，非止一事。（《梁書》卷三〈武帝本紀下〉）

以上這三種人禍帶給中國社會廣土眾民的災難，首先是流離死亡：

《晉書》卷八三〈江逌傳〉云：

> （東晉成帝）太末縣界深山，有亡命者數百家。

同書卷八五〈劉毅傳〉云：

> ……至桓玄以來：男不被養，女無匹對，逃亡去就，不避幽深。

南齊明帝，永嘉郡横陽縣：「山谷險峻，爲逋逃所聚。」（《梁書》卷五三〈范述曾傳〉）民離鄉背井，舉家逃離或不免於亡死道路；或逢兵殺、賊害；或染風寒疾疫。屍體遍野無人掩埋，隨即帶來瘟疫；瘟疫流行，更加重死亡人口。而人民棄田離鄉，則生業斷絕；農地廢蕪，糧食供需失調，則造成饑荒；一旦饑荒，必發生人相食慘劇。民無法安於業，生產力就弱。而兵所到之處，亦無尺寸完土，統治階層爲保其政權，必強行徵賦抽役，守宰承上意，加上虎狼私欲又催逼之，更加速流離人數，此種人禍互爲因果惡性循環，則人間成爲煉獄矣。王粲〈七哀詩〉第二首即表映三國苦難時代的縮影：

> 西京亂無象，豺虎方遘患，復棄中國云，委身適荊蠻。親戚對我悲，朋友相追攀；

出門無所見，白骨蔽平原。路有飢婦人，抱子棄草間；顧聞號泣聲，揮涕獨不還。未知身死處，何能兩相完；驅馬棄之去，不忍聽此言。南登灞陵岸，回首望長安；悟彼下泉人，喟然傷心肝。❹

至於晉室東遷以後，兵連禍結所帶來的慘況，見於《晉書》卷一〇七〈冉閔載記第七〉所載：

自季龍末年……與羌胡相攻，無月不戰。青、雍、幽、荊四州徙戶，及諸氐、羌、胡蠻數百萬，各還本土，道路交錯，互相殺掠，且饑疫死亡，其能達者，十有二、三，諸夏紛亂，無復農者。

南朝喪亂，以梁武帝末，侯景之亂所帶來的災禍為例：

時江南大饑，江、揚彌甚。旱蝗相繫，年谷不登，百姓流亡，死者塗地。父子攜手，共入江湖；或兄弟相要，俱緣山岳。芰實荇花，所在皆罄；草根木葉，為之凋殘。雖假命須臾，亦終死山澤。……於是千里絕煙，人跡罕見，白骨成聚，如丘隴焉。（《南史》卷八〇〈侯景傳〉）

不僅南朝如此，北朝也一樣陷入這時代的災禍的共命。《北史》卷五〇〈高謙之傳〉載後魏：

---

❹：逯欽立：《先秦漢魏南北朝詩》，（台北：木鐸出版社，民國七十七年七月），卷二〈魏詩〉，頁三六五。

頻年以來，多有徵發，人不堪命，動致流離，苟保妻子，競逃王役，不復顧其桑井。❺

從上段文獻大約可看出兵禍帶給社會的殺戮及其後遺症：農田廢棄、村落千里成墟、饑荒、時疫、人相食的慘況，必有大量善惡無報的現象，不是前面所述幾項果報系統理論可以圓滿人心的。

三、天災方面

從天人感應報的理論來看，三國至隋，三百六十餘年的政治是紛亂的，幾乎沒有一個朝代是善政的，而惡政自然召感天地惡質的災異，據鄧雲特在《中國救荒史》考查：

三國承東漢之憊，災患之作，有增無減。兩晉繼統，荒亂尤甚，終魏晉之世，黃河、長江兩流域間，連歲凶災，幾無一年或斷。總計二百年中，遇災凡三百零四次。其頻度之密，遠逾前代。舉凡地震、水、旱、風、雹、蝗螟、霜雪、疾疫之災，無不紛至沓來。……東晉之後，繼復有南北朝之割據，一百六十九年中，禍亂相承，所見之災害更多，計水、旱、蝗螟、地震、霜雹、疫癘諸災，總共達三百十五次。❻

茲摘錄數則簡列為下表，以見其具體傷亡慘狀：

表一三：東漢末至隋天災人禍傷亡摘錄表

---

❺：唐．李延壽：《北史》，（台北：鼎文書局，民國六十八年三，二版），卷八〈齊後主本紀下〉，頁八九。

❻：鄧雲特：《中國救荒史》，（北京：商務印書館，一九九三年七月），第一篇第一章第一節〈災情總述〉，頁一二—一五。

災類	時代	喪亡具體內容	資料出處
瘟疫	漢獻帝建安二十二年	冬十月，家家有僵尸之痛，室室有號泣之哀。癘氣流行。	《全三國文》卷一八〈陳王植·說疫氣〉
瘟疫	東晉元帝永昌元年	冬十月，天下大疫，死者十二、三。	《晉書》卷六〈元帝紀〉
蝗災	東晉元帝太興元年	蝗害禾稼，縱廣三百里，食生草盡，至諸郡百姓多饑死。	同右引
饑荒	東晉末年	生民通盡……或斃於饑饉，其幸而自存者，蓋五焉。	《晉書》卷二六〈食貨志〉
旱災	宋孝武帝大明七—八年。	東諸郡大旱，甚者米一升數百，都下亦至百餘，死者十有六、七。	《南史》卷二〈宋前廢帝本紀中〉
饑荒	梁武帝太清三年	七月，九江大饑，人相食者十、四五。	《南史》卷六〈梁武帝本紀上〉
水災	北魏孝明帝熙平元年	九月丁丑，淮堰破，淮城村落十餘萬口皆漂入於海。	《魏書》卷九〈肅宗本紀〉
水災	北齊後主天統三年	秋，山東大水，人饑，僵尸滿道。	《北史》卷八〈齊後主本紀下〉
水災	北齊武成帝河清三年	頻歲大水，州郡多遇沉溺，饑饉尤盛，重以疾疫相繫，死者十、四五焉。	《隋書》卷二四〈食貨志〉
疾疫旱災	隋煬帝大業八年	大旱，又大疫，人多死，山東尤甚。	《隋書》卷四〈煬帝本紀下〉

從政治因素所引發的人禍，和社會大災難，再召感天災，彼此互爲循環，使中國廣土眾民，在三百六十餘年間，生命陷入無常狀態，人間即成煉獄，災禍亂相尋，骨肉流死，自保則不暇，無人能掌握自己的生命。一個生命漂零，精神支離的時代，是什麼樣的信仰才可以慰藉人心呢？予人一點活下去的希望呢？

由以上所論述的災難，可以了解爲何佛道兩教宗教信仰在六朝會特別興盛，因爲它們的系統提供了苦難人民一個承受現世痛苦，而冀望來世美好的憧憬。以下便進入其系統建構的核心問題。

第十章　佛教業報系統的建構、發展與功能傳播

本單元所要探討的課題是：佛教三世輪迴業報觀的內容如何建構？在發展的過程中，會有那些變化？又透過何種管道傳播其功能？以上諸思惟，將區分爲三小節論述之。

第一節　佛教業報系統的建構

一、佛法傳入中土概說

在進入本單元核心問題前，首先必須釐清二個概念：其一、佛法何時傳入中土？歷來中外學者對此問題考證頗爲精詳，筆者不必再一一繁述，只就其結論部分導入本論題。

大體上，將佛教傳入中土的時間，定於先秦以前，如隋‧費長房《歷代三寶紀》卷一說：「始皇時，有沙門釋利防等十八賢者，齎經來化……」❶；唐朝法琳《破邪論》卷下也載有同樣說法❷；以及晉‧釋法顯《佛國記》卷之七言周平王時❸；都有可能是佛教徒爲了與

---

❶：隋‧費長房：《歷代三寶紀》卷一，收入《大正藏》第四十九冊，（出版狀況見前），頁二三下。

❷：唐‧法琳：《破邪論》卷六，收入《大正藏》第五十二冊，頁四八四下。

❸：晉‧釋法顯：《佛國記》卷之七，收入《五朝小說大觀》，（上海：上海古籍出版社，一九九一年十一月，影印掃葉山房石印本），頁一八三。

中國道教相抗衡，增加威信，而僞造了這些傳說❹。

最穩當的說法是：東漢明帝永平八年間（公元六五年）中土已有佛法流布。此據晉·袁宏：《後漢紀》卷一〇載永平八年，明帝詔文：

楚王誦黃老之微言，尚浮屠之仁慈，潔齋三月，與神為誓，有何嫌懼？❺

劉宋·范曄也據此寫入《後漢書》卷四二〈楚王英傳〉。可見彼時統治階層已有佛教信仰，只不過佛教尚依附於民間黃老祠祀罷了。至於言明帝夜夢金人，即遣使者西行求佛，乃抄自《牟子理惑論》❻，鎌田茂雄已考出：非歷史事實❼。

如按常情推斷，既然明帝時已有佛法，則可能在此以前已傳入而流行一段時間了。據《三國志》卷一三〈烏札鮮卑東夷傳〉內裴松之《注》引魚豢《魏略·西戎傳》云：

昔漢哀帝元壽元年（即公元前二年），博士弟子景盧，受大月氏王使伊存口授《浮屠經》……

此事可信度相當高，蓋文景之世，佛法早已盛行印度西北部，其教向中亞傳播，自屬意

❹：日·鎌田茂雄著，鄭彭年譯：《簡明中國佛教史》，（台北：谷風出版社，民國七十六年七月），第一章，第二節〈佛教傳入的各種傳說〉，頁二—六。

❺：晉·袁宏：《後漢紀》卷一〇〈孝明皇帝紀〉頁六，收入《文淵閣四庫全書·史部編年類》，（出版狀況見前），第三〇三冊，頁六〇五。

❻：東漢·牟子：《牟子理惑論》，收入梁·釋僧祐：〈弘明集〉卷一，在《大正藏》第五十二冊，頁四下。

❼：同註❹，頁五—六。

料中事。武帝時，大月支已臣服大夏，而大夏早已接受佛化，則大月支當受其影響也可想而知。武帝時派博望侯通西域，不可能不風聞一二。從明帝永平八年往上溯至此，有六十六年，在時間上，從口述《浮屠經》到信仰的流布，也足夠了。因此佛法傳入中土或可上推至西漢末葉❽。

其二是有關佛典翻譯及流通的情形，一般說法是推《四十二章經》是中土最早譯出的佛典。但是有不少學者，如梁任公、呂澂、鎌田茂雄等皆認爲非漢代譯作，乃東晉以後人僞作。關於此點，湯用彤在《漢魏兩晉南北朝佛教史》第一分第三章〈四十二章經考證〉中已有詳盡的論證，主要是來自於梁・慧皎《高僧傳》卷一中稱此經是竺摩騰、竺法蘭共譯，而同時代僧祐在《出三藏記集》卷二，則說是竺摩騰譯，加上稍前東晉道安撰《經錄》未載入此書，由於存在以上疑問，因此某些學者才疑其僞。此點湯氏已杷梳出眉目：第一、此經譯者並非一人；漢以後，有重譯，才會有文體不類漢文質樸現象。第二、道安治學精嚴，凡經非親過眼，則不著錄，則知其遺漏者不少❾。

最重要且有力的證據是《後漢書》卷三〇下〈襄楷傳〉載襄楷上桓帝疏中，已引用此經文；至於編譯者是誰，文獻不足，難下定論，儘管如此，並不影響《四十二章經》確屬東漢早期第一部佛典的史實。

---

❽：湯用彤：《漢魏兩晉南北朝佛教史》，（板橋：駱駝出版社，民國七十六年八月），第一分第四章〈漢代佛法之流布〉，頁四九—五一。

❾：同前註，頁三一—四六。

從東漢以後到南北朝，翻譯佛典，據王文顏《佛典漢譯之研究》以《開元釋教錄》所著錄各朝代譯經情形，統計列爲簡表如下：⑩

表一四：東漢—南北朝佛典翻譯卷部數表

時代	東漢	三國	西晉	東晉十六國	南朝	北朝	總數
部	二九二	二〇一	三三三	四一九	五六三	一〇五	一九一三
卷	三九五	四三五	五九〇	一七一六	一〇八四	三五五	四五七五

其中有不少重譯、僞訛，又據智昇統計，自後漢永平十年至唐開元十八年（公元六七—七三〇年），得譯經人數一七八人，九六八部，四五〇七卷⑪。諸多龐大的佛典流通在中土，那幾部經最盛行呢？從《太平廣記》卷一〇二—一〇八所輯入持誦佛經感應的故事，收錄念誦《金剛經》有一〇三條，其中八十七條是輯自唐人筆記（王轂《報應記》、戴孚《廣異記》、段成式《酉陽雜俎》）；卷一〇九收錄念誦《法華經》有二十一條，大半輯自《法苑珠林》成書之前（公元六六八年）所編纂之書；卷一一〇—一一一，收錄念誦《觀音經》五

⑩：王文顏：《佛典漢譯之研究》，（台北：天華出版事業公司，民國七十三年十二月），第二章〈譯經史略〉，頁一一三—一一五。

⑪：唐・釋智昇：《開元釋教錄》，收入《大正藏》第五十五冊，頁四七七上—六六八下。

十條，大半從王琰《冥祥記》輯出⑫。鄭師阿財先生在〈敦煌寫卷《持誦金剛經靈驗功德記》研究〉一文中亦云：

> 唐代的應驗小說中，以宣揚《金剛經》的為多，而六朝小說中的佛教應驗小說則多為宣揚「觀世音」的應驗小說，如宋・傅亮的《光世音應驗記》、張演的《續光世音應驗記》、齊・陸杲的《繫觀世音應驗記》等，這正可說明六朝期間《法華經》的流通，促使觀世音信仰及《觀世音三昧經》與《高王觀世音經》的盛行。⑬

孫昌武在〈六朝小說中的觀音信仰〉一文中也指出：南北朝時期的觀音信仰，實態材料大量保存在當時民眾間流傳的傳說故事中，……如劉義慶《宣驗記》、王琰《冥祥記》、顏之推《冤魂志》等書裏，顯示了當時民間觀音信仰一個實態。⑭

由以上文獻顯示在六朝以《觀音經》最流行；從六朝至唐初，以《法華經》為主；從唐初到唐末，以持誦《金剛經》最盛行。佛教的業報輪迴觀就隨著這些經典傳播於中土。本單元核心概念就是論述它的具體內容的建構，至於原始佛教在印度發展的情形，則屬佛教史範圍，不是本文關切的重點，故略而不提。

---

⑫：以上數據參考片谷景子：《冥報記研究》，（台北：國立台灣大學中國文學研究所碩士論文，民國七十年十二月），頁一三五。

⑬：鄭阿財先生：〈敦煌寫卷《持誦金剛經靈驗功德記》研究〉，「全國敦煌學研討會」論文，嘉義：中正大學中國文學系，民國八十四年三月廿五日，頁二一〇。

⑭：孫昌武：〈六朝小說中的觀音信仰〉，「佛教文學與藝術學術研討會」論文，台北：法鼓山中華佛學研究所，民國八十七年四月十一、十二日，頁二一三。

二、佛教業報系統的建構

所謂「業報」，意指業的果報，又稱業果。指有漏之善、不善業因所招感的苦樂果報⑮。它的系統是由以下六組概念建構而成的。

㈠神不滅—阿賴耶識的建構

神不滅是佛教業報的核心原理，如果沒有這個前提，後面的三世輪迴等理論會完全架空掉。而這個核心原理在佛經中稱之爲「阿賴耶識」，又有譯爲「阿梨耶識」，它是生命的根本，輪迴的主體，也是本性與妄心的綜合體。眾生自無始以來，歷劫生死流轉的一切萬有記憶全含藏在裏面，肉體會消亡。而此識不生不滅，隨業往生，具有能藏、所藏、執藏三義，它是一切業力—善惡種子寄託所在。唐·玄奘譯的《成唯識論》卷二云：

> 此中何法名為種子？謂本識中親生自果功能差別。⑯

意言在阿賴耶識宅裏，有各種不同善惡的性質，能夠親生和自己相應的果報功能，這種功能叫種子。此種子是從無始以來就有的，《成唯識論》云：「謂無始來，數數現行薰習而有：……此即名爲習所成種。」（同上引）。

原始佛教雖然主張「無我」，但不能不在經驗層面說明主體活動，交代生命來源。由分

---

⑮：所謂「有漏」指有煩惱、污染、不完滿的存在；一般而言，指這個迷妄的現象世界。而「有漏善」即凡夫俗子造的善業；相對於無漏善而言。

⑯：唐·玄奘譯：《成唯識論》卷二，收入《大正藏》第三十一冊，頁八上。

解前者，產生認知能力的六識；由說明後者，於是創造出生死觀的十二因緣。但是原始佛教對靈魂和緣起生命未能闡述明確，造成佛滅度後一百年到四百年間（公元前四世紀—前一世紀），印度部派佛教時期，發現在生命流轉中必須建立一個統一的主體，否則無法交代業果承擔和自我承擔的道德問題—換言之，在公平原則下，必須設定自我的延續，使造業者與果報者統一。於是部派佛教提出種種設想，如一切有部提：「世俗（假名）補特伽羅」；犢子部提出：「非即蘊非離蘊補特伽羅」；化地部提出：「窮生死蘊」……⑰等。總之部派佛教為了說明輪迴，不得不在「無我」下，成立一個特殊主體觀念及連結前因後果的媒介概念，來解決輪迴主體及業力相續的問題，但是也沒有得到圓解。直到唯著、世親所創的唯識學派興起後，這個問題才得以順利解決。他們提出第七和第八意識：《成唯識論》卷七又云：

> 一切有情各有八識、六位心所，所變相見，分位差別及彼空理所顯真如：……如是諸法皆不離識。（《大正藏》第三十一冊，頁三九下）

所謂八識就是眼、耳、鼻、舌、身、意、末那、阿賴耶識（同上引）。前五識有直覺外境作用；第六「意」識，能辨內外之境，不分有形無形；第七「末那」識，對實境、實法起執著，故不能了悟唯識所變之理，誤認心外有物，由此我法二執，還造諸惡業，沉淪生死。眾生肉體死亡後，前七識俱滅，惟有第八阿賴耶識，受善惡業力牽引，保存前七識功能，帶之往生六趣。所以唯識派提出第八識作為輪迴主體，又以其能含藏記憶和業因，而創種子學

⑰：可參考李幸玲：《六朝神滅不滅論與佛教輪迴主體之研究》，（台北：台灣師範大學國文研究所碩士論文，民國八十三年七月），頁六二—六八。

說，來交代業力相續的問題。那唯識派又如何解決「無我」問題呢？這是屬於轉識的層次問題，無始以來，受煩惱薰習，染污，便是有漏智—染識；能斷煩惱，以及思見二惑，則能捨染得淨，便是無漏識—淨識，此時阿賴耶已達到佛菩薩境界⑱。

佛教輪迴觀念傳入中土，受到無神論派的圍剿，引發我國宗教史上第一次大規模的論戰（詳見下一節論述）。

大致來說，一般人對佛法不甚了解，他們只是純粹從宗教信仰態度去對待它，因此雖然爆發了論戰，並不影響輪迴受報觀在民間的普及。

阿賴耶識如何流轉生死呢？這便進入下一個佛教生死觀的建構課題。

(二)三世因果—十二因緣的建構

佛教在婆羅門和耆那教業力輪迴的基礎上，進一步提出「十二緣起」，認爲世界一切事物和現象都互爲因果，互爲條件，人生現象，就是由「過去二因」：無明、行（即意志行爲）—因妄想、執著所造之業，寄託在阿賴耶識中，此識受業力牽引，在六道輪轉，一旦因緣會合，生入人道（案：識與名色結合不一定入人道，只是此處以人爲中心而言）。那就成五蘊⑲和合的我，即「現在的五果」，識、名色、六入、觸受—在母胎發育、成長，出生人間，

⑱：以上觀念可參考北魏·菩提留支譯：《入楞伽經》卷二、卷七（《大正藏》第十六冊）；梁·真諦譯：《決定藏論》卷上（《大正藏》第三十冊）。

⑲：五蘊指色、受、想、行、識，即物質性與感覺、表象、意念與認識的總合。

由眼、耳、鼻、舌、身、意六根，對色、聲、香、味、觸、法六塵的接觸，引起苦樂的感受。有了苦樂感受，就會產生貪愛快樂，而躲避痛苦；因貪愛執著，而造出善惡的業因，此即「現在的三因」：愛、取、有。善惡業因進入藏識中支配未來生命—善昇、惡沉；再去受生、受報；再造業、再老死⑳。如此在生命的流裏，循環無盡。輪轉六道，無盡無期。茲列爲下表，可更清楚呈現十二因緣面相：

表一五：十二因緣表（彙整自：《中華佛教百科全書》第二冊，頁三一三）

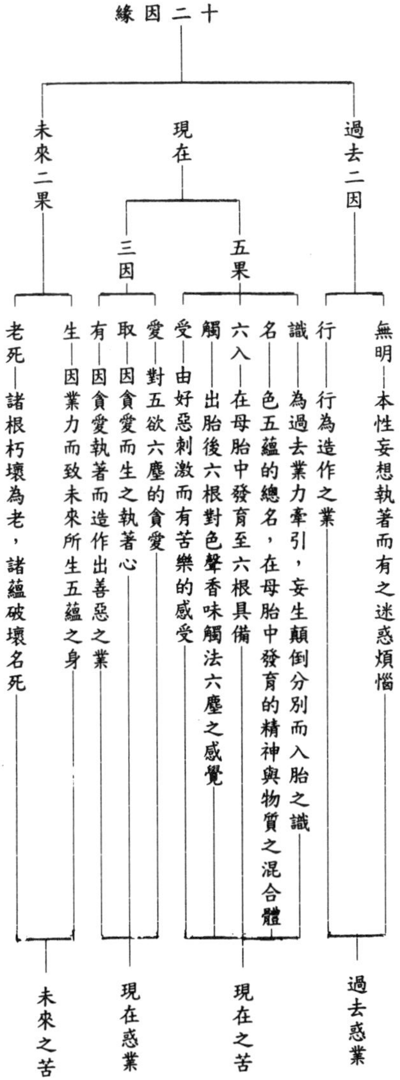
十二因緣
過去二因
現在
五果
三因
未來二果
無明—本性妄想執著而有之迷惑煩惱
行—行為造作之業
過去惑業
識—為過去業力牽引，妄生顛倒分別而入胎之識
名—色五蘊的總名，在母胎中發育的精神與物質之混合體
六入—在母胎中發育至六根具備
觸—出胎後六根對色聲香味觸法六塵之感覺
受—由好惡刺激而有苦樂的感受
現在之苦
愛—對五欲六塵的貪愛
取—因貪愛而生之執著心
有—因貪愛執著而造作出善惡之業
現在惑業
生—因業力而致未來所生五蘊之身
老死—諸根朽壞為老，諸蘊破壞名死
未來之苦

⑳：參考劉宋・求那跋陀羅譯：《過去現在因果經》卷四，收入《大正藏》第三冊，頁六四五上—下。

三世因果法就是建立在十二因緣的生死循環觀上。造善因則得善果，造惡因則得惡果，北涼·曇無讖譯的《涅槃經》卷三七便云：

> 知從善因生於善果；知從惡因生於惡果。觀果報已，遠離惡因。㉑

又云：「善惡之報，如影隨形，三世因果循環不失。」（同上引）

論述完三世因果法概念後，再回過頭來思考：阿賴耶識既是輪迴主體，必須有個動因才會促使它流轉，那就是「業」力。

㈢業的建構

1.業的意涵和分類

業，爲梵語羯摩（Karma），譯爲造作之義。源於古印度《吠陀》經典《奧義書》中逐漸明朗化、系統化，是婆羅門教和耆那教等共同信奉的觀念，到了佛教取其長，而補其短，而加以改造而成，認爲人類現世苦樂苦是緣於過去自己善惡行爲所造成的「因」；同時今世行爲將成爲來世新的「果」。所以爲了求得來世的善果，現世要多積善因；又爲了轉宿業的苦果，也可靠今世的修行來化解，如此便給人一種希望、自勵的人生觀。業既是生死根本，只要不造惡因，乃解脫之要。

㉑：北涼·曇無讖譯：《涅槃經》卷三七〈迦葉菩薩品第十二之五〉，收入《大正藏》第十二冊，頁五八二下。案：此經有多重譯本；法顯譯的是六卷本，在義熙十三年譯出；此後數年才有北涼·曇無讖譯出的《大本涅槃經》（或稱《大涅槃經》）四十卷本。前者稱南本，後者稱北本，以區分之。

從發作角度看，業有身、語、意三種。東晉‧僧伽提婆譯的《中阿含經》卷四即云：

> 現由身口意所造業，即新業。㉒

從倫理角度看，業有善業、惡業、無記業三種。所謂無記業，謂指不屬善不屬惡，無法斷其行為屬性。

從罪福品第角度看，業有上中下三品之差。隋‧瞿曇共法智譯的《佛為首迦長者說業報差別經》內云：

> 一切眾生繫屬於業，依止於業，隨自業轉，以是因緣，有上中下差別不同。㉓

所謂上中下，即上品升天，中品得人道，下品入地獄三塗之苦。

依染淨而言，業分有漏、無漏、黑、白四種。所謂有漏業指眾生在五濁器世間所作善惡煩惱之果，即是造善業來生富貴，亦不免增長我慢、我驕之心，又起造新業，因此有漏業是表示有缺漏的，不完滿的業果。姚秦‧鳩摩羅什譯的《百論》卷上〈捨罪福品第一〉稱之：「雜毒飯」㉔，即是此理。而無漏業乃以斷煩惱的無漏心造的業，不會引起有漏業的不善果的。而業的黑白，是指造業的心是否有染污，將所招致的果報比之黑暗與光明。

從業的表現來說，又可分表、無表兩種。身語兩業因，有所表現於外，可讓人看見、聽見或感覺得到，稱「有表業」；意業因屬於內心活動，未必形之於外，非可聞見、覺觸得到，

㉒：東晉‧僧伽提婆譯：《中阿含經》卷四，收入《大正藏》第一冊，頁一三二上。

㉓：隋‧瞿曇共法智譯：《佛為首迦長者說業報差別經》，收入《大正藏》第一冊，頁八九一上。

㉔：姚秦‧鳩摩羅什譯：《百論》卷上〈捨罪福品第一〉，收入《大正藏》第三十冊，頁一七〇中。

稱「無表業」㉕，在道教道德律上稱之「存心」。

從業的社會來說，有共業、不共業之分。共業指眾生共同所造，因而共同受果報的業；不共業，則爲一己獨自所造，獨自受報，不受眾人所造共業影響。前者又可分共中共業、共中不共業；後者可分，不共中共業，不共中不共業等四種。

從業受報苦樂果來說，可分順樂受業、順苦受業、順不苦不樂受業三種。所謂苦、樂、捨三受，是指眾生身、語、意三業，在起心動念，發之於外，表之於形時，所招感的果而言。依前秦·竺佛念譯的《婆沙論》云：

> 若法能招可愛果、樂受果，故名善；若法能招不愛果、苦受果，故名惡。㉖

姚秦·鳩摩羅什譯的《成實論》卷八〈三受報業品〉也說：

> 善業得樂報，不善業得苦報。㉗

所謂「禍福無門，唯人所召」，即是此理，儒佛在此點上有相會通之處。

從業受報的時間成熟來說，可分順現法受業（現世受報）、順次生受業（來生受報）、順後次生受業（後報）、不定受業四種。此即所謂「三世報」。《成實論》卷八〈三受報業品〉又云：

> 若此身造業，即此身受，是名現報；此世造業，次來世受，是名生報；此世造業，

㉕：若依姚秦·鳩摩羅什譯：《成實論》卷七所載，意業也是屬於表業。（《大正藏》第三十二冊）

㉖：前秦·竺佛念譯：《婆沙論》卷一一三，收入《大正藏》第二十七冊，頁五八中。

㉗：同註㉕，卷八〈三受報業品〉，頁二九七中。

> 過次世受，是名後報。㉘

此經論未提及第四種。在北涼・曇無讖譯的《優婆塞戒經》內就交代非常清楚：

> 是業四種：一者現報（今生作極善惡業，今生受之）；二者生報（今生造業次後身受報）；三者後報（今生造業，次後身未受，更第二、第三生受報）；四者無報。（此無報）業有四種：一者時定報不定（業可轉，故報不定），二者報定時不定（時可轉）；三者時報俱定；四者時報俱不定。㉙

案：三世報觀傳入中土，東晉慧遠法師接受此觀念，並進一步回答無神論者的質疑，在〈三報論〉下表明「因俗人疑作惡無現驗」而寫此文的動機。他說：

> 受之無主，必由於心；心無定司，感事而應；應有遲速，故報有先後。㉚

三世果報理論可說是建構的很完密，以生命的三世延長鎖鍵來解釋一些不合理的現象，將報的必然性定位在未來某個不特定的時空裏，以保攝住它的普遍法則，自然可以彌補以前天報、德報……天人感應報等的理論缺隙。在以後的中土社會，便流傳一句俗諺：「善惡到頭終有報，只爭來速與來遲」㉛，顯見佛教在傳入中土、到東晉開始普及時，它所建構的

㉘：同前註。

㉙：北涼・曇無讖譯：《優婆塞戒經》收入《大正藏》第二十四冊，頁一〇七〇下。

㉚：東晉・慧遠：〈三報論〉，收入梁・僧祐：《弘明集》卷五，在《大正藏》第五十二冊，頁三四中。

㉛：此古諺載於宋・俞成：《螢雪叢說》，（台北縣：藝文印書館，民國五十四年，《百部叢書集成》影印《儒學警悟》本），卷二〈俗語有所自〉，頁七。案：對宋代而言，唐不會是古，因此此條古諺至少可上溯到六朝以前。

三世輪迴報應觀已深入大小傳統社會裏了。

2. 造業之因

眾生為何會造業？其因若何呢？唐・玄奘譯的《阿毗達磨俱舍論》（簡稱《俱舍論》）卷一三〈分別業品第四之一〉內提到業如何產生：

> 非由一主先覺而生，但由有情業差別起。……此所由業其體是何？謂人所思，及思所作，故契經說有二種業，一思業，二思已業。思已業者，謂思所作，如是二者業分別為三，謂即有情身、語、意業。[32]

則可知主體心念發動於身語的行為，就是造業之因。吾人可再進一步追問？眾生為何會造業呢？因為「無明」。何謂「無明」？無明就是本心被煩惱、執著、貪欲等所蒙蔽，在梵語中是指最根本的煩惱，它是十二因緣的第一支，是帶來生、老、病、死等一切苦的首因。印順法師在《辨法法性論講記》內對無明的詮釋清楚而具體，他說：

> 眾生所以有生死，由於「無明」，這是佛法所公認的。什麼是無明呢？無明是蒙昧錯誤的認識。我們對宇宙人生沒有體悟得到真理，所了解到的，都是虛妄錯誤，不實在的。由於這樣，我們常在錯亂、顛倒中，起煩惱，造業，受生死，一生一生的生死不了。[33]

32：唐・玄奘譯：《阿毗達磨俱舍論》卷一三〈分別業品第四之一〉，收入《大正藏》第二十九冊，頁六七中。

33：印順：〈辨法法性論講記〉，收入氏著：《華雨集》，（台北縣：正聞出版社，民國八十二年四月），第一冊，頁一九七。

由此可知，眾生由於無明念起而造下身、語、意三業，因而流轉六道，永無超脫之期。

3. 業力的特色

所謂「業力」是牽引業的力量，指從吾人身語意業的善、惡活動中，而引起的一種動力，它有以下四項特色：

(1)業力自召，非鬼神（他力）所能主宰

儒家講家族禍福連結的共命，道教在這個基礎上發展出家族承負報的理論，而佛教教義獨言禍福自召，善惡自受，一切善惡果報，皆由一己行爲所召感，而非鬼神所主宰。西晉・白法祖譯的《佛般泥犁經》卷下也表映這個概念：

> 父有過惡，子不獲殃，子有過惡，父不獲咎。善惡殃咎，各隨其身。㉞

其他文獻，如姚秦・竺佛念譯的《出曜經》：

> 作罪自受其殃，無能代者。㉟

曹魏・康僧鎧譯的《無量壽經》卷下：

> 天地之間，五道分明，……善惡之報，禍福相承，身自當之，無誰代者。㊱

(2)業力是絕對平等、無偏的

業力所牽引的果報絕對是人人平等，無人可享有特權，它會因主體在今世所積累的善德

㉞：西晉・白法祖譯：《佛般泥洹經》卷下，收入《大正藏》第一冊，頁一六九上。
㉟：前秦・竺佛念譯：《出曜經》卷二五〈惡行品第二十九〉，收入《大正藏》第四冊，頁七四三下。
㊱：曹魏・康僧鎧譯：《無量壽經》卷下，收入《大正藏》第十二冊，頁二七七上。

而改變業報的結果，絕不會因貧賤、富貴而改變業報的輕重，法律有時會有「司法黃牛」的現象，業力不可能有「業力黃牛」。

馬克斯・韋伯在《宗教社會學》一書中也正面肯定佛教業力自召的公平性，他說：

> 每個人得到的權力和幸福都要相應地由他前世的德性和過失來決定，所以現存的俗世秩序是絕對合情合理的。⑰

在業力平等下，至尊如帝王也不免於輪迴受報，這種理論可以予人處在暴君統治下的一帖心靈慰藉劑。

(3)業力是絕對有報，只有時間遲速不同

造如是因，得如是果，是因果不昧的定律，所造的善惡業因種子永留在第八識田中，待因緣成熟而受報。如植物種子，深埋土裏，一旦被挖掘出來，承受適當的水分、陽光便會發芽生長。

(4)業力是肯定向善、進取的

傳統的天報，主宰力操之在天，非人力所能改變；儒家德報，實踐力操之在己，但是無法解釋：「行惡得樂，行善得苦」的現象，其他的果報系統都有同樣的理論侷限，會予人不堪的感受。而佛教提倡的業力是肯定善的力量，改變業力的主控權，操之在己。惡業如鹽，

---

⑰：馬克斯・韋伯：《宗教社會學》，（台北：桂冠圖書公司，一九九四年三月，二刷），第十六章第二節〈佛教的此世及其經濟的結果〉，頁三三五。

善業如水，所以必須積累福德才能使重業轉輕。佛家把功德比喻水即是此理，它能沖淡惡業的濃度，多行善事可以改變惡業的濃度。如此的觀念，永遠給人性開一扇廣大、自新、悔過的光明之門。

眾生即因無明造下三業果報，而這業果的去處是如何呢？這便關涉到佛教六道輪迴觀的建構。

(四)六道輪迴觀的建構

何謂六道？最早傳入中土，由東漢·安士高譯的：《佛說分別善惡所起經》只言五道：

> 一謂天道，二謂人道，三謂餓鬼道，四謂畜生道，五謂泥犁太山地獄道。[38]

「地獄」一詞，梵語原爲 Niraya 音譯爲「泥犁耶」或泥犁。本義爲「無有」，指無有喜樂的意思。

姚秦·鳩摩羅什譯的《妙法蓮華經》卷一〈方便品第二〉偈中提到「六道」名稱：

> 我知此眾生，未曾修善本，堅著於五欲，癡愛故生惱，以諸欲因緣，墜墮三惡道，輪迴六趣中，備受諸苦惱。[39]

---

[38]：東漢·安士高譯：《佛說分別善惡所起經》，收入《大正藏》第十七冊，頁五一六下。案：劉宋·求那跋陀羅譯：《佛說輪轉五道罪福報應經》（收入《大正藏》第十七冊，頁五六三中——五六四下）也是提到五道。

[39]：姚秦·鳩摩羅什譯：《妙法蓮華經》卷一〈方便品第二〉，收入《大正藏》第九冊，頁八中。

六道比五道多了一個阿修羅道。關於五道、六道，在佛教大小乘中有不同的說法。在《大毗婆沙論》卷一七二內云：

> 謂有餘部立阿素洛為第六趣，彼不應作如是說。契經唯說有五趣。[40]

阿素洛即阿修羅。小乘別出一趣，一般大乘宗則包含在五趣之中。此觀念傳入中土社會，大小傳統則接受六道的說法。論完六道定義後，接著是：何謂「輪迴」？梵語為 Samsara，意謂如車輪回旋不停。眾生在肉體滅後，第八識田帶業種往生，在不同的時空裏隨罪業下墮三惡道（即地獄、餓鬼、畜生）；或隨福業上升三善道（即天、阿修羅、人）中，如此生死流轉如車輪，永無止期。劉宋・求那跋陀譯的《過去現在因果經》卷三：

> 貪欲、瞋恚及愚癡，皆悉緣我根本而生。又此三毒，是諸苦因，猶如種子能生於芽，眾生以是輪迴三有。[41]

佛教強調人間界，六道中只有人道才能造業和受報，而其餘五道只能受報。即使在三界（欲界、色界、無色界）的天神也只是享受福報，福報享盡了，仍然要墮落下來；至於下三惡道，只有承受苦報罪罰，何有時間修行？積善業？只有人道才能有機會發心修善，了斷生死，脫離六趣輪轉不已的苦海。元魏・般若流支譯的《正法念處經》卷一五閻魔羅說偈云：

> 惡皆從作得，因心故有作，由心故作惡，由心有果報，一切皆心作，一切皆因心，心能誑眾生，將來向惡處。此地獄惡處，最是苦惡處。其繫屬於心，常應隨法行，

---

[40]：唐・玄奘譯：《大毗婆沙論》卷一七二，收入《大正藏》第二十七冊，頁八六八中。

[41]：同註[20]，卷三，頁六四四中。

法行則常樂。㊷

只有依止佛法才能跳出三界、六道輪迴。因此佛教傳入中土給亂世中苦難的眾生提供一處未來世極樂的美景，人才有勇氣活下去，它會盛行於六朝不是沒有原因的。

順著六道輪迴的概念，吾人要進一步思考：什麼人才能生到三善道？什麼樣的人才會墮入三惡道？以下便進入佛教善惡罪福觀建構的課題。

(五)善惡罪福觀的建構

佛教教義界定善惡標準以身、語、意三項為原則，然後細目再從此分出。所謂十善道內容即是：不殺生、不偷盜、不邪淫（身三業）；不妄語、不綺語、不兩舌、不惡口（口四業）；不貪、不瞋恚、不痴（意三業）；犯此十項即十不善㊸。

佛教傳入前，我國儒家倫理道德只概括性地區分為：仁不仁，義不義，德不德，或恭、寬、信、惠、忠、直、勇、剛等條目，並沒有像佛教那樣細部去區隔為身、語、業三種，尤其是意業，已審察到起心動念的細微處；除了殺生肉食有罪這條在中國社會造成不小的牴牾外，餘各項規範，皆是勸善止惡用心，和民間童蒙、成人教育有同質性，因此儒佛在道德功

㊷：元魏・般若流支譯：《正法念處經》卷一五〈閻魔羅說偈〉，收入《大正藏》第十七冊，頁九〇上。

㊸：同前註。此外提到「十善道」、「十不善道」的經典尚有隋・法智譯的：《佛為首迦長者說業報差別經》（同註㉓）；以及唐・實叉難陀譯的：《十善業道經》，《大正藏》第十五冊，頁一五七下—一五九中；和宋・日稱等譯的：《十不善業道經》，《大正藏》第十七冊，頁四五七上—四五八下。

能上有會通的現象，彼此可以互補。

由佛經來看，修下品十善道的人，死後轉生仍得貧賤人趣的果報；修中品十善道的人，會得人趣中富貴的福報；修上品十善道的人，才能升天。同樣十善道，只消極地不犯戒爲下品，積極執著行善是有漏果，爲中品；不執著行善會得福的清淨心是無漏果，爲上品。姚秦．鳩摩羅什譯的《十住毘婆沙論》卷一四云：

> 行最下十善道，生閻浮提人中，在貧窮下賤家，所謂栴陀羅、邊地、工巧、小人等。轉勝，生居士家。轉勝，生婆羅門家。轉勝，生剎利家。轉勝，生大臣家。轉勝，生國王家。於十善道轉復勝者，生瞿陀尼。轉勝，生弗婆提。轉勝，生鬱單越。轉勝，生四天王處。轉勝，生忉利天、炎摩天、兜率陀天、化樂天。習行上十善道，生他化自在天。……過是以上，要行禪定思得生上界。[41]

《佛爲首迦長者說業報差別經》也有類似的說法：

> 復有十業，能令眾生得人趣：一者不殺；二者不盜；三者不邪婬；四者不妄語；五者不綺語；六者不兩舌；七者不惡口；八者不貪；九者不瞋；十者不邪見。於十善業，缺漏不全，以是十業，得人趣報。復有十業，能令眾生得欲天報：所謂具足修行增上十善。復有十業，能令眾生得色天報：所謂修行有漏十善，與定相應。復有四業，能令眾生得無色天報：一者過一切色想滅有對想等，入於空處定；二者過一切空處定，入識處定；三者過一切識處定，入無所有處定；四者過無所有處定，入

[41]：姚秦．鳩摩羅什譯：《十住毘婆沙論》卷一四〈分別二地業道品之餘〉，收入《大正藏》第二十六冊，頁九五中——一〇〇下。

非想非非想定；以是四業得無色天報。⑮

同樣修行十善道，所得的歸宿是從中品人趣到上品欲界、色界、無色界，這中間的差別就在心量的修行境界。如果只是消極不犯十戒，內心仍有貪愛欲望，來生只有得人身報。如果心裏對身口業十惡行或誘惑而能不動心，但是淫心未斷，則得生欲界六天福報。如果繼續修行禪定，使欲望的念頭不升起，雖沒有斷根，但因禪定功夫懾伏住這些妄念，如此則生色界四禪天。如果繼續修到厭棄外物而思空的禪定—即空處定；接著厭棄外空的禪定，進到識心處深妙禪定境界—即識處定；其次連內識亦厭棄而思無所有的禪定境界—即無所有處定；再上達最高一層，其識心已不同於前三者粗定思想，因此種爲「非想」，但並非無心狀態，與無心有別，也就是連想的心的念頭都沒有，心一片澄明靜空，但又沒有去執著，故稱「非非想」。其識心處在「非想非非想」的狀態，則生無色四天報。簡而言之，處在欲界、色界的神人仍有十善的念頭，而處在無色界的神人，連善惡的念頭都沒有了。

至於造十不善道的人依罪行輕重死入三惡趣，陳．真諦譯的《立世阿毘曇論》卷七〈受生品〉說：

……造十惡業道最極重者，生大阿毘止地獄。若次造輕惡，次生餘輕地獄。若復輕者，次生閻羅八輕地獄。若復輕者，次生禽獸道。若復輕者，次生餓鬼道⑯。

⑮：同註㉓，頁八九三中。

⑯：陳．真諦譯：《立世阿毘曇論》卷七〈受生品〉，收入《大正藏》第三十二冊，頁二〇二中—二〇七下。

三惡道報中以地獄罪罰最苦毒，造何種惡業才會墮入地獄呢？東晉·佛陀跋陀羅譯的《華嚴經》卷二四〈十地品第二十二之二〉便云：

殺生之罪，能令眾生墮於地獄……。47

而在眾多殺生的行爲中，以殺生身父母罪罰更重，死入無間地獄。另外，佛陀跋陀羅譯的：《觀佛三昧海經》卷五也說：

若有眾生，殺父害母，辱罵六親，作是罪者，命終之時，揮霍之間，譬如壯士屈伸臂傾，直落阿鼻地獄。48

「阿鼻地獄」即梵語 avici 的音譯，意爲罪罰、苦惱沒有間斷，故又名「無間地獄」，犯五逆罪及謗佛法的人，即墮入此極苦最惡的地獄。《觀佛三昧海經》進一步描繪此地獄罪苦景況：

阿鼻地獄，縱廣正等八千由旬，七重鐵城，七層鐵網。下十八隔，周匝七重，皆是刀林：……隔間有八萬四千鐵蟒大蛇，吐毒吐火。……此城苦事八萬億千，苦中苦者集在此城。五百億蟲，蟲八萬四千嘴，嘴頭火流如雨而下，滿阿鼻城。49

至於其他地獄名相，見之於佛經者有四大地獄、八大地獄、十大地獄、十八地獄、三十

47：東晉·佛陀跋陀羅譯：《華嚴經》卷二四〈十地品第二十二之二〉，收入《大正藏》第九冊，頁五四九上。

48：東晉·佛陀跋陀羅譯：《觀佛三昧海經》卷五〈觀佛心品〉，收入《大正藏》第十五冊，頁六六八上。

49：同前註，頁六六八下。

地獄、六十四地獄等[50]，讀之令人心生怖懼，袁宏《後漢紀》卷一〇便云：

> 王公大人，觀死生報應之際，莫不矍然自失。[51]

連大傳統統治階層都受到其地獄罪罰報應宣傳的撼動，由此可知其在民間的影響力了。

㈥佛教滅罪救贖思想的建構

佛教滅罪的終極目的是爲了了脫六道生死輪迴框限，大致來說，是依靠三種力：一是自力：依佛戒律而修行，要有進道、信道決心。二是他力：親近善知識，以破迷障，開悟本心；或修淨土法門，臨命終時，有西方三位佛菩薩（阿彌陀佛、觀世音菩薩、大勢至菩薩）來接引此人往生樂土。三是因緣力：也就是修道者多於日常生活中種福田、廣結善緣、積陰德，時時存與人方便心、慈悲心、同理心、傷痛心，以消累世累劫業障，早證菩提大道。由此可知佛教滅罪救贖思想乃異於道教那般建構末世劫難的基調上，它是混合自力和他力的一種解罪思想，以下僅就其世俗化常用的幾種方式論述於下：

1.懺悔

懺悔爲梵語 Ksama 之音譯，意即陳述己罪、悔謝罪過而乞求寬恕。經過徹底懺悔後，罪得以減輕或除淨。《佛爲首迦長者說業報差別經》中即云：

50：有關地獄名相，參見近人蕭登福撰：《漢魏六朝佛道兩教之天堂地獄》，（台北：台灣學生書局，民國七十八年十一月），第三章〈佛家諸經論所言天堂地獄異說簡表〉，頁一七五—二〇三。

51：東晉・袁宏：《後漢紀》，（出版狀況見前），卷一〇〈孝明皇帝紀第十〉，頁七。

> 若人造重罪，作已深自責，懺悔更不造，能拔根本業。[52]

北本《涅槃經》卷二九也說：

> 王若懺悔懷慚愧者，罪即除滅，清淨如本。[53]

懺悔就可以滅罪，主要是基於已改過向善的預設。

這種「懺悔」儀式，起源於晉代，漸盛於南北朝，至隋唐大爲流行。它是一切修行者入道不二法門，而懺悔的前身工夫是靠「反省」，反省自己身、語、意三業有無過失之處？並思考爲何有此習性、惡癖？然後要發勇猛心、精進心、徹底將此罪習連根拔起，否則會徒勞無功的。

隋·菩提燈譯的《占察善惡業報經》內云：

> 未來世諸眾生，欲求度脫生老病死，始學發心，修習禪定，應當先觀宿世所作惡業……若惡業厚者，不得即學禪定智慧，應當先修懺悔之法。[54]

「觀宿世惡業」便是反省，那如何觀宿世惡業？佛經說：欲知前世因，今生受者是。大凡人出生多少帶有前世（累世）習性，如觀今生人緣不佳、勞而不獲、時遭磨折、逆境，則約略可知是前世種下三業惡因，今世業果已成熟，故而受報如是，則必須徹底悔恨改過，在

52：同註23，頁八九三下。

53：同註21，卷二九，頁四七七下。

54：隋·菩提燈譯：《占察善惡業報經》，收入《大正藏》第十七冊，頁九〇三下。案：此經依張心澂《偽書通考》及《長房錄》（《大正藏》四十九冊，頁一〇六下）所言，乃中土造經。

佛菩薩面前發願向善道，一心求前愆罪除。其懺悔方式，依天台宗說法可分個人和僧團兩種：

⑴個人懺悔法

又分「事懺」和「理懺」兩種

A事懺（或名取相懺）

所謂「事懺」是依靠有關事相來達成懺悔，古人或以「功過格」行之，每晚臨睡前，反省白晝所為，行善令身心安穩快樂者，即打「○」；行一惡者（惡言、惡行、惡念），則打「x」，然後在佛菩薩聖像前，發露過去所造惡業，而自責於心，透過禮佛、念佛、誦經等儀式，以求見到瑞相，如此妄想消失，身心便入於靜定中。以今日眼光來看，此法和儒家「改過」、「反省」有共通性，只不過前者一半依止於他力的護持，使當事者在行儀中得到精神的療傷；而後者擺脫宗教色彩，完全依靠主體性高度自覺的良知。前者適用於一般凡庶；後者只有少數大德君子可為之。

B理懺（或名無生懺）

所謂「理懺」是透過道理的了解來達到懺悔滅罪的目的。即思惟「罪」從何而來？一切妄念罪業唯心所造，即從心處來。心是什麼？心從何處來？心念起念滅，如何又有來處？既無來處？又何有滅處？則徹知心從無中來，滅向無中去。心既是空，則心所生之罪業，如何實有？既無實有處，則罪業是虛妄∴心和罪只是虛妄的名相，乃吾人執著而有，若放下「妄」和「執」，便可達到懺悔的目的。此不僅罪業可消，連罪業之源—心，也一併消除。

「理懺」如果不是從根本頓悟中來，而只是「參話頭禪」，那只有嘴上頓悟，落入口頭聖賢，予有心造惡之人很大的脫罪藉口。

⑵僧團懺悔

一名作法懺，又名總懺悔法。出家眾守戒持律，如犯戒成罪（即遮罪），都必須行「作法懺」，也就是向僧團中懺悔，才能滅除罪業。在家信眾若欲為一己或歷代先亡消冤欠，解宿世怨仇，也依此禮佛稱名的作法事懺，達到滅罪消災的目的。此種作法懺盛於齊、梁時代，有梁武帝於天監（公元五〇二—五一九年）間，命具德高僧採摭諸經妙語，所編一大部《梁皇寶懺》創始，其中正以露纏結罪，滌過去之惡因，復發菩提心，植當來之種智為旨。自彼時起，各朝各代均有高僧大德編撰懺法，如：陳、隋之際，天台智者撰《法華懺法》、《金光明懺》、《方等三昧懺》；唐代知玄撰的《慈悲三昧水懺》；宋代知禮創的《大悲懺》，此外還有依《藥師經》造的《藥師懺》，志磐的《水陸道場儀軌》等[55]，至今仍流行不絕。而其內容由悔己宿罪今過，擴大到為父母消災延壽、歷代先亡超薦冥福，或為水陸枉死眾生起法會（俗稱中元普渡）。此皆源於佛經內普遍宣揚懺悔可滅罪、消災、延壽、解冤所致。從唐·般若譯的《大乘本生心地觀經》卷三〈報恩品〉內所載即可看出懺悔的功效：

> 若能如法懺悔者，所有煩惱悉皆除，猶如劫火壞世間，燒盡須彌并巨海。懺悔能燒煩惱薪；懺悔能往生天路；懺悔能得四禪樂；懺悔能雨寶摩尼珠；懺悔能延金剛壽；

55：參見藍吉富：《中華佛教百科全書》，（台南縣：中華佛教百科文獻基金會，一九九四年元月），第九冊，頁五八九八—五九〇一。

懺悔能入常樂宮；懺悔能出三界獄；懺悔能開菩提華；懺悔能見佛大圓鏡；懺悔能至於寶所……[56]

由此可知，在佛法教義裏，懺悔是滅罪和超凡入聖的不二法門，不能懺悔，以及沒有反省能力者，日日耽染塵樂，時時私行不義，心存機詐，陵弱暴寡，謂人不知，傲然無愧，將日淪於禽獸而不自知，一旦身蹈大戮，徒令親人哀痛，諸佛、鬼神嘆息，豈不遲哉。

佛教言懺悔，儒教倡反省、改過，其途雖殊，其意則同，無不冀人導善去惡。

2.持戒

戒，梵語為Sila，音譯為「尸羅」，有清涼、安適等意。

佛法對已造之惡業用懺悔來對治，而對未造之業是用「戒」來防範。為了根除人生痛苦之源，解脫生死輪迴的桎梏，佛教認為要採自我抑制肉體欲望，提昇精神境界的方式，但眾生累劫輪轉六道，習染已深，必須靠有形的戒律來輔助自己達到克制欲望的目的。根據《優婆塞戒經》卷三〈受戒品〉所言，在家受五戒，五戒是：不殺生、不偷盜、不邪淫、不妄語、不飲酒[57]；五戒是佛門四眾弟子基本戒，也是來世保住人身最基本條件。

至於出家人則以十戒為具足戒，所謂「十戒」即前所述「十善業」；而以二百五十戒為應守戒律；比丘尼則有三百四十八戒。據宋慧嚴等依法顯《泥洹經》所加三十六卷本《大般涅槃經》卷二六〈獅子吼菩薩品第二〉所言，出家戒內又分小乘戒、大乘戒（即聲聞、緣覺；

56：同註41，卷三〈報恩品〉，頁三〇三下。

57：同註29，卷三〈受戒品〉，頁一〇四九上。

菩薩），其所守戒律又更密更細[58]。但是在《大智論》卷四六的說法，是以「十善戒」來統攝一切在家、出家戒法，其云：「十善爲總相戒，別則有無量戒。」[59]；凡一切過惡無不從細微處犯起，故佛家以身三、語四、意三等十業，嚴防於起於動念間，其善的效益，據唐代釋道世《法苑珠林》卷八七〈受戒篇‧述意部第一〉云：

> 夫三界無安，猶如火宅，拔苦與樂，必須崇戒。……防非止惡，喻之戒善。歸趣解脫，終藉尸羅。[60]

《優婆塞戒經》卷五〈八戒齋品第二十二〉內又言持戒比佈施功德更大：

> 若有，至少受三歸齋，是人所得功德果報，出勝彼藏所有寶物：……，若能如是清淨歸依受持八戒者，除五逆罪，餘一切罪皆悉消滅。[61]

所謂「八戒」是前言五戒外，再加：不著華香、不傅脂粉、不爲歌舞倡樂三種，此經言其功效，不僅可脫離生死輪迴，還可以消五逆十重罪。這是佛教教化世人眾多法門之一。事實上，從入世俗眾的立場來看，這些戒律也可以做爲吾人去惡存善的修行，是具有普世的規範，故佛教講戒律並沒有在中土引起扞格牴牾之處，其原在此。

3.修行

修行是指課誦佛經、佛名號等，其法要訣，以直觀智慧爲本質的心識爲培植，放下一切

---

[58]：宋慧嚴等所加譯：《大般涅槃經》卷二六〈獅子吼菩薩品之二〉，頁七七四上。
[59]：姚秦‧鳩摩羅什譯：《大智度論》卷四六，收入《大正藏》二十五冊，頁三九〇下。
[60]：唐‧釋道世：《法苑珠林》卷八七〈受戒篇‧述意部第一〉，收入《大正藏》二十五冊，頁三九０下。
[61]：同註[29]，卷五〈八戒齋品第二十一〉，頁一〇六三上—中。

妄想、是非糾葛和牽纏，在念念分明，一念不斷之下，直透本然面目，當下即證聖果，得到解脫，在中土五世紀中期以後，有慧遠在廬山結社，共修淨土法門，以口誦彌陀佛號，祈臨命終得願往生淨土，流傳至今未輟，可說是最簡易、方便的法門。

4.布施

布施是佛教六度萬行解脫法門之一，據三國吳·僧會所譯的《六度集經》卷一〈布施度無極章第一〉內云：

> 一時佛在天舍國鷂山中，……意定在經，眾祐知之，為說菩薩六度無極難逮高行，疾得為佛。何謂為六？一曰布施，二曰持戒，三曰忍辱，四曰精進，五曰禪定，六曰明度無極高行（案即智慧波羅蜜）[62]

六度法門首要即爲布施，布施旨在破除慳吝，長養慈悲，累積福田，其法有三：一、法施，二、無畏施，三、財施（《優婆塞戒經》卷四，在《大正藏》二十四冊，頁一〇五四下）；其中以財施功德最小，但在現實世界裏，眾生最欠缺的資糧就是財物不足困於生計，所以財施，不僅可迅速解決眾生目前困境，也是易獲得現世效益，饒益有情的法門。最高的布施是捨命，即自古以來，爲正義、公理、國家而犧牲的忠臣義士。總之，凡是犧牲自己利益來爲眾生謀福祉，都是布施，透過布施行爲來達到消災、增福祉的目的。

佛教修行法門有八萬四千種，以上不過概舉四種，以窺其滅罪救贖之貌，餘繁不具。

62：吳·康僧會譯：《六度集經》卷一〈布施度無極章第一〉，收入《大正藏》第三冊，頁一上。

三、小結

從以上的論述，吾人可以清楚了解佛教業報系統是由神不滅—靈魂觀、三世因果—生死觀、業、六道輪迴觀、善惡罪福觀、佛教滅罪救贖思想等六項理念建構而成。在其善惡評價裏，和德報近似，以十善業、十不善業的行爲爲標準，善行即宣說天人之福的肯定評價；惡行即傳揚三塗罪罰的否定評價。其系統有以下五點特色：

第一、這套業報系統比其他果報系統，在報應方面提供具體罪福景象，並以業報自召理論，保攝其必然的實現。

第二、在三世報理論裏，解決了中國儒者長期質疑的善惡無報的態度，填補中土果報系統中對事物因果法理論的不足。吾人可以檢視在佛經中，有關解答善惡無報的文獻，如：

《佛分別業經》中說：

> 佛告阿難：「有人身行善業，口行善業，意行善業，是人命終而墮地獄，有人身行惡業，口行惡業，意行惡業，是人命終而生天上。」阿難白佛言：「何故如是？」佛言：「是人先世罪福因緣已熟，今世罪福因緣未熟，或臨命終，正身邪見，善惡心起，垂終之心，其力大故。」[63]

姚秦．鳩摩羅什譯：《成實論》：

63：《佛分別業經》，轉引自唐．釋道世：《法苑珠林》卷六九〈受報篇第七十九．不定部第九〉，收入《大正藏》第五十三冊，頁八一四上。

> 行惡見樂，為惡未熟，至其惡熟，自見受苦；行善見苦，為善未熟，至其善熟，自見受樂。64

右兩則文獻皆從業緣成熟與否來解答善惡無立即現報的現象。吾人再來回顧東晉當時持神滅論者質疑慧遠法師，言：「積善積惡之談，蓋是勸教之言耳」65，語氣中透顯不信有死後輪迴受報之事。慧遠也是以原典佛經的方式來答辯：

> 或有積善而殃集，或有凶邪而致慶，此皆現象業未就，而前行始應。66

這種透過生命的鎖鏈來延長因果報應必然性的時間，的確可以慰藉不平的人心，同時也填補舊有果報理論的空隙。

第三、這套業報系統可以圓滿亂世不平的人心。如果沒有生前的善惡業因，又如何解釋今生種種不平，或不能理解的現象？如果沒有輪迴受報，那麼今生做好人和做壞人還有什麼差別？爲非作歹的人，心不畏法，又不信業報，那我們生存的世界會成爲什麼樣的景況呢？因此在世界所有宗教教義中，只有佛經的教義最能滿足人心，對人生死之謎、三世因果探討的最明晰，而且提供了未來幸福的圖像；也能夠理解、包容今生發生在一己身上的種種磨折與不平，給予人活下去的勇氣和心靈的慰藉。

64：同註25，頁二九四下。

65：戴安公：〈釋疑論答周居士難〉，唐・釋道宣：《廣弘明集》卷一八，收入《大正藏》第五十二冊，頁二二三下。

66：同註30。

第四、這套業報系統提供了救贖的管道。對前生已造的業，可以透過修十善業來改變它；也可以透過修行，斷無明，而超出三界六道輪迴不已的苦趣，這就提供了眾生一條向善的管道，人人都可以經由一己的努力行善積德來改變自己的宿命業。

第五、這套業報系統理論可以彌補社會正義的不足。造業之人，不管貧賤富貴，上至君王，下至凡庶，因緣一會合，果報還自受。慧遠在〈周祖平齊召僧敘廢立抗拒事〉一文內對周武帝云：

> 陛下今恃王力，自在破滅三寶是邪見人，阿鼻地獄不簡貴賤，陛下何得不懼？（《大正藏》第五十二冊，頁一五三下）

稍後唐臨在《冥報記》卷下：〈周武帝〉條，便造出周武帝在地獄受罪罰，備其苦楚，乞求其生前監膳儀同（案：儀同於隋開皇中，暴死，魂入地獄，此事便由其復甦後，口述傳世）作功德超薦之事云云，都可看出佛教徒在宣傳業報輪迴不私一人的用心。

由於以上五點特色說明，便可以理解佛教爲何能以一個外來的文化，而在短短不到四百年的時間形成一大教派原因了。

筆者要進一步思考的是：業報系統完成後，往後發展時，其本身會發生何種變化？這是下一單元要考察的主題。

第二節　佛教業報系統的發展

文化交流決非單向的文化移植，而是一個文化再重組的過程。主體文化與客體文化均發生變遷，從中產生出具備雙方文化要素的新文化組合。一個極端出世的宗教，竟能和一個入世的儒學文化傳統融成一片，其間不免經過長期的衝突、適應、調和等複雜的轉化過程，不但中土文化因外來的新文化加入而發生變化，連佛教本身教義也不得不作相當程度的修正，以求得在新環境中的生存與發展。從系統學的角度來看，這是任何一個開放性系統所具有的「自我穩定和動態均衡」的特質。

本單元所要思考的是：佛教業報思想在發展中會有那些扞格？它又如何融入中土社會？其中土化的具體現象有那些？和其他系統功能有何種互動？以上思惟將析分爲三段論述之。

一、業報傳入中土的扞格與融合

佛教業報傳入中土有以下二項扞格：

㈠神滅不滅的扞格與融合

業報傳入中土最大的扞格是來自於無神論者持「神滅論」的挑戰。

這個問題以今日眼光來看，它不是是非的問題，因爲屬於超自然的課題，不是客觀實證學可以解決的，那是信仰的層面問題，科學既不能證明它有，也不能證明它沒有。因此收入

《弘明集》、《廣弘明集》內那些論戰的文章：持無神論的神滅派和持有神論的神不滅派，幾乎沒有交集。基於論文篇幅限制，不再重述他們論戰的具體內容，只簡單地概括他們主要的論見。

首先持神滅論者如：晉·何承天（〈達性論〉、〈報應論〉）、孫盛（〈與羅君章書〉）、戴逵（〈釋疑論〉、〈與遠法師書〉）、梁·范縝（〈神滅論〉）等，他們的理論架構在「形神一元」上（除了何氏），認爲形滅神即滅，如滅水火，如蠟燭燃燒，精神居於形體中，如火燃燭，燭完火亦不能獨存；何承天雖然主張「形神二元」，形滅神散，但不承認靈魂會輪迴轉世❶。

而持神不滅論者，以牟子《理惑論》最早，其哲學系統根源於中土的「招魂」觀念；晉以後有郗超（〈奉法要〉）、羅含（〈更生論〉、〈答孫安國書〉）、慧遠（〈形盡神不滅〉）鄭道子（〈神不滅〉）、劉宋·顏延之（〈神不滅〉、〈釋達性論〉）、宗炳（〈明佛論〉）、梁·蕭琛（〈神不滅〉、〈難神滅論〉）、曹思文（〈難神滅論〉、〈重難神滅論〉）、齊梁·沈約（〈形神義〉、〈神不滅義〉、〈難范縝神滅論〉）等，他們理論建構在「形神二元論」上，認爲形盡神不滅，如火之傳於薪，薪雖已非前薪，而火仍故火。

事實上，神滅論者是否定輪迴轉世，並非否定傳統的神魂觀。這一點，我們可以從何承

❶：晉·何承天：〈答宗居士書二〉，收入梁·僧祐：《弘明集》卷三，在《大正藏》第五十二冊，頁一三〇。

天、范縝、戴逵等人思想中，仍保有「遊魂」、「精靈」、「神魂」無所不在的想法得到印證，而主張神不滅論者是肯定輪迴受報。神滅論者背後有一個「夷夏」之分的民族觀念在作祟，企圖以夷夏之辨來駁斥輪迴不可信❷。

這個論戰是沒有結果的，因爲信仰的問題不屬是非的層次。從六朝文獻—宣揚果報信仰的筆記小說中，可以看出廣大的庶民階層接受了輪迴轉世的信仰。那麼佛教業報是在什麼樣的基礎上融入中土社會呢？這個問題的答案早在前面第二章已透顯出來了。中土很早就有靈魂不死和祖先崇拜的信仰，但未有轉生的觀念❸，業報就是寄託在這個靈魂不死傳統信仰上，居於此項的共通點，在進一步推出三世因果輪迴業報觀，自然會減少排斥的阻力，加上此系統功能的確可以圓滿不平的人心，更加速擴展它的群眾基礎。

依文獻來看，至少在東晉以後中土已有轉世觀念，如陶弘景《真誥》卷一〇所載：「遼

---

❷：以上分析可參見李幸玲：《六朝神滅不滅論與佛教輪迴主體之研究》，（台北：台灣師範大學國文研究所碩士論文，民國八十三年七月），頁八九。

❸：如《太平御覽》卷三九九。引《禮記外傳》：「人之精氣曰魂，形體謂之魄……形勞則神……故升屋而招其魂神也。……氣絕而收其魂，使反復於體也。」既招其魂何來轉世之有？又《抱朴子內篇．至理》：「夫逝者無反期，既朽無生理，達道之士良所悲也。」；《晏子春秋》卷二〈景公嬖妾死守之三日不殮，晏子諫第二十一〉：「君獨不知死者之不可以生邪？」；《太平經》卷九〇〈冤流災求奇方訣第一百三十一〉：「夫人死者，乃盡滅，盡成灰土，將不復見。」等文獻都可以佐證中土人士認為人死，肉體雖死，靈魂不死，只是沒有可以轉生投胎的想法。

西人范幼沖，漢時任尚書郎，受胎化易形，今來在此。」❹；在《周氏冥通記》卷二也有記載仙界紫陽童自言：「我本姓王，字子遷，太原人。宿命時父為陳留太守，後來移居丹陽。我十五歲化，前身有福德，所以轉生為人，復修功德，死後為神，補紫陽內宮玉童，賜姓鳳，字云芝。」❺；這二條資料除了證明至少在東晉時，中土已接受輪迴轉世的觀點，更值得注意的是，陶氏乃道教人士，道經內容改造者之一。可見道教在東晉以後，大規模造經時，吸取了佛教很多教義。此外，到了南北朝，輪迴轉世的觀念更加普及化，見之於劉宋·劉義慶《幽明錄》、《宣驗記》、北齊·王琰的《冥祥記》等文人筆記小說。

道教在民間的分布、發展，這股力量的確可以助長佛教業報輪迴觀。但是，我們可以再追問下去：中土人士相信靈魂可以輪迴轉世的心理因素是什麼？筆者認為有以下三點：

第一、它解決了人類群體一個普遍性的難題─生命謎題，人從那裏來？死後又到何處去？

第二、它所宣揚的輪迴觀可以滿足人類對短暫一生的缺憾心理，許多問題可以透過來生紓解。

第三、它使人類生前善惡行為有了判斷的依據；即社會可以靠它建立起正確的人生觀、倫理觀、價值觀，使人生有了明確的方向，知道為何要行善？為何不可作惡？達到社會勸善懲惡的教化功能。

❹：梁·陶弘景：《真誥》，（北京：中華書局，一九八五年），卷一〇，頁一二三。

❺：梁·陶弘景：《周氏冥通記》，（北京：中華書局，一九八五年），卷二，頁一四〇。

除了宗教信仰外，還有什麼主義、學說可以解決「人生」這個複雜又神祕的問題呢？

(二)殺生肉食的扞格與融合

佛教教義是以殺生罪業最重，爲了是長養慈悲，以及視四生（濕、卵、胎、化），甚至是「一闡提」之人，皆有佛性種子，不忍眾生輪迴六道，彼此冤冤相殘，這種將生物提昇到人的境界是違反中國傳統血食祭祀天地山川祖先的習俗。彼此之間扞格得很長一段時間，吾人可以檢視以下佛經文獻即可知其大量將此戒殺茹素觀念譯入中土的用心：

東漢・曇果、康孟詳譯的《中本起經》卷上〈度瓶沙王品第四〉云：

> 殺生祠祀，不得其福，天神不食，殺者得罪。❻

東晉・法顯譯的《泥洹經》卷三〈四法品第八〉云：

> 其食肉者，斷大慈悲種。（《大正藏》第十二冊，頁八六八下）

不僅是佛經宣揚殺生肉食受報的觀念，連筆記小說也受此影響，南朝・劉義慶在《幽明錄》〈巫師舒禮〉條載其生前祠祀，死後入地獄罪罰之事：

> 巴丘縣有巫師舒禮，晉（元帝）永昌元年病死，土地神將送詣太山。……太山府君問禮：「卿在世間，皆何所為？」禮曰：「事三萬六千神，為人解除祠祀，或殺牛犢豬羊雞鴨。」府君曰：「汝佞神殺生，罪應上熱熬。」使吏牽著熬所，見一物，牛頭人身，捉鐵叉，叉禮著熬上宛轉，身體焦爛，求死不得。……（《鉤沉本》

❻：東漢・曇果、康孟詳譯：《中本起經》卷上〈度瓶沙王品第四〉，收入《大正藏》第四冊，頁一五二中。

頁二五八）

這一則故事想必是出自佛教徒所造，專門儆戒那些民間巫師殺生血祀的行爲。而血祀是中國民間，上至帝王，下至販夫走卒階層，幾千年來根深柢固的習慣，因此和佛教徒在民間傳播戒殺、茹素的觀念，形成尖銳的對立，例如魏・邯鄲淳在《笑林》裏錄一則嘲弄素食者的故事：

有人常食蔬茹，忽食羊肉，夢五臟神曰：羊踏破菜園。❼

此外在唐・釋道宣的《續高僧傳》卷二七〈隋京師郊南逸僧釋晉安傳〉內記載佛教僧侶爲了勸戒百姓不要殺生血食，割己肉代豬肉的慘事：

安居處雖隱，每行慈救，年常二社，血祀者多。周行求贖，勸修法義，不殺生邑，為數不少。嘗於龕側村中縛豬三頭，將加烹宰。安聞往贖，社人恐不得殺，增長索錢十千。安曰：「貧道見有三千，已加本價十倍，可以相與。」眾各不同，便相忿競。……安即引刀自割髀肉曰：「此俱肉耳，豬食糞穢，爾尚噉之，況人食米，理是貴耳。」社人聞見，一時同放。……故使郊南西五十里內，雞豬絕嗣，乃至於今。」❽

晉安割肉救豬命的大捨、大慈，讀之令人動容。即使靠僧團結社，以設齋供，作七薦亡，也仍未完全取代民間的血祀習慣。但是從以下幾則文獻可以看出中土人士已局部接受戒殺茹

❼：魏・邯鄲淳：《笑林》，收入魯迅：《古小說鉤沉》，（台北：盤庚出版社，民國六十七年十月），頁六九。

❽：唐・釋道宣：《續高僧傳》卷二七〈釋晉安傳〉，收入《大正藏》第五〇冊，頁六八二上。

素的觀念：

《南齊書》卷五三〈虞愿〉傳：

（虞愿）出為晉平太守……郡舊出髯蛇膽，可為藥，有餉愿蛇者，愿不忍殺，放二十里外山中。

顯然虞愿已接受佛教戒殺放生觀念的影響。

又同書卷四一〈周顒傳〉載周氏勸何胤兄何點菜食：

丈人之所以未極遐蹈，或在不近全菜邪？……善為士者，豈不以恕己為懷？……況乃變之大者，莫過於死生，生之所重，無踰性命。性命之於彼極切，滋味之在我可賒，而終身朝晡，資之以永歲，彼就冤殘，莫能自列，我業長久，于哉可畏。

周顒勸何氏素食，也是基於慈心不殺的理念。

業報中戒殺、放生、茹素的觀念在中土之所以沒有遭到強烈的排斥，究其原因有二：其一、中土人士相信三世輪迴而懾其罪罰報；其二、和儒家仁心，及長期以來，統治階層宣導的「節殺」觀念相會通❾。

---

❾：佛教傳入中土前，中土人士只有節殺、惜生的觀念，如《國語》卷四〈魯語上〉：「鳥獸孕，水蟲成，於是乎禁罝羅……助生阜也。……且夫山不槎蘖……獸長麑䴠，鳥翼鷇卵，蟲舍蚳蝝，蕃庶物也，古之訓也。」《孟子·梁惠王上·三》：「數罟不入污池，則魚鱉不可勝食也……」《呂氏春秋》卷一〈孟春紀〉：「犧牲無用牝，禁止伐木，無覆巢，無殺孩蟲、胎夭、飛鳥、無麛無卵……」

所以即便在魏晉到唐宋之間，文人筆記小談宣揚殺生報應最泛濫的時代，也是茹素放生自茹素放生；食肉殺生自食肉殺生。如紀昀《閱微草堂筆記》卷五說的：「六畜充庖，常理也。然殺之過當，則為惡業。」⑩。今天中國民間陰曆初一、十七兩日市場禁屠歇業，以及六齋日、十齋日⑪，甚至連帝王都親下斷肉食、禁屠敕令⑫，皆是佛教的影響力。雖不能完

⑩：清・紀昀：《閱微草堂筆記》（台北：文光圖書公司，民國六十三年九月），卷五〈灤陽消夏錄五〉，頁八九。則知中土節殺、惜殺不是出自於佛教的觀點，而是為了讓後代子孫可以生生不息食肉。

⑪：「六齋日」指每月：初八、十四、十五、二十三、二十九、三十，見《大智度論》卷六五（《大正藏》第二十五冊）、《長阿含經》卷二〇、（《大正藏》第一冊）《佛本行集經》卷三七（《大正藏》第三冊）；「十齋日」於六齋日之外加上初一、十八、二十四、二十八等四日，見《佛祖統紀》卷三三（《大正藏》第四十九冊）、《地藏菩薩本願經》卷上〈如來讚嘆品〉（《大正藏》第十三冊）。相傳帝釋、四天王遣使者於此諸日鑒察人間善惡。

⑫：隋・費長房：《歷代三寶紀》卷一二引用隋文帝開皇三年下詔：「好生惡殺王政之本，佛道垂教善業可憑：……宜勸勵天下同心救護，其京城及諸州官立寺之所，每年正月、五月、九月。恆起八日至十五日，當寺行道，其行道之日遠近民庶，凡是有生之類，悉不得殺。」（收入《大正藏》第四十九冊，頁一〇八上）。又宋・宋敏求：《大唐詔令集》卷一一三，頁五八六，錄唐高祖武德二年正月〈禁正月五月九月屠宰詔〉：「釋典微妙，淨業始於慈悲，道教沖虛，至德去殘殺。四時之禁，無伐麛卵；三驅之化，不取前禽。蓋欲敦崇仁惠，蕃衍庶物。立政經，邦咸率茲道。朕祗膺靈命，撫遂群生，言念亭育，無忘鑒寐。殷帝去網，庶踵前修。齊王捨牛，實符本志。自今以後，每年正月、五月、九月，

全改變中土肉食習俗⓭，倒也能維繫著它的善惡觀體系，不至於遭排擠，主要是和儒家所說的「仁心」、「王政」相通的緣故。

至於其他的扞格，如剃髮出家、火葬，被視爲毀貌易姓的絕惡之舉，沙門不敬王；夷夏之辨等，因非關業報思想，故置而不論。

二、佛教業報的中土化

佛教業報中土化可從二個角度來觀察：

(一)佛教僧侶主動中土化

這種見之於譯經的情況特別多，例如：安世高在譯「泥犁」、「地獄」這些名稱時，有

凡關屠宰殺戮，網捕畋獵，並宜禁止。」又唐玄宗開元二十二年十月〈禁三元日屠宰敕〉（頁五八九）：也是下令在每年正月、七月、十月的十三日至十五日斷肉食，並停宰殺漁獵。（台北：鼎文書局，民國六十七年四月）。

⓭：佛教在茹素與肉食方面，大小乘宗有不同的說法，依姚秦．鳩摩羅什共弗若多羅譯的《十誦律》卷三七規定：出家人可食用三種淨肉，即：「不見殺、不聞殺、不為我殺」（《大正藏》第二十三冊，頁二六四下）；唐．般剌密帝譯的《楞嚴經》卷六內提到佛告阿難，可令比丘食五種淨肉，除前三種外，再加上自死肉、鳥殘肉（《大正藏》第十九冊，頁一三二上）。我國自南朝梁武帝提倡僧人禁斷酒肉，以及依鳩摩羅什譯：《梵網經》（《大正藏》第二十四冊）所行菩薩戒盛行之後，素食乃成為僧團生活之定制，迄今未改。而一般在家修行的優婆塞、優婆夷，可隨緣全素，或依六齋、八齋、十齋持素戒。

時會採入中土民間通俗的信仰：泰山，釋道世在《法苑珠林》卷八八〈受戒部・述意部第一〉序言中，將佛教五戒比成儒家的五常：不殺即仁；不偷盜即義；不邪淫即禮；不妄語即信；不飲酒即智。這就是道德上的會通⑭。

陳寅恪曾將北平圖書館藏敦煌變文・騰字二十九號：《蓮花色尼出家因緣》，與巴利文比對，發現獨缺「此聚麀之惡報」因緣情節，蓋與中土倫理相牴牾，故抄寫者將之略去，非無心之漏⑮，這就是入境隨俗的會通。另外在孝道方面也是一樣屬於此類的會通，這並非佛教不提倡孝道，而是在佛經中上報四重恩中以「佛恩」最重，「父母恩」是小恩，出家可以令九族升天才是最大的孝順。這價值觀傳入中土，牴觸我國傳統倫理觀（所以初期佛教徒都是天竺僧侶，少有本地出家，到了三國才有中土出家的和尚）。東漢至隋代以前的早期譯經者已覺察到：如果把佛典中的倫理內容忠於原文譯出，恐怕就要遭到統治階層及思想界的知識分子反對，而失去自己生存的立足點，因此他們就採取刪、節、增、轉化等手法，來使有關譯文儘量配合中國傳統的倫理觀，爲佛教在中國傳播爭取地盤。

(二)儒者主動將業報思想中土化

---

⑭：唐・釋道世：《法苑珠林》卷八八〈受戒部第八十七之二・述意部第一〉，收入《大正藏》第五十三冊，頁九二六下。

⑮：陳寅恪：〈蓮花色尼出家因緣跋〉，《陳寅恪先生論文集》，（台北：九思出版社，民國六十六年六月），頁一四二七—一四三三。

這種情況見於六朝文人所撰寫的宣揚因果輪迴報應的小說，其轉化最大特色有二：

1.將業報自受轉化爲業報他受

《搜神記》卷二〇載：

> 臨川東興人入山，得猿子，便將歸，猿母自後逐至家。此人縛猿子於庭中樹上以示之。其母便搏頰向人欲乞哀，狀直謂口不能言耳。此人既不能放，竟擊殺之。猿母悲喚，自擲而死。此人破腸視之，寸寸斷裂。未半年，其疫死，滅門。

東興人擊殺猿子，照佛教業報自受，應該是自己受報，卻連帶家人得瘟疫而死絕，可說是中土信佛人士在宣揚果報時加入了家族主義的承負觀。

南朝宋・劉義慶：《宣驗記》載：

> 沛國周氏有三子，並瘖不能言。一日，有人來乞，聞其兒聲，問之；具以實對。客曰：「君有罪過，可還內思之。」周異其言，知非常人。良久乃云：「都不憶有罪過。」客曰：「試更思幼時事。」入內，食頃，出曰：「記小兒時，當床有燕窠，中有三子，母還哺之，輒出取食。屋下舉手得及，指內窠中，燕子亦出口承受。乃取三蒺藜，各與之吞，既皆死。母還，不見子，悲鳴而去，恆自悔責。」客變為道人之容曰：「君即自知悔，罪今除矣……」便聞其兒言語周正，即不見道人。⑯。

此條不僅吸收家族承負報，又強化現世報的效益。爲何中土佛教徒，或信佛儒者要將業

---

⑯：南朝宋・劉義慶：《宣驗記》，收入《鉤沉本》，（出版狀況見前），頁四三五。

報自受轉爲家族承負報呢？筆者以爲是和中土社會家族成員共命價值觀相牴牾，中國人不認爲家庭成員在面對外來的福禍時，而一己可以置身事外，俗語說：「父債子還」便可佐證這種由來已久的血緣共命觀。

2.強調現世報的效益

佛教三世報原意是今生造業，來生受報；前世造業，今生受報。在六朝所有講感應報，或是殺生罪罰報的文獻，幾乎可以說全被轉化爲現世報的效益，而這些現世報的效益的善因，又多半出自於念誦佛號、抄寫佛經、造佛塔、佛寺、佛像等崇佛法行爲，其所得的善果大致爲：(1)延年益壽，(2)消災救危免死難，(3)求子嗣，(4)往生，(5)致富貴等中國人普遍企求的價值觀；而其所念誦的佛號，六朝以《法華經》內的〈觀世音普門品〉居多，觀世音菩薩幾乎成了當時社會的救世主；隋唐以後則信仰《金剛經》⑰。

佛教是不以神通、感應來眩惑世人的，但是信徒或僧侶在傳佈佛法時，會不知不覺中，去強調「感應」的效益，以增加凡庶信仰的強度。茲舉數例列爲下簡表，以窺其貌：

表一六：筆記小說中佛教善因感應類摘錄表：

⑰：以《太平廣記》為例，從卷一〇二—一一一中，收錄念誦《金剛經》有一〇三條（其中八十七條屬於唐代）；持誦《法華經》有二十一條、《觀音經》有五〇條（大多數出自於六朝），顯示六朝時以念誦《觀世音經》為主。以上資料取自片谷景子：《冥報記研究》，（台北：台灣大學中文研究所碩士論文，民國七十年二月），頁一三四—一三五。

時代	案主	事由	善因	感應果	資料出處
晉元康間	竺長舒	火燒屋	念誦《光世音經》	火自止	《光世音應驗記》[18]
晉(苻秦)	徐義	為賊所縛	歸命於光世音菩薩	杻械自動鬆落得以脫逃	《續光世音應驗記》[19]
晉元興	竺法純	渡湖遭狂風，舟欲傾危。	念誦《觀世音經》	尋有空船來救，得以免溺死。	《繫觀世音應驗記》[20]
劉宋	沈甲	因事被繫處死。	臨刑日，誦觀世音名號。	刑刀三次皆斷。	《鉤沉本·宣驗記》
劉宋	黃氏	心痛將死	持誦《法華經》	得以痊癒。	《鉤沉本·述異記》
劉宋	孫道德	年過五十未有子息	至心禮誦觀世音	婦即有孕，遂以產男。	《鉤沉本·冥祥記》
梁	蕭瑀	因事坐繫牢獄	誦《金剛經》	不久遇赦得免。	《太平廣記》卷一〇二引《報應記》

[18]：劉宋·傅亮：《光世音應驗記》，收入孫昌武點校：《觀世音應驗記三種》，（北京：中華書局，一九九四年十一月），頁一。

[19]：劉宋·張演：《續光世音應驗記》，收入孫昌武點校：《觀世音應驗記三種》，（出版狀況見前），頁一〇。

[20]：齊·陸杲：《繫觀世音應驗記》，收入孫昌武點校：《觀世音應驗記三種》，（出版狀況見前），頁二四。

後魏	盧景裕	因事坐繫	持誦《金剛經》	俄而遇赦得免。	《太平廣記》卷一〇二引《報應記》
東魏～北齊文帝	鄴下人	入山採銀穴崩，遭活埋。	其父以一缽一飯齋僧超薦	後北齊文帝命匠工除崩石，餘年乃見此人尚活。	《冥報記》卷上第八條
元魏	孫敬德	為劫賊橫引，禁於獄，將斬。	以造觀音像為業，感應菩薩教其誦《觀世音救生經》	行刑刀斫下斷為三段而得免。	《鉤沉本·旌異記》㉑

右表感通之善果可說肇自於姚秦・鳩摩羅什所譯《妙法蓮華經》卷七〈觀世音普門品第二十五〉的影響㉒。觀世音菩薩不僅是吾人所處南閻浮提世界的救世主，也是三塗惡道的救世主，可謂「千處祈求千處現，苦海常作渡人舟」，無怪乎，此經品一宣揚，立即風靡六朝社會，蓋佛經中所言福報，多指涉未來果，唯此經品，強調的是現世感應善果，故能迎合中

㉑：隋・侯君素：《旌異記》，收入《鉤沉本》，頁五三七—五三八。

㉒：姚秦・鳩摩羅什譯：《妙法蓮華經》，卷七〈觀世音普門品第二十五〉，頁五七下—五八上。

土人士的價值觀，而予以強力推崇。

至於其他惡因，諸如：毀三寶、壞經像、偷盜、殘殺物命，不孝等報應故事，載之於筆記小說，不勝繁述，如：唐臨《冥報記》卷下，〈隋冀州小兒〉條內載冀州小兒因盜食雞卵，燒而食之，其惡因，需死後受報，今將熱灰地獄顯現於世，無非是作者轉化為現世效益，以儆世人㉓。

三、佛教業報和其他系統功能的互動

佛教業報既能轉為中土化，必然輸入中土思想、文化、環境等因素，吾人從其反饋的過程，考查出它和其他系統功能互動的情形有以下五種：

㈠和德報孝道功能的互動

此已見於本論文第四章第二節第二段第三條所舉《冥報記》卷下〈隋河南人婦〉條的論述，也是從現世報效益觀點下將死後入變形地獄受罰，提前到今世來受報。

㈡輸入德報家族聯結（或道教承負報）功能

此功能互動，見於前業報自受轉化為他受的舉證論述，今再舉《顏氏家訓》卷五〈歸心

㉓：熱灰地獄，早見於西晉・竺法護譯：《修行道地經》卷三〈地獄品〉中八大地獄裏第五沸灰地獄《大正藏》第十五冊，頁二〇三下；以及東晉・僧伽提婆譯《增壹阿含經》卷二四〈善聚品第三十二〉六大地獄中第二所熱灰地獄（《大正藏》第二冊，頁六七六上）

篇第十六・江陵劉氏〉條爲佐證：

江陵劉氏，以賣鱔羹為業，後生一兒，頭是鱔，自頸以下，方為人耳。

父殺鱔爲業，而子受報，可說是道地本土的承負罪罰觀，顏氏爲佛教徒，本身必然明白三世因果業報輪迴思想，父子不代受之理，今舉此例以訓其子，則轉爲中國人的共命價值觀，其目的無非是冀其子敬慎其德，免遺禍子孫。如單以業報自受化之，恐不足以收懾人偏邪、儌幸之心。

(三)輸入民間太山信仰和道教鬼神罪罰功能

前所舉《幽明錄》的〈舒禮〉條，舒禮爲巫師（案：中土民間百姓常視道士爲巫師一種）事三萬六千神，血祀殺牲，死後魂被土地神詣送至泰山，由府君論斷其罪，判上熱熬地獄，由牛頭人身—佛教地獄使者阿傍執刑。吾人淸楚地看見這是以佛教業報立場反對中土殺牲血祀的行徑所造出的果報故事，在此中，作者輸入了道教罪罰功能和引進民間泰山府君信仰。地獄觀早已隨佛典傳入中土，而其主爲閻羅王，今仍以中土泰山信仰代之，顯見早期佛教徒意欲中土化的動機。

(四)與中土天人感應說結合

佛教本身雖戒僧尼不以神通惑世，然其教義則充滿感通的色彩，釋慧皎《高僧傳》和釋道宣《續高僧傳》裏提及那些各朝大德高僧一生行止，筆端皆不免帶著感通傾向以誘世人信其教，服其義。而此感通故事傳入中土，便和天人感應結合，更加推波助瀾，比如前所言那些持誦佛號獲靈驗的故事。今試舉一西域康僧會，會通天人感應與佛教業報之例：

（吳王孫皓）問曰：「佛教所明，善惡報應，何者是耶？」會對曰：「夫明主以孝慈訓世，則赤烏翔而老人星見；仁德育物，則醴泉涌而嘉苗出。善既有瑞，惡亦如之。故為惡於隱，鬼得而誅之，為惡於顯，人得而誅之。《易》稱：積善餘慶；《詩》詠：求福不回。雖儒典之格言，即佛教之明訓。」……㉔

康僧會不僅將佛教善惡報應會通中土天人災祥感應，也會通儒家德報。

㈤輸入民間離魂信仰和道教罪罰功能

由於生死茫昧難明，佛教徒為了極力宣傳果報觀，便吸入民間離魂信仰，造魂入地獄見罪罰之事，後魂放還陽間，向世人宣說此事，以明善惡有報故事，達勸善止惡的宣化效果，此類志怪小說多見於《冥祥記》、《冥報記》所載，試舉《冥祥記》〈李旦〉條為例證之：

宋・李旦……以孝謹質素著稱鄉里。元嘉三年，正月十四日，暴病，心下不冷，七日而甦……但云有一人持信旛來至床頭，稱府君教喚。旦便隨去……至大廳事上，見有三十人，單衣青幘，列坐森然，一人東坐，披袍隱几，左右侍衛，可有百餘，視旦而語坐，人云：「當示以諸獄，令世知也。」旦聞言已，舉頭四視，都失向處，乃是地獄中，見群罪人，受諸苦報，呻吟號呼，不可忍視。尋有傳教稱：「府君信君，可還去，當更相迎。」因此而還……（《鉤沉本》頁四九七—四九八）

以上五種功能互動情形，可看出佛教業報除了和德報、天人感應報、道教罪罰報、承負

㉔：梁・慧皎：《高僧傳》・卷一〈康僧會第六〉，收入《大正藏》第五〇冊，頁三二五下。

功能互動外，也吸收了民間信仰，也正顯示佛教業報中土化的一種系統自我調適和防止衰退的表映。

第三節　佛教業報功能的傳播

佛教初期傳入中土，分大小傳統兩管道傳播其業報功能，到六朝後開始普及化，中土化，它是屬於「偏心圓型」的歷史—傳播結構（見圖五），其中A代表系統建構的原有，它在傳承發展中始終是一個「核」；B、C……代表隨時代，或文化發展，創造出新的觀念。因而有些網絡不易區隔開是向大傳統或向小傳統傳播，試列舉以下八種管道分述之：

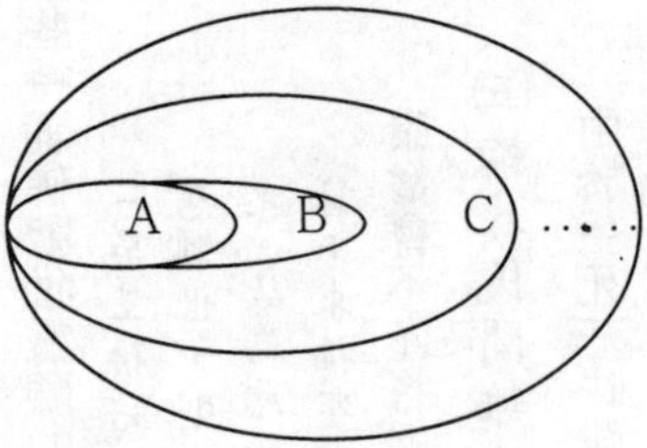

圖六：偏心圓型的傳播結構

一、透過唱導的管道

這是以口語爲媒介的傳播管道，六朝以前是向小傳統社會不識字的庶民宣唱輪迴六道的報應故事；唐以後，則王公貴人，王后嬪妃也會在特定日子請僧侶開講。唱導可說是佛教經義俗講的前身。梁・釋慧皎《高僧傳》卷一三〈唱導第十〉序中對「唱導」意涵有明確的介紹：

> 論曰：唱導者，蓋以宣唱法理開導眾心也。昔佛法初傳，於時齊集，止宣唱佛名，依文致禮，至中宵疲極，事資啟悟，乃別請宿德升座說法，或雜序因緣，或傍譬喻。其後廬山釋慧遠，道業貞華，……每至齊集，輒自升高座，躬為導首，廣明三世因果，……後代傳受，遂成永則。……如為出家五眾，則須切語無常，苦陳懺悔；若為君王長者，則須兼引俗典，……若為悠悠凡庶，則須指事造形，……談無常，則令心形戰慄，語地獄，則使怖淚交零；徵昔因，則如見往業；覈當果，則已示來報……❶

由上文可知，唱導初期止於宣唱佛名號，從廬山遠公開始講三世因果，才開始將佛典中有關地獄罪罰報應故事轉化爲較爲淺白的韻散合體爲俗眾宣說，今保留此講本，收錄在潘重規校錄的《敦煌變文集新集》中❷，可自行參閱。

---

❶：梁・釋慧皎：《高僧傳》，卷一三〈釋法鏡〉，收入《大正藏》第五0冊，頁四一七下。

❷：潘重規：《敦煌變文集新集》，（台北：文津出版社，民國八十三年十二月），〈引言〉，頁一。

二、透過格義的管道

所謂「格義」是用中國舊有的哲學名詞、概念去比附或解釋佛教經義、概念。這是對大傳統的知識階層以文字爲媒介，宣傳佛法的管道，例如「真如」譯爲「本無」，如此便很自然與魏晉玄學合流，造成般若玄學化。

三、透過翻譯、持誦、抄寫佛經的管道

譯經、持誦部分已見於本章第一、二節的論述，此不再贅述。至於抄經，多見於敦煌寫卷，佛法爲了廣爲流傳，常在經典中強調抄寫佛經的功德，可以消災、薦亡、免厄、除病等，因此廣大信眾更熱衷於請僧人數十或百人一次抄好幾部經。今收錄在《大正藏》八十五冊《新菩薩經》的中土造經，其經文透過末世預言的救贖，勉人抄此部經，試舉其經文以佐證之：

> 今年大熱無人收刈，有數種病死：第一虐病死，第二天行病死，第三卒死，第四腫病死，第五產坐死，第六患腹死，第七血癰死，第八風黃病死……勸諸眾生寫一本免一身；寫兩本免一門；寫三本免一村；若不寫者滅門……（頁一四六二上）

佛法便是透過這種口頭、文字立說爲媒介，向社會大眾傳播開來。

四、透過超薦法會的管道

佛教爲了適應中土民情的需要，也發展出一套爲死者追福、超薦拔苦的法會儀式。即今民俗所謂的「七七齋」；最早源於北朝，《北齊書》卷四四〈孫靈暉傳〉云：

（天統中，南陽王綽死）綽死後，每至七日及百日終，靈暉恒為綽請僧設齋，轉經行道。

爲什麼要規定七日一次祭奠呢？因爲佛典認爲人死後有一個介在死與生之間的「中陰身」如童子形，正在陰間被論斷功過，尋求往生更好去處，以七天爲期，如陽世子孫未能爲之超度，還可以更續到第七個七天爲止。因此民間流行在七七四十九日之內，無論貧富，定要爲亡者請僧超薦（參見《地藏本願功德經》），通常僧人念誦的經典，不外乎《阿彌陀經》、《金剛經》等，佛法也因此透過此管道傳播出去。

五、透過祈禳、咒術的管道

佛教初期既然依附民間黃老祠祀，當然多少也吸收其功能爲凡庶解厄、除魅，此部分已見於前〈功能互動〉的論述，今再舉荀氏《靈鬼志》內〈曇游〉條爲例，以佐證之：

沙門曇游，戒行清苦，時剡縣有一家事蠱，人噉其食，無不吐血而死。曇游曾詣之，主人不食，游便咒焉，見一雙蜈蚣，長尺餘，於盤中走出，因絕食而歸，竟無他❸。

六、透過石刻、造像、建寺的管道

這是介在文字和非文字之間的媒介傳播管道。其形製有以下四種：❹

❸：晉・荀氏：《靈鬼志》，收入《鉤沉本》頁一九九。

❹：參考清・葉昌熾：《語石》，（台北：台灣商務印書館，民國七十二年十一月，三版），卷四，頁一二五—一四七。

㈠塔銘

釋氏之葬，起塔而繫之以銘，猶中土之墓誌，然不全埋於土中；或建碑，或樹幢，通稱功德塔。例如：魏天平三年，法顯造〈須彌塔記〉。

㈡浮圖

浮圖亦作浮屠，中土人士言塔，但石刻中自有石浮圖一種，與諸塔銘不同，所見拓本皆橫方形，其縱視廣有半。濫觴於魏，孳乳於隋，至唐開元天寶間極盛。其制有三級（如魏太和十二年，暉法師三級浮圖）、七級（如武成三年，程德造七級浮圖）、九級（如隋開皇五年，郭伯□李延熹等造九級浮圖）之殊。其刻有三面、四面、五面之別；其文有記、有銘、有頌、有贊。

㈢經幢

陝人通稱石柱，俗稱八楞碑。幢頂每每有造象，故又稱爲八佛頭。唐人文字多曰：寶幢。經文刻於八面，年月題於幢座下。奉佛之士，建幢於墓域，謂之墳幢。而經幢所刻之經以《金剛經》最多，餘尚有《心經》、《觀世音普門品》、《無量壽經》、《佛說彌勒成佛經》、《父母恩重經》、《十善業道經》、《造塔功德經》等二十九種。

㈣造象

據唐長孺統計北朝造象數目如下：❺

❺：唐長孺：〈北朝的彌勒信仰及其衰落〉，收入氏著：《魏晉南北朝史論拾遺》，台北：谷風出版社，（無出版年月），頁一九七。

表一七：北朝造象表

	北魏	東魏·北齊	西魏·北周	合計
釋迦佛	一〇三	四六	二九	一七八
彌勒佛	一一一	三六	三	一五〇
阿彌陀佛	一五	一七	一	三三
觀世音菩薩	六四	九四	一三	一七一

從以上數據可以看出北朝也是以釋迦佛、觀世音菩薩信仰爲主。至於北朝各代造碑品數，據筆者自行統計，列表如下：

表一八：北朝造象品數表

著錄＼時代	北魏	東魏	西魏	北齊	北周	隋	總計
《金石萃編》	八一	一五		二一	一一	一三	一四一
《金石續編》	一	六	二	七	一	四	二二
《寰宇訪碑錄》	六二〇	二三二	二一	八八	三九	六七	一〇六七
《補寰宇訪碑錄》	四五	五二	七	六五	二一	六九	二五九
《續補寰宇訪碑錄》	三七七	五九三	四	一二四	三四	二八	一一六〇

王昶在《金石萃編》卷三九〈北朝造象諸碑總論〉內提到造像興盛的原因：

> 蓋自典午之初，中原板蕩，繼分十六國，沿及南北朝、魏、齊、周、隋、以迨唐初，稍見平定。旋經天寶安史之亂，干戈擾攘，民生其間，蕩析離居，迄無寧宇。幾有尚寐無訛，不如無生之歎。而釋氏以往生西方極樂淨土，上昇兜率天宮之說誘之。故愚夫愚婦相率造象，以冀佛佑，百餘年來，浸成風俗。……造像諸記，其祈禱之詞，上及國家，下及父子，以至來生……其幸生畏死，傷離亂而想太平……仁人君人閱此，所當惻然念之，不應遽為斥詈也。（頁一七）

此段文獻正足以佐證筆者在前章〈佛道兩教興起的機緣〉所論及的外緣激化因素，在亂世，也只有像佛教這種教義才能安頓人心。

至於建寺，也是間接傳佈佛法的管道，蓋佛寺興建有利於信眾集會、講經、佈道。據《南史》卷七〇〈郭祖深傳〉內載梁武帝時，

> 都下佛寺五百餘所……僧尼十萬餘人，資產豐沃，所在郡縣，不可勝言。

至於北朝，據《魏書》卷一一四〈釋老志〉所載：從北魏孝武帝承明年間到東魏孝靜帝興和年間，佛寺從六四七八所增至三萬所；僧尼人數從七七三五〇，增至二百萬人，足見佛法之鼎盛。

七、透過文人、僧侶撰寫立說的管道

這是以文字爲媒介的傳播管道。六朝文人除了撰寫志怪小說外，受佛教業報影響，也寫了不少因果報應的書，如劉宋·劉義慶：《宣驗記》、傅亮：《光世音應驗記》、齊王琰：

《冥祥記》、顏之推：《冤魂志》，他們或取材於經史，或採自於民間口傳報應故事等，加以整理、文飾，再向大小傳統輸出。至於僧人立說則見於梁・慧皎《高僧傳》、唐・釋道宣《續高僧傳》，以及釋道世的《法苑珠林》內的感應類故實。在諸多僧人傳記中，也無形中將佛法的真義傳布出去。

八、透過家訓的管道

佛教徒或非佛教徒，但信仰因果輪迴報應者，會在平時訓戒子孫中將此觀念傳布出去。例如顏之推在《顏氏家訓》卷五〈歸心第十六〉內云：「三世之事，信而有徵，家世歸心，勿輕慢也」，並進一步爲子孫闢俗謗善惡報應爲欺誑之謬：

> 夫信謗之徵，有如影響，耳聞眼見，其事已多，或乃精誠不深，業緣未感，時儻差闌，終當獲報耳。善惡之行，禍福所歸，九流百氏皆同此論，豈獨釋典為虛妄乎？

顏氏仍以報定時不定來解無報的現象，冀子孫「守道崇道」，「兼修戒行」以保人身，作爲「來世津梁」（同上引）。顏氏可謂會通儒佛之人，故能融儒之德於佛之三世報上，作爲家訓戒規。

佛教業報系統便是透過以上概括的八種管道，而將功能傳播出去，成爲六朝活在亂世中的眾生一帖心靈慰藉藥劑。

第十一章　道教罪福報系統的建構、發展與功能傳播

本單元所要探討的課題是：中土道教如何發展出自己的一套思想理論？在發展的過程中，其主體性系統會有何種變化？和其他系統功能互動如何？其功能透過何種管道傳播？以上諸思惟將區分爲三小節論述之。

第一節　道教罪福報系統的建構

一、中土道教及其思想理論系統的形成

在進入本單元課題前，首先必須釐清二個概念：中土道教如何形成？其思想理論是如何發展出來？

關於前者—道教的起源，是一個頗複雜的問題，因爲在道教創教之前，有一段很長的醞釀前史，極不容易認定；加上道教林立，如「五斗米道」、「太平道」、「方仙道」、「谷道」等，彼此修煉法門不同，思想來源更是駁雜，又互相攻訐其他道法爲邪道，張道陵在《老子想爾注》中便說：「真道藏，耶文出，世間常僞伎稱道教，皆爲大僞不可用。」❶，沒有

❶：漢・張道陵著、饒宗頤校證：《老子想爾注校證》，（上海：上海古籍出版社，一九九一年十一月），

統一的教義，更增加判定的困難。筆者總結前賢論述，採牟鍾鑒的說法：

一種大的宗教，其正式產生需要具備這樣幾個基本條件：第一要形成特定的宗教信仰，第二要形成特定的宗教理論，第三要形成特定的宗教活動，第四要形成特定的宗教實體。❷

依此標準來檢視東漢中期的教派，只有五斗米道和太平道合此條件。故筆者以此斷爲原始道教形成於東漢順帝—靈帝之時。據《後漢書》卷一〇五〈劉焉傳〉載，張道陵在順帝時（公元一二六—一四四年）入蜀，學道鶴鳴山中，造作符書，受其道者，輒出五斗米，號五斗米師。《三國志》卷八〈魏書·張魯傳〉裴松之《注》引《典略》則進一步言其以符祝，教病人叩頭思過，方法同張角的太平道❸。張道陵所作符書是參考《太平清領書》加以改造而成，一名《太平洞極經》，一名《正一經》❹。而《太平清領書》是西漢末年于吉所造，

❷：任繼愈主編：《中國道教史》，（上海：上海人民出版社，一九九四年十一月，四刷），第一章〈道教的孕育與誕生〉，頁八。

❸：《後漢書》卷七一〈皇甫嵩傳〉云：「初鉅鹿張角自稱大賢良師，奉事黃老道，畜養弟子，跪拜首過符水咒說以療病。病者頗愈，百姓信向之，角因遣弟子八人使於四方，以善道教化天下，轉相誑惑，十餘年間，眾徒數十萬……」

❹：陳國符在《道藏源流考》一書指出：「《正一經》，張陵一派所傳經籙也。」，又云：「另有天師所傳《太平洞極經》一百四十四卷……」則知張道陵造兩部道書。（台北：祥生出版社，民國六十四第二〈錄注〉，頁二二。

在東漢時，由其徒宮崇呈給順帝，以其內容：「陰陽五行爲家，而多巫覡雜語」被視爲妖妄不經（《後漢書》卷三〇下〈襄楷傳〉），不獲採用。而在靈帝中平元年（公元一八四年）春二月，鉅鹿人張角所創的「太平道」叛亂，也是據此道書（同上引），這是初期道教兩大派的共同經典。此書即爲後來《太平經》，內容多言君主要行道布德，與興廣國嗣，是一種混合先秦神仙方術，及陰陽五行，並雜以儒家道德典訓的綜合思想，由此看來原始道教建構的果報系統理論來源就很駁雜。

張道陵所傳五斗米道是俗稱，張陵自稱受天師符書，故其徒尊號爲張天師，其道亦名「天師道」；從正統道教來看，以其傳道書《正一經》，故又名「正一道」。最初發源地在巴蜀，而巴蜀多尚巫風，故其道帶有巫術色彩，而被目爲「米巫」、「鬼道」，也是自然之事（《後漢書》卷八〈靈帝紀〉）。陵死後傳衡，衡死後傳魯，魯降曹操後一年卒（《三國志》卷六〈魏書‧張魯傳〉），更立游治，時其道徒已遍佈南北，號「天師道」。

至於和「五斗米道」幾乎同時崛起東方的「太平道」，因據《太平清領書》而得名，創始人張角擁有信眾三十六萬人，統治階層目爲「妖賊」，於靈帝光和七年起義，訛言：「蒼天將死，黃天當立，歲在甲子，天下大吉。」，角初起自稱「大賢良師」，奉事「黃老道」，以善道教化天下（《後漢書》卷七一〈皇甫嵩傳〉），從「善道」轉爲「妖賊」，除了天災、人禍相連，政治腐敗，君主昏昧無能外，實在找不出其他理由去解釋這種轉變的原因。此叛

年三月，頁八八、九八）

亂一事，後爲皇甫嵩所敉平，從此銷聲匿跡，傳授不明❺。據史書所載，獻帝初平三年（公元一九二年），青州尚有打著黃巾標幟的百萬賊眾攻兗州，言其道乃與「中黃太一」同（《三國志》卷一〈魏書·武帝紀〉裴松之《注》引王沈《魏書》），後爲曹操所敗，而收其徒眾。

至於在思想理論方面的建構，道教在魏晉以後的發展，由於受到佛教興起的威脅，道徒開始有心整合各派的思想，以期形成一大教派與佛教抗衡。首先兩晉之交有道士葛洪（公元二八三—三六三年）著《抱朴子》其內篇集以往外丹理論大成，並吸收儒家德報功能，標出積德修善一途，神仙、長生仍可獲致，使道教擺脫民間鬼巫色彩，更易爲知識階層所接受。稍後，北魏有道士寇謙之（公元三六五—四四八年），在北方推行北天師道宗教，造《雲中音誦新科之誡》，制定樂章、誦經、禮拜、祈禱儀式，爲後來道教所遵守；在思想方面，專以禮度爲首，並以服食、靜坐練氣爲法。

南朝劉宋道士陸修靜（公元四〇六—四七七年），祖述三張，弘衍二葛，將丹鼎派和符籙派集於一身。他也依據封建宗法制度，制定新的道教齋戒儀範，世稱南天師，又因其弘揚《靈寶經》，世稱其派爲靈寶派。並撰《三洞經書目錄》，企圖將各派理論經書，依三洞（洞真、洞玄、洞神）四輔（太玄、太平、太清、正一）之圖書，彙編而成。據龔鵬程的研究，

❺：參見方詩銘：〈黃巾起義先驅與原始道教的關係〉，《歷史研究》，一九九三年第三期，頁三—一三；以及鍾肇鵬：〈論《太平經》和太平道〉，《文史哲》，一九八一年三月，第二期（總一四三期），頁七九—八一。

這是由於宗教主神（教主）只能有一位，如佛教之佛陀、基督教之上帝……而道教卻是「三清」。此實因各道咸有主神，既要統歸爲一大教，只好想出這麼個一氣化三清（元始天尊、靈寶天尊、太上老君）的架構，來容納三個主要教派（上清、靈寶和正一）的教主❻。在這種勢力的分配下，地位最高的，顯示勢力較龐大，其經書自然就配入上首，從洞真部收上清、洞玄部收靈寶、洞神部收三皇文的安排可知，是奉元始天尊的上清一派爲盛，依序爲次，顯示南北朝期間道派以上清、靈寶、三皇文爲盛。

在鬼神譜系方面的整理則有梁道士陶弘景（公元四五六—五三六年）撰《真靈位業圖》，援儒、佛入道，主張三教合流，分諸神爲七個位階，六個爲神，第七位以酆都北陰大帝爲首，下各有若干諸神祇、鬼官配屬。然道教神鬼譜系，並非自陶氏之後，就定於一說，它是一個開放的系統，不斷地從民間信仰、佛經、歷史人物等輸入；唐宋以後，其神鬼譜系一直不斷更替和擴張。

道書經過陸氏大框架的歸類整理後已定型，日後只有篇數擴充，不太會去更動這個格局。據《隋書》卷三五〈經籍志四〉所錄有道經共三百七十七部，一千二百一十六卷。到唐玄宗編《開元道藏》時，已增至三千七百四十四卷（一說五千卷）；宋真宗時編《天宮道藏》，

---

❻：龔鵬程：〈道、道家、道教—道教史上幾個基本名詞的考察〉，《漢學研究》第十一卷第二期，（民國八十二年十二月），頁三四。

則有四千五百六十五卷；現通行本《大明正統道藏》是五千三百零五卷❼，道教思想於是備焉。

二、道教罪福報系統的建構

道教的罪福報系統是由以下五組概念建構而成：

(一)生死觀的建構

從早期的道經來看，道教的生死觀建構在中國傳統原始靈魂不滅的信仰上。《太平經》卷九〇〈冤流災求奇方訣第一百三十一〉內即云：

> 夫人死者乃盡滅，盡成灰土，將不復見。今人居天地之間，從天地開闢以來，人人各一生，不得再生也。❽

又云：「然，夫物生者，皆有終盡，人生亦有死，天地之格法也。」（同上引）《太平經》作者認為人死即滅，不可能復生；但有魂魄不死，依生前善惡功過入地府考校（案此部詳見後段論述）。則知是屬形神二元論。在卷四二〈四行本末訣〉內詳述了生命

---

❼：王家祐：〈道教簡說〉，收入氏著：《道教論稿》，（成都：巴蜀書社，一九九一年二月，二刷），頁二一九—二二〇。

❽：王明：《太平經合校》，（北京：中華書局，一九九二年三月，四刷），卷九〇〈冤流災求奇方訣第一百三十一〉，頁三四〇。

中形、神、氣的關係：

> 凡事人神者，皆受之於天氣，天氣者受之於元氣。神者乘氣而行，故人有氣則有神，有神則有氣，神去則氣絕，氣亡則神去。故無神亦死，無氣亦死。（頁九六）

在卷一百五十四至一百七十〈令人壽治平法〉內又提到「精」：

> 三氣共一，為神根。一為精，一為神，一為氣。……神者受之於天，精者受之於地，氣者受之於中和：……故人欲壽者，乃當愛氣尊神重精也。（頁七二八）

精氣神是生命必備條件，只要修煉到愛氣養神重精，就可以長生久視，百病自除，道教稱之曰：「守一」（〈太平經鈔壬部〉頁七一六）。這是道教的原始生死觀，從這個核心原理往下才開出如何長生不死的道法：有的遵循內丹；有的遵循外丹；至葛洪才開出積善派一路徑，使道教破除神祕方術面紗，更爲一般凡庶所接受。

肉體可以修煉到不死而白日飛升天界的這種信仰，是根植華夏民族入世的人生態度，希冀長期地享受幸福，貪戀榮華。在道徒看來，死亡意味著人世幸福的結束，那是最可悲又可怕的事，所以葛洪說：「生，可惜也；死，可畏也。」❾；又說：「夫逝者無反期，既朽無生理，達道之士，良所悲矣。」（同上引，卷五〈內篇·至理〉）這一派長生久視的道徒不接受佛教三世輪迴觀念，蓋人肉體都死了，身已非前身，富貴榮華，嬌妻美妾都不再爲己所

---

❾：東晉·葛洪著、王明校釋：《抱朴子內篇校釋》，（北京：中華書局，一九八八年七月，三刷），卷一八〈地真〉，頁三二六。

擁有，靈魂能輪迴轉世又有何用？重視是「求不死」，和佛教倡「無生」、破生死之障是很不同的。

從東晉以後，靈寶派才吸收佛教的生死輪迴五道（六道）的觀念，加以修造納入其罪福系統。以今日眼光來看，道教理論來源駁雜，陸修靜只是依三洞四輔名目彙編，以後道書出世也只是依類編入，並沒有去統合內部長生不死派和三世輪迴派的理論矛盾❿。

接著吾人要進一步思考：何種人可以長生不死而升天成仙？何種人死後要魂入地府考掠受罰？這就關涉到道教善惡罪福觀建構的課題：

㈡善惡罪福觀的建構

1.善惡分類

《太平經》在卷七三—八五〈闕題〉中，或仿東漢九品中正，品覈人物方法；或可能從佛典十善、十不善業道觀念而來，將人善惡行爲標示成十品，又言其罪福報應：

> 大慈孝順閤第一：慈孝者……行與天心同，意與地合。上有益帝王，下為民間昌率，能致和氣，為人為先法。其行如丹青，故使第一。

❿：依佛教天人五衰理論，仙界神人在其壽命盡期，仍然要墮入六道輪迴，並非永生不死或超脫生死輪迴（詳參：《增一阿含經》、《涅槃經》卷一九、《大智度論》卷五）。但是在道教長生派的理念中，認為長生不死上升到超出生死，與道合真，就永不墮三界六道的輪迴了。雖然有其一套自圓其說的理論，卻也無法破佛教「天界神人」亦在生死輪迴的理論。

明道德大柔閭第二：明經道德，為百姓先，學好道，聚善德，不致盜賊，上有益帝王化之，最真吉矣。

孝悌始學化善閭第三：始學欲為善，心中有庶幾，去邪就正，且成仁行未化也。

佃家子謹閭第四：佃家謹力子，平旦日作，日入而息，不避勞苦，日有積聚，……以養父母，……順天之道，不敢為非，有益縣官。

大不仁之子、無義少年好兵聚姦閭第五：無義之人，不仁之子，不用道理，罵天擊地，不養父母；行必持兵，恐畏鄉里，輕薄年少，無益天地之化，反為大害。……

共食異財閭第六：家將必敗，骨肉不和，不能相教，妄傳往來，更相逃避，背本向末，其禍不救矣。

悔過棄兵閭第七：生於窮里，希有聞睹，不知善惡，有過天下，行不合天，賴有明君，使我就善，少不知學，長乃悔之。……

悔過更合善閭第八：室學不成，禍亂悉生，賴有明君，知我情由；令我悔過，反致為人師矣。

大惡邪貪敗化閭第九：尸祿邪惡貪賊，欺上害下大佞，名為官賊，似人之形，貪獸之情，無益天地陰陽，災深當誅亡。

除過復正悔事閭第十：悔過改行易心，少無善情，災害數生，朝過暮改，名為善人。

（頁三〇一—三〇二）

以上善惡十品相雜混用，然觀其意可歸納成：

善人四品：第一：大慈孝順；第二：明道德大柔；第三：孝悌始學化善；第四：佃家子

謹。

去惡從善人三品：第一：悔過棄兵；第二：悔過更合善；第三：除過復正悔事。

惡人三品：第一：大不仁之子、無義少年、好兵聚姦；第二：不和家人、欺老愛少、共食異財；第三：大惡、邪貪、敗化人。

以上善惡品第分類是從教化層次來界定。在《太平經》尚有從具體的社會道德行爲來界分善惡，此觀念是導於一個預設立場：那就是天地資財要均分。由於道徒多來自於民間下層百姓，是長期遭剝削的弱勢團體，原始經典《太平經》內不乏批判爲富不周濟的惡行，並繼之以神道的設教，言其得不到天君、天師的歡喜，神鬼的福蔭。因此人要行事順天心，代天行化，「周濟世人」，如此才是天心中的善人（善人在大劫來到是可以得到拯救的）；反之，聚斂家財，不肯周濟世人，行爲常以欺人、害人、傷人、不孝父母、事事違反天心者是惡人（惡人在大劫來到是會被天兵疫鬼斬殺的）。如卷四九〈急學真法第六十六〉所言：

> 夫為善者，乃事合天心，不逆人意，名為善。善者乃絕洞無上，與道同稱；天之所愛，地之所養……夫惡者，事逆天心，常傷人意；好反天道，不順四時，令神祇所憎，人所不欲見父母之大害，君子所得愁苦也，最天下絕凋凶敗之名字也。（頁一五八）

又云：

> 夫無道之人，本天不欲覆蓋，地不欲載也，神靈精鬼所不欲祐；天下所共苦也。（同上引，頁一五九）

事合天心的具體行為就是「周窮救急」，反之，不能「周窮救急」者，是天地間大不仁人。在卷六七〈六罪十治訣第一百三〉內便云：

> 然，夫天地生凡財物，已屬於人……當主周窮救急也。夫人畜金銀珍物，多財之家，或億萬種以上，畜積腐塗，如賢知以行施，予貧家樂，名仁而已。助地養形，助帝王存良謹之民。……為善不止……名聞國中，四海人道之者塞道。……上不負先祖，下不負於子孫，天地愛之，百神利之，帝王待之若朋友，比鄰示之若父母。功著天地，不復去也；祿著官位，不復賤也；名著萬民，不復滅也。夫仁可不為乎哉？或有遇得善富地，并得天地中和之財，積之迺億億萬種……反封藏逃匿於幽室，令皆腐塗。見人窮困往求，罵詈不予……令其飢寒而死……與天為怨，與地為咎，與人為大仇，百神憎之。……不肯力以周窮救急，令使萬家乏絕，春無以種，秋無以收，其冤結悉仰呼天。天為之感，地為之動，不助君子周窮救急，為天地之間大不仁人。……百神惡之，欲使無世；鄉里祝固，欲使其死；盜賊聞之，舉兵往趨，攻擊其門戶，……天大惡之，地大病之，以為大咎。（頁二四六—二四七）

從右列文獻可知道教善惡觀是吸收了儒家世俗化的道德和墨子天志、天鬼的強命義天報以及天人感應報的功能，而加以具體化。

2. 罪福歸趣

道教善惡罪福歸趣的說法，從原始經典《太平經》到東晉以後靈寶派所傳諸經，有吸收佛教三界六道的功能，逐漸朝深化、繁富的趨勢發展。

在罪罰方面：《太平經》言大惡之人：「其罪不除，或身即坐，或流後生。」（同前引，頁二四）：在卷一一三〈有過死謫作河梁誡第一百八十六〉內進一步敘述其罪罰情形：

> 大陰法曹，計所承負，除算減年，算盡之後，召地陰神，并召土府，收其形骸，考其魂神。……有過高至死，上下謫作河梁山海，各隨法輕重，各如其事，勿有失脫。（頁五七九）

卷一一四〈不用書言命不全訣第一百九十九〉內也有類似說法：

> 為惡不止，與死籍相連，傳付土府，藏其形骸，何時復出乎？精魂拘閉，問生時所為，辭語不同，復見掠治，魂神苦極，是誰之過乎？（頁六一五）

佛教傳入中土前，中國人只有死後魂魄入九幽、地府，受「主藏君」（「地下府君」、「泰山府君」）管轄，沒有受罰觀念。《太平經》成書時代，佛教早已依附民間方術、黃老祠祀而存在，相信作者多少也有耳聞佛教中地獄罪罰的說法，只是彼時尚未譯入有關地獄名相的經典，故呈現在此經裏的可說中國原始地獄罪罰素朴的面相⓫。

至於地獄名相，則從一層土府，到陶弘景《洞玄靈寶真靈位業圖》第七位掌地獄的北陰

⓫：關於泰山治鬼詳參余英時：〈中國古代死後世界觀的演變〉，收入氏著：《中國思想傳統的現代詮釋》，（出版狀況見前），頁一二三—一四三；日本·酒井忠夫撰、金華譯：《泰山信仰研究》，《中和月刊》第三卷第十期，頁四八—七二；宋光宇：〈中國地獄罪報觀念形成〉，《台灣省立博物館年刊》第二十六期，（民國七十二年十二月），頁一—三六。

酆都大帝，下設十殿閻王⑫。據《集說詮真》所引《玉歷鈔傳》內言這十殿，除第一和第十殿外，餘八殿各司掌一個大地獄，十六個小地獄。第二殿名「活大地獄」，依次爲「黑繩大地獄」、「合大地獄」、「叫喚大地獄」、「大叫喚大地獄」、「熱惱大地獄」、「大熱惱大地獄」、「阿鼻大地獄」⑬，這些地獄名相也都是從佛經中借來，並且也吸收了輪迴觀。這一部分資料甚夥，茲錄數條檢證如下：

《大上洞玄靈寶業報因緣經》卷二〈惡報品〉敘述造何業，受何報應，提到過去生，見世、後生三報⑭顯然抄自佛經。其他如《太上玉清謝罪登真寶懺》⑮；《元始說度酆都經》⑯；《太上洞玄靈寶三塗五苦拔度生死妙經》，提到輪迴三塗（即：地獄、畜生、餓鬼）受

---

⑫：梁・陶弘景：《洞玄靈寶真靈位業圖》（以下簡稱《真靈位業圖》），台北縣：藝文印書館，民國六十六年元月影印《正統道藏》洞真部譜籙類騰字號，第五冊，頁三三二八下—三三三〇下。

⑬：清・黃伯祿：《集說詮真》，收入李豐楙等編：《中國民間信仰資料彙編》，（台北：台灣學生書局，民國七十八年十一月），第一輯第二十二冊，頁三〇〇—三〇一。

⑭：《太上洞玄靈寶業報因緣經》，收入《正統道藏》(出版狀況見前)洞玄部本文類文字號，第十冊，頁七六二三下—七六二六下。

⑮：《太上玉清謝罪登真寶懺》，收入《正統道藏》洞真部威儀類結字號，第五冊，頁三六七四下—三六八〇上。

⑯：《元始說度酆都經》，收入《正統道藏》正一部群字號，第五十七冊，頁四六一四六上—四六一四八上。

五苦罪（即：刀山、劍樹、銅柱、鑊湯、漣汲溟波）⑰。至少在東晉以後，道徒已接受佛教輪迴觀，這主要是道教經典缺乏像佛教那樣有系統、有組織、有威懾力量的六道輪迴理論；只是道流取自己所需，並沒有放棄自己建構的系統，例如後面將敘的神鬼鑒察善惡觀念，即佛教所無。因爲佛教講業力自招，如慧遠的〈明報論〉所說的：「是故失得相推，禍福相襲；惡積而天殃自至，罪成則地獄斯罰；此乃必然之數，何所容疑哉？」⑱，把因果說成人生必然規律，並非有主宰從外面來掌管。這種止惡效果，沒有道教創設的神鬼鑒察系統來得更有效，這也就是佛道果報觀並行於民間幾千年而不輟的緣故。

在善福的歸趣方面，就是長壽、成仙。這種不死神仙的探求，早就濫觴於先秦時代燕齊方士的傳說，歷經秦漢漫長的發展，神仙不死的信念瀰漫社會上下階層，上至帝王，下至凡庶，無不採取各種管道，以達到肉體不死，飛天成仙的目的，凡此都是提供道教創設神仙樂園的理論依據⑲。據李豐楙的研究：初期仙說約集大成於魏晉時期，就是神仙三品說，總合六朝道教形成以前的神仙類型，區分爲三種等級，這種三品分仙的觀念，恰爲東漢以來的品

⑰：《太上洞玄靈寶三塗五苦拔度生死妙經》，收入《正統道藏》洞玄部本文類服字號，第十冊，頁七九〇五下—七九〇九下。

⑱：東晉・慧遠：〈明報論〉，收入梁・僧祐：《弘明集》卷五，在《大正藏》第五十二冊，頁三四中。

⑲：參見李豐楙：〈不死的探求—道教信仰的介紹與分析〉，收入藍吉富、劉增貴主編：《中國文化新論宗教禮俗篇—敬天與親人》，（台北：聯經出版事業公司，民國八十二年十二月，初版十二刷），頁一九一—一九二。

題習慣的具體反映：官職分品的三公、九品官人的上、中、下三等[20]。

現存最早神仙三品說是曹魏時代造的經典《正一法文天師教戒科經》說的：

大道含弘，乃愍人命短促，故教人修善：上備者神仙，中備者地仙，下備者增年。[21]

葛洪則進一步說明仙三品的意涵：

仙經云：上士舉形昇虛，謂之天仙；中士遊於名山，謂之地仙；下士先死後蛻，謂之尸解仙。（《抱朴子》卷二〈內篇・論仙〉）

並且言及修仙條件：

欲求仙者，要當以忠孝和順仁信為本。若德性不修，而但務方術，皆不得長生也。……人欲地仙者，當立三百善，欲天仙，立千二百善。（卷三〈內篇・對俗〉）

將修善數量化，啓後來「功過格」例之先河。從魏晉造出的《靈寶無量度人上品妙經》[22]可以看出道教仙界三品說已受到佛教三界三十二天的說法影響，但也並非完全接受，它是經過雜揉改造而成爲一個自主的神仙譜系，由於教系太多，諸經典說法不同，很難統合出一

[20]：同前註，頁一九七。

[21]：《正一法文天師教戒科經》，收入《正統道藏》洞神部戒律類力字號，第三十冊，頁二四二五七下。

[22]：案：此經陳國符以為東晉葛巢甫所造（《道藏源流考》，頁六七），蕭登福認為此經之出現，必在葛巢甫之前（《漢魏六朝佛道兩教之天堂地獄說》，頁二一一二），不管兩說何者為真，此經已引入佛教三界（欲界、色界、無色界）、三十二天的概念。

套集各家眾說的諸神階次表。大抵而言，道教將神仙分爲聖、真、仙三大類。處玉清者稱聖，上清稱真，太清稱仙㉓。一般凡庶修善積德，只能位列仙品，聖和真人，早就天地開闢以來，上皇時代既已存在了（〈太平經鈔甲部〉頁三），不是凡庶所能修煉而至。

道教追求神仙不死，大異於佛教脫離六道旨趣，這種神仙思想，一方面透顯知識分子追求隱逸的嚮往；另一方面符合小傳統百姓企求保全自我、不受塵世煩惱、痛苦、羈絆的一種普遍的入世的理想生活㉔。這兩套解脫思想並行於中國上下階層社會，各人因一己所需而信仰其教義。

3.司功過之神的建構

道教在先秦司命之神和民間星辰、神祇的信仰，以及佛教的神鬼觀上，建構出屬於自己一套鑒察人性善惡的司功過的神祇系統。

依《太平經》來說，初期道教承襲傳統天帝的崇拜，構築「天君」爲天地間最高主宰，可以賞善罰惡；又是維繫統治者王權的精神支柱。卷十八至三十四〈調神靈法〉內即言：「吾欲天下萬神和親，不復妄行害人，天地長悅，百神皆喜，令人無所苦。帝王得天之力，舉事有福，豈可間哉？」（頁一五）；然後提到百神是天使，群精是地使，百鬼是中和使（同上

㉓：蕭登福：《漢魏六朝佛道兩教之天堂地獄說》，（出版狀況見前），第三章〈漢魏六朝道教天界諸神之階次及其職司〉，頁三二八—三二九。

㉔：同註⑲，頁二〇〇—二〇一。

引），是佐助天君管理天地的輔弼。

又有司命之神，給人類造生死簿，以青黑二文記人善惡：「黑文者死，青綠者生；生死名簿，在天明堂。」（頁四）；天地有司過之神，或源於《楚辭》內提到的「九天司命」㉕。但是據宋・張君房的《雲笈七籤》是泰山府君（即後來的北陰酆都大帝、閻羅王）主治人生死簿籍：

> 泰山府君領群神五千九百人，主治死生，百鬼之主帥也，血祀廟食所宗者也。世俗所奉鬼祠邪精之神而死者，皆歸泰山受罪考焉。㉖

這是漢代民間神祇信仰，此時神鬼系統尚屬草創時期，天地尚未分界管轄。到了梁代陶弘景的《真靈位業圖》才將神鬼譜系納入七個位階，此時地獄鬼王才與天帝（無始天尊）分治陰陽兩界，而隸屬於天帝之下位，唐臨《冥報記》卷中〈睦仁蒨〉條內便云：「天帝總統六道，是謂天曹。閻羅王者，如人間天子。太山府君如尚書令……」在西漢末年的緯書《孝經緯・孝經爰神契》內云：「泰山，一曰天孫」即天帝孫也。到了佛教地獄觀傳入後，地位下滑在閻羅王之後，但是在其他六朝筆記小說中，仍透顯出六朝民間視泰山府君爲鬼王代稱。

㉕：案：關於司命的文獻有《楚辭・九歌》提到的「大司命」；《周禮》卷一八〈大宗伯〉：「以槱燎祠司中司命」；《史記》卷二七〈天官書〉提到「文昌六星」，第四顆即曰：「司命」。

㉖：宋・張君房：《雲笈七籤》卷八六〈地下主者〉收入《正統道藏》太玄部存字類，第三十七冊，頁三〇〇四四上。

以上所述是總天地主宰神祇。道教獨樹一幟的司功過之神是鑒察人類行爲善惡的身中神、身邊神。試分別論述於下：

(1)身中神─三尸神

最早提到身中神的是《太平經》卷一八─三四〈錄身正神法〉：

> 為善亦神自知之；惡亦神自知之。非為他神，乃身中神也。夫言語自心腹中出，傍人反得之，是身中神告也。（頁一二）

葛洪在《抱朴子》卷六〈內篇・微旨〉內指名身中神是「三尸神」：

> 《易內戒》及《赤松子經》、《河圖記命符》……又言身中有三尸，三尸之為物，雖無形而實魂靈鬼神之屬也。……是以每到庚申之日，輒上天白司命，道人所為過失。

所謂三尸神可能是人體內寄生蟲，從三蟲到三尸，原是漢人通俗信仰，被道教吸收之後，神格化，蓋基於大神高高在上，又如何能考察廣土芸芸眾生的一舉一動，一言一行的善惡呢？爲了讓凡庶更能信道，信鬼神有鑒察能力，便借三尸信仰轉化爲三尸神[27]。《禮記》卷四六〈祭法〉：「王爲群姓立七祀」條下鄭玄《注》云：「小神居人之間，司察小過，作譴告者。」，可證東漢時已有身中神信仰。到了《太上除三尸九蟲保生經》時，又進一步造出三

[27]：有關三尸神的信仰參見李豐楙：《抱朴子─不死的探求》，（台北：時報文化出版公司，一九八三年十月），頁二四六─二四九。

尸神名稱及所居部位：上尸神青姑名彭倨，居人腦，中尸神白姑名彭質，居人胸；下尸神血姑名彭矯，居人腹㉘。能自由進出人體，變化無方，會上天曹白人罪過。

(2)身邊神

除了身中神外，尚有其他在人生活周遭，頂上隨時鑒察人民功過罪的神祇，有以下數種：

A城隍神

城隍古代原指護城河，從《禮記》卷二六〈郊特牲〉載「天子大蜡八」條鄭玄《注》云：「第六神水庸。」，水即隍、庸即城。又據《集說詮真》〈城隍〉條下載：「蕪湖之城隍廟，建於孫吳赤烏之間者爲最古。」

在漢族的民間信仰中，祂不僅是城市的保護神，又是司掌人民善惡過失，翦凶除惡，成爲天界、獄都掌管下界蒼生的全權。唐宋以後，被道流拉進神譜。㉙

B灶神

是漢代流行民間的神祇，原爲天子七祀之一。道教也將其納入神譜，並賦予代表上帝，駐下方鑒察身分，成爲各家各戶的家神。《抱朴子》卷六〈內篇·微旨〉云其：「月晦之夜

㉘：《太上除三尸九蟲保生經》，收入《正統道藏》洞神部方法類夙字號，第三十一冊，頁二四九五七上—下。

㉙：同註⑬，〈城隍〉，頁二五三。案：城隍神世傳為治陰間之事，承天掌人間鑒察眾生善惡，其說始於宋·洪邁：《夷堅志》。可能是宋代道徒，將其納入神鬼譜系中，才擴大其職掌。

灶神亦上天白人罪狀。」《集說詮真》在〈灶神〉條下引《敬灶全書·真君勸善文》內云：

> 灶君乃東廚司命，受一家香火，保一家康泰，察一家功過。每逢庚申日上奏玉帝。終月則算，功多者，三年之後，天必降之福壽；過多者，三年之後，天必降之災殃。㉚

至於灶神上天白人罪福，自唐以後，中國各地說法不一，北方是十二月二十三日，南方是十二月二十日。（案：《酉陽雜俎》則言每月三十日）

C三台北斗神君

三台原爲星辰信仰，據《晉書》卷一一〈天文志上〉云：「三台六星，兩兩而居，一曰：天柱，三公之位也。在人曰：三公，在天曰：三台，主開德宣符也。西近文昌二星曰：上台，爲司命、主壽。次二星曰：中台，爲司功，主宗室。東二星曰：下台，爲司祿，主兵，所以昭德塞違也。」東晉以後，也納入道教神譜系統，掌管人間命、祿、子嗣。

北斗神君，也是漢代星辰信仰轉化過來的，道教也納其入神譜系統，北斗是主死，《太上說中斗大魁保命妙經》云：

> 東斗主算，西斗記名，北斗落死，南斗上生。㉛

《靈寶無量度人上品妙經》卷一也言北斗落死，南斗註生㉜。據南宋·李昌齡編《太上

㉚：同註⑬，〈灶神〉，頁三三〇。

㉛：《太上說中斗大魁保命妙經》，收入《正統道藏》洞神部本文類傷字號，第十九冊，頁一四七三三下。

感應篇》卷一云：「又有三台北斗神君，在人頭上，錄人罪惡，奪其紀算。」《傳》說：「三台共有六星，每台二星。上台司命，中台司功，下台司祿。上帝署為天曹，俾主生、死、壽、夭；人有三魂，上應三台。」㉝；北斗神君到了宋代，其職權擴大到「神、鬼」的管轄。據《雲笈七籤》內云：

> 北斗君主命籙籍，上總九天諸籙，中統鬼神簿目，下領學真兆民命籍，諸天諸地無不總統。㉞

上台也是奉上帝署為司命神，而此處北斗神君似乎職掌超過上台，顯見道教在唐以後吸納各種星辰、神祇民間信仰時，沒有經過整合，只是在一個合於鑒察善惡的前提下，就照單全收，目的在架構一個無所不在、無所不知的嚴密的神鬼果報法網。以下要介紹的三官神祇，其職掌也是重疊三台北斗神君。

D三官

三官是指天、地、水官，各主鑒察人善惡行為，能為人賜福、赦罪、解厄，東晉以後也納入道教神譜，據《太上洞玄靈寶三元玉京玄都大獻經》序中便提到三官：

> 一切眾生，生死命籍，善惡簿錄，普皆係在三元九府天地水三官，考校功過，毫分

㉜：《靈寶無量度人上品妙經》卷一，收入《正統道藏》洞真部本文類天字號，第一冊，頁五。

㉝：宋・李昌齡：《太上感應篇・傳》卷一，收入《正統道藏》太清部義字號，第四十五冊，頁三六二一三上。

㉞：同註㉖，卷二〇〈三洞經教部〉，第三十六冊，頁三九三六三上。

無失。㉟

在《太上洞玄靈寶三元品戒功德輕重經》中記載其職掌：

上元一品天官：主天上諸仙真功過罪福。

中元二品地官：主五嶽五帝、九土土皇及地上諸仙功過罪福。

下元三品水官：主水中諸仙及死魂之功過罪福。㊱

宋代以後，三官職掌擴大，上至諸天籙籍，中至人品考限之期，下至魚龍變化、飛潛走獸、生化之目和九幽死魂，都要分別錄奏、察考，是人間主宰禍福的大神㊲。

以上所敘身中神、身邊神等信仰，在天上人間構成嚴密的道德法網，鑒察人心最隱微不爲人所知的意念、行爲，宋代王楙在《野客叢書》卷二八〈俗語有所自〉條舉一則俗諺：「舉頭三尺有神明」，正是這種神祇信仰在民間長期發展以來的效應。

既然有鑒察人間善惡的神祇，就必須造出一套客觀且具體的鑒察規範，於是便從法報借

㉟：《太上洞玄靈寶三元玉京玄都大獻經》，收入《正統道藏》洞玄部本文類服字號，第十冊，頁七八九二上。

㊱：《太上洞玄靈寶三元品戒功德輕重經》，收入《正統道藏》洞玄部戒律類陶字號，第十一冊，頁八七九九下—八八〇八下。

㊲：元・脫克脫等：《宋史》，（台北：鼎文書局，民國七十一年十二月，三版，二十五史新式點校本），卷四六一〈方技上・守信傳〉，頁一三四九九。

來刑賞的功能，而有紀算到功過格的創設㊳。

㈢紀算的建構

在早期的《太平經》中已萌芽「紀算」的觀念，在卷一一〇〈大功益年書出歲月戒第一百七十九〉即云：

> 不知天神遣往記之，過無大小，天皆知之。簿疏善惡之籍，歲日月拘校，前後除算減年，其惡不止，便見鬼門。（頁五二六）

葛洪在《抱朴子》卷三〈內篇‧對俗〉則言：「行惡事大者，司命奪紀；小過奪算。」，過重是減紀，過輕是減算，這是在一個預設生民壽命皆來自於太上所賦予「本數」觀念下而產生的。至於紀、算是多少年日呢？頗多異說，〈太平經鈔辛部〉云：「餘算一歲一算，格在天上」（頁六九五），則一算是一年，「格」是記錄在天界善功惡過簿籍上。《抱朴子》卷六〈內篇‧微旨〉云：

> 天地有司過之神，隨人所犯輕重，以奪其算，算減則貧耗疾病，屢逢憂患，算盡則死。……大者奪紀，紀者三百日也；小者奪算，算者三日也。

則以一算三日，一紀一年為計量功過單位。另《太上感應篇傳》則言一紀十二年㊴；反

㊳：道教功過觀念，不會是出自善惡報應系統下的思惟產物，蓋有功則賞，有過則罰是法家刑賞二柄的觀念，道教則輸入其功能，用來說明人的善惡行為的數量化，而用鬼神代替「法」罷了。又「功過格」以目前所見資料屬金‧又玄子的《太微仙君功過格》最早，則已超出本論題範圍，故略而不述。

之，有功則增算、增紀，延長壽命。而善惡罪福既有神稽察考核，那麼對人民善惡行為也該有一套遵循的條目。在《抱朴子》卷六〈內篇・微旨〉內也有初步的道德條目界定：

> 慈心於物，恕己及人，仁逮昆蟲，樂人之吉，愍人之苦，賙人之急，救人之窮，手不傷生，口不勸禍，見人之得如己之得，見人之失如己之失。……如此乃為有德，受福於天，所作必成，求仙可冀也。若乃憎善好殺，口是心非，背向異辭，反戾直正，虐害其下，欺罔其上，叛其所事，受恩不感，弄法受賂，縱曲枉直，廢公為私，刑加無辜，破人之家，收人之寶，害人之身，取人之位……彈射飛鳥，刳胎破卵，春夏燎獵，罵詈神靈，教人為惡，蔽人之善……凡有一事，輒是一罪，隨事輕重，司命奪其算紀，算盡則死。但有惡心無惡跡者奪算，若有惡事而損於人者奪紀……

以上所列善惡行為條目，已混儒、釋、道三果報的功能了。

(四)承負觀與末世劫難預言的建構

1.承負觀的建構

「承負觀」是道教罪福報系統建構的特色之一，《太平經》文中曾多次提到這個概念，即使在後來道典中吸入佛教業報觀，仍然不影響它在中土人民心中的份量。

所謂「承負」是先承後負意思。最早出現在戰國時代儒家德報的家族禍福聯結主義上。當然這觀念不會無中生有，它和法報的「夷戮」、「緣坐」、「連坐」有關，《左傳》已出

㊴：同註㉝，頁三六二一五上。

現「夷戮」字眼，至於可以推到多早，則缺乏文獻資料，大約在商周宗法制建立以後才有。統治者用它來鞏固領導中心，壓制部下或人民奪權、叛亂的企圖心。

夷戮被擴大範圍，則是更後代的事了（例如：從誅三族，到誅十族）。這是一種野蠻、不人道的法律，雖然有借古書以貶其殘酷，如：《尚書・大禹謨》：「罪弗及嗣，賞延于世。」；《左傳・昭公二十年》引《尚書・康誥》：「父子兄弟，罪不相及。」仍然不能遏阻君王私心。

《太平經》作者借這種深入人心的觀念運用到罪福報應系統上，收到深遠的效果。以下又可分為四種承負：

(1)個人家族承負

〈試文書大信法第四十七〉：「凡人所以有過責者，皆由不能善自養，悉失其綱紀，故有承負之責也。比若父母失至道德，有過於鄰里，後生其子孫反為鄰里所害，是即明承負之責也。」（卷三七，頁五四）。案：明言人為惡過會遺禍子孫，今時言壞事作絕，會絕子絕孫，便是道教承負觀滲透力所造成。在卷三九〈解師策書訣第五十〉內對承負定義有清楚的解釋：

> 承者為前，負者為後；承者，迺謂先人本承天心而行，小小失之，不自知，用日積久，相聚為多，今後生人反無辜蒙其過謫，連傳被其災，故前為承，後為負也。負者，流災亦不由一人之治，比連不平，前後更相負，故名之為負。負者，迺先人負於後生者也；病更相承負也，言災害未當能善絕也。（頁七〇）

此處後生不是佛教三生報的「後生報」，而是子孫，這是純粹素朴的中土三世報應觀；今世之人對先祖的善惡行爲的苦樂果叫承；自己今世所造善惡行爲的苦樂果，由下一代子孫承擔，叫負。簡而言之，即前承後負。這種承負觀可以喚醒人家族共命的良知，作姦犯科前，一旦想起會遺禍子孫，就會絕去惡念。所以作者在卷四〇〈樂生得天心法第五十四〉內即言：「爲人先生祖父母不容易也，當爲後生計，可毋使子孫有承負之厄。」（頁八〇）；如果爲人父母、祖先行善不止，不但自身獲福延壽，而且「其子孫而承後得善意，無有小惡，亦復得壽，白髮相次。子子孫孫，家足人備，亦無侵者。」（卷一一四〈爲父母不易訣第二百三〉，頁六二五）；反之，「愚人不深計，使子孫得咎，禍不可救，殃流後生，是誰之過乎？」（同前引，〈不孝不可久生誡第一百九十四〉，頁五九八）。

佛教言罪業自受，父子不相代，則人一出世，即背負自己前生的業因。而道教的承負觀則是背負先人的罪愆，這的確是很無奈的事。佛家以懺悔來滅罪消業，《太平經》也有類似的觀點，在卷六七〈六罪十治訣第一百三〉內便說：「令道德君明示眾賢，以化民間，各自思過，以解先人承負之謫，使凡人各自爲身計，勿令懈怠……」（頁二五五），兩者有異曲同工之處。

此外，《太平經》比天道報、德報系統稍周密的地方是，它也利用「承負」來解答善惡無報的或然現象。卷一八—三四〈解承負訣〉云：

> 凡人之行，或有力行善，反常得惡；或有力行惡，反得善，因自言為賢者非也。力行善反得惡者，是承負先人之過，流災前後積來害此人也。其行惡反得善者，是先

人深有積畜大功，來流及此人也。（頁二二）

這樣的解答仍有邏輯上推不通的矛盾，前既言思過、積德可以解除先人承負之謫，而此反言，不能消先人遺留下來的殃過；此外，今世力行善事，只能庇蔭子孫，不能消弭祖先之過，人情何其所不堪。這是承負理論建構先天上的缺陷，佛經言業力自受，以因緣成否與來解答善惡無報現象，在理論上比較圓融。道教承負報雖然有先天上的缺失，但是已形成一個在中土社會上下階層的普世信仰，它的恫嚇戒惡力量遠超過業自召的影響力。

⑵帝王承負

以上所言是個人承負家族的共業。《太平經》又進一步擴大到帝王失政承負流災，這概念是吸收陰陽五行、天人感應報功能而來。《太平經佚文》云：

今天地開闢以來，凶炁不絕，絕後復起，其故何也？其所從來者，乃遠復遠。本由先王治，小小失其綱紀，災害不絕，更相承負，稍積為多，因生大姦，為害甚深。動為變怪，前後相續，而生不祥，以害萬國。其所從來，獨又遠矣。君王不知，遂相承負，不能禁止。（頁七三八）

很明顯地，造此經者企圖去解釋爲何天地災流不斷的現象？即使今世「君王雖有萬人之仁德，猶不能止先王流災也。」（同前引），筆者在第九章解釋佛道興起內在機緣是中土原先建構的果報系統理論有先天缺陷時，曾提及天人感應報不能解釋有德之君爲何感應災異現象，則由此道經「天地流災，帝王承負」理論可以解決。據此經作者言帝王上下承負是「三萬歲相流」；臣子是承負「三千歲」；一般百姓是「三百歲」（卷一八—三四〈解承負訣〉），這種帝王承負推理是建構在其間必有不當死而死的良民，呼冤無告，長期凝結下來的，究其根柢原因，是君主小小綱紀失咎或枉殺等不德行爲所積累而成，由後世君主承擔流災。

(3)天地流災承負

另一種是天地流災承負，卷三七〈五事解承負法第四十八〉云：

南山有毒氣，其山不善閉藏，春南風與風氣俱行，迺蔽日月，天下被其咎，傷死者積眾多。此本獨南山發泄氣，何故反使天下承負得病死焉？……此人無過，反承負得此災，魂神自冤，生人復就過責之，其氣冤結上動天，……故災變萬種興起，不可勝紀，此所由來積久復久……（頁五九—六〇）

《太平經》作者認爲自古以來天災、時疫不斷，人民生死流離，是歸於無罪遭天災而死的冤氣長期凝結、累積所造成。

(4)人心邪惡承負

另一種大承負是人性敗壞，長久歲月以來，惡多善少，因此召感出水、旱、疾、疫、刀兵、賊殺的天地災流。〈太平經·甲部〉云：

上皇之後，三五以來，兵疫水火，更互競興，皆由億兆，心邪形僞，破壞五德，爭任六情，肆凶逞暴，更相侵凌，尊卑長少，貴賤亂離，致二儀失序，土曜違經，三才變異，妖訛紛綸，神鬼交傷，人物凋喪，眚禍荐至，不悟不悛，萬毒恣行，不可勝數。

由以上四種共業造成的天地流災，導出道徒所要建構的末世劫難的預言。

2.末世劫難預言的建構

在〈太平經鈔甲部〉卷一—一七〈太平金闕帝晨後聖帝君師輔歷紀歲次平氣去來兆候賢聖功行種民定法本起〉內即表映末世劫難景象預言：

> 大惡有四：兵、病、水、火。……小甲申，兵病及火，更互為災，未大水也。……大甲申三災俱行，又大水蕩之也。凡大小甲申之至也，除凶民，度善人。善人為種民，凶民為混齏。未至少時，眾妖縱橫互起，疫毒衝其上，兵火繞其下，洪水出無定方，凶惡以次沉沒。……（頁四）

王明定此經爲後人鈔補，時間恐怕在公元四世紀前後。另一部道書《太上洞淵神咒經》則是道道地地的末世啓示錄，試舉數段如下，以窺其貌：[40]

卷一〈誓魔品〉：「道言大劫欲至……吁嗟風雨不時，五穀不熟，民生惡心，叛亂悖逆，父子兄弟更相圖謀，以致滅亡。怨賊流行，殺害無辜。當此之世，殺炁眾多，天下九十種病，病殺惡人……」

卷二〈遣鬼品〉：「道言甲申垂至，洪水不久，今有疫鬼殺人……」

卷三〈縛鬼品〉：「道言今戊寅歲癸未之年，大劫之運，惡人不信道法，天遣疫鬼七十

[40]：《太上洞淵神咒經》卷一—卷三，收入《正統道藏》洞玄部本文類始字號，第十冊，頁七四九七下—七五一三下。

二種病，病殺惡人……」

末世劫難的建構用心是吸引更多的民眾信道，因此其下便開出道教解罪的救贖思想。

(五)道教解罪救贖思想的建構

每個宗教都有它自成一套解罪方式的救贖思想，如此才能吸收凡庶信奉其道。道教異於佛教解罪方式是它多了一個末世救贖思想；佛教也講劫難，大小三災，但不是用它來吸引信徒，而是表顯「世間法」沒有常住不壞的道理；勉人自修證果，以脫離六趣輪轉之苦。道教出自於中土亂世的民間，親身感受到長期以來，天災、人禍、死亡陰影，疾疫殺人的威脅，因此它會產生出一套末世救贖論，也是自然的事，以下便分末世劫難解罪和一般解罪兩項的救贖方式論述之。

1.末世劫難解罪的方式

(1)奉道、奉經、轉讀、受三洞戒規

在末世劫難來時，在道徒的認知裏只有善人—即奉道者，是種民，可以獲天上真人、神人救拔；其他奉道經、轉誦經書、受三洞戒規信徒者也可以免厄。《太上洞淵神咒經》卷一〈誓魔品〉內云：

> 大劫垂至……愚人令聞此經，令受此經契，受者，大水將來，九龍迎之，不有厄也。[41]

---

[41]：同前註，卷一〈誓魔品〉，頁七五〇一上。

卷三〈縛鬼品〉云：

> 道言世有十萬赤連鬼……三十萬長頭鬼，手提赤棒棒殺萬民。自及壬午年壬辰之歲殺人……民多暴死，甲申之災死絕矣。……道士化愚人，令受三洞可得脫免九厄之中耳。42

所謂三洞戒規，就是皈依三洞：洞真、洞玄、洞神的教義、教規。此法脫胎於佛教的三皈依43。道徒認爲人只有把自己身心皈依道門三寶，就可以保住自身生命元氣，求得長壽，免災、解厄。所謂「道門三寶」是指道寶、經寶、師寶44；《太上老君戒經》云：

> 此三皈者，謂身有善惡，神有恐怖，命有壽夭，蓋一切眾生之必有也。今以此三悉皈於道者，謂受行法戒，一則生死常善，不墮惡緣；二則神明強止，不畏邪魔；三則見世長壽，不遭橫夭。皈雖有三，其實一也。45

受完三皈之後即爲籙生弟子，再受五戒，令除五欲，修五德，脫離五濁。五戒爲：一戒殺；二戒盜；三戒淫；四戒妄語，五戒酒。《太上老君戒經》言此：「五戒者，持身之本，

42：同前註，卷三〈縛鬼品〉，頁七五一三上。

43：佛教所謂「三皈依」是：皈依佛、皈依法、皈依僧。據隋·慧遠（公元五二三—五九二）著：《大乘義章》卷一〇一〈三歸義三門不同〉：「歸依不同隨境所說，所謂皈佛皈法皈僧：……」（收入《大正藏》第四十四冊，頁六五四上）

44：參見《太上出家傳度儀》，收入《正統道藏》正一部楹下號，第五十三冊，頁四三一七四上。

45：《太上老君戒經》，收入《正統道藏》洞神部戒律類力字號，第三十冊，頁二四二一八上。

持法之根。善男子，善女人，願樂善法，受持終身不犯，是爲淸信。」[46]

奉道受三皈五戒者，當積修功德、行仁義、行知足、行推讓、行諸善、行柔弱，如此功德自可與天通。此則在平時可消災、免難。除厄、長壽、保身；在末世劫難來到時，可獲天上真人、神人拯救。

(2)建齋、懸符

《太上洞淵神咒經》卷一〇〈殺鬼品〉內云：

> 道言十方主者曰：「此來世人多惡，信道者稀，天下不化。今壬午年遣疫鬼八千萬衆，行七十種病殺人，人知者，家家當建是齋於大水上，拜謁五帝，西北向拜，及作大符置大門上懸之，疫鬼不敢近人也。自非有符籙之家，不懸此符者，疫鬼害人，此符有八千萬大力士守之也。」[47]

案：此符籙見於左：

圖七：驅疫鬼符（取自《太上洞淵神咒經》卷一〇）

[46]：同前註，頁二四二一〇上。

[47]：同註[40]，卷一〇〈殺鬼品〉，頁七五四七下。

2.一般解罪方式

道教一般解罪方式，多來於他力，即使摻雜儒家德報功能，最後也是要仰賴神恩的赦免、救拔、解厄。大體上，可分爲以下四種方式解罪：㊽

(1)上章、符書

所謂上章：係向天地鬼神上奏摺，以文字申訴、乞願書於黃符紙。此法創自張道陵，其即以此考鬼治病，召會鬼神、禳度災厄。據《三國志》卷八〈張魯傳〉裴《注》引魚豢《典略》云：

> 請禱之法，書病人姓名，說服罪之意，作三通：其一上之天，著山上；其一埋之地；其一沈之水，謂之「三官手書」。

蓋天地水三官如前所述，乃掌人間罪福生死簿籍。向之祈求、悔過、以獲解罪。陶弘景《登真隱訣》卷下，即以符書和上章合論，稱之曰：「章符」㊾，可見這兩種解罪儀式是合起來作的。

(2)叩頭悔過

最早的五斗米道和太平道即用此法教病叩頭悔罪，再施以符水治病。《太平經》卷一一

㊽：有關道教解罪方式，筆者大致參考蔡榮凱：《漢魏六朝道教的罪罰觀及其解罪方式》，（台北縣：輔仁大學中國文學研究所碩士論文，民國八十三年六月），頁七一—八九。

㊾：梁・陶弘景：《登真隱訣》卷下，收入《正統道藏》洞玄部玉訣類遜字號，第十一冊，頁八四二一上。

四〈病歸天有費訣第二百一〉內也提到這種首過悔罪的方式：

> 今世之人，行甚愚淺，得病且死，不自歸於天，首過自搏叩頭，家無大小，相助求哀。積有日數，天復原之，假其日月，使得蘇息。後復犯之，叩頭無益。（頁六二一）

此或基於上天有好生之德，愍其愚昧無知造罪，念其誠心悔過叩頭，會給予一次自新機會的認知上，而行此解罪法，若再犯，等同欺天，罪且不赦。

(3)齋醮、轉經、奉經

「醮」古義爲祭，乃在夜間露天壇上供物祭祀天神[50]；齋是指齊戒沐浴、有潔淨、誠心之意。蓋事神、祭祀、作法會，事前都必須先潔淨其身、還須避女色、禁葷食，以達到身心誠潔，方可感通神明。唐代玄嶷在《甄正論》卷下曾引陸修靜語：

> 行業和罪福之事，故須設齋懺悔以滅其罪。[51]

齋醮兩法並用，據蔡榮凱研究，始於《太上洞淵神咒經》時代，該書卷一五〈步虛解品考〉中有：「修齋設醮」；卷一九〈諸天命魔品〉有「建齋醮」之語[52]；在北魏寇謙之和劉宋陸修靜兩人清整道教，制訂科儀以後，道教便有屬於自己形式的齋醮儀範。如陸修靜《洞玄靈寶五感文》內分九齋十二法，每一齋都和拔罪、消災、祈福有關。例如：第六法「自然

[50]：參見劉枝萬：〈醮祭釋義〉，《臺灣民間信仰論集》，（台北：聯經出版事業公司，一九八三年十二月），頁一一二四。

[51]：唐·玄嶷：《甄正論》卷下，收入《大正藏》第五十二冊，頁五六七中。

[52]：同註[48]，頁八五。

齋」云：「普濟之法，內以修身，外以救物，消災祈福，適意所宜。」53。

齋醮和佛教在中元節實施的盂蘭盆法會是近似的，一定在會中轉讀經書超薦拔亡。在《太極真人敷靈寶齋戒威儀諸經要訣》一書中提到齋醮轉經：

> 太極真人曰：「夫感天地、致群神、通仙道、洞至真、解積世罪、滅凶咎、卻冤家、修盛德、治疾病、濟一切物，莫近乎齋靜轉經者也。」54

轉就有諷誦、諷詠的意思，透過集體聚神會氣，以高聲吟唱誦詠以達到感通鬼神的行道法。

受持道書也可以免厄除災，《抱朴子》卷一九〈內篇・遐覽〉云：「余聞鄭君言，道書之重者，莫過於《三皇內文》、《五岳真形圖》也。古者仙官至人，尊祕此道，非有仙名者不可授也。……其經曰：「家有《三皇文》，辟邪惡鬼、瘟疫氣、橫殃飛禍。若有困病垂死，其信道心至者，以此書與持之，必不死也。……道士欲求長生，持此書入山，辟虎狼山精，五毒百邪皆不敢近人。……又家有《五岳真形圖》能辟兵凶逆，人欲害之者，皆還反受其殃。」

由此可見，所謂《三皇文》、《五岳真形圖》是魏晉道士之流用以召神劾鬼，治病消災，

53：劉宋・陸修靜：《洞玄靈寶五感文》，收入《正統道藏》正一部笙字號，第五十四冊，頁四三八五九上。

54：《太極真人敷靈寶齋戒威儀諸經要訣》，收入《正統道藏》洞玄部威儀類被字號，第十六冊，頁一二七九一上。

禁制虎狼水怪山精的符籙圖書。

(4)積德行善

道教吸收德報功能，轉化爲「功德觀」，藉積功果德以達到長壽、袪病、除災、免禍、甚且成化。葛洪《抱朴子》卷三〈內篇·對俗〉內引《玉鈐經》中篇云：

> 立功為上，除過次之。為道者以救人危急，使免禍，護人疾病，令不枉死，為上功也。欲求仙者，要當以忠孝和順仁信為本。

在《太平經鈔甲部》內則明言「善人爲種民」，在大劫來臨時，凶惡蕩盡，而其乃被拯救的一類。依韋伯的《宗教社會學》第十章〈不同的救贖途徑〉的標準來看，道教積功德來解罪，是屬於第二類：「透過善行的救贖」[55]，這種解罪方式是最簡便，也是能利己利人的效益。

三、小結

道教透過：生死觀、善惡罪福觀、紀算、承負觀與末世劫難預言、解罪的救贖思想五組大概念建構起其罪福果報系統，從以上的論述中可以看出，道教罪福報系統的主體性來源是駁雜的，它是輸入了天報、墨子天鬼報、德報、法報、陰陽五行報、天人感應報各局部功能，以及民間信仰，經過「反饋」過程形成自己的主體性後，再輸出自己的功能。斯寇特（William

---

55：馬克斯·韋伯：《宗教社會學》，（出版狀況見前），第十章〈不同的救贖途徑〉，頁二二一。

G.Scott）曾對「輸出」和「輸入」下定義說：所有的組織系統都存在於某些特有的文化、社會結構或政治環境，一方面固然接受環境輸入項的影響，但是另一方面，它同樣也以各種不同的輸出項在對環境發生作用[56]。斯寇特的觀點正好可以用來解釋，道教罪福主體性的建構情形。在其善惡評價的標準裏，是融匯德報、墨子天鬼報、佛教的業報等價值觀、符合神人、真人的善行標準，即宣說不死成仙的善福的肯定評價；不符合神人、真人的爲善去惡的標準，即宣說死後受三塗五苦罪罰，或末世劫難來臨時，即會遭凶殺蕩盡的罪罰的否定評價。

這套罪福報系統的特色有以下四點：

第一：彌補以往果報系統中善惡無報的理論缺陷。

第二：罪福不僅自召，還會殃流子孫。

第三：其鬼神鑒察紀算，把傳統高高在上的位置，拉回到人間，甚至眾生身上、身邊、周遭，更強化神道設教力度，達到立即勸善止惡的效果。

第四：爲善的終極目的不是如佛教所言的脫離天道，而是昇天成不死神仙，滿足中國人執著現世福樂的願望。

由於有以上四種異於佛教業報旨趣的特色，故其主體性建構來源雖駁雜，仍形成自己一套善惡價值觀，而得以在發展過程上與佛教並行爲民間二大宗教，各有其廣大信眾。以下便進入道教罪福報發展時會有那些變化？功能如何互動的課題探討。

[56]：彭文賢：《組織理論之分析》，（出版狀況見前），頁一三六——一三七所引。

第二節　道教罪福報系統的發展

本單元將探討道教罪福報在六朝以後，其主體性發展會有那些變化？和其他系統功能如何互動？是以下將論述的重點。

一、道教罪福報系統發展的變化

道教罪福報的建構是無中生有的，這是一個歷史事實，即使它在德報家族禍福聯結及法報刑賞功能上發展出「承負報」來和佛教「三世因果報」一別苗頭，它仍然欠缺縝密的理論來支撐其解釋，因此道教在發展到六朝時，不得不向佛經借取六道輪迴的功能，這也就是在六朝發生神滅不滅論戰時，道徒沒有一起圍剿其業報輪迴思想的原因，蓋道教也吸收這一套觀念來造出它的靈寶系經書。唐代玄嶷在《甄正論》卷下就明白指出此事：

> 道教因果，老子不詮，說在偽經靈寶之部。事非道典，跡是佛經，修靜文明，潛為盜竊。❶

佛道在唐代爭勝情況激烈，故玄嶷用「盜竊」字眼，從系統功能來看，這叫「輸入」。玄嶷又進一步分析道教三洞名稱也是襲自佛經三藏：

> 雖有三十六部，咸是偽書……見佛法說眼耳等六根……遂於六根之上……每

❶：唐・玄嶷：《甄正論》卷下，收入《大正藏》第五十二冊，頁五六七上—中。

開六種法門，六六三十六，故標三十六。又三洞之名，還擬佛經《三藏》❷

道經受佛經影響，歷來學者論述頗多❸，那並非本段所要關切的問題。筆者所要強調的是，道教在一面發展，一面吸收其他相關系統的功能下形構出它自己一套的果報系統，它異於別的果報系統之處，是主體性一直處在變動的狀態，就以天堂地獄神鬼譜系而言，六朝陶弘景建構的鬼王—北陰酆都大帝，在唐以後，由於佛經中地獄主宰閻羅王信仰在民間很盛行，道教便也改變自己的神鬼主體性，而輸入這種信仰。

至於在天堂方面，原先排班第一的是「元始天尊」，在唐以後，受到佛經三世諸佛觀念（過去佛：燃燈佛，現在佛：釋迦佛，未來佛：彌勒佛）影響，道徒也仿造排列仙班次序，在現在世方面排到玉皇大帝，而玉帝原先是居玉清，三元宮第一中位的玉皇道君，於是道徒便造出《高上玉皇本行集經》、《玉皇經》，自宋以後，成爲天界的主宰❹，中國民間至今信仰不墜。

這排班主宰天上人間的觀念，見於唐代潘師正在《道門經法相承次序》卷上內一段話：

---

❷：同前註，頁五六〇下—五六一上。

❸：道經採佛經造道書的文獻比對，陳祚龍在《敦煌學津雜志》，（台北：文津出版社，民國八十二年十二月）一書中有詳細的論述；又日本學者・鎌田茂雄在《道藏內佛教思想資料集成》，（東京：大藏出版社株式會社，一九八六年三月），一書更具體地列出原典資料，可自行參閱之。

❹：《集說詮真・玉皇大帝》，收入《中國民間信仰資料彙編》，（出版狀況見前），第一輯第二十三冊，頁一五九。

三代天尊者，過去元始天尊，現在太上玉皇天尊，未來金闕玉晨天尊。然太上即是元始天尊弟子，從上皇半劫已來，元始天尊禪位。❺

此段話可看出潘氏受佛經說法影響，認爲在時間三世上，天界之主宰也各有不同。

在其他神祇方面，則如雪球般地，愈往後發展，納入譜系的神祇愈多，如唐以後的鍾馗，其職掌似乎又凌駕閻羅王之上；又宋代以後，流行的王靈官護法神，如同佛寺的伽籃像。有從歷史人物拉進的肉身凡人；有從民間拉進的地方神祇信仰……顯得異常龐大、駁雜，很顯然地，道教在發展過程中，民間性和現實性很強，而且和民眾生活扣得很緊，這是爲了達到傳播教法和勸善止惡的目的而形成系統常保持開放性和變動性的原因。

二、道教罪福報和其他系統功能的互動

道教罪福報是在發展中建構成其主體性，吾人可以歸納爲以下五種功能互動情形。

(一)輸入陰陽五行報、天人感應報和民間巫覡、方術的功能

道教原始經典裏就大量吸收了陰陽五行、天人感應報。如《太平經》卷一八至三四〈行道有優劣法〉內云：「王者行道，天地喜悅；失道，天地爲災異。」（頁一七）；又卷四三〈大小諫正法第五十九〉：亦云：「古者聖賢，旦夕垂拱，能深思慮，未嘗敢失天心也。故

❺：唐・潘師正：《道門經法相承次序》卷上，收入《正統道藏》太平部諸子號，第四十一冊，頁三三一二五上。

能父事皇天，母事皇地，兄事日，姊事月，正天文，保五行，順四時：：：：」此經甚至還把陰陽五行提昇到人格神的地位❻。張道陵造的《老子想爾注》亦云：「萬善當著，調和五行：：：：」（頁二七—二八）；民間巫術，見於叩頭自縛悔過方式。

(二)輸入強命義天報及其子系統天志報、鬼報和民間神祇信仰的功能

這一部分功能的融合表現在其神鬼譜系及鑒察人間善惡功過的司命之神中最爲明顯；把傳統天報他力被動的神性轉化爲主動考察、紀算，無所不在的神格性。

(三)輸入德報、陰德報的功能

前者由葛洪開積善派一系建構時便大量輸入儒家世俗化的道德規範；在宋以後逐漸發展出功過格善書的體例，而陰德報則是在南宋以後被道教提倡「陰騭」思想，便融入其體性中。此外，在末世劫難預言的建構中也輸入德報功能，強調善人在大劫來臨時可以獲得拯救。今試舉梁・任昉《述異記》第十條〈和州歷陽老姥〉爲例，以檢證之：

> 和州歷陽淪為湖。先是有一書生遇一老姥，姥待之厚，生謂姥曰：「此縣門石龜眼血出，此地當陷為湖。」姥後數往候之。門使問姥，姥具以告，吏遂以朱點龜眼，姥見，遂走上北山，城遂陷。（《鉤沉本》頁一六四）

❻：《太平經鈔乙部》卷一八—三四〈錄身正神法〉：「陽者為道，陰者為刑。陽者為善，陽神助之；陰者為惡，陰神助之。」，同卷，〈以樂卻災法〉內云：「五行神且來救助之，萬疾皆愈。」

《文昌帝君陰騭文》內便云：「欲廣福田，須憑心地，行時時方便，作種種之陰功」❼，文中老姥對素昧平生人書生厚待，就是結善緣、行時時方便，因此在大劫—水災來臨前，能得到神幻化書生的指點而免於溺死，這就是透過自我善行的救贖，也可以看成是自力混他力功能的融合。再看干寶《搜神記》卷四〈陰子方〉條：

> 漢宣帝時，南陽陰子方者，性至孝。積恩好施，喜祀灶。臘日，晨炊，而灶神形見，子方再拜受慶，家有黃羊，因以祀之。自是已後，暴至巨富……。子方嘗言：我子孫必將彊大，至識三世，而遂繁昌。家凡四侯，牧守數十。故後子孫嘗以臘日起灶，而荐黃羊焉。

陰子方由於性至孝、積恩好施，獲得灶神的福祐，不只是今生顯富，又以其陰功蔭庇其子孫三世，其中殺黃羊祀灶神，未受殺生血祀罪罰，可見是出自道徒之手筆。

㈣輸入佛教業報因果輪迴功能

在經典方面，靈寶一系的道典是吸收佛教三世輪迴的功能，如《太上洞玄靈寶業報因緣經》、《洞玄靈寶諸天世界造化經》（《正統道藏》第十冊）等。但是在小傳統社會裏，筆記小說是輸入中土化的佛教業報可以他受的功能，例如：《述異記》內〈阮倪〉條：

> 阮倪性特忍害，因醉出郭，見有放牛，直探牛舌本割之以歸，為炙食之。其後倪生

❼：《文昌帝君陰騭文註》，收入《道藏輯要》，（台北新文豐出版公司，民國七十五年二月，再版），第二十三冊，頁一〇一七九上。

> 子無舌，人以為牛報之也。（《太平廣記》卷一三一，頁六所引）

阮倪忍刻惡行報應在他子孫身上，不僅可看成業報他受，也可以說是承負報和佛教果報功能的融合。

(五) 輸入法報功能

道教罪福報系統中的功過就是從法報刑賞功能中輸入。一般果報系統只是說：「善有善報」、「惡有惡報」，倒也沒有那麼肯定其報應的時間性。道教在輸入法報刑賞功能時，連帶地也將其「有功必賞」、「有過必罰」的速效性特色帶入其紀算系統，轉化成：有過則減算、算盡則死，入地府考掠。

從前面所述五種功能互動情形來看，道教罪福報主體性囊括了所有果報系統的功能，這在各果報系統的融合上已表映了一個整合的趨勢。

第三節　道教罪福報功能的傳播

道教以修身成仙爲最高目標，而道徒所幻設的虛無縹緲仙界，亦難窺其境；而丹鼎、服食、導引、辟穀行炁、煉丹等法又過於深奧，也非短期可以奏功。因此道教在傳播其教義時對小傳統社會，是利用現實環境的苦難，和人類與生俱來的病苦，透過符水、法術、咒語、上章、齋醮等儀式來爲凡庶治病驅邪，解決其困難，以擴大群眾基礎；對大傳統王公貴族，士大夫階層，則宣揚長生不死，房中術以興國廣嗣，吸引統治階層的支持。由於得到這兩種力量支持，道教很快地在中國社會發展起來，其傳播結構同佛教一樣爲「偏心圓型」，在愈往後的傳播中有似滾雪球一般，系統愈來愈龐雜。約略可概括其傳播管道爲以下五種：

一、透過民間巫術、符咒、上章、齋醮等儀式的管道

道教是古代社會一種民間信仰的宗教團體，宣傳教義，制定儀式戒規、修煉等是宗教組織基本的活動。但是在初期傳佈時，其媒介多以口語（念咒）、非語言（如手訣）透過能溝通人鬼神世界的靈媒—巫覡，來爲人祈禳、解謫、驅邪、治病。吾人試看五斗米道崛起所在地：巴蜀、漢中，其地民風多尚淫祠、好鬼巫，據晉·常璩在《華陽國志·李特雄壽勢志第十》云：

> 巴西……俗好鬼巫，漢末張魯居漢中，以鬼道教百姓。❶

張魯之祖張道陵則被當局目爲「妖巫」（《後漢書》卷八〈靈帝紀〉）。基本上，這些人都有很濃厚的巫術色彩，一般百姓是不易區分道士和巫覡的。胡孚琛在《魏晉神仙道教》一書內便云：

> 巫是六朝方術、法術的前身。在科學蒙昧時期，人們還不能嚴格區分自然現象和超自然現象，當他們設法把握自然現象時，便求助於法術的超自然力量。施行法術行爲的道士相信現實對象之間有超自然的聯繫，因而對超自然力量建立起真誠的信仰，

---

❶：晉·常璩：《華陽國志》卷九〈李特雄壽勢志〉，（出版狀況見前），頁一一七。

這使法術成為道教神學的組織部分……❷

胡氏這段話正可作爲道教吸納民間方士、巫術行爲而成爲其神學儀式的一部分的註腳。五斗米道之所以稱爲「鬼道」，就是以巫術爲民劾鬼治病有關，目前能見到道士劾鬼文獻，是一九六〇年江蘇高郵東漢墓出土的一方木簡，上書曰：

> 乙巳日，死者鬼名為天光，天帝神師已知汝名，疾去三千里，汝不即起，南山□□令來食汝，急如律令。❸

後來道徒執行此儀式，均借「天帝神師」（簡稱「天師」）的名義驅鬼除魅。以下便舉六朝筆記小說的記載來檢證其在民間的實際效益：

《幽明錄》內〈胡章〉條云：

> 剡縣胡章與上虞管雙喜好干戈，雙死後，章夢見之，躍刃戲其前，覺甚不樂，明日以符帖壁。章欲近行，已汎舟理戢，忽見雙來，攀留之，云：「夫人相知，情貫千載，昨夜就戲卿……吾即去，今何故以符相厭？……」（《鉤沉本》頁二九五）

此以符籙驅鬼。其他文繁不具。

二、透過轉誦、抄寫道經的管道

❷：胡孚琛：《魏晉神仙道教》，（北京：人民出版社，一九八九年三月），頁一八五。

❸：江蘇文物管理委員會：〈江蘇高郵邵家溝漢代遺址的清理〉，《考古》一九六〇年第十期（總五二期），頁二一。

道士爲了祈禳或舉行齋醮法會都有轉經的程序，已見於前論述。至於寫經，六朝已見其端，王羲之書小楷〈黃庭經〉❹其妻舅郗愔：「心尚道法，密自遵行，善隸書，與右軍相埒。手自起寫道經，將盈百卷……」，以及敦煌遺簡中，出自道士、信眾所抄寫的道經以靈寶經類最多，至於洞神經則是最少❺（《御覽》卷六一六引《太平經》）；。由於道書宣稱：透過讀誦、抄寫的功德，可以消災、除病、解厄、長壽、獲現世福祿，因而此管道的傳播更具普遍性。

三、透過造像的管道

造像，始於北魏寇謙之，刻天尊及諸神仙像作爲供養；北周時，於龍泉山刻〈北周文王

❹：據陶弘景《真誥》卷七〈翼真檢〉所言，此經為晉哀帝興寧二年（公元三六四年），南嶽魏夫人所傳，內容屬道教不老長壽、養生之術。而王羲之所寫《黃庭經》作於東晉穆帝永和十二年（公元三五六年），而右軍歿於升平五年（公元三六一年），不可能見此經。故歷來論者有二派，一派疑非王所寫；一派認為王所寫為《外景經》，而魏夫人所傳為《內景經》。以筆者習字經驗來判定，此小楷筆勢左低右昂，橫斜角度乃不脫魏晉風華，而王氏一門又為五斗米道信徒，有可能出自其手。

❺：有關敦煌道經寫卷考察，較早有陳祚龍整理的《敦煌道經後記彙錄》、《敦煌文物隨筆》，近期有日人大淵忍爾的《敦煌道經目錄篇》及《圖錄篇》，經過宮川尚志的增補、網羅，用以推知敦煌地區的宗教及道教狀況；而國內學者林聰明《敦煌文書學》可說是集大成。以上資料可參考李豐楙：〈敦煌道經寫卷與道教寫經的供養功德觀〉，「全國敦煌學研討會」論文。（嘉義：中正大學中國文學系，民國八十四年，三月二十六日），頁一二〇—一四一。

佛道二像碑〉，並列道佛二像。在《金石萃編》卷二七〈北魏〉收有〈張相隊造像記〉內云：「道士張相隊爲亡父母造天尊一區，於延昌二年（北魏宣武帝王號，公元五一三年）。」（頁三八）；卷三八〈隋一〉收有〈王忻造象記〉內云：「開皇六年，彭城王忻造口真像。」（頁六）《文物》一九八四年第五期，洛陽古代藝術館發表〈洛陽魏唐造像碑摭說〉一文內提到：

> 今陝西耀縣石刻中有……「開皇六年正月卅日造，道民袁神蔭敬造天尊像一區」……「道民劉子達為亡弟子岳敬造四面先君（案：「先」為「老」字之誤，蓋魏碑「老」常寫作「⿺先厶」，《顏氏家訓．雜藝篇》云：「先人為老」）一區」……❻

可知道徒也仿佛教徒造象，以爲亡父母超薦、資冥福，則道法也可經由此管道傳播。

四、透過文人立傳的管道

文人立傳，始於漢代劉向的《列仙傳》二卷，從三皇，神農時代的赤松子，到西漢玄俗，共錄七十人❼；晉・葛洪撰有《神僊傳》十卷，除掉和《列仙傳》重出外，餘八十三人❽；此外今散佚不見，而著錄在史志的尙有：梁・江祿《列仙傳》、劉之遴《神錄》、梁元帝《研

❻：洛陽古代藝術館：〈洛陽魏唐造像碑摭說〉，《文物》一九八四年第五期，頁五三。

❼：漢・劉向：《列仙傳》，收入周光培編：《歷代筆記小說集成㈠——漢魏筆記小說》，（出版狀況見前），頁一三一——一五一。

❽：晉・葛洪：《神仙傳》，出處同前註，頁五四五——六〇〇。

神記》、《仙異傳》、顏協《晉仙傳》等（《新唐書・藝文志》）；還有官傳的〈方術列傳〉等。大抵輯錄古代學道成仙，得以長生不死，且具有飛天遁地，除魔斬妖，驅鬼召神的能力的方士、道流之輩，經流傳到民間，以達到誘引人嚮往而信其道的傳播目的。

五、透過民間謠諺的管道

道教的罪福承負報以及伺鑒察人的鬼神信仰在民間早已流傳開來，自然形成謠諺。宋・王楙在《野客叢書》卷二九〈俗語有所自〉一文中收錄有一則流行於小傳統社會的俗諺：「舉頭三尺有神明」正可以看出道教的果報已在民間起了教化作用，凡庶透過歌謠來儆戒別人，也惕勵自己。

此外，也有透過此管道宣揚神仙、長生不死的福報，陶弘景《真誥》卷一七〈極真輔篇〉引一則諺語：「欲得長生，飲太平」案：「太平酒」相傳爲蓬萊仙家之酒，飲之可長生；又《搜神記》卷一〈葛由〉條內引一則里諺云：「能得綏山一桃，雖不能仙，亦足以豪。」案：綏山在峨眉山西南，相傳山上多仙桃，食之可成仙。

道教即透過以上五種傳播方式，從有形到無形的，向上下階層發展，以取得其向心力，借以鞏固組織的生存。唐宋以後，儼然成爲一大宗教，與佛、儒兩教形成鼎足三立局面。以下便導入本論文第二個寫作的核心問題：儒、釋、道三教以及其他果報系統如何朝會通的方向發展呢？

第十二章　結論

通過以上的論述，相信筆者已提供了各果報系統建構的一個較清晰的歷史圖像。接著便導入本論文第二個核心問題：各果報系統是如何朝融合的路徑發展？一旦解決這個問題，本論文的研究也宣告完成，最後將從善惡報應觀在中土社會的效應，以及對本論文做一番評估與前瞻的總結。基於以上思惟，將區分爲二個小節論述之。

第一節　果報系統融合成因

中土各果報系統發展到六朝以後，出現融合的面相，筆者認爲可以從系統本身因素及社會群眾心理因素二項來考察。

一、系統本身因素

(一)從系統建構與發展過程中來看

從系統建構與發展的過程中來看，已有融合其他系統的趨勢，吾人可以從天報系統以下逐一做個概略的回顧：

1. 原始天報觀在形構時，其法祖、敬德，恤民以祈永天命的內容，實具備了原始儒家的德報功能；發展到春秋人文思潮時代，衍生出子系統—墨子的天志報、鬼報，在建構其內容時，強調天鬼欲兼愛、非攻、尚賢、有義等，都是和儒家道德教化是相通的，二者之間是具有殊途同歸性。在功能互動方面：除了和自身子系統—鬼報融合外，在世俗化效益下，其功能被德報和陰德報、法報、道教罪福報吸納入其系統。

至於鬼報在發展過程中，除了和自身上級系統天報合流外，到六朝時，也輸入佛教地獄罪罰、道教司命神祇、和德報功能。

2.德報雖然在建構其系統時，維持其主體性的本色。但是在發展過程中，除了和自身子系統陰德報、天人感應報合流外，在世俗效益原則驅動下，也吸收天報、道教鬼神罪福報、佛教地獄罪罰報等功能，混入其主體性。

至於其子系統—陰德報在建構時，吸收陰陽家陰陽觀念和上級系統德報家族禍福聯結功能。而在世俗效益原則下，輸入天報、道教鬼神罪福報、佛教戒殺護生功能以及民間泰山府君信仰。

3.法報在建構其主體性系統時，雖然維持住本色；但是在發展過程中，也輸入德報、陰陽五行報、天人感應報、天報等功能，尤其是唐以後，已確立禮治和法治並存的政治格局，不再像先秦商、韓之流那樣貶斥道德的功用。

4.陰陽五行報一開始建構其主體性系統時，就已預設了一個導時君於仁義之途的立場，故德報已占據其系統的核心位置。而在發展過程中，多失去其主導權，其功能大多被其他系統所攝入。尤其是子系統—天人感應報，在董仲舒等人的建構下，德報功能一變而又成爲其主體性，陰陽五行中災祥感應功能則轉為附屬地位；在發展過程中，除了和上級系統：天報、陰陽五行報、德報功能合流外，又被道教建構末世劫難預言時所吸收。

5.佛教在建構其三世因果業報輪迴觀時，其主體性地位未喪失。但是在朝中土化發展過程中，輸入德報家族禍福聯結（或道教罪福承負）的功能，而使業自召的原始教義，轉化為業他受的流災、累害的現世報；另外也吸收了民間泰山府君、離魂信仰，和道教鬼神罪罰功能，並且和中土天人感應報合流，更激化其信佛、念佛感應類的筆記小說的流行。

6.道教從一開始形成時，便是無中生有地建構其罪福報的主體性；在發展的過程中，也是一直保持這種開放性的特質。其主體性是輸入先秦以來，歷史方士之流、齊魯神仙傳說、巫術、民間地方神祇、泰山信仰等，架構出其神鬼譜系基調，再吸收天報、德報、佛教業報（三世因果、六道輪迴、天堂地獄名相、戒規等）、陰陽五行報、天人感應報、法報等諸多功能，組合成駁雜且自成本色的果報系統。道教這種「轉換」功能，正是維繫其系統不衰退的生存法則，也由於這種雜揉的吸收、改造，無形中成為各果報系統趨於整合的催化劑。茲列為下表，俾令讀者更清楚明瞭各果報系統在建構和發展過程中的融合情形：

表一九：各果報系統建構與發展功能融合表

系統名稱／融合內容	系統建構的融合	系統發展的融合
天報(含墨子天志報)	輸入：德報功能。	與天人感應報、鬼報功能合流；並成為其他系統吸收對象。
鬼報	輸入：德報功能。	輸入：德報、佛教地獄罪罰、道教司命、神祇等功能，與自身上級系統—天報合流。
德報		與陰德報、天人感應報合流；並輸入：道教鬼神罪福、佛佛教地獄罪罰等功能。
陰德報	輸入：陰陽五行、德報家族禍福聯結功能。	輸入：天報、道教罪福、佛教戒殺功能、民間泰山府君信仰，與自身上級系統—德報合流。
法報		輸入：德報、陰陽五行報、天人感應報、天報等功能。
陰陽五行報	輸入：德報功能。	成為其他系統吸收對象
天人感應報	以德報和陰陽五行報為建構主體。	與上級系統：德報、陰陽五行報、天報合流。並成為其他系統吸收對象。
佛教業報		輸入：德報禍福聯結、道教罪福承負報功能；民間泰山、離魂信仰；和天人感應報合流。
道教罪福報	輸入：齊魯神仙、方術、巫術、地方神祇、泰山信仰、天報墨子鬼、神報、德報、陰德報、陰陽五行報、天人感應報、法報、佛教業報等功能	同上

由於系統組織的變異性，使得各果報系統不斷地輸入環境因素、思想因素和其他系統功能，經過反饋後，再輸出，因此才造成彼此之間融合現象，而融合的現象是基於本末內外性的特點。所謂本末內外性，就是各果報系統（除了天報、陰陽五行報、天人感應報外）均以自己爲主體性—即己本（內），而其吸收其他外在—即末的系統功能。以三教爲例：佛教徒、僧侶是以佛爲內、爲本，而以儒，道爲外；爲末，東晉慧遠在〈三報論〉中便云：「令合內外之道」（《弘明集》卷五）；葛洪撰《抱朴子》，即以道爲本，儒佛爲末❶；梁沈約雖信佛教有輪迴轉世之說，然而其自身亦以儒爲主，而以道佛爲末，他在〈均聖論〉中便云：「內聖外聖義均理一」❷；北周廢佛的武帝，也以儒爲主，道爲次，佛爲後（《周書》卷五〈武帝紀〉上）；三教信徒都在以己教爲主體性前提下，去吸收，或承認他教的地位。

㈡從系統殊途同歸的特性來看

從系統殊途同歸的特性來看，融合是基於一個「均善」的前提下所造成的自然趨勢。也就是說它們彼此之間具有共同的價值規範：如儒家倡仁義，墨子講兼愛，佛教禁殺慈仁於物，勸眾生種善因、做善事、存善心；道教亦承其五戒、十善，而闊言積陰功、做功德；天報冀時君凡庶以德回應天心；陰陽五行、天人感應兩報、明言災異，暗導世主於道德仁義之途；

❶：《晉書》卷七二〈葛洪傳〉載葛洪語：「世儒徒知服周公，莫信神仙之書，不但大而笑之，又將謗毀真正，故予所著子言黃白事，名曰內篇，其餘駁難通釋，名曰外篇：：：以示識者。」

❷：梁・沈約〈均聖論〉，收入唐・釋道宣：《廣弘明集》卷五，在《大正藏》第五十二冊，頁一二二上。

即便是異質性的法報，亦本著懲惡以勸善而立法。吾人幾乎可以說整個中國大果報系統的終極目的在「勸善止惡」，只是趣舍異路罷了，誠如《莊子．天下篇》所言：「天下殊途而同歸，一致而百慮」。以學者、佛道的角度來看，這是「均善性」，如宗炳〈明佛論〉言：

> 孔老如來雖三訓殊路，而習善共轍也。（《大正藏》五十二冊，頁一二上）

張融〈門律〉云：

> 吾門世恭佛，舅氏奉道，道也與佛逗極無二……致本則同，感而遂通。……逢跡成異。（同前引書，頁三八下）

劉宋慧琳〈滯惑解〉云：

> 六度與五教並行，信順與慈悲齊立，殊途同歸，不得守其發足之轍也。（同前引書，頁一三二下）

《魏書》卷一一四〈釋老志〉載魏高宗文成帝登基，下一道詔書，書中表映了對儒佛兩教的肯定態度：

> 夫為帝王者，必祇奉明靈，顯彰仁道，其能惠著生民，濟益群品者，雖在古昔，猶序其風烈。是以《春秋》嘉崇明之禮，祭典載功施之族。況釋迦如來功濟大千，惠流塵境，等生死者嘆其達觀，覽文義者貴其妙明；助王政之禁律，益仁智之善性，排斥群邪，開演正覺。（頁三〇三五—六）

唐代唐臨《冥報記．序》中云：

> 所以徵明善惡，勸戒將來，實使聞者深心感寤，臨既恭其風旨，亦思以勸人……（《大正藏》五十一冊，頁七八八上）

六朝言靈異、因果筆記小說，幾乎也可以說是在「勸善懲惡」的目標下去收錄、網羅耳聞目見的善惡報應事件，予以彙整成篇，冀成風教於世。

從筆者在緒論中所介紹「系統方法學」中提到系統有九種屬性，其中之一便是「殊途同歸性」（equifinality），所謂「殊途同歸性」即指最後結果的達成，可以透過不同的條件及不同方式的採用，在手段與目的之間，並未帶有絕對的相關❸。

在整合的過程中，系統會變得更大，其分部（子系統）也就愈多，因此爲了求組織系統的持續運作與生存，則必須將各個業已分化的功能整合爲一；正如人體的各個器官必須賴中樞神經的統合是同一道理。而在整合的過程中，由於具有共同價值取向，加深了彼此的互動性與互賴性❹，而中國果報系統建構的價值取向都朝向同一目標，即：「希望社會成員都是善德之人」。因此在六朝上層社會雖有佛道爭勝的門戶之見，然而在小傳統的下層社會中，卻百無禁忌，只要是勸人爲善的信仰，照單全收，自然就造成融合現象，茲將各果報系統整合成中國大果報系統列成下表，俾使讀者更清楚果報融合的面相：

表二〇：中國大果報系統整合表

---

❸：彭文賢：《組織理論之分析》，（出版狀況見前），第四章第四節〈系統模式下組織理論的其他特質〉，頁一六六——一六七。

❹：同前註，第二章第一節〈現代組織環境的變遷〉，頁四〇。

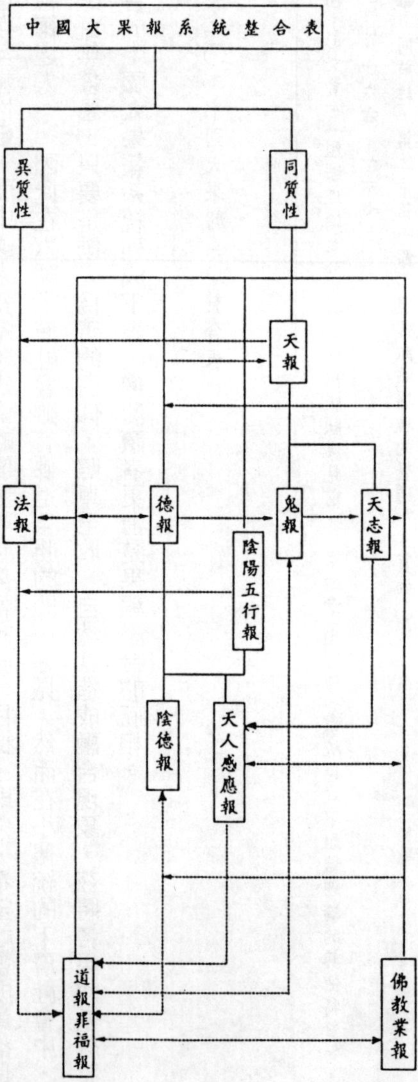

在〈表二〇〉內，吾人可以看到虛線部分是表示彼此功能互相傳送，箭頭所指之處，即向對方系統輸出一己功能（反過來說，是被對方吸納其功能）；實線部分表示系統上下層級的關係，掛聯於其下。從雙箭頭標示來看，可知許多虛線是重疊的，那意謂著各果報系統由於功能彼此互動，而加速融合的發展，其次是代表傳播管道也是相會通的，這是以下所要論述的觀點。

㈢從系統傳播管道來看

從系統傳播管道來看，也呈現融合的面相。在本論文各果報系統功能傳播的論述中，可

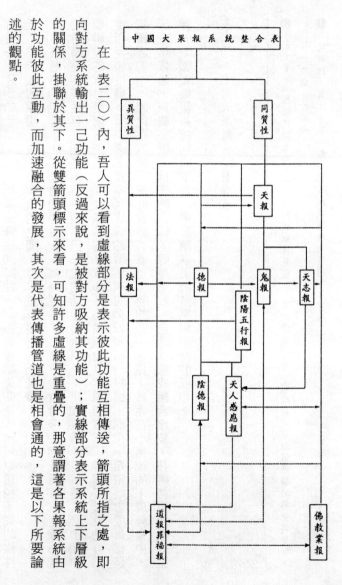

以發現有些系統出現同一個傳播管道的現象，例如：

1.在巫術管道方面：天報、鬼報、天人感應報、道教罪福報是相同的。

2.在家訓管道方面：顏之推的《顏氏家訓》即會通了天報、德報、鬼神承負功能、佛教業報。

3.在蒙學教材管道方面：是貫輸了天報、德報、法報功能。

4.在謠諺管道方面：會通了天報（鬼神鑒察）、法報、德報、天人感應報。

5.在刻石立碑管道方面：天報、德報、法報、天人感應報、佛道兩教教義等皆經由此道傳播。

6.在吏道方面：儒、法兩報是同一管道傳播的。

以上不過概舉六個管道，從這六個管道中，可以看出果報在傳播上的融合是基於兩個因素，即人的會通和民間小傳統社會環境的雜揉性的會通。

關於前者，如漢代的官吏，本身需具備儒法的素養，也就是說，循吏本身在傳播儒家德報功能時，本身也是執行法報的懲惡勸善功能。《後漢書》卷四六〈郭躬傳〉，郭躬本身是傳律世家出身的，班固言其：「躬家世掌法，務在寬平」，其弟子鎮，鎮弟子禧：「少明習家業，兼好儒術」；同卷〈陳寵傳〉內提到陳成：「性仁恕，常戒子孫曰：『爲人議法，當依於輕，雖有百金之利，愼無與人重比。』」——這是人會通儒法現象。

顏之推本身是儒者，身受傳統天道價值觀影響，又兼皈依佛教，在教誡子孫爲人處世時，雜以天報、及民間司功過之鬼神的觀點，是很自然的事，在〈歸心篇〉中一段話可以佐證筆者的推論：

> 內外兩教，本為一體，漸極為異，深淺不同。內典初門，設五種之禁；外典仁義禮智信，皆與之符。仁者，不殺之禁也；義者，不盜之禁也；禮者，不邪之禁也；智者，不酒之禁也；信者，不妄之禁也。至如畋狩軍旅，燕享刑罰，因民之性，不可卒除，就為之節，使不淫濫爾。歸周孔，而背釋宗，何其迷也。

這是知識分子會通儒佛的現象，此現象在六朝還可以找到更多的佐證，茲以下列數則文獻爲例：

皇甫謐《高士傳》卷下〈法真〉係言其「學無常家，博通內外圖典，關西號爲大儒。」同書〈申屠蟠〉：「學京氏易，嚴氏春秋，小戴禮記，三業先通，因博貫五經，兼明圖讖，學無常師……」案：「無常師」即指佛典。

《南史》卷七六〈隱逸傳下·范元琰〉：「及長好學，博通經史，兼習佛經。」

《宋書》卷九三〈隱逸傳·沈道虔〉：「少仁愛好老易……累世事佛。」，中國士階層博通內外典，由於所學加上信仰的關係，吾人可以想像其人必然像顏之推一樣，在日常生活中告戒子弟言行；或著述；或講授學堂，無意中也傳播這種會通的思想。這種情形，吾人也可以在僧侶或中土佛教徒身上發現，除了在前文已論述過西域僧人康僧會外，尚有後趙的佛圖澄。梁僧祐《高僧傳》卷九〈佛圖澄傳〉內載佛圖澄規勸石勒：

> 王者德化洽于宇內，則四靈表瑞；政弊道消，則彗孛見於上。恆象者見，休咎隨行，

斯乃古今之常徵，天人之明誠。（《大正藏》五十冊，頁三八三下）

同書卷七〈僧含傳〉，僧含對瑯琊顏峻曰：

「如令讖緯不虛者，京師尋有禍亂，真人應符，屬在殿下，檀越善以緘之。」俄而元凶構逆，世祖龍飛，果如其言。（頁三七〇中）

案：此兩僧人皆會通本土天人感應的神學讖緯思想。

晉‧無名氏撰《東林蓮社十八高僧傳》內〈慧遠法師〉條下言其出家前：

年十三年，隨舅令狐氏遊學許洛，博綜六經，尤善老莊……二十一欲渡江從學范寧。❺

西域僧人會通三教，並旁及天人感應，讖緯之學，是有其時代背景：佛教是一個外來宗教，它想要在中土生根、發展、壯大、傳播，就得去適應中土的社會、民情、習俗、價值觀及文化思想，甚至爲了與佛教以外學者論戰，也不得不學習外典；其次，中土佛教徒大多在出家前已受儒教薰陶，因而才有會通現象。

此外，魏晉以降，也有不少上階層士族信奉道教。例如東晉的郗鑒，其二子均信奉天師道。長子郗愔「與姊夫王羲之、高士許詢并有邁世之風，俱栖心絕谷，修黃老之術」（《晉書》卷六七〈郗鑒傳〉），並且迷信道教符籙功能，常吞服之。鮑靚，史書說他：「學兼內外，明天文河洛書……嘗見仙人陰君，授道訣，百餘歲卒。」（同書，卷九〇〈鮑靚傳〉）；

❺：晉‧無名氏：《東林蓮社十八高僧傳》，（上海：中州古籍出版社，一九九一年十一月，影印掃葉山房石印本），〈慧遠法師〉，頁一三六—一三七。

以上諸人在信道前，也是身受儒教影響，這是儒道的會通。

除了僧徒、儒者會通儒、釋、道外。連小傳統社會靠法術謀生的巫覡之流，在佛道盛行時代，也不得不學其儀式以糊口謀生，劉義慶《幽明錄》內載一則〈李巫〉文獻，頗能證此事：

> （晉）太元中，臨海有李巫，不知所由來，能卜相、作水符，治病多愈，亦禮佛讀經……。（《鉤沉本》頁二七二）

下層百姓的會通也可以從地方結社規章內容看出端倪，在〈隋開皇元年李阿昌造像碑〉銘文中云：

> 維開皇元年歲辛丑四月庚辰朔廿三日壬寅，佛弟子李阿昌等廿家去歲之秋合為仲契，每月設齋，吉凶相逮，今蒙皇家之明德開興二教然諸人等，謹請比丘僧欽為師徒名曰大……❻

所謂「吉凶相逮」指傳統私社成員彼此在婚喪喜慶、或急難救助方面互相扶持，將誓詞立碑於佛寺以徵信於菩薩。此碑文顯示，民間私社已融合了佛教法會設齋的活動。吾人又可以在敦煌遺書中發現此類結社的章程也有儒佛文化合流現象。如：斯六五三七(V)三—五〈拾伍人結社社條〉：

> 竊聞敦煌勝境，憑三寶以為基；風化人倫，藉明賢而共佐。家家不失尊卑，坊巷禮傳於孝義。一沙州是神鄉勝境，先以崇善為基。初若不歸福門，憑何得堅久。三長

---

❻：秦明智：〈隋開皇元年李阿昌造像碑〉，《文物》一九八三年第七期（總三三六期），頁四八。

之日，合意同歡，稅聚頭面淨油，供養僧佛，後乃結社請齋，一日果申，得百年餘糧。……且稟四大，生死常流，若不逐吉追凶，社更何處助左？

其他尚有斯三五二〇〈社條〉、斯六五三七(V)六—七〈某甲等謹立社條〉；從社條內容來看，以參加春秋二社，助葬和佛事的活動爲多，而結社內容多以儒家世俗化道德規範爲依準，調和佛教建福、設齋、設供等法會儀式，民間凡庶一方面保有傳統私社的追吉逐凶的人際交往，一方面也摻用佛教薦亡文化，正可以看出佛教已中土化，而民間也採寬容的態度來接納它。另外在《文物》一九八四年第五期，洛陽古代藝術館發表〈洛陽魏唐造象碑摭說〉一文內提到：今陝西耀縣石刻中有「開皇二年四月佛道民范匡謹敬造石老君一區」❼。「道民」是道教信徒自稱，此處稱「佛道民」，顯示道教與釋氏信仰在民間已合流。

以上所論述皆是上下階層人的會通三教。至於中土民間環境的會通，可以從流行的謠諺文化窺出端倪；此外，還可以從本文論述各果報系統發展的過程中—尤其是世俗化下貫到小傳統社會時，就呈現融合的現象，看出民間是一個大雜揉的環境，流傳六朝筆記小說就提供了佐證的文獻。王國良曾就志怪小說來源考查，其中第二點即是來自民間地方傳說以及作者見聞❽。據周次吉統計現通行本六朝志怪筆記小說，作者受古來迷信影響有四三四條；受佛

---

❼：洛陽古代藝術館：〈洛陽魏唐造像碑摭說〉，《文物》一九八四年第五期，頁五三。

❽：王國良：《魏晉南北朝志怪小說研究》，〈出版狀況見前〉，第四章〈志怪小說資料來源〉，頁五三—五七。

教影響有二四三條；受道教影響有六十八條；古來迷信和佛道雜揉有八三五條❾，則可知六朝志怪小說作者以混合信仰所出現的雜揉現象佔多數，這背後意謂著二個涵意：一是來自民間雜揉信仰的傳說所造成；二是作者基於共同價值觀的原則下採入而不排斥。

果報系統的價值取向往往透過系統建構目的、權力的運用（如透過天命王權所建構天報系統），或其他種種正式與非正式的方法而樹立成的。此種「價值取向」，經過一段長時日之後，也就會逐漸內化為成員的心理與態度。因而成員在做決定時，自然會符合果報系統建構的目標，無需外來的其他約束。這也就是貝客（E.Wight Bakke）在《聯合的過程》（*Fusion Process*）一書中所說的「組織人格化」❿。

中土民間社會就是基於共同價值取向，才會在歌謠諺語，甚至是蒙學教材中表映出大雜揉的現象，只要能勸子弟、勸世人為善，皆可編入歌謠傳誦。更具體地說，民間環境所呈現的果報融合的現象，就是民間文學、或民間信仰的特性。而民間信仰正是人民長期以來在生活經驗中所建構起的一套遵循的社會理則，所以它具有駁雜特性，從這個角度來看道教形構其主體性的報應系統為何會有駁雜的現象就不難理解了。

二、社會群眾心理因素

---

❾：周次吉：《六朝志怪小說研究》，（台北：文津出版社，民國七十五年六月），第三篇〈結論〉，頁一五一。

❿：同註❸，第一章第五節〈決策研究法的組織理論〉，頁三五所引。

(一)人間亟需正義原則的心理

果報系統融合除了系統傳播本身因素造成融合現象外，尚有社會大眾的心理因素配合，那就是：人間亟需正義原則。何謂正義？傳統的解釋是義者宜也；宜是正當行為；合乎社會和國家規範者，謂之正當行為。從社會契約（即實證法）來看：正義是為了解決人與人之間的衝突。解決人與人之間的衝突不外乎二個途徑：其一在衝突發生之後才來解決；其二在衝突未發生之前，將其潛在危機化解於無形。第一個途徑最有效的是人為法，人為法的制定必須以正義為指導原則，它必須朝「使大多數人的最大幸福成為具有普遍性原則」⓫方向立法。吾人依第一個途徑來檢視中國的專制社會，法的制定，雖有朝正義原則建立，但無可厚非的，它也是保障少數統治階層利益而設定；更何況在中國一部二十五史裏，亂世多而太平盛世少；太平盛世的人為法，都無法實現使「大多數人的最大幸福，成為具有普遍性原則」；遑論在亂世裏，酷吏、豪強、士紳無視王法，對百姓身家性命任意踐踏、剝削、陵奪了。由此可知，造成無法使「大多數人獲得幸福、安全的保障」的關鍵是「人」的問題，不是法的問題，而人性的問題只有從宗教和道德來解決，因為人為法不會主動告知我們什麼當做？什麼不當做？只有道德法則，在衝突發生之前會指示我們什麼當做？什麼不當做？這是第二個途徑—道德法則，道德法則即是有理性的法則（案：人類的不幸及苦難多來自於非理性因素

⓫：此為美國當代深具影響力政治思想家納翰・羅爾士（John Rawls,1921-　）之語，見李英明：〈人亟需正義原則—約翰羅爾士《正義論》評介〉，《幼獅月刊》三八四期（民國七十三年十二月），頁七一。

造成），在這個法則令式下⑫，每個人都被視爲目的自身而存在，而絕不是被當成一個工具（或物品）般地踐踏。正義必須建立在普遍的道德法則之上，才有可能實現社會的和諧和圓滿，大多數人的幸福才會獲得保障，每個人都能自由地與他人的自由互相調和而共存。康德在一篇政治論文中曾說：

> 人類最大的問題，是建立一個普遍依循法律而運用權利的文明社會。人類的本性，迫使人類必須解決此一問題。惟有在一個擁有最大自由的社會中，惟有以最嚴格的決心與界限之保證，來限制個人自由，使它能夠和別人的自由共存共榮，大自然的最高目的，即大自然全部能力之發展，才能在人類社會中實現。⑬

康德所謂的限制個人自由，除了透過依循正義原則制定的實證法外，尚有道德的普遍法則的約束。實際上，在人的社會裏，衝突是永遠無法避免的，而能依道德法則令式行事的人，畢竟只有孔孟之流的聖賢君子。因此吾人可以很清楚地從前文所列〈表一七〉看到德報在發展過程中是輸入了天報、佛道罪福報的功能，也就是說，在正義破產，善惡無報時，人類要想在人間建立正義法則，只有導向宗教路徑來解決。因爲只有佛菩薩、天帝、鬼神，祂們才能保攝善惡必然有報，使正義得以實現。徐復觀在〈原史—由宗教通向人文的史學的成立〉一文中即云：

⑫：所謂「令式」：來自於道德良知之義務，即以命令之形式對我們意志產生強制作用。以下所使用概念，參見康德著，李明輝譯：《道德底形上學之基礎》，（出版狀況見前），頁三三—三四。

⑬：以賽柏林著，陳曉林譯：《自由四論》，（出版狀況見前），頁二三〇所引。

> 所謂宗教精神，可概舉兩點。一是鬼神世界的存在，以滿足人類永生的要求。……另一則是以神的賞善罰惡，為神對人類前途提供保證的精神，這也可以說是神突破人世間一切阻力，對人類所作的審判。⑭

祇有上帝才能保證圓善(highest good)的實現（中土的原始宗教天報觀即便不能解決善惡無報的問題，在民間也未失去其信仰地位），祂是至善、至真和正義公理的化身，人類可以透過信仰，皈依在祂那裏，分享了人間所沒有的正義原則。就是基於這種群眾心理，任何一個果報系統，只要是下貫到民間，可以滿足人民這種企求的正義心理，人民都會不拘門戶之見的吸納它、傳播它。由於這種心理才造成各果報系統在民間大融合的現象。

(二)人間相信因果報應的心理

這個問題也可以反過來問：中國人爲什麼要相信因果報應？美國宗教學家密爾頓・莫格（Ying.M.）在其著作《宗教的科學研究》(*The Scientific study of Religion*)中云：

> 人生根本的問題，就是「存在」問題，其中包括死亡、罪惡、痛苦、不幸等，宗教的功能則在於減輕人生的不幸和痛苦，使之轉化為最高的幸福。宗教是人們獲得最高幸福的手段。⑮

⑭：徐復觀：〈原史—由宗教通向人文的史學的成立〉，《兩漢思想史，卷三》，（出版狀況見前），頁二三四。

⑮：密爾頓・莫格：《宗教的科學研究》，見呂大吉：《宗教學通論》，（出版狀況見前），第一篇第一章〈宗教的本質、要素和類型〉，頁五三所引。

這段話正好可以用來作為中土人士為何要相信因果報應的註腳。

從本文第九章〈佛道兩教興起的機緣〉的外緣因素的論述可以知道：中國人的災難太多了，佛家有所謂三災九難⑯；《尚書・洪範》所謂的「六極」（凶短折、疾、憂、貧、惡、弱），這些生死憂患都是不可測的，佛家曰：「無常」，中土人士之所以相信有因果報應有三點：一是相信宗教所說的透過善行可以在今世或來生得到救贖，佛道兩教在這方面提供了「真空樂園」的來世美景，可以圓滿人們對今世遭逢亂世磨折的不平之心；其次，面對一己或他人所遭不幸，善惡無報之事，相信「天道好還」、「善惡到頭必有報」，而佛道兩教在這方面提供了三世因果輪迴業報和罪福承負報的理論，正好可以寬慰人心；反過來說，也可以當成是自己前生所種惡因，形成今世苦果，而甘於接受此不幸或不平之事。其次，果報思想解決了人類群體一個普遍性的難題—生命之謎？人從那裏來？死後又將到那裏去？而佛教十二因緣和三世因果理論可以提供人們對短暫一生或有缺陷的人生一個補救的心理。

在這兩種群眾心理因素下，民間更加包容任何一種可以提供心靈慰藉的果報信仰。由

⑯：所謂「三災」又分大三災：風、水、火災；和小三災：刀兵災、饑饉災、疾疫災；佛經中記載此劫難文獻相當多，可參考玄奘譯：《阿毘達磨大毗婆沙論》卷一三四，收入《大正藏》二十七冊，頁六九三上。所謂「九橫死」依唐・玄奘譯：《藥師琉璃光如來本願功德經》所載：㈠有病不得醫或因非藥而死；㈡所為非道，為王法所誅戮；㈢耽於淫樂，橫為非人奪其精氣而死；㈣為火所焚而死；㈤為水溺而死；㈥為惡獸所噉食而死；㈦墮山崖而死；㈧為毒藥、厭禱、咒詛、起屍鬼所害而死；㈨飢渴而死。（收入《大正藏》十四冊，頁四〇八上）

系統傳播本身因素上加社會群衆心理因素，中國各級果報系統就在大小傳統階層裏朝融合的趨勢發展。它在中土社會，會造成那些效應呢？以下便進入本論文研究的終結課題。

第二節　果報思想的效應暨本論文的評估與前瞻

一、果報思想在中土社會的效應

通過以上各果報思想的系統建構、發展、功能傳播、到融合，吾人很清楚地看到一幅大融合的面相，這種大融合的果報系統所造成的效應有以下四項：

㈠鑒察人類社會善惡行為的仲裁者

一個鬼神無所不知、無所不在、無所不報的深入中土人士血肉、思想、行爲裏，長達幾近一千五百多年，支配人心的果報信仰，多少會使大多數人產生敬畏天地鬼神的不可測神力，無形中抑制了人欲泛濫，成爲人性破產前最後一道防線。

㈡成為中土上下階層教子的習俗

從家訓和蒙學傳播管道可以約略知道，古代上下階層，不論是王公貴人、士君子，或一般凡庶，無不是以儒家那一套做人處事的倫理道德，加上鬼神報應的宗教信仰來教化子弟，冀塑造出其道德人格。消極方面可以安身立命；積極方面，可以建功積德，光耀門楣。

㈢果報信仰在社會交織成一片道德的法網

文人撰寫筆記小說，大量搜集流傳民間現世報應的故事；佛道信徒不斷四處宣化傳播：六道輪迴、地獄罪罰觀；民間不斷透過歌謠諺語傳播道德因果報應、或鬼神罪福報應觀念；對於已報的事實，更加渲染其受報的慘狀和下場❶強化恫嚇效果；由於有心人士的宣化，無形中構成一片道德法網—所謂「天網恢恢，疏而不漏」，在國家動亂，綱紀傾頹時，多少可以收到揚善抑惡的效應。

(四)形成積陰德的習俗

中土人士相信善惡有報，更相信靠自身的善行—積陰德，可以趨吉避凶，今世獲長壽、福祿、榮顯的現世效益；而所作功德又可以庇蔭子孫。應俊在《琴堂諭俗篇・積陰德》卷下錄有一首詩，內云：

心地肚腸好，子孫代代昌；心地肚腸惡，子孫代代殃。❷

在這種積陰德效應，即便是今日也仍可以看到它的影響力，諸如：捐錢、造橋、舖路、供佛、佈施、利物濟人、戒殺、放生等善行，已成爲中土民情的一種面相。

---

❶：例如：顏之推的《還冤記》收錄〈太樂伎〉一條，最早見於梁・任昉《述異記》的記載，在任氏的筆下，太樂伎鬼魂只索陶繼之一人之命；到了顏氏手上更添加了承負報，言其家道貧瘁，一兒早死，餘一弱，窮寒路次。

❷：宋・應俊：《琴堂諭俗篇》卷下，（台北：台灣商務印書館，民國七十二年，影印《文淵閣四庫全書》本），第八六五冊，頁二五〇。

二、評估與前瞻

經過以上的論述，從果報系統建構到融合，共十二章，約四十五萬字篇幅，筆者選擇了系統傳播學和詮釋學來作爲本論文研究方法，而得以順利完成中國果報系統一個歷史發展的解釋，也提供了果報融合在六朝已形成的文獻論證，這是本論文撰寫的研究成果。至於筆者對本論文的評估是，在研究成果方面有二點：一、得以順利用系統傳播學研究法來解釋中國各果報系是如何從建構到融合的現象；二、唐代以後三教融合是學界公認的事實，而筆者將融合的時間往溯到六朝，並且發現，果報系統在世俗化效益原則驅動下，已朝向會通的方向發展，而融合只是隱和顯的問題罷了。希望這個詮釋，有助於讀者了解中國果報的歷史發展面貌。在論文後繼研究上，有三個方向：

順著果報融合的思路下去，其衍生問題是從唐代的三教合一，到了明清的羅清所創的羅教的三教合一，內容有何差異？什麼樣環境下，才會提出「三教合一」的口號？

其次，筆者在撰寫過程中，發現宗教在世俗化的效益下，朝救贖思想方向發展，如此衍生出日後研究的二個途徑：一是中土宗教救贖思想，在各朝各代的面相如何？其類型和西方基督徒的救世主末世論思想有何不同？（如此便跨入宗教比較學領域）。二是宗教救贖思想在東漢被張角等人轉化爲政治革命；在唐以後，類似的民間革命興起，其末世論救贖思想和前期有何差異？其次是什麼環境才會造成轉化？是土地問題？還是政治社會結構問題？

以上三個方向是本論文後繼研究問題，筆者也期望能在宗教研究領域有進一步、新的拓展和研究視野。

引用書目

一、古人著作（依四部分類法）

㈠經部

1.十三經注疏

《周易正義》，（魏）王弼、韓康伯注，（唐）孔穎達正義，阮刻十三經注疏本。臺北縣：藝文印書館，一九七九年三月，七版。

《尚書正義》，（漢）孔安國傳、（唐）孔穎達正義，藝文影印阮刻十三經注經本。（出版狀況見前，以下皆同）

《毛詩正義》，（漢）毛亨傳、鄭玄箋、（唐）孔穎達正義，藝文影印阮刻十三經注疏本。

《禮記正義》，（漢）鄭玄注、（唐）孔穎達正義，藝文影印阮刻十三經注疏本。

《周禮注疏》，（漢）鄭玄注、（唐）賈公彥疏，藝文影印阮刻十三經注疏本。

《春秋左傳正義》，（晉）杜預注、（唐）孔穎達正義，藝文影印阮刻十三經注疏本。

《論語注疏》，（魏）何晏集解、（宋）邢昺疏，藝文影印阮刻十三經注疏本。

《孟子注疏》，（漢）趙歧注、（宋）孫奭疏，藝文影印阮刻十三經注疏本。

2.書、詩、春秋類

《逸周書集訓校釋》，（清）朱右曾撰。臺北：世界書局：一九六七年五月。

《韓詩外傳校注》，(漢)韓嬰撰，(清)周廷宷校注。影印叢書集成初編。畿輔叢書本，北京：中華書局，一九八五年。
《春秋繁露》，(漢)董仲舒撰。(清)董愼行校注。上海：上海古籍出版社，一九九五年二月。

3.緯書類

《易緯》，(清)黃奭輯。收入《逸書考．通緯》(以下皆同)。上海：上海古籍出版社，一九九三年四月。
《詩緯》，(清)黃奭輯。(出版狀況同前)
《禮緯》，(清)黃奭輯。(出版狀況同前)
《春秋緯》，(清)黃奭輯。(出版狀況同前)
《孝經緯》，(清)黃奭輯。(出版狀況同前)
《河圖》，(清)黃奭輯。(出版狀況同前)

4.小學類

《急就篇》，(漢)史游撰、(唐)顏師古注、(宋)王應麟補注。北京：中華書局，一九八五年。
《說文解字注》，(漢)許愼撰，(清)段玉裁注。臺北：蘭臺書局，一九七三年六月。
《千字文》，(梁)周興嗣撰，收入韓錫鐸編纂：《中華蒙學集成》。遼寧：遼寧教育出版社，一九九三年十一月。
《開蒙要訓》，(六朝)馬仁壽撰，敦煌遺書，伯二五七八號寫本。

㈡史部

1.正史類

《史記》，（漢），司馬遷撰，（唐）司馬貞索隱，張守節正義、（宋）裴駰集解。臺北：鼎文書局，一九八六年三月，三版。

《漢書》，（漢）班固撰、（唐）顏師古注。臺北：鼎文書局，一九七八年四月，三版。

《後漢書》，（劉宋）范曄撰，（清）王先謙集解，影印虛受堂刊本。北京：中華書局，一九九一年九月，二刷。

《三國志》，（晉）陳壽撰、（劉宋）裴松之注。臺北：鼎文書局，一九七八年十一月，再版。

《晉書》，（唐）房玄齡等撰。台北：鼎文書局，一九八三年七月，四版。

《宋書》，（齊梁）沈約撰。臺北：鼎文書局，一九八四年二月，二版。

《南齊書》，（梁）蕭子顯撰。臺北：鼎文書局，一九八四年四月，四版。

《梁書》，（唐）魏徵、姚思廉合撰。臺北：鼎文書局，一九八六年十月，五版。

《陳書》，（唐）魏徵、姚思廉合撰。臺北：鼎文書局，一九七八年七月，再版。

《魏書》，（北齊）魏收撰。臺北：鼎文書局，一九八三年十二月，四版。

《北齊書》，（唐）李百藥撰。臺北：鼎文書局，一九八三年四月，四版。

《周書》，（唐）令狐德棻等撰。臺北：鼎文書局，一九八三年四月，四版。

《南史》，（唐）李延壽撰。臺北：鼎文書局，一九七九年三月，再版。

《北史》，（唐）李延壽撰。臺北：鼎文書局，一九七九年三月，再版。

《隋書》，（唐）魏徵撰。臺北：鼎文書局，一九八三年三月，四版。

《宋史》，（元）脫克脫等撰。臺北：鼎文書局，一九八三年十二月，三版。

2.編年類

《東觀漢記》，（漢）劉珍撰，影印文淵閣四庫全書本。臺北：臺灣商務印書館，一九八三年。

《漢紀》，（漢）荀悅撰，影印文淵閣四庫全書本。臺北：臺灣商務印書館，一九八三年。

《後漢紀》，（晉）袁宏撰，影印文淵閣四庫全書本。臺北：臺灣商務印書館，一九八三年。

《竹書紀年疏證》，王國維撰。臺北縣：藝文印書館，一九七四年四月，三版。

3.別史、雜史、載記類

《國語》，（魯）左丘明撰、（三國）韋昭注，影印天聖明道本。臺北：廣文書局，一九七九年八月。

《晏子春秋》，舊題（齊）晏嬰撰，四部備要本。臺北：臺灣中華書局，一九八〇年元月。

《戰國策新校注》，（漢）劉向編纂、繆文遠校注。四川：巴蜀書社，一九九二年五月，二刷。

《十六國春秋》，（魏）崔鴻撰，收入《筆記小說大觀》四編一冊。臺北：新興書局，一九七三年三月。

《帝王世紀》，（晉）皇甫謐撰，百部叢書集成影印指海本。臺北縣：藝文印書館，一九六七年。

《華陽國志》，（晉）常璩撰，收入《筆記小記大觀》四編一冊。臺北：新興書局，一九七三年三月。

4.傳記類

《列女傳》，（漢）劉向撰，四部備要本。臺北：臺灣中華書局，一九七六年九月。

《孝傳》，（晉）陶淵明撰，收入《筆記小說大觀》四編一冊，臺北：新興書局，一九七三年元月。

《高士傳》，（晉）皇甫謐撰，收入周光培編：《歷代筆記小說集成㈠—漢魏筆記小說》。（出版狀況同前）

《逸民傳》，（南宋）皇甫涍撰。北京：中華書局，一九八五年。

5.職官類

《漢舊儀》，（漢）衛宏撰，百部叢書集成影印平津館叢書本。臺北縣：藝文印書館，一九六五年。

《漢官儀》，（漢）應劭撰，百部叢書集成影印平津館叢書本。臺北縣：藝文印書館，一九六五年。

6.政書類

《西漢會要》，（宋）徐天麟撰。北京：中書局，一九八五年。

《明會典》，（明）徐溥撰，影印文淵閣四庫全書本。臺北：臺灣商務印書館，一九八三年。

7.金石類

《金石錄》，（宋）趙明誠撰，收入《石刻石料新編》第十二冊。臺北：新文豐出版公司，一九七七年十二月。

《隸釋》，（宋）洪适撰，收入《石刻史料新編》第九冊。（出版狀況同前）

《金石萃編》，（清）王昶撰，收入《石刻史料新編》第一冊。（出版狀況同前）

《金石續編》，（清）陸耀遹撰，收入《石刻史料新編》第四冊。（出版狀況同前）

《寰宇訪碑錄》，（清）孫星衍、邢澍合撰，收入《石刻史料新編》第二十六冊。（出版狀況同前）

《補寰宇訪碑錄》，（清）趙之謙撰，收入《石刻史料新編》第二十七冊。（出版狀況同前）

《續補寰宇訪碑錄》，（清）劉聲木撰，收入《石刻史料新編》第二十七冊。（出版狀況同前）

8.目錄、輯佚類

《語石》，（清）葉昌熾撰。臺北：臺灣商務印書館，一九八三年十一月，三版。

《群書治要》，（唐）魏徵等撰，影印連筠簃叢書本。北京：中華書局，一九八五年。

《四庫全書總目提要》，（清）紀昀撰。臺北縣：藝文印書館，一九八九年元月，六版。

《玉函山房輯佚書》，（清）馬國翰輯。臺北：文海出版社，一九六七年六月。

(三)子部

1.儒家類

《增補荀子集解》，（趙）荀子撰、（清）王先謙集解、（日）久保愛增注、豬飼彥博補遺。臺北：蘭臺書局，一九七二年九月。

《新書》，（漢）賈誼撰。上海：上海古籍出版社，一九九一年四月，三刷。

《新語》，（漢）陸賈撰、王利器校注。北京：中華書局，一九九六年二月，三刷。

《說苑疏證》，（漢）劉向撰、（清）趙善詒疏證。上海：華東師範大學出版社，一九八五年二月。

《新序》，（漢）劉向撰。臺北：世界書局，一九六六年三月。

《鹽鐵論校注》，（漢）桓寬撰、王利器校注。北京：中華書局，一九九二年七月。

《新論》，（漢）桓譚撰，四部備要本。臺北：臺灣中華書局，一九六六年三月。

《政論》，（漢）崔實撰，收入馬國翰編：《玉函山房輯佚書》。臺北：文海出版社，一九六七年六月。

《孔子家語疏證》，（晉）王肅注，（清）陳士珂輯，影印湖北叢書本。北京：中華書局，一九八五年。

《司馬溫公家範》，（宋）司馬光撰。中國子學名著集成編印基金會，（無出版年月）。

《世範》，（宋）袁采撰，百部叢書集成影印知不足齋本。臺北縣：藝文印書館，一九六六年。

2. 兵家、法家類

《孫子兵法》，（齊）孫武撰，收入丁雙平等編：《百子全書》第二冊。長沙：岳麓書社，一九九四年九月。

《商君書錐指》，舊題（衛）商鞅撰，蔣禮鴻錐指。北京：中華書局，一九九六年九月。

《慎子》，（趙）慎到撰，收入丁雙平等編：《百子全書》第三冊。長沙：岳麓書社，一九九四年九月，二刷。

《申子》，（鄭）申不害撰，收入（唐）魏徵、蕭德言合纂：《群書治要》，百部叢書集成影印連筠簃叢書。臺北縣：藝文印書館，一九六七年。

《韓非子集解》，（韓）韓非撰、陳奇猷集釋。臺北：世界書局，一九九一年九月，四版。

3.天文、術數類

《星經》，（魏）甘德、石申撰，影印藝海珠塵本。北京：中華書局，一九八五年。

《五行大義》，（隋）蕭吉撰。臺北：廣文書局，一九八七年七月。

4.雜家類

《管子纂詁》，舊題（齊）管仲撰、安井衡纂詁。臺北：河洛圖書出版社，一九七六年三月。

《墨子閒詁》，（春秋宋人）墨翟撰，（清）孫詒讓注。臺北：河洛圖書公司，一九七五年。

《淮南子鴻烈集解》，（漢）劉安撰，劉文典集解、馮逸、喬華點校本。北京：中華書局，一九九七年元月，二刷。

《白虎通疏證》，（漢）班固撰、陳立疏證。北京：中華書局，一九九四年八月。

《論衡校釋》，（漢）王充撰、黃暉校釋。北京：中華書局，一九九〇年二月。

《潛夫論箋》，（漢）王符撰、（清）汪繼培箋。臺北：漢京文化事業有限公司，一九八四年五月。

《世說新語校箋》，（劉宋）劉義慶撰、徐震堮校箋。臺北：文史哲出版社，一九八五年七月。

《顏氏家訓注》，（北齊）顏之推撰、（清）趙曦明注。臺北縣：藝文印書館，一九七三年三月。

《夢溪筆談》，（北宋）沈括撰。北京：中華書局，一九八五年。

《積善錄》，（南宋）黃光大撰。百部叢書集成影印稗乘本。臺北縣：藝文印書館，一九六七年。

《琴堂諭俗編》，（南宋）應俊編，影印文淵閣四庫全書本。臺北，臺灣商務印書館，一九八三年。

《野客叢書》，（南宋）王楙撰、王文錦點校。北京：中華書局，一九九二年二月，二刷。

《螢雪叢說》，（南宋）俞成撰，百部叢書集成影印儒學警悟本。臺北縣：藝文印書館，一九六五年。

《閱微草堂筆記》，（清）紀昀撰。臺北：文光圖書公司，一九七四年九月。

《集說詮真》，（清）黃伯錄撰，收入李豐楙等編：《中國民間信仰資料彙編》。臺北：臺灣學生書局，一九八九年十一月。

5.類書類

《藝文類聚》，（唐）歐陽詢纂。臺北：新興書局，一九七三年七月。

《太平御覽》，（宋）李昉等撰，影印文淵閣四庫全書本。上海：上海古籍出版社，一九九四年八月。

《古今圖書集成》，（清）陳夢雷編纂。臺北：鼎文書局，一九七七年四月。

6.小說家類（雜事、異聞、瑣語、謠諺）

《笑林》，（魏）邯鄲淳撰，收入魯迅編：《古小說鉤沉》。臺北：盤庚出版社，一九七八年十月。

《搜神記》，（晉）干寶撰，影印民國胡懷琛標點通行本。臺北：鼎文書局，一九八〇年三月。

《搜神後記》，舊題（晉）陶潛撰，，收入周光培編：《歷代筆記小說集成㈠—漢魏筆記小說》。河北：河北教育出版社，一九九四年四月。

《拾遺記》，（苻秦）王嘉撰，百部叢書集成影印古今逸史本。臺北縣：藝文印書館，一九六六年。

《異苑》，（劉宋）劉敬叔撰，收入《筆記小說大觀》十編一冊。臺北：新興書局，一九七五年十二月。

《靈鬼志》，（晉宋）荀氏撰，收入魯迅編：《古小說鉤沉》。（出版狀況見前）

《幽明錄》，（劉宋）劉義慶撰，收入魯迅編：《古小說鉤沉》。（出版狀況見前）

《宣驗記》，（劉宋）劉義慶撰，收入魯迅編：《古小說鉤沉》。（出版狀況見前）

《觀世音應驗記三種》，（劉宋）傅亮、張演、（齊）陸杲等撰，孫昌武點校。北京：中華書局，一九九四年十一月。

《光世音應驗記》，（劉宋）傅亮撰，收入孫昌武點校：《觀世音應驗三種》。（出版狀況見前）

《續光世音應驗記》，（劉宋）張演撰，收入孫昌武點校：《觀世音應驗三種》。（出版狀況見前）

《靈應錄》，（劉宋）傅亮撰，收入《筆記小說大觀》三十編第十冊。臺北：新興書局，一九七七年八月。

《繫觀世音應驗記》，（齊）陸杲撰，收入孫昌武點校：《觀世音應驗三種》。（出版狀況見前）

《述異記》，（梁）任昉撰，收入魯迅編：《古小說鉤沉》，（出版狀況見前）

《志怪》，（六朝）孔氏撰，收入魯迅編：《古小說鉤沉》，（出版狀況見前）

《冥祥記》，（北齊）王琰撰，收入魯迅編：《古小說鉤沉》，（出版狀況見前）

《旌異記》，（隋）侯君素撰，收入魯迅編：《古小說鉤沉》，（出版狀況見前）

《集異志》，（唐）陸勳撰。北京：中華書局，一九八五年。

《冥報記》，（唐）唐臨撰，收入《大正藏》第五十一冊，臺北：新文豐出版公司，一九八三年元月。

《太平廣記》，（宋）李昉等編纂。臺北縣：藝文印書館，一九七〇十月。

《古謠諺》，（清）杜文瀾撰。臺北：世界書局，一九八三年十月，四版。

7. 釋家類

《牟子理惑論》，（漢）牟融撰，收入（梁）釋僧祐編：《弘明集》，在《大正新脩大藏經》（以下簡稱《大正藏》），大藏經刊行會編。臺北：新文豐出版公司，一九八三年元月，第五十二冊。

《中本起經》，（漢）曇果、康孟祥譯，收入《大正藏》第四冊。（出版狀況同前）

《佛說分別善惡所起經》，（漢）安世高譯，收入《大正藏》第十七冊。（出版狀況同前）

《無量壽經》，（曹魏）康僧鎧譯，收入《大正藏》第十二冊。（出版狀況同前）

《修行道地經》，（西晉）竺法護譯，收入《大正藏》第十五冊。（出版狀況同前）

《出曜經》，（前秦）竺佛念譯，收入《大正藏》第四冊。（出版狀況同前）

《婆沙論》，（前秦）竺佛念譯，收入《大正藏》第二十七冊。（出版狀況同前）

《長阿含經》，（姚秦）佛陀耶舍共竺佛念譯，收入《大正藏》第一冊。（出版狀況同前）

《妙法蓮華經》，（姚秦）鳩摩羅什譯，收入《大正藏》第九冊。（出版狀況同前）

《十誦律》，（姚秦）鳩摩羅什共弗若多羅譯，收入《大正藏》第三十三冊。（出版狀況同前）

《梵網經》，（姚秦）鳩摩羅什譯，收入《大正藏》第二十四冊。（出版狀況同前）

《大智度論》，（姚秦）鳩摩羅什譯，收入《大正藏》第二十五冊。（出版狀況同前）

《十住毘婆沙論》，（姚秦）鳩摩羅什譯，收入《大正藏》第二十六冊。（出版狀況同前）

《百論》，（姚秦）鳩摩羅什譯，收入《大正藏》第三十冊。（出版狀況同前）

《成實論》，（姚秦）鳩摩羅什譯，收入《大正藏》第三十二冊。（出版狀況同前）

《中阿含經》，（東晉）僧伽提婆譯，收入《大正藏》第一冊。（出版狀況同前）

《增壹阿含經》，（東晉）僧伽提婆譯，收入《大正藏》第二冊。（出版狀況同前）

《華嚴經》，（東晉）佛陀跋陀羅譯，收入《大正藏》第九冊。（出版狀況同前）

《佛說泥犁經》，（東晉）竺曇無蘭譯，收入《大正藏》第一冊。（出版狀況同前）

《觀佛三昧海經》，（東晉）佛陀跋陀羅譯，收入《大正藏》第十五冊。（出版狀況同前）

《涅槃經》，（北涼）曇無讖譯，收入《大正藏》第十二冊。（出版狀況同前）

《優婆塞戒經》，（北涼）曇無讖譯，收入《大正藏》第二十四冊。（出版狀況同前）

《入楞伽經》，（北魏）菩提流支譯，收入《大正藏》第十六冊。（出版狀況同前）

《正法念處經》，（北魏）菩提流支譯，收入《大正藏》第十七冊。（出版狀況同前）

《大寶積經論》，（北魏）菩提流支譯，收入《大正藏》第二十六冊。（出版狀況同前）

《過去現在因果經》，（劉宋）求那跋陀羅譯，收入《大正藏》第三冊。（出版狀況同前）

《佛說輪轉五道罪福報應經》，（劉宋）求那跋陀羅譯，收入《大正藏》第十七冊。（出版狀況同前）

《決定藏論》，（梁）真諦譯，收入《大正藏》第三十冊。（出版狀況同前）

《高僧傳》，（梁）慧皎撰，收入《大正藏》第五十冊。（出版狀況同前）

《弘明集》，（梁）僧祐輯，收入《大正藏》第五十二冊。（出版狀況同前）

《經律異相》，（梁）僧旻、寶唱合輯，收入《大正藏》第五十三冊。（出版狀況同前）

《立世阿毘曇論》，（陳）真諦譯，收入《大正藏》第三十二冊。（出版狀況同前）

《佛爲道迦長者說業報差別經》，（隋）瞿曇共法智譯，收入《大正藏》第一冊。（出版狀況同前）

《佛本行集經》，（隋）闍那崛多譯，收入《大正藏》第三冊。（出版狀況同前）

《占察善惡業報經》，（隋）菩提燈譯，收入《大正藏》第十七冊。（出版狀況同前）
《大乘義章》，（隋）慧遠撰，收入《大正藏》第四十四冊。（出版狀況同前）
《歷代三寶紀》，（隋）費長房撰，收入《大正藏》第四十九冊。（出版狀況同前）
《地藏菩薩本願功德經》，（唐）實叉難陀譯，收入《大正藏》第十三冊。（出版狀況同前）
《十善業道經》，（唐）實叉難陀譯，收入《大正藏》第十五冊。（出版狀況同前）
《大毗婆沙論》，（唐）玄奘譯，收入《大正藏》第二十七冊。（出版狀況同前）
《阿毘達磨俱舍論》，（唐）玄奘譯，收入《大正藏》第二十九冊。（出版狀況同前）
《成唯識論》，（唐）玄奘譯，收入《大正藏》第三十一冊。（出版狀況同前）
《續高僧傳》，（唐）釋道世撰，收入《大正藏》第五十冊。（出版狀況同前）
《廣弘明集》，（唐）釋道宣輯，收入《大正藏》第五十二冊。（出版狀況同前）
《甄正論》，（唐）玄嶷撰，收入《大正藏》第五十二冊。（出版狀況同前）
《法苑珠林》，（唐）釋道世撰，收入《大正藏》第五十三冊。（出版狀況同前）
《開元釋教錄》，（唐）釋智昇撰，收入《大正藏》第五十五冊。（出版狀況同前）
《分別善惡報應經》，（宋）天息災撰，收入《大正藏》第一冊。（出版狀況同前）
《十不善業道經》，（宋）日稱等譯，收入《大正藏》第十七冊。（出版狀況同前）
《佛祖統紀》，（宋）釋志磐撰，收入《大正藏》第四十九冊。（出版狀況同前）

8.道家類

《列子集類》，舊題（鄭）列禦寇撰、（晉）張湛注，楊伯峻集釋。北京：中華書局，一九九六年二月，四刷。
《帛書老子校校》，舊題（楚）李耳撰、黃釗校注。臺北：臺灣學生書局，一九九一年十月。
《莊子集釋》，（宋）莊周撰、（清）郭慶藩集釋。臺北：河洛圖書出版社，一九七四年三月。
《列仙傳》，（漢）劉向撰，收入周光培編：《歷代筆記小說集成㈠·漢魏筆記小說》。河北：河北教育出版社，一九九四年四月。
《太平經合校》，舊題（漢）于吉撰，王明合校。北京：中華書局，一九九二年三月，四刷。
《老子想爾注》，舊題（漢）張道陵撰，饒宗頤校證。上海：上海古籍出版社，一九九一年十一月。
《神仙傳》，（東晉）葛洪撰，收入周光培編：《歷代筆記小說集成㈠—漢魏筆記小說》。（出版狀況見前）
《抱朴子內篇校釋》，（東晉）葛洪撰，王明校釋。北京：中華書局，一九八八年七月，三刷。
《真誥》，（梁）陶弘景撰。北京：中華書局，一九八五年。
《周氏冥通記》，（梁）陶弘景撰。北京：中華書局，一九八五年。
（洞真）
《靈寶無量度人上品妙經》，收入《正統道藏》洞真部本文類天字號，第一冊。臺北：

新文豐出版社，一九七七年元月。（案：以下依《正統道藏》三洞四輔編排法）

《洞玄靈寶真靈位業圖》，（梁）陶弘景撰，收入《正統道藏》洞真部譜籙類騰字號，第五冊。

《太上玉清謝罪登真寶懺》，收入《正統道藏》洞真部威儀類結字類，第五冊。

（洞玄）

《太上洞淵神咒經》，收入《正統道藏》洞玄部本文類始字號，第十冊。

《太上洞玄靈寶業報因緣經》，收入《正統道藏》洞玄部本文類始字號，第十冊。

《太上洞玄靈寶三塗五苦拔度生死妙經》，收入《正統道藏》洞玄部本文類始字號，第十冊。

《太上洞玄靈寶三元玉京玄都太獻經》，收入《正統道藏》洞玄部本文類始字號，第十冊。

《登真隱訣》，（梁）陶弘景撰，收入《正統道藏》洞玄部玉訣類遜字號，第十一冊。

《太上洞玄靈寶三元品戒功德輕重經》，收入《正統道藏》洞玄部戒律類陶字號，第十一冊。

《太極真人敷靈寶齋戒威儀諸經要訣》，收入《正統道藏》洞玄部威儀類被字號，第十六冊。

（洞神）

《太上說中斗大魁保命妙經》，收入《正統道藏》洞神部本文類傷字號，第十九冊。

《太上老君戒經》，收入《正統道藏》洞神部戒律類力字號，第三十冊。

《正一法文天師教戒科經》，收入《正統道藏》洞神部戒律類力字號，第三十冊。

《太上除三尸九蟲保生經》，收入《正統道藏》洞神部方法類夙字號，第三十一冊。

（太玄）

《雲笈七籤》，（宋）張君房撰，收入《正統道藏》太玄部存字號，第三十七冊。

（太平）

《道門經法相承次序》，（唐）潘師正撰，收入《正統道藏》太平部諸字號，第四十一冊。

（太清）

《太上感應篇傳》，（宋）李昌齡傳，收入《正統道藏》太清部義字號，第四十五冊。

（正一）

《太上出家傳度儀》，收入《正統道藏》正一部楹字號，第五冊。

《洞玄靈寶五感文》，（劉宋）陸修靜撰，收入《正統道藏》正一部笙字號，第五十四冊。

《天始說度酆都經》，收入《正統道藏》正一部群字號，第五十七冊。

㈡集部

1.楚辭、別集類

《楚辭補注》，（漢）劉向編、高誘注、（宋）洪興祖補注。臺北縣：藝文印書館，一九七四年十月。

《蔡中郎集》，（漢）蔡邕撰，收入（清）張溥輯：《漢魏六朝百三名家集》第二冊。臺北：文津出版社，一九七九年八月。

《嵇中散集》，（三國）嵇康撰，收入（清）張溥輯：《漢魏六朝百三名家集》第二冊。（出版狀況同前）

《諸葛亮集》，（三國）諸葛亮撰，收入（清）張溥輯：《漢魏六朝百三名家集》第一冊。（出版狀況同前）

《魏武帝集》，（三國）曹操撰，收入（清）張溥輯：《漢魏六朝百三名家集》第二冊。（出版狀況同前）

2.總集類

《全上古三代秦漢三國六朝文》，（清）嚴可均輯。北京：中華書局，一九八五年十一月，三刷。

《漢魏六朝百三名家集》，（清）張溥輯。臺北：文津出版社，一九七九年八月。

二、近人專著

㈠中文著作（依中國圖書分類法）

1.總類

(1)目錄

《毛詩引傳》，哈佛燕京學社編。哈佛燕京學社，一九三四年十月。

《論語引得》，哈佛燕京學社編。台灣仿印《四書引得》合訂本（無出版年月）。

《墨子引得》，哈佛燕京學社編。哈佛燕京學社，一九四八年五月。

《荀子引得》，哈佛燕京學社編。臺灣：成文出版社，一九六六年十月。

《日本國見在書目》，滕原佐世撰。藝文百部叢書影印古逸叢書本。臺北縣：藝文印書館，一九六五年。
《中華佛教百科全書》，藍吉富編纂。臺南縣：中華佛教百科文獻基金會，一九九四年元月。
(2)考辨
《鄒衍遺說考》，王夢鷗撰。臺北：臺灣商務印書九館，一九六六年元月。
《僞書通考》，張心澂撰。臺北：臺灣印書館：一九七〇年五月。
《漢魏博士考》，王國維撰，影印叢書菁華學術叢編本。臺北縣：藝文印書館，一九七一年十月。
《道藏源流考》，陳國符撰。臺北：祥生出版社，一九七五年三月。
《先秦文史資料考辨》，屈萬里撰。臺北：聯經出版事業公司，一九九三年九月。
(3)群經
《經學歷史》，皮錫瑞撰。臺北：河洛圖書出版公司，一九七四年九月。
《康誥研究》，曾榮汾撰。臺北：臺灣學生書局，一九八一年九月。
2.哲學類
《中國思想通史》，侯外廬編纂。北京：人民出版社，一九五七年三月。
《韓非子的哲學》，王邦雄撰。臺北：東大圖書公司，一九七七年八月。
《中國哲學原論—導論篇》，唐君毅撰。臺北：臺灣書局，一九七八年三月，三版O
《性命古訓辨證》，傅斯年撰，收入《傅斯年全集》。臺北：聯經出版事業公司，一九八〇年九月。
《十批判書》，郭沫若撰，收入《郭沫若全集—歷史編2》。北京：人民出版社，一九八二年九月。
《中國哲學十九講》，牟宗三撰。臺北：臺灣學生書局，一九八三年十月。
《孔孟荀哲學》，蔡仁厚撰。臺北：臺灣學生書局，一九八四年十二月。
《兩漢思想史》，徐復觀撰。臺北：臺灣學生書局，一九八九年二月，二刷。
《西漢前期思想與法家的關係》，林聰舜撰。臺北：大安出版社，一九九一年四月。
《中國人性論史—先秦篇》，徐復觀撰。臺北：臺灣商務印書館，一九九四年四月，十一刷。
《中國倫理精神的歷史建構》，樊浩撰。臺北：文史哲出版社，一九九四年十月。

3. 宗教類

(1) 總論

《中國古代宗教初探》，朱天順撰。臺北：谷風出版社，一九八六年十月。
《宗教學通論》，呂大吉編。北京：中國社會科學出版社，一九九六年十月，二刷。

(2) 比較宗教學

《道藏內佛教思想資料集成》，鎌田茂雄撰。東京：大藏出版社株式會社，一九八六年三月。
《漢魏六朝佛道兩教之天堂地獄說》，蕭登福撰。臺北：臺灣學生書局，一九八九年十一月。

《中西哲學思想中的天道與上帝》，李杜撰。臺北：聯經出版事業公司，一九九一年五月，六刷。

(3)佛教

《佛典漢譯之研究》，王文顏撰。臺北：天華出版事業公司，一九八四年十二月。

《漢魏兩晉南北朝佛教史》，湯用彤撰。板橋：駱駝出版社，一九八七年八月。

《中國佛教史》，任繼愈撰。北京：中國社會科學出版社，一九九三年八月，四刷。

(4)道教

《抱朴子—不死的探求》，李豐楙撰。臺北：時報文化出版公司，一九八三年十一月。

《魏晉神仙道教》，胡孚琛撰。北京：人民出版社，一九八九年三月。

《中國道教史》，任繼愈編纂。上海：上海人民出版社，一九九四年十一月，四刷。

(5)術數、迷信

《先秦兩漢之陰陽五行學說》，李漢三撰。臺北：維新書局，一九八一年四月。

《陰陽五行及其體系》，鄺芷人撰。臺北：文津出版社，一九九二年十二月。

《中國古代鬼神文化大觀》，尹飛洲撰。上海：百花洲文藝出版社，一九九二五月。

《中國鬼信仰》，張勁松撰。臺北：谷風出版社，一九九三年六月。

4.自然科學類（天文、人類學）

《高等天文學》，盧景賢撰。臺北：臺灣中華書局，一九五八年。

《史記天官書今註》，高平子撰。臺北：臺灣中華書局，一九六五年六月。

《中國古代天文學簡史》，陳遵嬀撰。臺北：木鐸出版社，一九八二年。

《史前認識的研究》，李景源撰。湖南：湖南教育出版社，一九八九年三月。

5.應用科學類（系統管理、傳播）

《企業管理精粹》，林清發撰。臺北：五南圖書出版公司，一九八三年六月，四版。

《系統研究法的組織理論之分析》，彭文賢撰，臺北：聯經出版事業公司，一九九〇年十月，四刷。

《應用系統開發—分析、設計與程式開發管理》，張詩言撰。臺北：全欣資訊圖書公司，一九九三年十二月。

《系統方案專案管理》，許榮榕撰。臺北：天一圖書公司，一九九五年五月。

《管理學》，許士軍撰。臺北：東華書局，一九九五年五月，十版。

《無形的網絡》，吳予敏撰。北京：國際文化出版社，一九八八年五月。

《傳播模式》，吳予敏撰。北京：國際文化出版社，一九八八年五月。

《中國印刷史》，張秀民撰。上海：上海人民出版社，一九八九年九月。

6.社會科學類

(1)教育

《傳統語文教育教材論—暨蒙學書目和書影》，張志公撰。上海：上海教育出版社，一九九二年十二月。

《歷代聖賢家訓》，繆小放、鮑樸編。北京：北京燕山出版社，一九九六年元月。

《中國古代教育史》，毛禮銳等編。北京：人民教育出版社，一九九六年三月。

(2)禮俗、社會

《中國民間信仰資料彙編》，李豐楙等編。臺北：臺灣學生書局，一九八九年十一月。

《中國善惡報應習俗》，劉道超撰。臺北：文津出版社，一九九二年元月。

《中國喪葬史》，張捷夫。臺北：文津出版社，一九九五年七月。

《中國古代社會研究》，郭沫若撰，收入《郭沫若全集—歷史編1》。北京：人民出版社，一九八二年九月。

(3)法律

《中國法律與中國社會》，瞿同祖撰。北京：中華書局，一九八一年。

《中國法制史研究綜述》，張晉藩撰。北京：中國人民公安大學出版社，一九九〇年六月。

《中國傳統法律文化》，武樹臣等撰。北京：北京大學出版社，一九九四年八月。

7.史地類

(1)史論

《殷周制度論史》，王國維撰，影印《叢書菁華·學術叢編》本。臺北縣：藝文印書館，一九七一年十月。

《中國上古史新探》，潘英撰。臺北：明文書局，一九八五年三月。

《西周史》，許倬雲撰。臺北：聯經出版事業公司，一九九三年二月，四刷。

《中國救荒史》，鄧雲特撰。北京：商務印書館，一九九三年七月。

《饒宗頤史學論著選》，饒宗頤撰。上海：上海古籍出版社，一九九三年十一月。

《魏晉南北朝史論拾遺》，唐長孺撰。臺北：谷風出版社。（重印本，無出版年月。）

(2)考古

《殷墟書契菁華》，羅振玉編。一九一四年十月影印本。

《殷契佚存》，商承祚撰。金陵大學中國文化研究所影印本，一九三三年十月。

《殷墟文字甲編》，董作賓編。上海：商務印書館，一九四八年四月，影印本。

《殷墟文字乙編》，董作賓編。台北：中央研究院歷史語言研究所，（上輯）一九四八年十月，（中輯）一九四九年三月，（下輯）一九五三年十二月。

《殷契拾掇》，郭若愚撰。上海出版公司，一九五一年八月。

《兩周金文辭大系考釋》，郭沫若撰。北京：社會科學出版社，一九五六年。

《殷墟文字丙編》，張秉權編。臺北：中央研究院歷史語言研究所，（上輯）一九五七年八月，（中輯）一九六二年，（下輯）一九六七年十二月。

《居延漢簡考釋之部》，勞幹撰。臺北：中央研究院歷史語言研究所，一九六〇年。

《甲骨文編》，孫海波撰。臺北：臺灣中華書局，一九六五年。

《殷墟卜辭綜述》，陳夢家撰。北京：科學出版社，一九六五年。

《金璋所藏甲骨卜辭》，方法斂編。臺北縣：藝文印書館，一九六六年六月。

《庫方二氏所藏甲骨文辭》），方法斂編。臺北縣：藝文印書館，一九六六年六月。

《殷墟文字前編集釋》，葉玉森撰。臺北縣：藝文印書館，一九六六年十月。

《殷契卜辭》，容庚、瞿潤緡合編，影印燕京大學藏本。臺北縣：藝文印書館，一九七〇年十月。

《殷墟書契前編》，羅振玉編。臺北縣：藝文印書館，一九七〇年，重印本。

《殷墟書契後編》，羅振玉編。臺北縣，藝文印書館，一九七〇年，重印本。

《殷契粹編》，郭沫若撰。臺北：臺灣大通書局，一九七一年二月。

《觀堂古金文考釋》，王國維撰，收入《王觀堂先生全集》第六冊，影印《叢書菁華·學術叢編》。臺北縣：藝文印書館，一九七一年十月。

《殷墟卜辭續編第一集》，許進雄編。加拿大：皇家安大略博物館，一九七二年。

《鄴中片羽初集》，黃濬編。臺北縣：藝文印書館，一九七二年七月。

《金石學》，朱建新撰。臺北：臺灣商務印書館，一九七三年八月。

《出土文物二三事》，郭沫若撰。北京：人民出版社，一九七二年八月。

《甲骨學商史論叢—初集上》，胡厚宣撰。臺北：臺灣大通書局，一九七二年十月。

《甲骨文合集》，郭沫若編。北京：中華書局，一九七九年。

《甲骨文集釋》，李孝定撰。臺北：中央研究院歷史語言研究所出版。

《卜辭通纂》，郭沫若撰。北京：科學出版社，一九八三年六月。

《小屯南地甲骨考釋》，姚孝遂、肖丁撰。北京：中華書局，一九八五年八月。

《考古學專題六講》，張光直撰。臺北：稻鄉出版社，一九八八年九月。

《殷墟甲骨刻辭類纂》，姚孝遂、肖丁合編。北京：中華書局，一九八九年元月。

《商周古文字讀本》，劉翔等編。北京：語文出版社，一九九一年八月，二刷。

《中國青銅時代》，張光直撰。臺北：聯經出版書業公司，一九九四年十二月，五刷。

8.語文類（附美術類）

《敦煌學津雜志》，陳祚龍撰。臺北：文津出版社，一九八一年十二月。

《魏晉南北朝志怪小說研究》，王國良撰。臺北：文史哲出版社，一九八四年七月。

《六朝志怪小說》，周次吉撰。臺北：文津出版社，一九八六年六月。
《先秦漢魏南北朝詩》，逯欽立輯校。臺北：木鐸出版社，一九八八年七月。
《六朝志怪小說考論》，王國良撰。臺北：文史哲出版社，一九八八年十一月。
《敦煌學概要》，蘇瑩輝撰。臺北：五南圖書出版公司，一九九二年五月，二刷。
《敦煌變文集新集》，潘重規撰。臺北：文津出版社，一九九四年十二月。
《顏之推冤魂志研究》，王國良撰。臺北：文史哲出版社，一九九五年六月。
《中國小說史略》，魯迅撰。北京：東方出版社，一九九六年三月。
《漢磚文集》，西川寧、神田喜一郎合編。東京：二玄社，一九八八年十一月，十四刷。

㈡外文譯著（依出版時間先後為序）

《宗教本質演講錄》，費爾巴哈撰，林尹文譯。臺北：臺灣商務印書館，一九六九年十月，二版。
《中國之科學與文明》，李約瑟撰，臺灣商務印書館編譯。臺北：臺灣商務印書館，一九七五年。
《自由四論》，以賽·柏林撰，陳曉林譯。臺北：聯經出版事業公司，一九八六年九月。
《簡明中國佛教史》，鎌田茂雄撰，鄭彭年譯。臺北：谷風出版社，一九八七年七月。
《野性的思惟》，李維·史特勞斯撰，李幼蒸譯。臺北：聯經出版社事業公司，一九八九年五月。
《金文的世界》，白川靜撰，溫天河、蔡哲茂共譯。臺北：聯經出版事業公司，一九八八九年八月。
《道德底形上學之基礎》，伊努曼埃·康德撰，李明輝譯。臺北：聯經出版事業公司，一九九〇年三月。
《支配的類型》，馬克斯·韋伯撰，康樂等譯。臺北：遠流出版事業公司，一九九一年元月。
《第三思潮：馬斯洛心理學》，弗蘭克、戈布爾撰，呂明、陳紅雯譯。臺北：師大書苑，一九九二年四月。
《傳播模式》，麥魁爾．溫達爾合撰，楊志弘、莫季雍同譯。臺北：正中書局，一九九二年四月。
《傳播理論》，史提芬·李鐸強撰、程之行譯。臺北：遠流出版公司，一九九三年十一月。
《宗教社會學》，馬克斯·韋伯撰，劉援、王予文譯。臺北：桂冠圖書公司，一九九四年三月，二刷。
《歷史的理念》，柯靈烏撰，陳明福譯。臺北：桂冠圖書公司，一九九四年四月。
《純粹現象學通論》，胡塞爾撰、李幼蒸譯。臺北：桂冠圖書公司，一九九四年八月。
《存在與時間》，海德格撰，王慶節、陳嘉映譯。臺北：桂冠圖書公司，一九九四年八月。
《人論》，恩斯特·卡西勒撰，甘陽譯。臺北：桂冠圖書公司，一九九四年十月。
《詮釋學》，帕瑪撰，嚴平譯。臺北：桂冠圖書公司，一九九五年五月
《金文通釋》（日）白川靜撰。京都：白鶴美術館，一九六三年—一九七九年。

三、論文

㈠期刊論文

〈陰陽五行說之來歷〉，梁啓超撰，《東方雜誌》第二十卷第十號，一九二三年十二月。

〈古文字之商周祭祀〉，陳夢家撰，《燕京學報》第十九期，一九三六年六月。

〈殷卜辭中的上帝和王帝〉，胡厚宣撰，《歷史研究》一九五九年，第九期，一九五九年九月。

〈江蘇高郵邵家溝漢代遺址的清理〉，江蘇文物管理委員會撰，《考古》一九六〇年第十期（總五二期），一九六〇年十月。

〈周口店山頂洞人化石的研究〉，吳新智撰，《古脊椎動物與古人類》，一九六一年第三期，一九六一年三月。

〈顏之推《還冤記》考證㈤〉，周法高撰，《大陸雜誌》第二十二卷第九期，一九六一年五月。

〈一九六〇年秋陝西長安張家坡發掘簡報〉，中國科學院考古研究所灃西發掘隊，《考古》一九六二年第一期，一九六二年一月。

〈中國古代宗教思想研究〉，李杜撰，《新亞書院學術年刊》第十期，一九六八年九月。

〈中國古代宗教思想之研究〉，李杜撰，《新亞書院學術年刊》第十期，一九六八年九月。

〈唐唐臨《冥報記》之復原〉，岑仲勉撰，《中央研究院歷史語言研究所集刊第十七本》，臺北：中央研究院歷史語言研究所，一九七一年元月。

〈中國唐宋時代的法律教育〉，徐道鄰撰，《東方雜誌》復刊號第六卷第四期，一九七二年。

〈一九七一年安陽後掘簡報〉，中國社會科學研究院考古研究所安陽發掘隊撰，《考古》一九七二年第三期，一九七二年三月。

〈東漢洛陽城南郊的刑徒墓地〉，中國科學院考古研究所洛陽工作隊撰，《考古》一九七二年第四期，一九七二年四月。

〈《孫子兵法》的作者及其時代—談談臨沂銀雀山一號漢墓《孫子兵法》竹簡的山土〉，遵信撰，《文物》一九七四年第十二期（總二二三期），一九七四年十二年。

〈長沙馬王堆漢墓出土《老子》乙本卷前古佚書釋文〉，馬王堆漢墓帛書整理小組撰，《文物》一九七四年第十期（總二二一期），一九七四年十月。

〈《黃帝四經》初探〉，唐蘭撰，《文物》一九七四年第十期（總二二一期），一九七四年十月。

〈一九七五年安陽殷墟新發現〉，一九七五年中國社會科學研究院考古研究所安陽發掘隊撰，《考古》一九七六年第四期，一九七六年四月。

〈一篇重要的法律史文獻—讀𠑇匜銘文札記〉，程武撰，《文物》一九七六年第五期（總二四〇期），一九七六年五月。

〈用青銅器銘文來研究西周史—綜合寶雞市近年發現的一批青銅器的重要歷史價值〉，唐蘭撰，《文物》一九七六年第六期（總二四一期），一九七六年六月。

〈雲夢秦簡釋文㈠〉，雲夢秦簡整理小組撰。《文物》一九七六年第六期（總二四一期），一九七六年六月。

〈雲夢秦簡釋文㈡〉，雲夢秦簡整理小組撰。《文物》一九七六年第七期（總二四二期），一九七六年七月。

〈雲夢秦簡釋文㈢〉，雲夢秦簡整理小組撰。《文物》一九七六年第八期（總二四三期），一九七六年八月。

〈鎮墓文中所見到的東漢道巫關係〉，吳榮曾撰，《文物》，一九八一年第三期（總二九八期），一九八一年三月。

〈論《太平經》和太平道〉，鍾肇鵬撰，《文史哲》，一九八一年第二期（總一四三期），一九八一年三月。

〈敦煌本《還冤記》考校〉，林聰明撰，《書目季刊》第十五卷第一期，一九八一年六月。

〈定縣四〇號漢墓出土竹簡簡介〉，定縣漢墓竹簡整理小組撰，《文物》一九八一年第一期（總三一三期），一九八一年八月。

〈自然、圖騰、祖先—原始宗教初探〉，蔡家麒撰，《哲學研究月刊》，一九八二年第四期，一九八三年四月。

〈阜陽漢簡《倉頡篇》〉，阜陽漢簡整理小組撰，《文物》一九八三年第二期（總三三一期），一九八三年二月。

〈開皇元年李阿昌造像碑〉，秦明智撰，《文物》一九八三年第七期（總三三六期），一九八三年七月。

〈論人為法與倫理性(上)〉，趙雅博撰，《哲學與文化月刊》第十卷第十一期，一九八三年十一月。

〈中國地獄罪報觀念形成〉，宋光宇撰，《臺灣省立博物館年刊》第二十六期，一九八三年十二月。

〈洛陽魏唐造像碑摭說〉，洛陽古代藝術館，《文物》一九八四年第五期(總三四六期)，一九八四年五月。

〈陰陽五行之研究〉，林宗賢撰，《花蓮師專學報》第十五期，一九八四年十二月。

〈儒家論人的自律性—從自律性到人性論〉，傅佩榮撰，《哲學與文化月刊》第十五卷，第六期，一九八八年六月。

〈儒家倫理與傳統法律—一個社會學的試探〉，林端撰，《中國論壇》第二十七卷，第四期，一九八八年十一月。

〈中國傳統善惡範疇的發展歷程(上)〉，張立文撰，《中國文化月刊》第一五六期，一九九二年十月。

〈黃巾起義先驅與原始道教的關係〉，方詩銘撰，《歷史研究》一九九三年第三期，二九九三年三月。

〈最近三十年夏代考古與夏文化探索的檢討(一九五九—一九九二)〉，王仲孚撰，《歷史學報》第二十一期，一九九三年六月。

〈道、道家、道教—道教史上幾個基本名詞的考察〉，龔鵬程撰，《漢學研究》第十一卷第二期，一九九三年十二月。

(二) 論文集論文

〈殷代之天神崇拜〉，胡厚宣撰，收入《甲骨學商史論叢─初集(上)》。臺北：臺灣大通書局，一九七二年十月。

〈殷王占夢考〉，胡厚宣撰，收入《甲骨學商史論叢─初集(下)》。臺北：臺灣大通書局，一九七二年十月。

〈多瑪斯的倫理思想〉，曾仰如撰，收入《多瑪斯論文集》。臺北：先知出版社，一九七五年三月。

〈學者的挫折感：論「賦」的一種型式〉，Helmut Nihel 撰，劉紉尼譯，收入段昌國等譯：《中國思想史與制度論集》。臺北：聯經出版事業公司，一九七六年九月。

〈蓮花色尼出家因緣跋〉，陳寅恪撰，收入《陳寅恪先生論文集》。臺北：九思出版社，一九七七年六月。

〈長沙馬王堆漢墓帛書概念〉，曉函撰，收入《文史集林》第二輯。臺北：木鐸出版社，一九八〇年十一月。

〈帛書《五行篇》校注〉，龐樸撰，收入《文史集林》第二輯。（出版狀況同前）

〈道德地因果報應觀〉，徐復觀撰，收入《徐復觀雜文續集》。臺北：時報文化出版公司，一九八一年五月。

〈古代研究的自我批判〉，郭沫若撰，收入《十批判書》。北京：人民出版社，一九八三年九月。

〈先秦天道觀之進展〉，郭沫若撰，收入《郭沫若全集─歷史編1・青銅時代》。北京：

人民出版社，一九八三年九月。
〈周易之制作年代〉，郭沫若撰，收入《青銅時代》。北京：人民出版社，一九八三年九月。
〈醮祭釋義〉，劉枝萬撰，收入《臺灣民間信仰論集》。臺北：聯經出版事業公司，一九八三年十二月。
〈申述一下關於殷代殉人的問題〉，郭沫若撰，收入《奴隸制時代》。北京：人民出版社，一九八四年八月。
〈釋《論語》的仁〉，徐復觀撰，收入《學術與政治之間》。臺北：臺灣學生書局，一九八五年四月。
〈中國古代死後世界觀的演變〉，余英時撰，收入《中國思想傳統的現代詮釋》。臺北：聯經出版事業公司，一九九〇年四月。
〈君尊臣卑下的君權與相權〉，余英時撰，收入《歷史與思想》。臺北：聯經出版事業公司，一九九〇年十一月，十六刷。
〈儒家心性論的現代化課題下〉，傅偉勳撰，收入《從西方哲學到禪佛教》。臺北：東大圖書公司，一九九一年二月。
〈道教簡說〉，王家祐撰，收入《道教論稿》。成都：巴蜀書社，一九九一年二月，二刷。
〈辨法法性論講記〉，印順撰，收入《華雨集》。臺北：正聞出版社，一九九三年四月。
〈立法之道—荀、墨、韓三家法律思想要論〉，陳弱水撰，收入黃俊傑編：《中國文化新論思想篇—天道與人道》。臺北：聯經出版事業公司，一九九三年五月，七刷。

〈古代知識階層的興起與發展〉，余英時撰，收入《中國知識階史論（古代篇）》。臺北：聯經出版事業公司，一九九三年五月，二刷。

〈內聖與外王—儒家傳統中道德政治觀念的形成與發展〉，黃俊傑撰，收入氏編：《中國文化新論思想篇—天道與人道》。臺北：聯經出版事業公司，一九九三年五月，七刷。

〈魏晉之際士之新自覺與新思潮〉，余英時撰，收入《中國知識階層史論》，臺北：聯經出版事業公司，一九九三年五月，二刷。

〈天人之際—傳統思想中的宇宙意識〉，蔡英文撰，收入黃俊傑編：《中國文化新論思想篇—天道與人道》。臺北：聯經出版事業公司，一九九三年五月。

〈孔子德治思想發微〉，徐復觀撰，收入《中國思想史論文集》，一九九三年九月，九刷。

〈五德終始說新探〉，饒宗頤撰，收入《饒宗頤史學論著選》。上海：上海古籍出版社，一九九三年十一月。

〈不死的探求—道教信仰的介紹與分析〉，李豐楙撰，收入藍吉富編：《中國文化新論宗教禮俗篇—敬天與親人》。臺北：聯經出版事業公司，一九九三年十二月。

〈商周文化之分類〉，張光直撰，收入《中國青銅時代》。臺北：聯經出版事業公司，一九九四年十二月，五刷。

〈論雅斯培樞軸時代的背景〉，許倬雲撰，收入《中國古代文化特質》。臺北：聯經出版事業公司，一九九五年三月，四刷。

〈漢簡所見的刑徒制〉，吳榮曾撰，收入《先秦兩漢史研究》。北京：中華書局，一九九五年六月。

〈漢刑徒磚志雜釋〉，吳榮曾撰，收入《先秦兩漢史研究》。（出版狀況同前）

〈北朝的彌勒信仰及其衰落〉，唐長孺撰，收入《魏晉南北朝史論拾遺》。臺北：谷風出版社。（無出版年月）

(三)學位論文

《宋人的果報觀念》，劉靜貞撰，臺灣大學歷史研究所碩士論文，一九八〇年六月。

《冥報研究》，片谷景子撰，臺灣大學中文研究所碩士論文，一九八一年十二月。

《聊齋志異之宿命論與果報觀研究》，金仁　撰，輔仁大學中文研究所碩士論文，一九八八年六月。

《從災異到玄學》，謝大寧撰，臺灣師範大學研究所博士論文，一九八九年五月。

《話本小說果報觀研究》，咸恩仙撰，中國文化大學中文研究所碩士論文，一九八九年六月。

《論人類道德實踐的基本結構—析論先秦儒家與多瑪斯哲學》，潘小慧撰，輔仁大學哲學研究所博士論文，一九九〇年五月。

《六朝神滅不滅論與佛教輪迴主體之研究》，李幸玲撰，臺灣師範大學國文研究所碩士論文，一九九四年七月。

《漢魏六朝道教的罪罰觀及其解罪方式》，蔡榮凱撰，輔仁大學中國文學研究所碩士論文，一九九四年六月。

(四)會議論文

〈敦煌蒙書析論〉，鄭阿財先生撰，「第二屆敦煌學國際研討會」論文。臺北：漢學研究中心，一九九一年六月。

〈敦煌寫卷《持誦金剛經靈驗功德記》研究〉，鄭阿財先生撰，「全國敦煌學研討會」論文。嘉義：中正大學中國文學系，一九九五年三月廿五日。

〈敦煌道經寫卷與道教寫經的供養功德觀〉，李豐楙撰，「全國敦煌學研討會」論文。嘉義：中正大學中國文學系，一九九五年三月廿六日。

〈體系網絡與中國的分合〉，許倬雲撰，「中國歷史上的分與合學術研討會」論文集。臺北：聯經出版事業公司，一九九五年九月。

〈六朝小說中的觀音信仰〉，孫昌民撰，「佛教文學與藝術學術研討會」論文。臺北：法鼓山中華佛學研究所，一九九八年四月十一、十二日。

國家圖書館出版品預行編目資料

唐前果報系統的建構與融合

劉滌凡著. — 初版. — 臺北市：臺灣學生，1999 [民 88]
面；公分

ISBN 957-15-0982-5(精裝)
ISBN 957-15-0983-3(平裝)

1.哲學 – 中國 – 歷史　2.因果(佛教)

112　　88011829

唐前果報系統的建構與融合

著作者：劉滌凡
出版者：臺灣學生書局
發行人：孫善治
發行所：臺灣學生書局
臺北市和平東路一段一九八號
郵政劃撥戶：〇〇〇二四六六八號
電話：(〇二)二三六三四一五六
傳真：(〇二)二三六三六三三四
本書局登記證字號：行政院新聞局局版北市業字第捌玖壹號
印刷所：宏輝彩色印刷公司
中和市永和路三六三巷四二號
電話：二二二六八八五三

定價：精裝新臺幣六〇〇元
　　　平裝新臺幣五二〇元

西元一九九九年八月初版

22010

ISBN 957-15- 0982-5(精裝)
ISBN 957-15-0983-3 (平裝)

臺灣學生書局出版

宗教叢書

❶ 嘉祥吉藏學說　廖明活著
❷ 莊子宗教與神話　杜而未著
❸ 中國善書與宗教　鄭志明著
❹ 明代三一教主研究　鄭志明著
❺ 明代中國佛教之研究　釋聖嚴著，關世謙譯
❻ 唐代的比丘尼　李玉珍著
❼ 西域與佛教文史論集　許章眞譯
❽ 中國社會與佛教　鄭志明著
❾ 漢代的相人術　祝平一著
❿ 宗教與文化　鄭志明編
⓫ 中國民間諸神　呂宗力、欒保群編
⓬ 中國文學與宗教　鄭志明著
⓭ 游戲三昧：禪的世界與終極關懷　吳汝鈞著
⓮ 中國意識與宗教　鄭志明著
⓯ 印度佛學研究　吳汝鈞著
⓰ 唐前果報系統的建構與融合　劉滌凡著